U0523609

历史与思想研究译丛 | Studies on History and Thought

Theology of the Reformers

改教家的神学思想

[美] 蒂莫西·乔治(Timothy George) 著
王丽 孙岱君 译

Theology of the Reformers

中国社会科学出版社

图字 01-2009-2330
图书在版编目(CIP)数据

改教家的神学思想 /（美）蒂莫西·乔治(George,T.)著；王丽，孙岱君译. —北京：中国社会科学出版社，2009.7(2017.8重印)
（历史与思想研究译丛）
ISBN 978-7-5004-7946-8

Ⅰ.改… Ⅱ.①乔…②王… Ⅲ.宗教改革运动－神学－思想－研究 Ⅳ.B979

中国版本图书馆 CIP 数据核字（2009）第 103742 号

出 版 人	赵剑英
责任编辑	陈 彪
责任校对	许国永
责任印制	张雪娇

出版发行	中国社会科学出版社
社　　址	北京鼓楼西大街甲 158 号
邮　　编	100720
网　　址	http://www.csspw.cn
发 行 部	010—84083685
门 市 部	010—84029450
经　　销	新华书店及其他书店

印刷装订	北京明恒达印务有限公司
版　　次	2009 年 7 月第 1 版
印　　次	2017 年 8 月第 3 次印刷
开　　本	640×960　1/16
印　　张	27.25
插　　页	2
字　　数	405 千字
定　　价	45.00 元

凡购买中国社会科学出版社图书，如有质量问题请与本社营销中心联系调换
电话：010—84083683
版权所有　侵权必究

历史与思想研究译丛

主　编　章雪富
副主编　孙　毅　　游冠辉

Originally published under the title: Theology of the Reformers
by Broadman Press
Copyright © Broadman Press 1988
Published by arrangement with B & H Publishing Group through Oak Tree
All rights reserved.

"历史与思想研究译丛"总序

本译丛选择现代西方学者的思想史研究经典为译介对象。迄今为止，国内译介西方学术著作主要有两类：一是西方思想的经典著作，例如柏拉图的《理想国》和亚里士多德的《形而上学》等等；二是现代西方思想家诠释西方思想史的著作，例如黑格尔的《哲学史讲演录》和罗素的《西方哲学史》等等。然而，国内学术界对基于专业专精于学术富有思想底蕴的学者型的阐释性著作却甚少重视，缺乏译介。这就忽视了西方思想史研究的重要一维，也无益于西方思想史的真实呈现。西方学术界的实际情况却是相反：学者们更重视富有启发性的专业研究著作。这些著作本着思想的历史作历史的发微，使思想史的客观、绵延和更新的真实脉络得到呈现。本译丛希望弥补这一空缺，挑选富有学术内涵、可读性强、关联性广、思想空间宏阔的学者型研究经典，以呈献于中国学术界。

本丛书以"历史与思想"为名，意在表明真实地把握思想脉络须基于历史的把捉方式，而不是着意于把一切思想史都诠释为当代史。唯有真实地接近思想的历史，才可能真实地接近历史鲜活的涌动。

本丛书选译的著作以两次地中海文明为基本视野。基于地中海的宽度，希腊、罗马和犹太基督教传统多维交融、冲突转化、洗尽民族的有限性，终能突显其普世价值。公元1世纪至6世纪是第一次地中海文明的发力时期,公元 14 世纪开始的文艺复兴运动则是西方文明的第二次发力。这两次文明的发生、成熟以及充分展示,显示了希腊、罗马和基督教所贡献的不同向度,体现了西方思想传统的复杂、厚实、张力和反思力。本丛书所选的著作均以地中海为区域文明的眼光,作者们以整体的历史意识来显示不同时期思想的活力。所选的著作以此为着眼点,呈现社会历史、宗教、哲学和生活方式的内在交融,从而把思想还原为历史的生活方式。

主编　章雪富

2008 年 12 月 16 日

献给

乔治·威廉姆斯（1914—2000）
哈佛大学神学院霍利斯荣誉教授
历史学大师
富有同情心的天路客
根基稳固荣耀之城的公民
时值
在哈佛任教40周年
及被按立为基督仆人57周年之际

目录

中文版序言 …………………………………………… (1)
第一版序言 …………………………………………… (1)
第二版序言 …………………………………………… (1)

1 概论 ……………………………………………… (1)
  宗教改革运动研究的不同角度 ………………………… (3)
    分期问题 ………………………………………………… (3)
    从政治、社会和经济方面解释宗教改革 ……… (4)
    教会史 …………………………………………………… (5)
  宗教改革与宗教动机 …………………………………… (5)

2 渴望上帝：中世纪后期的神学与灵性生活 …… (11)
  一个焦虑的时代 ………………………………………… (11)
  寻求真正的教会 ………………………………………… (18)
    教廷主义 ………………………………………………… (18)
    大公会议至上论 ………………………………………… (20)
    威克里夫与胡斯 ………………………………………… (21)
    方济各属灵派 …………………………………………… (23)
    瓦尔多派 ………………………………………………… (24)
  变化中的神学 …………………………………………… (25)
    经院主义 ………………………………………………… (25)
    神秘主义 ………………………………………………… (28)

　　　　人文主义 ·· (31)

3　切慕恩典：马丁·路德 ·· (42)
　　作为神学家的路德 ··· (42)
　　　　在上帝面前 ··· (47)
　　　　基督为我 ··· (48)
　　　　焦虑 ··· (48)
　　从"同时是"到"总是"：唯独因信称义 ······················ (50)
　　让上帝成为上帝：预定论 ·· (59)
　　马槽里的基督：唯独圣经的含义 ······························ (64)
　　"对我来说她是亲爱而可敬的少女"
　　　　　——路德论教会 ··· (70)
　　　　福音高于一切 ·· (71)
　　　　圣言与圣礼 ··· (73)
　　　　信徒皆祭司 ··· (77)
　　"上帝的左手"：路德论国家 ······································ (79)
　　遗言与遗产 ·· (83)

4　勇敢为主：茨温利 ··· (100)
　　改革之路 ·· (100)
　　作为神学家的茨温利 ··· (108)
　　　　创造者而非被造物 ··· (109)
　　　　护理而非偶然 ·· (110)
　　　　圣经而非人类传统 ··· (113)
　　　　真宗教而非仪式上的虔诚 ··································· (116)
　　　　外在的国度而非私人的道德 ································ (119)
　　作为教会事务的洗礼 ··· (122)
　　　　加入仪式与认同意识 ·· (124)

　　　　约的延续性 …………………………………（125）
　　　　洗礼与信心 …………………………………（127）
　　　　洗礼与社会秩序 ……………………………（128）
　　圣餐的争端 ……………………………………（128）
　　　　中世纪背景 …………………………………（129）
　　　　政治环境 ……………………………………（132）
　　　　诠释难题 ……………………………………（134）
　　　　基督论的分裂 ………………………………（136）
　　　　神学的结果 …………………………………（137）
　　茨温利的心脏 …………………………………（141）

5　荣耀归主：加尔文 ………………………（153）
　　改教神学的危机 ………………………………（153）
　　神话背后的人 …………………………………（156）
　　　　加尔文的准备 ………………………………（158）
　　　　加尔文的归信 ………………………………（160）
　　　　加尔文的事业 ………………………………（164）
　　作为神学家的加尔文 …………………………（172）
　　　　加尔文的作品 ………………………………（172）
　　　　加尔文的视角 ………………………………（175）
　　行动的上帝 ……………………………………（184）
　　　　三位一体的上帝 ……………………………（184）
　　　　创造 …………………………………………（186）
　　　　护理 …………………………………………（189）
　　救主基督 ………………………………………（196）
　　　　罪论：关于罪的教义 ………………………（196）
　　　　基督论：基督的位格 ………………………（199）
　　　　基督论：基督的事工 ………………………（202）
　　在圣灵中的生活 ………………………………（205）
　　　　信心 …………………………………………（206）
　　　　祷告 …………………………………………（210）

预定论……………………………………………（212）
　获得恩典的外部途径………………………………（216）
　　　加尔文教会论的前提………………………（216）
　　　加尔文两极的教会论………………………（218）
　　　可见教会是母亲和学校……………………（218）
　　　秩序和职分…………………………………（220）
　　　改革宗的牧师………………………………（221）
　　　教会与世界…………………………………（223）
　黑暗过后是光明！…………………………………（225）

6 别无根基：门诺·西门……………………（243）
　激进的宗教改革……………………………………（243）
　门诺与重洗派………………………………………（245）
　新生活………………………………………………（254）
　无谬的道……………………………………………（259）
　道成肉身的主………………………………………（266）
　真教会………………………………………………（270）
　　　会众…………………………………………（270）
　　　洗礼…………………………………………（272）
　　　圣餐…………………………………………（275）
　　　开除教籍……………………………………（278）
　血腥的剧院…………………………………………（281）
　重洗派的异象………………………………………（286）

7 我只做这一件事：威廉·丁道尔……………（299）
　专心致志……………………………………………（299）
　丁道尔之前…………………………………………（300）
　流亡中的学者………………………………………（303）
　圣经是一剂良药……………………………………（311）
　罪与拯救……………………………………………（320）
　律法和爱……………………………………………（326）

小群 …………………………………………………（333）
　　　真正的殉道者 …………………………………（339）

8　改教神学持久的有效性 ………………………（351）
　　　上帝的主权与基督论 …………………………（353）
　　　圣经与教会论 …………………………………（357）
　　　崇拜与属灵观 …………………………………（359）
　　　伦理学与末世论 ………………………………（363）

缩略语表 ……………………………………………（367）
宗教改革神学词汇 …………………………………（369）
人物索引 ……………………………………………（377）
主题索引 ……………………………………………（383）
修订版编后记 ………………………………………（411）

中文版序言

我非常高兴看到《改教家的神学思想》的中文版面世。这本书的英文版自1988年出版以来，便经历一再的翻译和出版，无论是在东方还是西方，它已被译成多种语言，包括意大利语、罗马尼亚语、葡萄牙语以及韩语。如今，在约翰·加尔文（他是本书所涉及的主要人物之一）五百年诞辰之际，这本书的中文版刚好出版面世，可为中华民族中最大语言群体的读者所得，此实乃一大幸事。

像佛教和伊斯兰教一样，基督教从其两千多年前初登人类历史舞台之时起，便怀着普世的目标。耶稣最初的门徒们也都明白，他们的信仰是为着整个世界的。而耶稣在世上最后的话语也为他们所牢牢铭记："所以，你们要去，使万民作我的门徒，奉父、子、圣灵的名给他们施洗。凡我所吩咐你们的，都教训他们遵守，我就常与你们同在，直到世界的末了"（太 28：19—20）。

关于基督教是如何开始传入中国的这一问题，还需要进一步的研究和探讨，因为很多的细节仍掩盖于历史的雾霭之中。1625年，正当宗教改革运动在西方即将落下帷幕之时，著名的聂斯托利碑（Nestorian Stone/Hsian monument）在中国的陕西省出土了。此碑树于781年，碑文用叙利亚文和中文同时镌刻，题为《大秦景教流行中国碑》。从它以及其他证据，我们得知，一位名为阿罗本（Alopen）的修士曾于635年到过中国，并受到了唐太宗（627—649）的欢迎，唐太宗还学习了阿罗本所带来的基督教经典（《圣经》?）。他特许阿罗本在唐代的都城设立修道院并传播耶稣基督的福音。大概150年以后，即781年树立聂斯托利碑的时候，基督教的新旧约圣经已被译成中文，并且更多的基督教修道院在中国中部涌现出来。

这段历史的重要性是毋庸置疑的，但是最近在中国东部江苏省出土的一些石碑，把基督教进入中国的时间大大提前了。汪维藩教授认为，关于耶稣的福音，极有可能早在东汉时期（公元25—220）便已传入中国。汉碑石刻不仅包含着布道的内容，还包含了古基督教的一些象征，比如鱼（这是对耶稣的一个常见的象征，因为在希腊语中，"鱼"ichthus乃是由希腊语"耶稣基督、上帝的儿子、救世主"几个词的首字母组成的），以及凤凰（凤凰象征着耶稣的死而复活）。进一步的，这些石碑上还有对创世、堕落、逾越节羊羔、耶稣的诞生、耶稣死而复活等圣经故事栩栩如生的描述。

新约圣经告诉我们，为了应对那些严重的迫害，耶稣在耶路撒冷最初的那些追随者们"分散到四处去传道"（徒8∶4）。这些追随者们最初所到的地方中包括安提阿，即叙利亚的都城，同时也是罗马的第四大城市。在那里，耶稣的这些追随者们开始被人们称为基督徒。安提阿是著名的丝绸之路这一连接东西方的主要商路最西端的终点站。沿着该商路，丝绸、香料和其他的商品，从波斯、大草原和中国滚滚而来。汪维藩教授说过，"沿着丝绸之路我们便可轻松地追踪到福音传入东汉的足迹：从耶路撒冷开始、途径撒玛利亚、叙利亚到达如今的伊拉克、伊朗、阿富汗，而后新疆、敦煌，一直到长安（即今天的西安）。古代的基督徒历经艰苦和磨难，千里迢迢地到达了我们的国度。为此，我们要满怀感激地说道：'带来福音者，其脚步何其美。'"

当这些重要的事件在东方现身时，在西方，基督教也经历了其自身信仰、传统和崇拜模式的发展。其中，16世纪的新教改革是发展过程中的重要一环。临近中世纪（1300—1500）末的时候，一股研习圣经的兴趣复兴了，其中包括了对于最初书写圣经文本的古希伯来语和古希腊语等古语言的兴趣。在15世纪中叶西方出现的印刷术（印刷术在此之前早已在中国发明）则加速了这门新学问的发展，并使人们产生了在上帝之言的基础上改革和更新教会的愿望。而这就是新教改革出现的总体环境。

为了求得与上帝及与自己灵魂间的安宁，一位名叫马丁·路德的德国修士开始勤勤恳恳地学习圣经。他阅读了整部的圣经，发现《诗篇》和保罗书信特别有助益。在挣扎中，他发现了上帝恩典和赦免的福音。

由此他相信，人们被上帝称义，不是借着个人道德的追寻和善功（他自己也曾经试图过这种按照德行和善功来寻求上帝的生活，但一无所获），而是借着上帝在耶稣基督的生活、死亡、复活中显明的爱。

路德对于一个仁爱上帝的追寻，不仅仅是一个满怀焦虑的个人寻求上帝的故事。他所要宣讲的，乃是一个同时能改变个人和社会的福音。很快，其他人也开始参与到这个事业中来，宗教改革如燎原之火立时传遍欧洲很多城市和领土。新的领袖纷纷涌现，他们有着不同的神学着重点和社会关注。新教改革是一个复杂、多面的复兴运动，它成为基督教信仰在现代社会最具活力的发展因素。

本书主要关注新教改革中四个最主要的人物：路德（Martin Luther）、茨温利（Huldrych Zwingli）、加尔文（John Calvin）和门诺（Menno Simmons）。当然，其他的神学家和教会领袖也卷入到了这场伟大的历史运动中去，但是以上这四个人更值得我们关注，因为他们每一个人都开创了一个后世主流教会传统的源头。路德是一个开创者、先锋，他发现了基督教福音因信称义这一最中心的主题。就因这个，不仅是信义宗，此后所有的基督徒都受益于他。茨温利和加尔文，瑞士苏黎世和日内瓦的改革者，为宗教改革建立了一个模式——改革宗的传统，该模式对于基督徒的生活与此世的责任有着非同一般的洞见。最后，门诺，这一重洗派的领袖，被历史学家威廉姆斯（George H. Williams）称为"最激进改革派"的迷人典型。门诺及其追随者想要恢复原初新约圣经教会质朴的纯洁，为此，他们不惜与当时的罗马天主教以及新教改革运动决裂。他们之所以被称为重洗派，是因为他们坚持认为不应该给婴儿施洗，而应该只给那些信靠耶稣并悔改的人施洗。

西方的大多数人长久以来对中华文明的故事一直无所知晓，更不要说基督教在中国的发展历史了。但是，中国人，无论是耶稣或其他信仰的门徒，也许会有兴趣并愿意知晓更多关于基督教在西方历史的这个关键时期的知识。为此，我特别献上中文版的《改教家的神学思想》，盼望其可以成为一座沟通中西的桥梁。在中国视野观察下的新教改革，无疑将会为基督福音本身带来新的洞见。

蒂莫西·乔治
2009年4月

第一版序言

研究伊丽莎白时期的著名学者罗斯（A. L. Rowse）曾经抱怨说，"16世纪充满了对于教义的无用又愚蠢的争论"[1]。从本质上说，这本书关注的那些争论，既非无用也不愚蠢，而是形成了教会历史上重要的一章，它告诉我们耶稣基督的教会"基于上帝的道，所相信、教导以及承认的是什么"[2]。可以肯定，启蒙运动之后生活在世俗、多元社会中的多数人不太关心预定论神学或婴儿洗礼等学说上的细微差别。这些问题以及本书讨论的其他问题对国民生产总值不会产生显著影响。它们最多是微不足道的神学游戏里信手拈来的话题。然而，对那些坚定地委身于基督教传统的人来说，这却是理解什么在宗教改革大争论中起决定性作用的关键所在。

宗教改革并非小题大作。哲罗姆曾说，当他阅读保罗书信时，如雷贯耳。同样的雷鸣声也回响在改教家们的著作中。重新听一听这些勇敢的基督徒带来的信息，今日的神学家也能学到很多东西，他们拒绝皇帝、教皇、国王和市议会，因为他们的良心被上帝的道俘虏了。如路德的伟大赞美诗里所唱的那样，他们的福音是大能的上帝、万军之耶和华白白的恩典，他们强调耶稣基督是中心和终极，这些都与当时占统治地位的、日渐衰微和缺乏超验的神学形成了鲜明的对比。我们研究的目的并非要为改教家们封圣。16世纪是一个暴力与高压的时代，主流的改教家也不能完全摆脱顽固与不宽容的罪名。重洗派见证了这一不幸的事情，尽管他们自己也有缺陷，在现在这个被暴力困扰的时代，我们也需要听一听这些见证。路德谩骂犹太人、茨温利合谋溺死重洗派、加尔文烧死塞尔维特是更大的悲剧，因为人们感觉他们本不应该这么做。然而，这些改教家虽然有缺点、罪过和盲点，但他们却有一个突出的地方，即他们能够明白地抓住人类境况的矛盾性以及人类通过耶稣基督得救的巨大可能性。这一点构成了他们处理教会、崇拜、传教、灵性生活以及伦理学问题的基础。在每一个领域，我们都需要单独听一听他们说了些什么。

这本书的很多内容都是我在瑞士休息的一年期间收集起来的。吕施里空（Rüschlikon）浸信会神学院的皮普肯（H. Wayne Pipkin）教授从他珍贵的收藏中借给了我许多书，并为茨温利那一章做了很有用的评论。苏黎世教会史研究所（Institute für Schweizerische Kirchengeschichte）的比塞尔（Fritz Büsser）教授和日内瓦宗教改革研究所（Institut de la Réformation）的弗伦克尔（Pierre Fraenkel）以及巴库斯（Irena Backus）热情地接待了我，并使我能够接触到研究人员的宝贵资料。巴塞尔大学的洛赫曼（Jan Lochman）是一位友善的主人，我经常拜访他所在的城市，那是1536年加尔文的《基督教要义》第一次出版的地方。第四章的一节曾经作为"茨温利洗礼神学的前设"（The Presuppositions of Zwingli's Baptismal Theology）被收录在《先知、牧师、新教徒：茨温利五百年后作品集》（Prophet，Pastor，Protestant：The Work of Huldrych Zwingli After Five Hundred Years），由富尔加（E. J. Furcha）和皮普肯主编。非常感谢他们允许我将这部分材料重新出版。

本书的一部分最初是为神学院学生和牧师讲课的讲稿。我非常感谢那些听我讲课并提出了宝贵建议的人，他们分别来自南卡罗来纳州格林维尔的福尔曼大学福尔曼牧师学院（Furman Pastor's School，Furman University）；弗吉尼亚州里士满的协和神学院；北卡罗来纳州温斯顿—塞勒姆的维克森林大学（Wake Forest University）；南斯拉夫诺维萨德（Novi Sad）和匈牙利布达佩斯的浸信会神学院；还有1986年由浸信会神学研讨会（Doopsgezind Seminarium）和阿姆斯特丹大学的神学研究院（Theologisch Instituut）联合主办的阿姆斯特丹重洗派研讨会。我自己在肯塔基州路易斯维尔的美南浸信会神学院（The Southern Baptist Theological Seminary）的学生则是我思想发展及接受检验的沃土。我在教会历史与神学系的同事极大地宽容了一个与他们争论的人，此人提出改革宗与浸信会并非两个互不相容的名词，这与人们普遍接受的一致意见相左。从我获得终身教师职务开始，系主任霍尼卡特（Roy L. Honeycutt）从未减少过对我以及我所研究的课题的支持。毕索普（Gaylyn Bishop）、伊斯特林（Connie Easterling）和莫科姆（Jackie Morcom）对该手稿的出版帮助很大。布鲁斯（Barbara Bruce）是一名教会史博士候选人，她暂停翻译奥利金的《约书亚记》布道辞，而完成了本书的索引。

像本书讨论的四位主要人物的作品一样，这本书的写作也充满了家庭生活的挣扎与喜悦。我非常感谢妻子丹尼斯的爱心支持，她本身是一位成就卓著的作家，又是我特别的凯蒂（Katie von Bora）。还应该提到，当这本书付梓的时候，我六岁的儿子克里斯蒂安已经掌握了加尔文教理问答的前十个问题，而我四岁的女儿爱丽丝学习《使徒信经》已经取得了很大的进步。

最后我还要提到下列神学家，我正是跟从他们学习宗教改革历史与神学：莱特（William J. Wright）、普罗伊斯（James S. Preus）、麦吉尔（Arthur C. McGill）、拜纳姆（Caroline Walker Bynum）、凯利（Donald R. Kelly）、斯坦梅茨（David C. Steinmetz）、西金斯（Ian D. K. Siggins）、奥伯曼（Heiko A. Oberman）、布蒂（John E. Booty）、戈梅斯（Peter J. Goemes），还有最后一位，但并非最不重要的一位，乔治·威廉姆斯（George Huntson Williams）。我对他们每一个人的感谢远非序文里的致谢所能表达的。本书献给威廉姆斯教授，我的导师与朋友，我在哈佛神学院读本科和研究生的七年里，他不断鼓励和启发我。作为20世纪一位首要的教会史家，他是我的榜样，从他身上我学到任何人要从事被科顿·马瑟（Cotton Mather）称之为"主的纪念者"的职业，所必须具备的两个素质：对各种形式的基督教传统都要抱有的批判性的尊重态度，以及作为普世的教会、基督纵贯时空的身体里的成员的意识。我满怀喜爱与敬意，将这本书献给威廉姆斯教授，稍稍回报他那永远无法磨灭的恩惠。

蒂莫西·乔治
美南浸信会神学院
肯塔基州路易斯维尔
1987年主显节

注释

[1] A. L. Rowse，*The England of Elizabeth*，London，1950，p. 387.
[2] Jaroslav Pelikan，*The Emergence of the Catholic Tradition*，Chicago：University of Chicago Press，1971，p. 1.

第二版序言

本书最初写于我任教的前十年期间。年轻教授经常有初生牛犊不怕虎的精神，而今在学术圈无人胆敢撰写一本名为《改教家的神学思想》的书。在很多人眼中，神学——若说有丝毫益处——通常仅仅被视为一种高雅的文学。宗教改革（Reformation）通常亦被认为不再是具有一以贯之内涵的术语，失去了很多解释历史方面的作用。就上述两点，本书都持相反观点，笔者认为：神学很重要；就理解那时和今日的基督教历史而言，16世纪的宗教改革都是一个至关重要的时代。

本书第一版于1988年春天问世，彼时的世界与今日大相径庭：柏林墙依然屹立，里根担任美国总统，撒切尔夫人是英国的首相。没有任何美国人听说过本拉登，奥巴马才二十几岁，而布兰妮·斯皮尔斯仅仅是路易斯安那州肯特伍德市美南浸信会的一个阳光女孩。那时技术革命尚处摇篮中，传真机依然新奇，还没有万维网（World Wide Web）、电子邮件、脸书和推特。本书第一版问世以来，世界改变很多，然而本书透过四位（新版为五位）改教家之棱镜所望见的神学和属灵现实却较之过去更加相关、更加紧迫。

现代世界面对的很多重大问题都是首先在宗教改革时期初具规模。基督教和伊斯兰教的冲突（今日通常描述为文明冲突）因着1453年君士坦丁堡的沦陷以及之后奥斯曼土耳其入侵欧洲而变得激烈。哥伦布发现新大陆以及麦哲伦环球航行意味着欧洲不再是所知世界的中心。那时期的发明所产生的影响今天依然可见。伽利略的望远镜将太空景象呈现在人类眼前，使得我们时代的太空探索成为可能。现代意义上国家-政府的兴起和火药的发明，使战争升级到野蛮的地步。古滕堡圣经1455年在德国梅因兹（Mainz）首次印刷，这开启了印刷业革命，进而逐步导致我们时代迅即沟通的文化。在这些海啸般的变化当中，改教家们力图思考两个基本问题：第一，我如何知道上帝是要帮助我而非与我作对？换言之，我如何找到一位恩慈的上帝？又或者用《使徒行传》16：30狱卒的话说：“我当怎样行才可以得救？”第二个问题与基督徒群体有关：我在哪里可以找到真教会？属于上帝的子民意味着什么？改教家信奉福音和圣经，他们努力在耶稣基督之光的照耀下，以新的眼光研读圣经，然后回答这些问题。

帕利坎（Jaroslav Pelikan）曾经指出"宗教改革的必要性亦是其悲剧性"。宗教改革之所以必要，是因为其核心是改教家的此种负担——让福音的鲜活声音（*viva vox evangelii*）如清风拂面，唤醒其所属世代以及每个世代沉睡的人。我们无法越过宗教改革而一厢情愿地重获1世纪大一统的基督教，更不用说重获使徒教会那原初的信仰。不，我们"必须经过撒玛利亚"（约4：4）。宗教改革的悲剧体现在这一悖论中：16世纪伟大而必要的灵性和神学复兴，却导致西方教会出现两大彼此敌视的阵营——基督新教和天主教。宗教改革留下了饱受争议的遗产，而改革的必要性和悲剧性便是其中两点。

写这篇序言时我恰巧在去往梵蒂冈的路上，这或许有些讽刺意味。我作为友情代表去参加天主教的主教会议（the Synod of Bishops），教皇本笃十六世召集本次会议的目的是要探讨"新的宣教策略和基督教信仰的传播"。马丁·路德和威廉·丁道尔都被天主教教会定为异端，丁道尔甚至为此被处死。我想，他们二位一定非常惊讶，他们的一位属灵后代竟然受邀参与这种会议。正如教皇御用传道人坎塔拉马萨神父（Father Raniero Cantalamessa）在写给我的私人信件中所说，这只能解释为"主一定正在他的教会行新事"。我也想说："愿此事成就！"

凡著书者都希望其作品被读者捧在手上阅读，我对《改教家的神学思想》也有同样的期待。该书自从二十五年前第一版问世以来就从未断版过。它被广泛采纳为关于改教神学的入门读物，已经被翻译成好几种语言，而最新近的是中文。很多人向我分享阅读此书的感受，我因他们而感恩。我曾收到中国上海一位神学生的电子邮件，问我所写加尔文的预定论或路德的圣餐观到底是什么意思。没有什么比这种交流更让我觉得为主所用。

在此呈现的是《改教家的神学思想》的修订版。与初版相比，修订版对书的内容作了些许修改，更新了相关文献，还增加了一章新的内容。这一章论及威廉·丁道尔这位著名的圣经译者和殉道士，他可谓是英国改教的先锋。我盼望该书修订版将会激励读者阅读书中所提五位重要人物的原始著作。没有哪位福音的执事或神学生不应该认真了解马丁、乌尔里希、约翰、门诺和威廉。

1988年是我人生中一个重要的转折点。那年我结束了在美南浸信会神学院（位于肯塔基州的路易斯维尔市）十年的工作，举家搬到阿拉巴马州的伯明翰，开始在桑福德大学比森神学院工作。在美南浸信会神学院工作期间，学校对我的学术研究给与了莫大鼓励，包括在安息年安排我到瑞士进行一些研究，而本书第一版的绝大多数内容就是在那时写成的。桑福德大学的领导，尤其是已故的库兹（Thomas E. Corts）校长及其继任者威斯特莫兰德（Andrew Westmoreland）校长，也对我厚爱有加，并且对我的全部工作慷慨相助。我在修订这本书时，得到两位有奉献精神的研究助理，科因博士（Dr. B. Coyne）和奥多姆（Jason Odom），以及哈韦尔·戴维斯图书馆（Harwell G. Davis Memorial Library）工作人员的大力帮助。我要一如既往地感谢丽安·利特尔（Le-Ann Little），我优秀的行政秘书，感谢她对这本书的写作以及我所有其他研究工作的帮助。我最钟爱的工作是教书，而我的人生也因着我这么多年来教过的很多学生而更加丰富多彩，不论是美南浸信会神学院的学生，还是比森神学院的学生，又或者是我在做神学讲座和教授密集课程时接触的其他神学院和大学的学生。

本书提到的改教家——丁道尔除外——都蒙召在建立家室的同时服侍上帝，而我也是这样。在第一版的前言，我提到我的妻子丹尼斯和两个孩子克里斯蒂安和爱丽丝。他们的近况如下：丹尼斯的写作热情依然高涨，现在已经出版了26本书以及350篇文章和专文。克里斯蒂安不只学会了《使徒信经》，还从苏格兰的圣安德烈大学取得神学博士学位。他和妻子丽贝卡都在奥克拉荷马州浸会大学工作，一同装备新一代的基督门徒。我的女儿爱丽丝不只会背诵主祷文，而且——用她自己的话说——在她"新发现的圣公会信仰中日益成长"。她拥有德文文学的硕士学位，与丈夫格列高利·迈尔斯（Gregory Myers）在伯明翰生活。

我极其看重一本书要献给谁,在修订版我要保留我的初心——将本书献给乔治·威廉姆斯(George Huntston Williams)。有三位杰出的学者深深地塑造了我对教会和教会历史的理解,而威廉姆斯便是其中一位。另两位是帕利坎(Jaroslav Pelikan)和欧伯曼(Heiko A. Oberman)。我在哈佛大学攻读硕士和博士学位期间,威廉姆斯教导我把教会历史当成一门神学来研究,将教会理解为基督的身体,这身体在时空中不断成长壮大。

或许,结束这篇序言的最好方式就是重复丁道尔在英文版新约圣经导言中的话。这段话适用于本书以及我所写过的全部:

至于我所译或所著全部内容,我恳求每个读者知悉我的写作目的——让人认识圣经。但凡圣经认可的,便听从之;若上帝圣言在任何地方禁戒,便拒绝之。这就是我在我们的救主基督及其教会面前所为。如果读者发现我书中的错误,而他们近在咫尺,敬请来向我指明;即便远在天边,也可飞燕传书。读者亦可公开发表文章或褒或贬,而我承诺,如果他们批评有理,我会公开承认我的无知。

蒂莫西·乔治
桑福德大学比森神学院
阿拉巴马州伯明翰市
2012年宗教改革日

1

概　　论

　　1518年荷兰学者伊拉斯谟（Desidrius Erasmus）51岁了，他预感到死亡即将临到，他盼望再多活几年，"只因为这个原因，我相信一个黄金时代不久就要来临了"。[1]事后看来，伊拉斯谟好像对个人的结局过分悲观，因为他还有20年的寿命，而他对时代的看法却乐观过头了。他那和平与好学的"黄金时代"的令人陶醉的愿景，随着教皇与皇帝的重新开战、农民起义、东方土耳其人的进攻，尤其是影响深远的宗教危机的爆发而化为乌有。这次宗教危机，我们称之为宗教改革，它撼动了西方基督教世界的基石，并导致了教会的永久分裂。伊拉斯谟在1536年逝世前，称他的时代为"自耶稣基督以来最糟糕的一个世纪"[2]。

　　然而负面的批评必然伴随着正面的赞美。苏格兰长老会神学家坎宁安（William Cunningham）做过大量宗教改革神学研究，从一开始他就曾坦率地称16世纪的宗教改革是"自圣经正典完成以后所发生的最伟大的事件，或一组事件"[3]。哲学家黑格尔，另一个意义上的新教徒，也表达了类似的观点，他称宗教改革是"中世纪末期破晓后的光芒万丈的太阳"[4]。

　　直到最近，一个人对宗教改革的解释，几乎始终取决于他之前的宗教或意识形态的信念。罗马天主教派的人士，从16世纪的科赫洛伊斯（Johhannes Cochlaeus）到 20 世纪的德尼夫勒（Heinrich Denifle）和格里萨（Hartmann Grisar），都坚持不懈地认为宗教改革说轻了是个错误。宗教改革的起因是什么？他们的答案是：那个受自恋和性欲驱使的疯狂修士路德；贪婪、自私自利、独裁的德国诸侯们，以及背叛宗教、出卖灵魂又好色的新教牧师们。宗教改革带来的又是什么？结果十分明显：它撕裂了中世纪文明的无缝长袍，割裂了信仰与理性、自然与恩典（二者被阿奎那完美地协调在一起），放纵了绝对主义、国家主义和世俗主义。

新教一方则对天主教的嘲讽反唇相讥。1564 年新教宫廷牧师劳舍尔（Jerome Rauscher）出版了一篇名为《一百个精选的、极大的、无耻、肥胖、胡吃海喝、浑身臭气的天主教谎言》（*One Hundred Select, Great, Shameless, Fat, Well-Swilled, Stinking Papistical Lies*）的论文。新教领袖路德、茨温利、加尔文等人被描述成信仰的英雄。他们的言语和行动在救赎历史中具有无比巨大的意义。[5]

新教自由派虽然不赞同改教家实际的改革教义，但还是常常推崇他们。对黑格尔来说，宗教改革，尤其是路德，构成了思想史上一个关键时期，因为正是在这个时期，人的自由概念被提出来。黑格尔将宗教改革的神学总结为一句格言："人注定通过自己获得自由。"[6] 从这样的观点出发，宗教改革只是启蒙运动的第一个阶段；路德和加尔文是卢梭与伏尔泰的先驱！

德国历史学家兰克（Leopold von Ranke）开创了宗教改革历史学研究的新时代，他发表了一部里程碑式的著作，《宗教改革时期的德国历史》（*German History in the Age of the Reformation*，1839）[7]。尽管兰克是一个信义宗信徒，他却尽力消除宗派偏见。（为了证明自己的公正无私，他还写了关于教皇的历史！）他强调宗教改革时期宗教与政治的相互作用，坚持广泛且严谨地运用第一手材料。正如兰克所说，历史学家的目标是按照实际发生的样子（*wie es eigentlich gewesen*）去了解和重建事件的真实过去。

兰克对宗教改革史的研究，乃至对一般历史的研究，都产生了重大的影响。他注重严谨地使用材料，将宗教改革的批评性研究提高到了一个新的水平。路德、茨温利、加尔文以及许多天主教和激进派改教家的作品都出版了现代校勘版。今天的人们对于宗教改革的政治、社会、文化等因素的复杂性有了更多了解。当然，兰克希望公正描述历史的愿望还没有完全实现。这个愿望也不可能实现。历史并不是对过去事实的简单复述。历史不可避免是对过去的一种阐释，是一种回顾过去的视角，这种视角受限于材料本身以及对材料进行选择和解释的历史学家。

宗教改革运动研究的不同角度

当今的宗教改革研究包含了许多相互竞争的进路。在陈述本书的目的和观点之前，让我们先浏览一下当前宗教改革研究中备受关注的三个领域。[8]

分期问题

阿克顿勋爵（Lord Acton）是一名热心研究宗教改革的学者，他曾说过，历史学家应该更关注问题而非时代分期。试图将宗教改革置于在其之前的中世纪文明和后来的现代文明之间的做法已经被证明是十分笨拙的。20世纪早期，特洛尔奇（Earnst Troeltsch）提出，从其主要趋势看，宗教改革属于中世纪的"独断主义"世界观，他认为使世界进入现代时期的不是16世纪的宗教改革，而是18世纪的启蒙运动。著名的教会史家、路德研究学者霍尔（Karl Holl）驳倒了特洛尔奇的论点，他声称路德等改教家预示了现代文化许多积极的进步，尤其是在关于个人和集体的概念上。[9]

与以上争论紧密相关的另一个问题是文艺复兴与宗教改革的关系。文艺复兴原本只是艺术史上使用的一个词汇，现在却代表了文化繁荣的一个时期，包括知识、文学、艺术。文艺复兴始自14世纪，终于16世纪，先出现于意大利，后来又扩展至欧洲北部。通常认为，连结文艺复兴与宗教改革的是人文主义。人文主义不是指以人类为中心的生命哲学，而是一种教育和行动主义模式，这种模式仿效对以前的经典所怀有的类似宗教式的崇敬之情。人文主义深深影响了宗教改革的每个分支。路德使用伊拉斯谟版本的希腊语新约圣经，从而阐述了他对保罗神学的洞见。在其他许多人当中，茨温利、加尔文、梅兰希顿（Melanchthon）和贝扎（Beza）等人在接受新教思想之前就已经深入研究了人文主义。但我们不能把人文主义和宗教改革等同起来，因为早在信义宗与天主教分裂之前，人文主义者之间的差异就已经如同新教与罗马天主教的差异一样巨大了。

宗教改革是文艺复兴的完成还是文艺复兴的对立面？格尔德（Enno van Gelder）赞成后者，他认为宗教改革从根本上说与伊拉斯谟及蒙田（Montaigne）等学者传达的文艺复兴的积极因素大异其趣。[10]另一方面，鲍斯玛（William Bouwsma）指出，文艺复兴文化中的深层张力与改教家提出的解决方法之间存在着重要的密切关系。因此，他称宗教改革是"文艺复兴在神学领域的完成"[11]。

时代分期问题还没有得出一个简单的一致结论。很显然，宗教改革与中世纪以及现代时期都存在着模棱两可和千丝万缕的联系。奥伯曼（Heiko A. Oberman）主要研究宗教改革的中世纪后期背景，他赞成特洛尔奇的观点，认为宗教改革是"现代时期来临时的阵痛"，并具有中世纪后期的三个特征：(1) 在科学研究中发现了归纳法；(2) 在理解神人之间盟约关系的基础上，对人类尊严有了新看法；(3) 神圣与世俗之间的裂缝弥合了。[12]所以，不必过分界定宗教改革这个词汇，最好将其看作一个过渡时期，其特点就是新文化正在奋力诞生而旧文化正在逐渐消失。

从政治、社会和经济方面解释宗教改革

很显然，宗教改革成为检验这些因素的试金石。在政治领域，宗教改革见证了民族国家的兴起、神圣罗马帝国希望成为欧洲政治有生力量的最后一次努力以及宗教战争的开始。宗教改革在德国取得了成功，在法国遭到了失败，在西班牙从未站稳脚跟，其原因只能从这些国家各自不同政治历史的角度来理解。经济上，黄金从新世界流入、封建领地经济破产造成了恶性通货膨胀和经济混乱。学术界已经有许多关于宗教改革和资本主义兴起之间的关系的研究，并且争议不断。关于宗教改革中的各种社会力量也有详细的研究。现在，我们对16世

纪的各种社会现实都有了一个较全面的印象：巫术的复活、印刷术的影响、城市生活的精神特质、家庭结构的转变，所有这些都直接影响了该时代的宗教脉搏。[13] 对宗教改革最有创造性的解释是由马克思主义史学家提出的，从恩格斯（Friedrich Engels）到切比茨（Gerhard Zschabitz），他们将16世纪的阶级斗争视为20世纪革命的原型。

教会史

似乎没有哪位学者比洛茨（Joseph Lortz）对当代罗马天主教关于宗教改革的解释更有影响力了。他的两卷本著作《德国宗教改革》(*The Reformation in Germany*，1939—1940) 打破了早期天主教将宗教改革作为谬误来驳斥的局面，并向路德表示出基本且又积极（虽仍带批评）的赞赏态度。整个天主教教会史"学派"紧随洛茨的脚步。自梵二会议之后，这个促进和解的学派的传统获得了进一步发展的动力。在新教一边，我们应该提一提布龙纳（Emil Brunner）和蒂利希（Paul Tillich），尤其是巴特（Karl Barth）对改教家们的新兴趣。毫无疑问，具有新教信仰的宗派特别重视改教家们的思想（参考与霍尔有关的"路德复兴"），而作为整个教会的仆人，改教家们则获得了更广泛的认同。

宗教改革与宗教动机

研究宗教改革历史的方法不断进步，从而为理解这个复杂的时代提供了十分有价值的洞见，但我们必须承认宗教改革本质上是一个宗教事件；它最深的关切是神学性的。本书并不打算讲述宗教改革的"全部故事"。我们首要关注的不是政治、社会的维度，也不是严格意义上的教会史维度。我们关心的是五位主要改教家的自我神学理解。虽然我们可以做出评论，但是我们不能对改教家思想的有效性抱有偏见。"评价一个观点或思想，不应该依据它对我们的价值，而应该依据它对提出此观点之人的价值"[14]，这是波威克（F. M. Powicke）的格言。这句话即便不全对，至少也提醒我们，在去面对他们所面对的问题并倾听他们的回答之前，我们不应该评论早期基督徒，尤其是改教家们的意义。

这就要求我们抱着欣赏的态度去看待麦克尼尔（John T. McNeill）提出的宗教改革历史的"宗教动机"。[15]由于深受现代事件的世俗背景的影响，我们总是想按照当代的标准而不是我们正在研究的那个时代的标准去解释过去。我们很容易假设王侯和改教家受到世俗考虑的驱动，如同现代官员和外交家一样。勃兰登堡的乔治是一名信义宗信徒，当皇帝查理五世要他参加基督圣体节队伍游行时，他回答说，他自己宁愿跪倒在地被砍掉头颅也决不参加。[16]同样，卡拉乔洛（Galaezzo Caracciolo）是教皇的亲戚，后来成了改革派，他宁愿被流放，离开妻子和六个孩子，也决不放弃刚刚发现的新信仰。[17]这样的事例鲜明地注释了路德的话，"让一切美好的事物与亲人都离我远去吧，让有限的生命结束吧；他们可以将身体杀死，但神的真理仍在，他的国是永恒的。"我们应该记得，宗教改革时期出现的殉道士比早期教会史上所有的迫害中出现的都要多。

当然，宗教改革时期并不是每个人都具有殉道情结。蒙田说："没有任何事值得我为之折断颈项"，毫无疑问，他代表了许多人的心声。[18]正如法国的政治状况所表明的那样，那些最不被宗教激情驱动的人才拥护宗教宽容。改教家们——新教、天主教，还有激进派——能够达到目的，因为他们敏感于自己所处时代的最深切的斗争和希望。轻轻叩击精神渴望这座宝藏，改教家就引起了宗教感情的重大变化。从这个意义上说，宗教改革是一次复兴和革命。

第二章描述了中世纪后期的许多精神性事件，之后本书将陈述16世纪五位主要改教家的神学，这五位分别是：马丁·路德、茨温利、加尔文、门诺·西门和丁道尔。这五位都是宗教改革时期主要信仰传统的源头。路德是整个宗教改革时期具有开创性的神学天才，所有持守《奥格斯堡信条》的新教徒都深受他的影响。到16世纪末，信义宗是德国大部及所有斯堪的纳维亚地区的主要宗教派别。茨温利与加尔文，分别是苏黎世和日内瓦的改革领袖，他们共同成为改革宗的信仰之父。改革宗的影响远远超出了最初的发源地瑞士，一直扩展到苏格兰、法国、匈牙利、波兰。路德、茨温利与加尔文尽管有重要的不同之处，但他们都是宪制的改教家,其改革受到具有统治国家权力的行政官员的赞同,并实际得以确立。丁道尔惨遭王权逼迫,先是在英国被定罪,之后又在欧洲大陆被处决。但他最后的遗言表明,他盼望将来教会在一个倡导改教的宪制政府带领下经历复兴:"主啊,求你开英王的眼睛!"门诺是这五个人中的"异类"。他放弃罗马天主教的神父职位,成为重洗派的领袖,重洗派是宗教改革激进派中最主要的一个派别。门诺派,最初被称为门诺主义,在低地国家非常活跃。西边的英格兰和东边的俄罗斯也能感受到其影响。到17世纪早期,他们已经在一些地区得到一定程度的容忍;但在门诺的时代,他们总是生活在被驱逐和杀戮的威胁之下。

路德、茨温利、丁道尔是第一代改教家;加尔文与门诺是第二代改教家。茨温利与路德见过一面;丁道尔与路德可能也见过一面;除此之外,这五个人中没有任何两个人见过面。我们还可以选择其他许多改教家来论述。梅兰希顿、布林格(Heinrich Bullinger)和贝扎分别继承了路德、茨温利和加尔文的事业,他们将所继承的传统加以修正和改变并发扬光大。重洗派中,胡伯迈尔(Balthasar Hubmaier)比门诺更有学识,而马尔派克(Pilgram Marpeck)比门诺头脑更敏锐。天主教改革家罗耀拉(Ignatius Loyola)和塞里潘多(Girolamo Seripando);安立甘宗的克兰麦(Thomas Cranmer)和胡克(Richard Hooker);清教徒卡特赖特(Thomas Cartwright)和柏金斯(William Perkins);"福音理性主义者"塞尔维特(Michael Servetus)和苏西尼(Faustus Socinus);调和派神学家布塞(Martin Bucer)等人以及其他的许多人都可以作为"棱镜",反射出改教神学的多样性。然而,在该部分中,我们将深入探讨几个重要人物,而不是从大范围的宗教思想家中泛泛挑选对象。

我们对改教家神学的兴趣不在于研究古物,也不是反对启蒙。历史神学研究的是"耶稣基督的教会基于上帝的道所相信、承认和教导的内容"[19]。当然,耶稣基督的教会在时间和空间上都是普遍的。我们所研究的这些改教家在信仰上是我们的前辈,在信仰的群体之中则是我们的弟兄。他们的挣扎和疑问,他们的胜利和失败同样也是我们的。但是,他们竭尽全力想要解决的问题好像已经不再被现代人所关心了。

对于大多数现代基督徒来说，预定论的复杂论证、圣餐中基督临在的确切方式、支持或反对婴儿洗礼的争论都已经不再重要了。隐藏在这些争论背后的是生与死的激烈问题，以及上帝是谁、怎样传达上帝的启示、什么构成真正的教会等问题。本书关注的五位改教家面对诸如此类问题时所表现的诚实正直和真实的勇气，我们不仅要心怀赞赏，还要全力效法，即使我们并不同意他们给出的所有答案。布卢瓦的彼得（Peter of Blois）是一位中世纪神学家，死于路德出生差不多三百年前，他对古代基督徒留下的著作表达了感激之情，他的话同样可以用来表达我们对16世纪改教家们的赞赏，他说："我们就像站在巨人肩膀上的矮子；因为他们，我们看得更远。我们殷勤阅读古人留下的作品，吸收他们那些由于年代的久远和人们的疏忽而被埋没的精辟思想；我们唤起他们，仿佛使他们重获新生。"[20]

注释

[1] "黄金时代"这个主题在伊拉斯谟的作品中一再被提起。对比他在1504年献给奥地利大公菲利普（Archduke Philip of Austria）的《礼赞》（*Panegyric*）中的惊呼之语："啊，我们的时代多么幸运，乃是真正的黄金时代，所有那些无邪时代的美德都重新复活，焕发生机，并且再次开花结果！" CWE 27, p. 48。

[2] EE Ⅳ no. 1239.

[3] William Cunningham, *The Reformers and the Theology of the Reformation* (Edinburgh: T. and T. Clark, 1866), p. 1.

[4] H. Glockner ed., *Georg Wilhelm Friedrich Hegel, Sämtliche Werke* (Stuttgart-Bad Constatt, 1956—1965), Ⅺ, p. 519. 关于黑格尔如何解释路德，请参阅 Gerhard Ebeling, "Luther and the Beginning of the Modern Age," *Luther and the Dawn of the Modern Era*, Heiko A. Oberman, ed. (Leiden: E. J. Brill, 1974), pp. 11—39。

[5] Gordon Rupp, *The Righteousness of God: Luther Studies* (London: Hodder and Stoughton, 1953), p. 20.

[6] *Werke*, Ⅺ, p. 524.

[7] Leopold von Ranke, *Deutsche Geschichte im Zeitalter der Reformation* (Leipzig: Duncter and Humblot, 1873).

[8] 介绍宗教改革历史学的一本很有帮助的书是 Lewis W. Spitz 编，*The Reformation: Basic Interpretations* (Lexington, Mass.: D. C. Heath, 1962)。也可参阅 Hans J. Hillerbrand, *Men and Ideas in the Sixteenth Century* (Chicago: Rand McNally, 1969), pp. 1—8。

[9] 参阅 Ernst Troeltsch, *Protestantism and Progress: A Historical Study of the Relation of Protestantism to the Modern World* (London: Williams and Norgate, 1912)。霍尔的论文"Was verstand Luther unter Religion?"影响十分深远，被翻译成 *What Did Luther Understand by Religion?* James Luther Adams and Walter Bense, eds. and trans. (Philadelphia: Fortress Press, 1977)。也可参阅 Holl, *The Cultural Significance of the Reformation* (New York: Meridian, 1959)。

[10] H. A. Enno van Gelder, *The Two Reformations of the Sixteenth Century* (The Hague: Martinus Nijhoff, 1961). 我们可以将 Gelder 的论文与尼采的严酷评论做一个比较，尼采说："如果路德像胡斯一样被火刑烧死，启蒙运动或许能来得更快一点，也比我们现在想象的更开明一点。" *Nietzsches Werke* (Leipzig, 1899—1904), Ⅰ, ⅱ, pp. 224—225。

[11] William J. Bouwsma, "Renaissance and Reformation: An Essay in Their Affinities and Connections," in Oberman, pp. 127—149。

[12] H. A. Oberman, "The Shape of Late Medieval Thought: The Birthpangs of the Modern Era," *The Pursuit of Holiness in Late Medieval and Renaissance Religion*, Charles Trinkhaus and H. A. Oberman, eds. (Leiden: E. J. Brill, 1974), pp. 3—25。

[13] 对宗教改革研究的趋势很有帮助的一个调查是 Steven Ozment ed., *Reformation Europe: A Guide to Research* (St. Louis: Center for Reformation Research, 1982)。近阶段宗教改革社会史研究的一个很好的样本是献给 Harold J. Grimm 的纪念性文集：*Pietas et Societas: New Trends in Reformation Social History*, Kyle C. Sessions and Phillip N. Bebb, eds. (Kirksville, Mo.: Sixteenth Century Journal Publishers, 1985)。

[14] 转引自 G. F. Nuttall, *The Holy Spirit in Puritan Faith and Experience* (Oxford: Blackwell, 1946), p. 168。

[15] John T. McNeill, "The Religious Initiative in Reformation History," *The Impact of the Church Upon Its Culture*, Jerald C. Brauer, ed. (Chicago: University of Chicago Press, 1968), pp. 173—205。

[16] Roland H. Bainton, *Early and Medieval Christianity* (Boston: Beacon Press, 1962), p. 164.

[17] Ibid.

[18] Albert Thibaudet, ed., *Essais de Michel de Montaigne*, (Argenteuil, 1933), Bk Ⅱ, p. 389.

[19] Jaroslav Pelikan, *The Emergence of the Catholic Tradition* (Chicago: University of Chicago Press, 1971), p. 1. Pelikan 的定义与《协同信条》的第一项条款类似:"我们相信、认同和教导的原则和准则,正是那些能够用其评价和判断所有教义和神学博士的原则和准则,这些原则和准则不是别的,正是旧约和新约中的先知著作和使徒著作。"载于 Philip Schaff ed., *Creeds of Christendom* (New York: Harper and Bros., 1877), Ⅲ, pp. 93—94。关于历史神学研究更详细的信息请参阅 Timothy George, "Dogma Beyond Anathema: Historical Theology in the Service of the Church," *Review and Expositor* 84 (1987)。

[20] PL 207, col. 290 AB (Epistola 92).

2

渴望上帝：中世纪后期的神学与灵性生活

一个焦虑的时代

人们常常用衰退、分裂、没落等词汇描绘中世纪后期，赫伊津哈（Johan Huizinga）的经典著作《中世纪的衰落》（*The Waning of the Middle Ages*）的书名充分反映了人们的这种看法。充满灾祸与动荡的14与15世纪已经成为一个无人地带，处在中世纪集大成者的13世纪（拥有众多哥特式大教堂和经院神学大全）与爆发改教运动的16世纪之间。

实际上，宗教改革前的两个世纪并非毫无意义的衰落时期，相反，那时面临着前所未有的挑战与变革，表现出了显著的活力。当人们对教会怨声载道的时候，便产生了改革的要求。平信徒虔诚的新形式，本国语言的灵修专著，对圣徒遗物、朝圣和圣徒的新兴趣，繁荣的宗教运动——英格兰的罗拉德派（Lollards）、波希米亚的胡斯派（Hussites）、意大利与法国的瓦尔多派（Waldensians）与方济各属灵派——即使有点狂热，也都证明了根深蒂固的灵性。的确，我们看到了宗教改革之前的宗教感情在力量和深度方面的稳步增长。

这并不能否认中世纪后期的社会也面临着巨大的政治、社会与宗教方面的动荡。诗人德尚（Enstache Deschamps）的诗句"现在的世界怯懦、没落、衰老、贪婪、胡言乱语/我看到的都是男男女女的傻子/末日确实临近了……一切都滑向败坏"，表达出一种失望而忧郁的普遍情绪。[1]实际上，这种不安的意识，时间将尽的感觉，伴随着宗教期盼的盛行，产生了一个极度焦虑的时代。

蒂利希在他的著作《存在的勇气》（*The Courage to Be*）一书中，勾画出西方文明史的轮廓，他提到三种反复出现的焦虑类型。[2]古典时期结束的标志是本体的焦虑，对命运和死亡的深深担忧。到了中世纪末期，对罪咎与定罪的焦虑流行起来。到了现代后期，对罪咎与定罪的焦虑让位于对空虚与丧失意义的精神焦虑。

我们并不质疑蒂利希关于宗教改革前夕产生了道德危机的说法，事实上，所有三种类型的焦虑随处可见。当时的文学、艺术、神学充满了死亡、罪、意义沦丧等不和谐的声音。

路德苦苦寻求一个仁慈的上帝的过程栩栩如生地表达了这三个主题。由于被雷电击倒，害怕立即死掉，路德发誓愿做一名修士。一进入修道院，他就被令人窒息的罪疚感困扰。最可怕的是恐惧与绝望的攻击，路德称之为"焦虑"（*Anfechtungen*），他濒临崩溃的边缘。

路德的灵性挣扎是他个人性的，却也代表了那个时代的希望与恐惧。我们可以说，每个人都像他一样。他的称义教义以及从中得出的教会神学表达了那个时代的焦虑。从这一方面来说，改教家的神学是对那个时代特殊焦虑的特殊反应。

中世纪后期，欧洲流行着一种对苦难与死亡的病态的担忧。这种担忧来源于饥饿和瘟疫的困扰。14世纪早期饥荒非常严重，以致出现了人吃人的事件。据报道：1319年波兰和西里西亚的穷人将罪犯的死尸从绞架上取下，然后争相食用。[3]雪上加霜的是又爆发了淋巴结鼠疫，又叫黑死病，并于1349年的英格兰达到了顶峰，黑死病使欧洲三分之一的人口丧生。到16世纪，又发生了另一场瘟疫，哥伦布的水手从新世界带来了梅毒。[4]除了这些"自然的"灾难，火药枪炮的发明使战争变得更加残酷。[5]

此时，布道、木刻画以及绘画和雕塑都表现出对死亡的看法。坟墓常常装饰着赤身的死尸的形象，死尸的嘴张开，拳头紧握，肠子被虫子啃噬。最流行的一幅图画是死亡之舞。死亡以一个骷髅的样子，与受害者一同舞蹈。没人能够躲过他的追捕——无论是富有的商人、肥胖的修士，还是贫穷的农夫。图画的一角总是画着一只沙漏，提醒参观者生命转瞬即逝。

死亡的确定性也是传道人讲道的一个流行主题。关于最后的四件事：死亡、审判、天堂、地狱，一个方济各会修士，巴黎的查理曾一连讲了十天，每天讲七个小时。他布道的地点非常合适，正是在神圣无辜者墓地，巴黎最受欢迎的墓地。同时代的另一位牧师卡佩斯诺的约翰则更富戏剧性，他将一个骷髅头骨带上讲道台，警告信众说："看一看吧，从前那些让你们欢心，又让你们犯罪的东西，现在剩下了什么。蛆虫把它们全吃了。"[6]

贝扎作为日内瓦的改革者，继承了加尔文的事业，他在回忆中称自己归信改革宗乃是因为严重的疾病和对死亡的恐惧。

> 他借着如此严重的病症靠近我，以致我对生命绝望了。看到他严厉的审判，我不能想象他将怎样处置我那邪恶的生命。最后，经过身体与灵魂的无休止的煎熬，上帝向他那痛苦而迷失的仆人显露出同情之心，并抚慰了我，因此我不再怀疑他的仁慈。我泪流满面，抛弃了旧我，祈求他的宽恕，重新宣誓服侍他的真教会，总之将我的全部献上。因此，对死亡的看法，曾经威胁过我的灵魂，现在却燃起了我对真正且永恒的生命的希望。疾病对我来说也成为真正健康的开始。[7]

的确，对宗教改革前夕的那些男男女女来说，死亡是个永恒的现实。从加尔文的陈述中我们可以看出死亡与罪之间的密切联系："死亡除了来自上帝对罪的愤怒，还能来自哪里？因此，整个生命都处于被束缚的状态，不幸的灵魂被囚禁在无限的焦虑中。"[8]蒂利希将道德上的焦虑看作该时期的主题，他的说法源自这样一个事实，即死亡暗示着审判，而审判将罪人带到一位神圣而愤怒的上帝面前。死亡的情景经常在描绘临终的戏剧中见到，天使与魔鬼争相抢夺垂死之人的灵魂。

为了减轻压在灵魂上的罪，人们曾经尝试过许多办法。其中最极端的人会鞭笞自己、遵守严格的苦行,他们从一个城镇走到另一个城镇,当众抽打自己,希望以此弥补个人的罪以及社会的罪。[9]多数罪人还是倾向于选择正常的途径获得宽恕:圣礼以及由教会举行的类似圣礼的辅助活动。赎罪券、朝圣、圣徒遗物、圣徒崇敬、玫瑰经、斋戒日、崇拜圣餐时的圣体,重复诵读"我们的父"——所有这些都是苦行的内容,罪人试图通过如此操练,确立在上帝面前适当的地位。[10]如果一个罪人能付得起做场追思弥撒的费用,他死后可以办一个追思会,以他的名义举行弥撒。皇帝查理五世准备了举行三千场弥撒的物品,而英格兰的亨利八世为了获得双倍的保证,要求"只要世界能够继续",就为他的灵魂举行弥撒。[11]

随着中世纪后期新的印刷术的出现,大量涌现的忏悔手册以及平信徒教理问答明显体现了当时宗教生活的沉重。奥兹门特(Steven Ozment)对这些文献的分析表明,忏悔带来的远非宽恕,反而加重了本来已很沉重的罪恶感。[12]

中世纪时人们认为一个孩子到了七岁就具备了忏悔的能力,是"承担责任的年龄了"。他应该来到神父面前,背诵主祷文和信经,并回答神父的询问。神父的问题是为了弄清楚孩子是否违背了十诫,例如,他可能被问到:

你相信巫术吗?你爱你的父母超过爱神吗?参加圣餐时你忘了下跪或摘掉帽子吗?——这些是违背第一条诫命的罪。

在礼拜日和节日里,你砍过木头吗?做过捕鸟的网吗?曾经错过弥撒和听道吗?跳过舞吗?——这些是违背第三条诫命的罪。

你拿雪球或石头扔过别人吗?你用石头打过鸡鸭吗?你用双头斧子杀了皇帝吗?(这是一个狡猾的问题,看他注意力是否集中!)——这些是违背第五条诫命的罪。[13]

同样,询问那些成年忏悔者的问题是为了让他们自省、审慎以及觉察到自己没有进行足够的忏悔:当你在比赛中失败的时候,你怀疑过上帝的能力与良善吗?你因为天气、疾病、贫穷、孩子或朋友的死去而低声抱怨过上帝吗?你是否穿着华丽、恣意歌舞、通奸、偷窥年轻女子、礼拜日在教堂里或行走时与异性眉来眼去?作为女人,你堕过胎或杀死过刚出生且未受洗的婴孩吗?你是否因为过度劳累、寻欢作乐或性行为而流产？你偷过去罗马朝圣之人的东西吗？你想过通奸吗？你想过鸡奸吗？你想过乱伦吗？[14]

清除自己犯过的所有罪，包括那些内心隐而未现的、有时甚至觉察不到的罪的压力，给忏悔者造成了无法承受的重担。一个人即使做过忏悔，也需要付诸令人满意的行为才能获得赦免。因此，中世纪后期的宗教生活涌现出许多狂热的举动：修建新教堂、购买赎罪券、殚精竭虑以获取功德。[15]

当然，除此之外，还出现了关于炼狱和地狱的幽灵，当时的艺术、雕塑和布道对其中的细节都有详尽的描述。杰尔森（Jean Gerson）是15世纪早期宗教改革的领袖，他将那时的宗教情绪描绘为"忧郁的想象"（*imaginatio melancholia*）。[16]一个例子就是托马斯·莫尔（Thomas More）对炼狱可怕景象栩栩如生的描述。在《灵魂的乞求》（*Supplication of Souls*，1529）一书中，莫尔让那些受尽折磨的死者说出了如下的话：

> 如果你们同情盲人，那没有人比我们更瞎了，在黑暗之中除了不幸与悲惨，什么安慰也没有。如果你们同情瘸子，没有人比我们更瘸了，我们的脚不能从火堆中移出，我们的手无法挡脸以避开火焰。最后，如果你们同情遭受痛苦之人，你们所能知道的痛苦根本无法与我们正在遭受的相比；那灼烧着我们的火焰的热度超过了地球上所有火焰的热度，也超过了墙上描绘的最热的火焰的热度。如果你们生病了，想象着夜晚漫长而希望疼痛发生在白天，那时的一个小时感觉比五个小时还要长，那么你再想一想我们那愚蠢的灵魂所经历的夜晚该是多么漫长，我们无法入睡，无法安息，漫漫长夜都在火上炙烤，这夜晚长得如同许多天、许多星期、许多年……你身边还有医生，有时能治好你的病；然而没有任何药物能减轻我们的疼痛，没有任何退烧药能降低我们的温度。你们的看护者能减轻你们的痛苦，给你们带来舒适；看护我们的却正是那些上帝要从你身边除掉之物——残暴而可怕的魔鬼，可憎的、嫉妒的、可恨的、可恶的敌人，以及令人生厌的酷吏，他们合起伙来比疼痛本身更可怕、更让人难以忍受：他们折磨我们，撕扯我们，从头到脚无所不至。[17]

如果炼狱的可怕已经到了如此地步，那地狱的可怕情形更无以复加！一本带有插图的教理问答书将地狱中的人描绘成啃噬自己器官的样子，还评论道："地狱之火的一个小火星引起的痛苦超过了一千年来女人分娩遭受的所有痛苦。"[18]美因茨教堂的正门上刻画了末日审判的景象：审判官基督高高坐在上面，得救之人由天使带领进入天堂，而受诅咒之人则面目狰狞，带着枷锁由魔鬼领向地狱。这一主题经常出现在欧洲的主要教堂里，反映了中世纪的人们对一个愤怒与审判的上帝的切身感受，在上帝的愤怒面前，有罪之人只能颤抖不已。

　　死亡和罪这一主题如此流行，也许与中世纪后期社会上席卷一切的焦虑有关，即一场关于意义的危机。在生命的每个领域里，旧的静态的边界正在被逾越。哥伦布、韦斯普奇、麦哲伦的远航打破了古老的地理学，同时又大大增强了欧洲的影响力。中世纪关于直布罗陀海峡的名言 *ne plus ultra*（不能超越）变成了 *plus ultra*（超越）。哥白尼的推想后来得到了伽利略和开普勒的证实，在他的设想中地球——人类——已经不再是创造物的中心，这大大扩展了宇宙的边界。[19]正如英法百年战争及查理八世入侵意大利（1494）向人们展示的那样，国家之间的政治边界变成了赤裸裸的掠夺。在社会天平的另一端，农民通过一切可能的抗议与请愿以及必要的流血牺牲来争取从封建主义中得到解放。

　　所有这些情况都向中世纪后期的文化提出了崭新而尖锐的问题。以前的世界观认为有序的宇宙处于天国等级的既定系统之中，并对应地上社会的和谐，现在这样的世界观变得越来越缺乏合理性了。莎士比亚的诗句虽然写于这些大发展之后，却仍然使用哥伦布之前的意象，表达着那个时代的情感：

>　············
>但是当行星陷入邪恶的混乱
>毫无秩序地运行，
>这是多大的灾祸！多大的凶兆！多大的反常！
>大海怒啸！地壳摇动！
>妖风四起！争斗，剧变，恐慌，
>颠覆崩溃，打击毁灭，
>国家失去了统一与平静。哦，当等级被撼动，
>也即一切高等设计的阶梯被撼动，

一切都病入膏肓了。[20]

宗教改革前夕，宇宙秩序陷入混乱，并伴随着地上的社会与宗教的不安，部分原因是由于对隐秘的未知世界的困扰。1484 年教皇英诺森八世颁布谕令《最高要求》（Summis desiderantes），授权两名多明我修会的审判官对巫术进行系统调查。随后这二人便出版了臭名昭著的 Malleus maleficarum，即《女巫之锤》，该书成为关于巫术的官方教科书，包括怎样识别和举报巫术的明确介绍。在随后展开的对巫术的歇斯底里的迫害中，数以千计的穷人、老人、无人庇护（因为是单身）的妇女遭受了无法形容的折磨。总之，到 16 世纪末，大约有三万名巫师被处以死刑。[21]一旦灾难发生如出现冰雹、干旱、农场牲畜死亡、性无能等等，都认为是巫术在作祟。同样，人们认为巫术与异端之间存在千丝万缕的关系。因此，路德的天主教对手居心叵测地散布谣言，说路德是他的母亲（一个女巫）与淫妖结合所生，这一点也不奇怪。[22]

我们看到中世纪后期并非一个衰落的时代，而是极富生命力并有各种属灵活力。正如法布尔（Lucian Febvre）描述的那样，这个时代充满了"对神圣的渴望"[23]。人们对上帝的渴求有时反映在各种稀奇古怪的灵修方式上：举行弥撒时学驴叫以纪念马利亚骑的那头驴，将耶稣的名字刻在胸口，崇拜流血的圣体等等。这些表达虔诚的做法都遵循了苦修的传统。对许多人来说，每一种灵修方法都不能令人满意。神经质的道德主义以及无休止地讨好安抚一位高高在上又怒不可遏的上帝加深了人们对死亡、罪恶以及丧失意义感的焦虑。宗教改革的终极成就在于它能够用新的确定性重新定义这些焦虑，更准确地说，进一步重新发现旧的确定性。中世纪后期的不安情绪并不是宗教改革爆发的原因，但一定是其发生的前提条件。

我们并没有提及宗教改革前教会的各项腐败：买卖圣职、任人唯亲、滥用牧师薪俸、神职人员姘居等等。所有改教家，不论是天主教的、新教的还是激进派的，都强烈反对这些恶习。然而，一些改教家却意识到，有些事情比整顿教会更加迫在眉睫。如果一件东西本身已经腐朽了，扫去它上面的蜘蛛网是没用的。人们需要做的是重新理解福音，并以此为根基给教会一个新的定义。

寻求真正的教会

中世纪后期社会生活各个方面表现出的那种焦虑感与对教会的统一性和权威性的信任危机有关。三位一体和基督论等教义在初期教会都是被官方大公会议定义的主题,关于教会的教义却与此不同,它从来没有获得过如此高的教义的地位。伦巴德(Peter Lombard)的《四部语录》(Book of Sentences)和阿奎那的《神学大全》(Summa Theologica)都没有在其系统神学的阐释中对教会进行过单独讨论。然而,自14世纪以来,出现了大量以"论教会"(De ecclesia)为题目的论文。这一时期迸发出对教会论的强烈兴趣,与此同时,教会内部结构发生了巨大变化,社会与政治危机也接连出现,这些我们在上文都已经提到了。

人们经常说宗教改革打破了中世纪教会的统一,留给现代世界一个四分五裂的基督教。但是,近距离地观察宗教改革前的几个世纪时,我们发现那时已经存在着各种各样的教会形式与教义。正如我们将要看到的那样,改教家对教会的属性、功能以及使命的意见也各不相同。16世纪的宗教改革是寻求真正教会的延续,这一需要早在路德、加尔文、特兰托会议的神父们之前很久就已经出现了。[24]让我们简单考察一下中世纪后期涌现出的五种相互并列的教会模式。

教廷主义

中世纪时期 *Curia Romana* 指的是教廷,包括所有协助教皇管理教会的官员和负责人。因此教廷主义这一关系教会的理论赋予了教皇至高无上的权力,既有俗世的权力又有属灵的权力。

罗马教会由于与两位使徒有密切关系(彼得和保罗都在罗马殉道),因此很早就取得了属灵统治权。而教皇的权力的根源则可以追溯到君士坦丁皇帝皈依基督教,以及随之而来的罗马帝国的"基督教化"。[25]这一事件,连同5世纪的蛮族入侵,将罗马主教置于一个政治上十分关键的位置上。世俗领域与属灵领域的关系——通常用"两把刀"(路22:38)

来指称——在教皇杰拉西乌斯一世（Gelasius I）给皇帝阿纳西塔斯（Anastasius）的信中得到了经典的表达：

> 皇帝陛下，世界主要由两种方式统治着，神职人员神圣的权威（auctoritas）和皇族的权力（potestas）。其中神职人员的责任更重大……如果信徒虔诚的心灵应该顺服所有神职人员……那主教的地位则应该更高，至高者希望他们高于所有神职人员，从那以后教会也推崇主教的位置。[26]

尽管教皇的权力在封建主义时期被大大削弱了，但到了中世纪时杰拉西乌斯原则再次复兴。有三位教皇颁布的声明标志着教皇的权力超越了世俗权威。教皇格列高利七世（Gregory VII）于 1075 年处理牧师授职争议之际颁布了著名的教谕《教皇宣告》（*Dictatus Papae*），列举了有关教皇权力的 27 条陈述。例如，他称教皇是"唯一一个让所有诸侯亲吻双足的人"，教皇可以罢免皇帝、召开宗教会议、解除臣民的封建义务等等。而且，他认定"罗马教会从来没有犯过错误，在圣经的见证下，将来也不会犯错误"。[27]紧接着，将格列高利的"口谕"付诸实施的教皇是英诺森三世（Innocent III，1198—1216），他掌控了一个庞大的世界性大帝国。他相信，在一切存在的等级中，教皇处于上帝与人之间的中间位置——"低于上帝但是高于人"。他将自己视作上帝投射在普世教会上空的"较大的光"，与教皇相比，所有其他的权威（例如皇帝）都只是暗淡的反射之光。[28]在前任努力的基础上，卜尼法斯八世（Boniface VIII）在教谕《神圣一体敕谕》（*Unam Sanctam*，1302）中提出了对教皇权力最过分的要求。正如一条船由一位舵手来引航，"一个圣洁、大公和使徒的教会"也要由一位具有无上属灵权柄的教皇来统治，只有上帝能审判他，人不能审判他。因此，他得出一个结论，"我们宣告、承认、确信以及公认，每个人想得拯救必须臣服于罗马大主教。"[29]

卜尼法斯任教皇期间标志着教皇历史上一个时代的结束与另一个时代的开始。在他死后，教皇被迫迁往阿维农长达七十年，这一时期被称为教会被掳巴比伦（1309—1377），随后，教会陷入了西方大分裂（Great Western Schism，1378—1417）之中，其间有两个教皇，然后是三个教皇同时宣布自己是教会的最高首领。卜尼法斯企图掌管世俗与属灵两把刀的努力付诸东流了，当时的许多人已经认识到了这一点。

但丁将卜尼法斯和其他两位买卖圣职的教皇下到地狱的最后一层,他认为教廷制度的结果是:"……由于教会想要僭夺两项统治权,因此,她没落了,也玷污了她的权力和使命。"[30]

大公会议至上论

15世纪早期,从首领到会众的教会改革(reformatio in capite et in membris)的呼声得到了整个欧洲的回应。正如当时一位神学家描述的那样:

> 全世界,包括神职人员和所有基督徒,都明白教会的激进改革迫在眉睫。天空和风雨雷电都有改革的需要。堆积到天上的献祭的宝血呼吁改革。很快,连石头也要加入到呼求改革的行列中了。[31]

基督的身体分裂为三个教皇的辖区,每个教皇都颁布命令将另外两个逐出教会,这种情形更增加了改革教会的紧迫性。为了挽救教会的危机,出现了一种大公会议至上论的观点,即认为大公会议在管理和改革教会等事务中拥有高于教皇的权力。

大公会议至上论的核心是将普世教会(以一般会议为代表)与罗马教会(由教皇和红衣主教组成)明确分开。[32]在教会法规中,教皇不受人的审判这一教义存在一个漏洞,该规定有一个条件从句——"除非他偏离了信仰"(nisi deprehendatur a fide devius)。[33]偏离信仰不仅可以解释为异端,也可以解释为其行为威胁到了教会的合一。

还有一个问题,在众多分裂的情形下,谁有资格承担教皇的责任?奥卡姆认为,在紧急情况下,任何基督徒,即使是妇女也可以召开大公会议。为了解决这次危机,教会付出了许多努力,但是都没有取得成功(例如,强迫教皇辞职以及与教皇谈判),之后,皇帝西吉斯蒙德(Sigismund)于1414年召开了康斯坦茨会议。在这次会议上,三个现任教皇全部被废除,并选举出了新教皇马丁五世(Martin V),由此西方教会大分裂结束了。教皇制通过大公会议而获得了拯救。

大公会议至上论由德埃利(Pierre d'Ailly,死于1420年)、杰尔森(死于1429年)和迪特里希(Dietrich of Niem,死于1418年)等思想家提出,他们并不打算废除教皇制,而只想将其调整至教会体系中一个合适的位置。他们声称,"完全的权力"(plenitudo potestatis)只属于上帝,任何个人都不能拥有,即使教皇也不能。大公会议至上论者拥护一个教皇、一个未分裂的教会并要求以早期教会为榜样进行道德改革。这些改革措施如果得以贯彻,将杜绝许多教廷收入的来源,从而大大削减教廷的财富,教廷收入的来源有:豁免权、特赦权、神职人员薪俸、赎罪券等等。大公会议运动失败了,部分原因是由于新教反抗罗马取得了胜利,以及许多仍然忠于罗马的人继续要求教会改革。

康斯坦茨会议通过了两项法令,《神圣法令》(Sacrosancta,1415),承认了大公会议的崇高权力;以及《定期法令》(Frequens,1417),呼吁定期召开大公会议。到了 15 世纪,教皇制复辟而大公会议运动却夭折了。1460 年,教皇庇护二世(Pius Ⅱ)颁布教谕《恶行》(Execrabilis),从此敲响了大公会议至上论的丧钟。

> 在我们这个时代,出现了一种闻所未闻的谬论。有些人被违逆之灵附了身……提出他们将来可以向大公会议控告教皇,也就是耶稣基督的代理人……因此,我们热切期盼从基督的教会中剔除这些毒瘤,……我们要谴责他们的错误要求,并加以摒弃,不仅如此,我们还要宣布那些要求毫无意义。[34]

该法令还警告说,如果任何人胆敢不遵守这项命令,他将立即被开除教籍,而且永远不能恢复。实际上,教谕《恶行》已经废除了《神圣法令》和《定期法令》,并宣告了大公会议改革的终结。从此以后,改革——从教会内部发起的改革——只能由教皇实施了。

威克里夫与胡斯

除了结束西方的教会大分裂以外,康斯坦茨会议还宣布英国神学家威克里夫为异端,并下令将他的尸骨从地下掘出处以火刑。随即,他们又谴责威克里夫观点的主要倡导者波希米亚的改革者胡斯(死于 1415 年)。威克里夫被称为"宗教改革运动的晨星",人们常常把他和胡斯当作宗教改革的先驱。的确,胡斯的论文《论教会》(De Ecclesia),在路德与教皇最终决裂的过程中扮演了重要的角色。在某个问题上,路德被迫承认,"我们都是胡斯派的信徒"[35]。后来他又发现,他与威克里夫以及胡斯的相似之处只是暂时性的；他们二人的观点与他对唯独因信称义的根本理解都不相近。[36]但是他们激进的教会论在路德建立教会教义理论过程中仍然发挥了深远的影响。

威克里夫被拉普（Gordon Rupp）冠以"中世纪后期的克尔凯郭尔"之称，威克里夫对当时的教会进行了严厉的攻击，他称神父是"强盗……恶毒的狐狸……只知吃喝……魔鬼……猿猴"，称牧师是"没有扎根于教会之葡萄树的假枝子"。教皇是"魔鬼代理人的头目"，修道院是"贼窝、蛇洞和魔鬼的老家"。[37]

威克里夫给教会的定义表现出尖锐的反教权主义的倾向，他认为教会是被拣选之人预定的团体。胡斯后来赞成威克里夫的看法："大公教会的统一性存在于预定的约束之中，因为教会各个成员的联合是预定的，目的是为了得到祝福，因为教会所有的儿女都将统一在上帝的祝福中。"[38]普世教会不像大公会议至上论者所认为的那样，是散布在世界各地的信徒的联合，而是古今将来所有被拣选之人组成的集合。地上的教会是可见的，不等同于真正的教会，因为地上的教会既有堕落之人——威克里夫称他们为"被预知的"那些人，也有得救之人。

威克里夫将教会分为三部分：天上得胜的教会（包括天使），地上战斗的教会，以及炼狱受难的教会。[39]正如战斗的教会里既有麦子又有稗子，又如今世之人无法确知谁是麦子谁是稗子，从属于建制教会或担任神职人员都不能保证一定可以进入不可见的教会，不可见的教会的"元首"是基督。因此一个人有可能**在**教会中而不**属于**教会。威克里夫将这个概念直接应用于教皇制：教皇也可能属于堕落者之列，如果那样，人们就不应该遵守他的命令。[40]到了晚年，威克里夫最终与整个教皇体系决裂，并呼吁废除教皇制。

如果说英格兰的威克里夫将预定论和教会论联系起来的做法削弱了教皇至高无上的主权，那么胡斯的殉道则在波希米亚引发了一场全国性的宗教改革运动。胡斯并没有简单重复威克里夫的教义，而是立足于捷克的改革传统，即重视布道和学习圣经，并杜绝教职人员滥用职权。他并没有声称由有罪的神父主持的圣餐没有效用，威克里夫则正是因为这一主张而遭受指控。然而，他坚决认为邪恶的神父和教皇——根据"通过他们结出的果子，可以认出他们"的原则认定他们为"被预知的"堕落之人——的命令不应该服从。关于教皇的职权，他写道："教皇拥有彼得的权威，只要他没有违背主耶稣的律法。"[41]区分道德水平的差别的原则削弱了教皇权利和神职人员的特权。胡斯并不是倡导废除建制的教会，也不是要将神圣与不洁绝对分开（这是后来的胡斯派的想法），而是以基督与使徒的简朴为榜样对教会进行改革。

威克里夫和胡斯都是道德改革家，他们利用预定论削弱了教会对腐朽的等级制度的维护。他们求助于不可见的教会，抬高圣经的地位并将其作为评判教义的规范，为批判教廷主义和大公会议至上论提供了一个新的标准。他们留给16世纪改教家的问题是，怎样解决严格的道德主义与由被拣选之人组成的教会之间的张力。

方济各属灵派

在中世纪后期，众多另类信仰群体中有一派的影响力很大，它属于方济各修会的激进派，即属灵派，这是他们给自己的称呼，他们反对妥协的方济各修会。他们所提主张的力量有两个来源：方济各（Francis）对绝对贫穷的理想，以及约阿希姆（Joachim of Fiore，死于1202年）的历史哲学，他们将这两种理论应用于自己的修会与时代。因此，他们对当时的教会提出了猛烈的批判。

约阿希姆将历史划分为三个时期，这三个时期分别与圣父、圣子和圣灵有关。第三时期到来的征兆是建立一个由赤贫而有灵性之人组成的新的修会，他们反对错误的等级制度并为和平的千禧年预备道路，这一时期一直持续到末日审判。方济各属灵派认为自己就是那新的修会，他们一直同教皇制进行着苦苦的斗争，而教皇与方济各修会一致反对赤贫。他们毫不犹豫地指责那些反对自己的教皇（尤其是卜尼法斯八世和约翰二十二世）为敌基督。有时候，教会是反对属灵派的。"贫穷是伟大的，"约翰教皇说，"但教会的合一更伟大，而顺从是最伟大的善。"[42]1318年，四名属灵派修士在马赛受到宗教裁判所的审判并被处以火刑。作为教会内部的一次抗议活动，属灵派被有效地镇压下去了。然而他们一直影响着法国南部与意大利的许多基督教团体。

属灵派的历史带有很大的讽刺性。方济各希望修复教会的统一而发起的一场忠于个人理想的运动，最后却造成了教会严重的分裂。从这个意义上说,"作为人的基督,对教会的神圣性提出了最有力的挑战。"[43] 另一个讽刺是方济各属灵派的一位早期领袖奥利维(Peter John Olivi)提出某些**维护**属灵派贫穷教义的教皇法令〔特别是《那个播种的人离开了》(*Exiit qui seminat*),1279 年〕是无误和绝对可靠的。这一说法后来被直接用于反对后来的教皇试图规避早期统治的做法。因此,正如蒂尔尼(Brian Tierney)所说的那样,教皇无谬论是后来教廷主义的杀手锏,但最初却是用来检验教皇等级的越权。

威克里夫和胡斯提出一个由被拣选之人组成的不可见的教会来反驳当时的教会,而方济各属灵派则提出了未来教会的理想,那教会很快将在圣灵的第三纪降临,而他们则是先行者。中世纪后期,人们对末世的期盼以及对末世到来时间的计算,变得更强烈。对"千禧年的追求"带来了宗教改革,尤其是那些激进的改教家们的改革,在这方面,他们都是方济各属灵派的追随者。

瓦尔多派

当方济各属灵派盼望建立新时期的教会时,瓦尔多派却没有狂热地追求末世,他们反而要回到初始教会(*ecclesia primitiva*),即仿照早期教会的简朴性原则建立起信仰的团体。瓦尔多派将其起源追溯到一个叫做 Valdès 或 Waldo 的人(后来又改名为"彼得",以表明他与使徒彼得的联系),他放弃了作为富裕商人的事业,转而做起了以乞讨为生的牧师。[44] "里昂的穷人"(poor men of Lyons)是瓦尔多早期的追随者使用的称呼,这一运动很快得到了社会底层的广泛认同,并很快蔓延到了欧洲大部分地区,从法国和意大利一直到瑞士、德国甚至波希米亚,在波希米亚甚至有人担忧瓦尔多派会和古怪的胡斯派混为一体。因为瓦尔多派放弃世上一切所有,处处以基督为榜样,所以有时他们被称为赤贫的基督的赤贫的追随者(*nudi nudum Christum sequentes*)。[45]

瓦尔多派的教会观具有完美主义和反祭司制度的特点。他们认为当 4 世纪的教皇西尔维斯特一世(Sylvester Ⅰ)接受了君士坦丁皇帝赠与的财富和世俗权力的时候,教皇就已经失去了属灵的权威。[46] 只有瓦尔多派的牧师(即 *perfecti*),能够倾听忏悔和同意给予赦免,因为只有他们没有被罪玷污。因此,瓦尔多派比威克里夫和胡斯更直接地将圣礼的有效性与神父的道德水平联系在一起。从这个意义上说，他们代表了多纳徒派原则（Donatistic principle）的复兴，奥古斯丁曾经反驳过多纳徒派。反祭司制度使他们摒弃了许多罗马教会十分普遍的仪式崇拜。圣徒节日、斋戒日、遗物、朝圣、赎罪券，甚至相信炼狱都被认为是假教会的毒瘤而加以抛弃。

瓦尔多派能够躲过频繁的迫害，乃是因为他们教会的分离主义模式以及暗中崇拜的做法。与新教运动显而易见的关联性使他们成为新教信仰的最佳候选人。的确，宗教改革时期，许多瓦尔多派信徒加入了改革宗教会而没有放弃瓦尔多派的身份。[47]他们作为福音派瓦尔多教会（Chiesa Evangelica Valdese）流传至今。

变化中的神学

从以上对中世纪虔敬信仰和教会论的考察，我们可以很清楚地看出，宗教改革前夕的教会受到各种各样灵修方式和基督教团体的围攻。某一位历史学家曾经说14和15世纪"孕育了多样性"[48]，根据这一观点，从前认为宗教改革打破了完整的基督教从未间断的统一的说法是值得斟酌的。本书将要讨论的五位神学家都受到了各种相互对立的思想的影响，这些思想表明了从阿奎那逝世（Thomas Aquinas, 1274）到加百列·比尔逝世（Gabriel Biel, 1495）期间神学的发展。想要完整地论述这一争执不休的时期需要一本专门的论著。这里我们只能介绍路德、茨温利、加尔文、门诺和丁道尔等人都曾经从这个方面或那个方面面对过的主要潮流。

经院主义

"经院主义"这个词是指学院（scholae）的神学。从耶路撒冷被伊斯兰入侵者占领（638年）到再次回到基督教十字军手中（1099年），神学主要是那些研习圣经、教父和古典文学的修士的工作，而这个工作是他们献身于默观生活的一部分。安瑟伦（Anselm of Canterbury, 1033—1109）被称为"早期经院人才的高峰和修道学派最丰硕的成果"[49]。的确，安瑟伦站在修道文化和经院文化的十字路口。对安瑟伦来说，神学开始于信仰，并随着理解的深入而不断深化。在神学当中，信仰总是在不断寻求理解：*fides quaerens intellectum*。"我不是为了相信才寻求理解，我是为了理解才相信。"[50]一方面是信仰与理性之间的平衡，另一方面是自然与恩典之间的平衡，这是从安瑟伦直到宗教改革都在关心的经院神学问题。

阿伯拉尔（Peter Abelard，死于 1142 年）及其学生伦巴德（Peter Lombard，死于 1160 年）合力大大推进了将理性工具应用到启示分析的程度，在以后的四个世纪里，伦巴德的《四部语录》成为高级神学研究的教科书。随着经院"大全"（Summae）的出现以及哈勒的亚历山大（Alexander of Hales）、大阿尔伯特（Albertus Magnus），尤其是阿奎那等天才神学家的努力，这种神学发展达到了顶峰，阿奎那将重新发现的亚里士多德哲学与经奥古斯丁清理而传下来的教父传统协调起来。

不论从哪个方面来说，阿奎那取得的成就都是巨大的。在其巨著《神学大全》（*Summa Theologia*）的开端，他承诺要"根据问题的要求简洁而清晰地叙述与神圣教义有关的事物"。[51]所谓的"简洁"就是 21 卷、631 个问题、10,000 个反驳或答复！这一鸿篇巨制的结论证明了上帝和所有受造物在存在的巨大链条中都是息息相关的。上帝的存在能够通过自然理性来证明，不必像安瑟伦提出的那样必须通过对上帝概念的分析。只要观察上帝在可见世界中的影响，我们就能够确定他的存在。这就是著名的五个证明——即运动、因果律、偶然性、程度和设计目的五个方面——的基础，由此阿奎那从宇宙论上证明上帝的存在。仅仅通过理性，一个人只能知道上帝存在，但是无法知道上帝是什么。多数的神学大全都是论述后者。在此阿奎那通过神圣启示，即由传统解释的圣经，来为阐释三位一体、道成肉身、圣礼等教义提供资料。当然，托马斯相信，理性与启示在本质上能够协调一致：两者在各自的领域内都各自见证上帝的独一性、真理的合一性以及恩典并不毁坏自然而是完善自然的事实。

从以后历史的发展看，托马斯毋庸置疑地成为从奥古斯丁到路德之间的最有影响力的神学家。1323 年托马斯被教皇约翰二十二世封圣，他成为**圣托马斯**。在特兰托会议上，他的《神学大全》被摆放在圣坛之上圣经的旁边。1879 年教皇利奥十三世宣布将托马斯的言论作为罗马天主教会的官方哲学。但是托马斯主义最终的成功并不能掩盖一个事实，即中世纪后期并没有完全接受托马斯的神学。1277 年，仅仅是托马斯死后的第三年，巴黎主教唐皮耶（Etienne Tempier）谴责了 219 条命题，其中的一些乃是托马斯的观点。这一举动是对激进亚里士多德主义的攻击，激进的亚里士多德主义使得一些思想家甚至否认基督教的基本教义，例如灵魂的不朽以及从无中（*ex nihilo*）创造。既然托马斯曾经试图协调亚里士多德哲学与基督教的观点，因此许多人感到他的努力并没有完全获得成功。

在托马斯之后的一个世纪里，影响最大的两位神学家都是方济各修会的修士：司各脱（Duns Scotus，死于 1308 年）和奥卡姆（William of Ockham，死于 1347 年）。二人都与 13 世纪经院主义综合思想的演变有关。我们可以指出文艺复兴和宗教改革期间深刻影响神学发展的三个基本变化：(1) 理解上帝时所采用的比喻从"存在"（being）变成"意愿"（will），(2) 在理解上帝与受造领域的关系时所使用的工具从"形而上学"变成"元历史学"，(3) 研究神学的方法从"本体论"叙述转向"逻辑学"叙述。

托马斯主要是通过存在的光辉来理解上帝。他最喜欢引为证据的一段经文就是《出埃及记》3：14："我是我所是。"但是，由于过分强调上帝与创造秩序之间的本体论联系，托马斯似乎将上帝的绝对自由限制在他自己的体系之中。司各脱反对托马斯的这一倾向，他认为上帝的意愿是第一位的。在上帝的存在之中，神圣的意愿优先于神圣的智慧。一个行动只因上帝命定其为美善的才成为美善。如果上帝不是被必然性约束在存在的巨大链条之中，那么他只受到自己的道和应许的约束。司各脱和奥卡姆都利用了上帝的绝对能力（*potentia absoluta*）与定旨能力（*potentia ordinata*）之间的区别。前者指的是在假设的意义上上帝具有的能够做任何事的能力，其不受矛盾律的束缚。上帝不能让二加二等于五，但是他能够（司各脱认为）化身成一头驴子，而不化身成一个人。他可以规定奸淫是一种美德而不是一种恶。在上帝的绝对自由的框架中，强调上帝根据定旨能力到底受何物约束变得至关重要。根据定旨能力，上帝实际上化身为一个叫耶稣的人，而没有化身为一头驴子。根据定旨能力，上帝规定通过教会实行圣礼以及挣取功德而获得拯救。上帝的约，也就是上帝的应许或上帝的话，是拯救历史的根基。而且，根据他的绝对能力，上帝也可能推迟规则的实施。可以想象，上帝拯救一个人也可能不必借助圣礼和功德——而是唯独信心（sola fide）。

第三个从本体论到逻辑学的转变是在奥卡姆的不懈推动下发生的。新路派（via moderna）来自于他的教导，与回归托马斯等早期经院主义的旧路派（via antiqua）相反。奥卡姆不承认共相概念是真实存在的实体，他强调说共相概念的特点就是名称（nomina）或逻辑结构。由这一命题发展而来的"唯名论"注重单个的经验，注重事物的具体意义和偶然的实在性，而不注重事物在假设的存在秩序中所处的地位。这样的观点导致了对理性领域的约束。现在已经不可能像托马斯那样通过上帝在这个世界的作为来反推出上帝是最初的推动者、第一因等等。奥卡姆对神学的发展暗示了自然神学的寿终正寝，经院主义大师早已说出了自然神学的这一结局。上帝的存在以及灵魂的不朽是和三位一体以及道成肉身一样的信条。奥兹门特曾经评价过上述变化与奥卡姆的世界观对中世纪后期的宗教生活产生的影响。

> 由于专注于上帝的意志而不再专注于他的存在，奥卡姆为新的灵性焦虑创造了条件——不是为上帝可能不存在焦虑，而是怀疑他可能不遵守诺言；人们不能相信他的许诺；万物背后的力量可能被证明是不值得信赖或对人不友好的；简言之，上帝可能是个说谎者。上帝的善而非其存在，相信上帝的能力而非信仰的合理性，成为主要的灵性问题。[52]

神秘主义

15世纪初，巴黎大学的校长和大公会议运动的领袖之一杰尔森区分了三种认识上帝的途径。第一个是自然神学，这一途径是在创造物中辨认上帝的做工，并试图通过人类的理性分析有限世界的方法来理解上帝。第二个是教义神学，这一途径是考察圣经、信经和教会传统中包含的上帝的启示。第三个是神秘主义神学。运用这一途径时，灵魂处于"迷狂"

的状态，并能够经历一种对上帝的直接的、直观的有时甚至是狂喜的经验。[53] 从保罗被提到第三层天（林后 12：1—4）到方济各身体上出现圣痕，到伯尔纳（Bernard）将《雅歌》解释为灵魂与新郎基督的亲密结合，神秘的经验一直是基督徒灵性生命的支柱。的确，这三种认识上帝的途径有可能在一个人身上体现出来。托马斯·阿奎那就是其中的一个例子。阿奎那的经院主义著作表明他是一位自然神学与教义神学的大师；晚年，他的《神学大全》还没有完成的时候，他经历了一次深刻的神秘经验。据称他曾经说："我所看到的东西使我所写的和所想的都显得如同草芥。"[54]

学者已经辨认出中世纪至少存在着两种主要的神秘主义传统。第一个是唯意志论的神秘主义（voluntarist mysticism）。此处强调的是通过连续的洁净、启迪和沉思，人的意志要去适应上帝的意志，正如波那文图拉（Bonaventura）在其经典之作《通向上帝的心灵之路》（*The Mind's Road to God*）所描绘的那样。[55] 大致来说，这种寻求神秘生命的途径并没有对教会生活的正统结构提出挑战。正是因为它的"安全"，它在塑造大众虔诚的时候产生了更深远的影响，肯培（Thomas à Kempis）的《效法基督》（*The Imitation of Christ*）能够取得成功也是这个道理。

另一个更有害的分支是本体论的神秘主义（ontological mysticism），他们特别强调上帝和灵魂之间的非连续性。这一神秘主义神学最娴熟的理论是由埃克哈特（Meister Eckhart，死于 1327 年）阐述的，此人是多明我会修士，他在给修女做系列讲道时发展出其非正统的思想。他声称在每个人的深处都有一个"灵魂的根基"（*seelenabgrund*），都有神圣生命的火花，具有与上帝联合或进入上帝之中的可能性。只有经历过与自身及其他所有创造物分离的痛苦过程——埃克哈特称这一过程为"放开自己"（*Gelassenheit*）——最终的救赎才能发生，永恒之子才能在灵魂中诞生。对于一些人来说，埃克哈特关于永恒之子在内部诞生的教义好像使他否认了耶稣降生为人的历史性，或者至少是贬低了这一历史事件的救赎意义。更为危险的是，埃克哈特的神秘神学允许在已经建立的圣礼渠道之外寻求恩典。另外，本体论的神秘主义还将上帝的绝对能力应用到个人的灵魂上，这样做的代价是由教会虔诚的管理来协调上帝的定旨能力。教会当权者毫不迟疑地认出了埃克哈特神学所具有的爆炸性特点。他被指控为异端，他本人拒绝这一指控，他说，"我可能有错，但我不是异端——因为前者与心灵有关而后者与意愿有关！"[56] 然而，在他死后的 1329 年，埃克哈特还是遭到了教皇约翰二十二世的谴责，这位教皇正是六年前封圣阿奎那的那一位。

埃克哈特的思想并没有随着他被教皇谴责而消失。他的神学被学生陶勒（Johannes Tauler）和苏索（Heinrich Suso）翻译成了流行的语言。中世纪后期一些神秘主义者的虔诚到了极端的地步。苏索就是一位严格的苦行僧，他把耶稣的名字刻在胸口。陶勒则倾向于淡化埃克哈特教义中关于灵魂与上帝神秘结合的一些令人质疑的方面。

不管以什么形式，中世纪后期的神秘主义传统直到宗教改革之前一直都是灵性生活和神学反思的一个重要的来源。路德出版的第一本书就是陶勒的讲道集，他命名为《德国神学》（*Theologia Deutsch*）。我们将会看到，神秘主义为路德批判中世纪的称义教义提供了平台，尽管直到他最终抛弃本体论的神秘主义，他的称义教义才算发展成熟。[57] 茨温利改良后的灵性主义，他对宗教中的有形事物的鄙视，让人们想起神秘主义强调恩典的即时性，强调灵魂直接地、个体地接近基督的特性。加尔文是四个人当中神秘主义倾向最轻微的一个，他在解释基督在圣餐中属灵地、真实地临在时也非常接近神秘主义的理解。下面《效法基督》中的祷告也很可能出自加尔文之口：

> 你，我主上帝，我主耶稣基督，上帝与人，此时完全临在于祭坛上的圣礼之中，那是永恒生命的果实，在那里能常常与你相遇。[58]

门诺不承认任何特殊的神秘启示。"我不是以诺"，他写道，"我不是以利亚。我不是看到异象……或天使启示的人。"[59] 门诺反对某些重洗派信徒和属灵派借用个人的神秘经验来规避严格遵守上帝成文的话。然而门诺十分熟悉更宽泛的中世纪后期神秘经验的遗产，并将其拿来对基督徒的生活做出明确的解释。丁道尔也是如此，尽管他没有提到神秘的异象，但他特别强调基督徒凭圣灵引导的内在生活。没有任何一位改教家毫无保留地全盘接受中世纪的神秘主义传统，但是要理解他们的神学却离不开对神圣直观感觉的热切渴望，这种感觉产生神秘的异象且成为其特征。

人文主义

如果说神秘主义是"每个人的神学",使得神职人员与平信徒、王侯与农夫、女人与男人都有可能与上帝联合,那么人文主义则是由欧洲的文化精英发起和主导的一场改革运动。人文主义(Humanism)这个词本身在今天被很自由地传播,它在 15 和 16 世纪并不是指无所不包的生命哲学,而是指在包括罗马和希腊等异教的以及基督教的古代经典文献被重新发现和研究的基础上发展出的一种特殊的学习方法。因此文艺复兴和宗教改革时期的人文主义与我们今天所说的人文科学(humanities)更接近。回到本源(Ad fontes)是人文主义学者的口号,他们的研究工作展开了历史、文学和神学的新图景。

从某种意义上讲,人文主义是为了反对当时占支配地位的经院主义而发生的一场运动。伊拉斯谟曾经在巴黎大学主修过经院神学,他在《愚人颂》中对当时神学家吹毛求疵的繁琐议论大加嘲弄:

> 有些神学家,相当目中无人又神经过敏……他们解释深藏的秘密以满足自己:世界是怎样创造和设计的;罪通过什么渠道流传给了后代;基督在童贞女的子宫中以什么方式形成,他的形成通过了什么途径以及经过了多长时间;基督在圣餐里没有住所,怎么生存。这些问题都是老生常谈了。还有另一些伟大又开明的神学家(他们这样称呼自己),他们一旦开始就会采取行动。基督诞生的确切时间是什么时候?基督有好几个起源吗?圣父上帝恨他的儿子这个命题可能成立吗?上帝会降生为一个女人、魔鬼、驴子、葫芦或者打火石吗?如果这样,一个葫芦要怎样布道、行神迹,又被钉在十字架上呢?当基督的尸体还挂在十字架上的时候,如果彼得已经献祭了,他又该拿什么献祭呢?而且,在那个时刻,基督还可以被称为人吗?复活之后我们能够吃饭喝水吗?在永恒到来之前,我们还要预防饥渴的侵袭。经院主义的各种各样的辩解使得本来就区别甚小的差别更加错综复杂,所以你走出一个迷宫也比弄清楚折磨人的费解的实在论、唯名论、托马斯派、阿尔伯特派、奥卡姆派和司各脱派要快一些——我说到的只是主要问题,还不是全部。

47　伊拉斯谟接着说使徒本人要和这些"新品种的神学家"辩论也需要另一个圣灵的帮助。[60]

　　经院主义存在的问题不在于强调学习,而在于枯燥乏味的推理,这将学习带入了一个知识的迷宫,而不能产生教会和社会的改革。基督的哲学(*Philosophia Christi*),即伊拉斯谟对寻求基督徒生活之方法的称呼,其先决条件是通过教育进行的改革,教育应视修辞的价值高于辩论、古典的价值高于经院知识、在世上实践的价值高于与世隔绝的修道。

　　从某个角度来说,人文主义片面地删节古典材料,导致了对教会制度和传统神学的偏激的批判。瓦拉(Lorenzo Valla,死于 1457 年)通过语言学的分析证明教皇用来获取现世权力的文件《君士坦丁赠礼》(*Donation of Constantine*)是一篇 9 世纪的伪造之作。另外,瓦拉还质疑将希腊语 *metanoia* 翻译成"补赎"的做法。他指出该词的确有"忏悔"的意思;它指的是心灵和思想的真正改变,而不是指补赎礼所要求的仪式性的表现。伊拉斯谟在其 1516 年版的希腊文新约圣经中引用了瓦拉的翻译。后来,路德在对原文的这一新解读中发现了直接攻击赎罪券的基础。路德的《九十五条论纲》的第一条写道:"当我们的主耶稣说'悔改'(太 4:17),他希望信徒的整个生命都要忏悔。"[61]

　　或许人文主义学者为 16 世纪的宗教更新做出的最积极的贡献就是他们出版了一系列圣经和教父作品的校勘版,由于印刷术的异常成功,这些作品得到了广泛传播。伊拉斯谟最推崇的教父是哲罗姆(Jerome),但是对宗教改革神学影响最大的是教父奥古斯丁的作品。的确,在宗教改革之前的几个世纪便出现了某种"奥古斯丁复兴",部分原因是由于奥古斯丁修会内部萌发了对奥古斯丁神学的新兴趣,以及早期人文主义者对奥古斯丁产生了兴趣,例如彼特拉克(Petrarch),

48　当他阅读《忏悔录》的时候,被深深吸引了,说:"我正在读的好像不是别人的历史,而是我自己的朝圣之旅。"[62]

　　人文主义对宗教改革的影响仍然是当今学者争论的话题。如果路德最初没有人文主义者的支持,尤其是如果没有他们四处兜售《九十五条论纲》,路德攻击罗马一事未必能够成为点燃全欧洲想象与力量的"轰动案件"(*cause célèbre*)。茨温利和加尔文在成为改教家之前都曾涉足古典文献,他们都曾致力于人文主义复兴知识的活动。到了他们研究圣经以及在苏黎世和日内瓦实行改革时，人文主义观点仍然继续发挥着作用。丁道尔也吸收了"新学问"，他不仅精通希腊文和希伯来文，也熟知很多欧陆方言。他的处女作便是一本伊拉斯谟拉丁文专著的英文译本。门诺与其他几个人比起来受到的正规训练较少，他也受到了人文主义运动的影响，还特别喜欢引用伊拉斯谟的几部著作。尽管人文主义对宗教改革的爆发发挥了重大作用，但是以伊拉斯谟为首的多数人文主义者，从来没有感受到人类罪性的严重，也从来没有感受到上帝的恩典的获胜，而这两者正是改教家的标志。人文主义，与神秘主义一样，为改教家质疑既定的传统提供了一定的支持，但是人文主义本身并不足以回答困扰那个时代的问题。

注释

[1] 引自 Johan Huizinga, *The Waning of the Middle Ages*, p. 36。

[2] Paul Tillich, *The Courage to Be* (New Haven: Yale University Press, 1952), pp. 57-63。另参阅蒂利希在《基督教思想史》(*A History of Christian Thought*) 中对中世纪后期的讨论, Carl E. Braaten, ed. (New York: Simon and Schuster, 1967), pp. 227—233。也有其他学者用焦虑来描述这个时期。特别参阅一篇影响很大的文章, William J. Bouwsma, "Anxiety and the Formation of Early Modern Culture," *After the Reformation: Essays in Honor of J. H. Hexter*, Barbara C. Malament, ed. (Philadelphia: University of Pennsylvania Press, 1980), pp. 215-246。

[3] Robert E. Lerner, *The Age of Adversity: The Fourteenth Century* (Ithaca, N. Y.: Cornell University Press, 1968), pp. 10—11。

[4] Joseph Lortz, *How the Reformation Came* (New York: Herder and Herder, 1964), p. 6。

[5] 关于火药发明的重要性，请参阅 J. R. Hale, "Gunpowder and the Renaissance: An Essay in the History of Ideas," *From the Renaissace to the Counter-Reformation: Essays in Honor of Garrett Mattingly*, Charles H. Carter, ed. (New York: Random House, 1965), pp. 13—44; Lynn T. White, Jr., "Tools and Civilization," *Perspectives in Defense Management* 24 (1975—1976), pp. 33-42。

[6] Michael Seidlmayer, *Currents of Medieval Thought* (Oxford: Blackwell, 1960), p. 126；另参阅 Huizinga, pp. 138—151。

[7] Henri Meylan & Alain Dufour et al., eds., *Correspondence de Théodore de Bèze*, (Geneva: Droz, 1960—), III, p. 45（给 Melchior Wolmar 的第 156 封信，1560 年 5 月 12 日），翻译请参阅 Henry Baird, *Theodore Beza* (New York: G. P. Putnam's Sons, 1899), p. 355。

[8] *Comm.* Heb. 2：15：CNTC 2, pp. 485—493。

[9] 参阅 Norman Cohn, *The Pursuit of the Millennium* (New York: Oxford University Press, 1961), pp. 127—147；Gordon Leff, *Heresy in the Later Middle Ages* (New York: Barnes and Noble, 1967), II, pp. 485-493。

[10] 15 世纪和 16 世纪早期圣徒遗物风靡一时。科隆大教堂宣布他们拥有三博士的遗体。亚琛教堂吹嘘他们有马利亚穿的外袍和盛放施洗约翰头颅的还带着血迹的桌布。维腾堡的城堡教堂（也就是路德所在的教堂！）拥有选侯智者腓特烈收集的宝贵的物品，包括：真十字架的 35 块碎片、马利亚的一小瓶奶汁、摩西身旁燃烧的荆棘留下的一截木棍以及无辜儿童尸骨的 204 块碎片。参照 John P. Dolan, *History of the Reformation* (New York: Descle Company, 1965), pp. 204-205。

[11] Seidlmayer, p. 141；"Testamentum Regis Henrici Octavi", Thomas Rymer, *Foedera* (London, 1713), XV, p. 110.

[12] Steven E. Ozment, *The Reformation in the Cities* (New Haven: Yale University Press, 1975), pp. 15—46.

[13] Ibid., 转引自 Johannes Geffken, *Bilderkatechismus des funfzehnter Jahrhunderts* (Leipzig: Weigel, 1855)。

[14] Ibid.

[15] 参阅以下的评论："这些忧心忡忡的扭曲变形的举动表明，比起从前，精神的贫乏和存在的痛苦感受变得范围更大、程度更深了。" Bernd Moeller, "Piety in Germany Around 1500," Steven E. Ozment ed., *The Reformation in Medieval Perspective*, p. 56。

[16] Dolan, p. 201.

[17] Thomas More, *The Workes of Sir Thomas More... wrytten by him in the Englysh tongue* (London: n. p., 1557), pp. 337—338, 引自 A. G. Dickens, *The English Reformation* (New York: Schocken Books, 1964), pp. 5—6。

[18] Ozment, *Reformation in the Cities*, p. 28, 引自 Geffken, *Heidelberger Bildenhandschrift*, Appendix 8。

[19] 这是 eccentric 一词的基本含义。哥白尼革命有唯名论的背景,关于这一点参阅 Heiko A. Oberman, "Reformation and Revolution: Copernicus' Discovey in an Era of Change," in *The Nature of Scientific Discovery*, Owen Gingerich, ed. (Washington, D. C.: Smithsonian Institution Press, 1975), pp. 134—169。

[20] 这一段话来自 Ulysses 论莎士比亚的"等级", *Troilus and Cressida*。W. G. Clark & W. A. Wright ed. , *The Complete Works of William Shakespeare* (New York: Nelson Doubleday, Inc. , n. d.), p. 696。

[21] 这一数据出自西西里的一位审判官路易斯(Louis of Paramo),他写了一篇文章论《宗教裁判所的起源与发展》(*Origin and Progress of the Inquisition*, 1597)。引自 Philip Schaff, *History of the Christian Church* (New York: Charles Scribner's Sons, 1910), VI, p. 529。有关巫术的各种理论请参阅 H. C. Eric Midelfort, "Were There Really Witches?" Robert M. Kingdon ed. , *Transition and Revolution* (Minneapolis: Burgess Publishing Co. , 1974), pp. 189—233。

[22] 参阅 Ian Siggins, *Luther and His Mother* (Philadelphia: Fortress Press, 1981), pp. 32—44。当然,并不是只有天主教相信有巫术。清教神学家 William Perkins 曾出版过一本书叫做《论邪恶的技艺巫术》(*Discourse of the Damned Art of Witchcraft*),另外 1544—1545 年期间,在加尔文实施改革的日内瓦共处决了 29 名女巫。参照 Midelfort, p. 189。

[23] Lucien Febvre, "The Origin of the French Reformation: a badly-put question?" Peter Burke ed. , *A New Kind of History* (New York: Harper and Row, 1973);最早发表于 *Revue historique* (1929)。

[24] 中世纪后期关于真教会的概念,请参阅 Gordon Leff, "The Making of the Myth of a True Church in the Later Middle Ages," *Journal of Medieval and Renaissance Studies* 1 (1971), pp. 1—25; Scott H. Hendrix, "In Quest of the *Vera Ecclesia*: The Crises of Late Medieval Ecclesiology," *Viator* 7 (1976), pp. 347—378。

[25] 君士坦丁的改革被明谷的伯尔纳(Bernard of Clairvaux)等早期改革者看作教皇运气的转折点,而重洗派则将其看作教会的"堕落"。参阅 Bernard, *Sermones in Cantica canticorum* 33. 14—16 (PL 183, cols. 958—959)。另参照但丁的哀歌:"啊,君士坦丁,当时的邪恶——不是你的皈依,而是第一个有钱的神父从你那里拿了钱!" *Inferno*, Canto XIX, 109-111: *The Inferno*, John Ciardi, trans. (New York: New American Library, 1954), p. 170。

[26] 引自 Brian Tierney, *The Crisis of Church and State*, 1050-1300 (Englewood

Cliffs, N. J.: Prentice Hall, 1964), pp. 13—14。

[27] Ibid. pp. 49-50.

[28] Ibid. pp. 132.

[29] Ibid. pp. 189.

[30] *Purgatorio*, Canto XVI, 127-29, John Ciardi, trans., (Franklin Center, Penn.: The Franklin Library, 1983; Original ed. 1961), p. 174. 有学者仍然维护高派教廷主义的观点。例如 Panormitanus（死于 1453 年）说："上帝能做的，教皇都能做，"引自 Patrick Granfield, *The Papacy in Transition* (New York: Doubleday, 1980), p. 44。

[31] 转引自 L. Pastor, *History of the Popes* (London: Trübner and Co., 1891), I, pp. 202—203。

[32] 参阅下面的权威研究 Brian Tierney, *Foundations of Conciliar Theory* (Cambridge: Cambridge University Press, 1955), 尤其是 pp. 1—20, 47—67。

[33] Ibid., p. 248.

[34] "Execrabilis," in Gabriel Biel, *Defensorium Obedientiae Apostolicae et Alia Documenta*, Heiko A. Oberman et al., eds. (Cambridge, Mass.: Harvard University Press, 1968), pp. 225-226. 参阅 Oberman 在 *Forerunners of the Reformation* 中对该教谕的讨论, pp. 212—215。

[35] John M. Todd, *Luther: A Life* (New York: Crossroad, 1982), p. 153. 关于路德与胡斯的关系，请参阅 Scott H. Hendrix, *Luther and Papacy: Stages in a Reformation Conflict* (Philadelphia: Fortress Press, 1981), pp. 85—94; "'We Are All Hussites'? Hus and Luther Revisited," *Archiv für Reformationsgeschichte* 65 (1974), pp. 134—161。

[36] 因此路德在 1520 年后期抗议说："他们行事不正确，称我为胡斯"（Non recte faciunt, qui me Hussitam vocant）。

[37] E. Gordon Rupp, "Christian Doctrine from 1350 to the Eve of the Reformation," Hubert Cunliffe-Jones ed., *A History of Christian Doctrine*, Edinburgh: T. and T. Clark, 1978, p. 292; John Wyclif, *English Works*, F. D. Matthew ed. (London: Tübner and Co., 1880), pp. 96—104, 477.

[38] John Hus, "On the Church," Oberman, *Forerunners*, p. 218.

[39] Hohn Wyclif, *De Ecclesia*, Johann Loserth, ed. (London: Trübner and Co., 1886), p. 8.

[40] Ibid. p. 32.

[41] S. Harrison Thomson ed., *Magistri Johannis Hus Tractatus de ecclesia*

(Boulder, Colo.: University of Colorado Press, 1956), p. 169. 关于胡斯的教会论, 请参阅 Matthew Spinka, *John Hus' Concept of the Church* (Princeton, N. J.: Princeton University Press, 1966); Leff, *Heresy*, II, pp. 655—685。

[42] Ibid. I, p. 208. 关于约阿希姆对属灵派产生的影响, 请参阅 Marjorie Reeves, *Joachim of Fiore and the Prophetic Future* (New York: Harper and Row, 1976)。

[43] Leff, "The making of the myth," p. 2.

[44] 关于胡斯派与瓦尔多派的联系, 请参阅 Amadeo Molvar, "Les vaudois et la réforme tchèque," *Bolletino della Società di Studi Valdesi* 103 (1958), pp. 37—51。

[45] 关于12世纪改革团体的这一形象说法, 请参阅 Giles Constable, "*Nudus Nudum Christum Sequi*: Parallel Formulas in the Twelfth Century," *Continuity and Discontinuity in Church History: Essays Presented to George Huntston Williams on the Occasion of His 65th Birthday*, F. F. Church and Timothy Geoge, eds. (Leiden: E. J. Brill, 1979), pp. 83—91。

[46] 15世纪的人文主义者瓦拉通过语言分析证明《君士坦丁赠礼》纯属虚构。从那以后, 对它的使用与瓦尔多派大不相同, 被作为维护教皇无上权力的说辞。

[47] 关于他们被吸收进新教的历史请参阅 George H. Williams, *The Radical Reformation* (Philadelphia: Westminster Press, 1962), pp. 518—529。

[48] Heiko A. Oberman, "Fourteenth Century Religious Thought: A Premature Profile," *Speculum* 53 (1978), p. 80.

[49] David Knowles, *The Evolution of Medieval Thought* (New York: Random House, 1962), p. 98. 关于经院主义在修道院中的起源, 请参阅 Jean Leclercq, *The Love of Learning and the Desire for God* (New York: Fordham University Press, 1961)。

[50] *Proslogion*, 1. S. *Anselmi Opera Omnia*, F. S. Schmitt, ed. (Edinburgh: Nelson and Sons, 1946), Ⅰ, p. 100. 尤其重要的是, 安瑟伦对上帝存在的本体论证明是以祷告的形式给出的。

[51] *Summa Theologiae* (Madrid: Biblioteca de Autores Cristianos, 1961), Ⅰ, Prologus, p. 3.

[52] Steven Ozment, *The Age of Reform, 1250—1550*, pp. 61—62. 对这一时期的其他论述, 请参阅 Gordon Leff, *Medieval Thought* (Chicago: Quadrangle Books, 1958), 以及 *The Dissolution of the Medieval Outlook* (New York: Harper and Row, 1976)。另参照一项对研究很有帮助的调查报告 David

Knowles, "The Middle Ages 604—1351." Hubert Cunliffe-Jones, ed., *A History of Christian Doctrine* (Edinburgh: T. and T. Clark, 1978), pp. 246—286。

[53] Vide Gerson, *De mystica theologia speculativa*, Cons. 2, 转引自 Francis Oakley, *The Western Church in the Later Middle Ages* (Ithaca, N. Y.: Cornell University Press), pp. 89—90。

[54] 转引自 John Ferguson, *An Illustrated Encyclopedia of Mysticism* (London: Thames and Hudson, 1976), p. 196。

[55] Bonaventura, *The Mind's Road to God*, George Boas, trans. (Indianapolis: Bobbs-Merrill, 1953)。

[56] Raymond B. Blakney, ed. *Meister Eckhart* (New York: Harper and Row, 1941), p. xxiii。

[57] 路德神学有多少受惠于神秘主义传统还是个很有争议性的问题，请参阅 Heiko A. Oberman, "Simul Gemitus et Raptus: Luther and Mysticism," Ozment, *In Medieval Perspective*, pp. 219-251。

[58] Oakley, p. 108。

[59] CWMS, p. 310。

[60] CWE 27, pp. 126-127。

[61] LW 31, p. 25。

[62] 彼特拉克的引文出自 Jaroslav Pelikan, *Reformation of Church and Dogma* (Chicago: University of Chicago Press, 1984), p. 20。有关奥古斯丁修会内部的奥古斯丁热，请参阅 David C. Steinmetz, "Luther and the Late Medieval Augustinians: Another Look," *Concordia Theological Monthly* 44 (1973), pp. 245—260。

参考书目精选

Bagchi, David, and David C. Steinmetz. *The Cambridge Companion to Reformation Theology*. Cambridge: Cambridge University Press, 2004.

Beckwith, Carl L., ed. *Reformation Commentary on Scripture: Ezekiel, Daniel*. Downers Grove, IL: IVP Academic, 2012.

Bentley, Jerry H. *Humanists and Holy Writ*. Princeton: Princeton University Press, 1983. 该书讨论了文艺复兴时期新约圣经的研究情况。有关瓦拉和伊拉斯谟的

章节特别精彩。

Brady, Thomas A., Jr., Heiko Oberman, and James D. Brady, eds. *Handbook of European History, 1400—1600: Late Middle Ages, Renaissance and Reformation*. Vols. 1 and 2. New York: E. J. Brill, 1994—95.

Bray, Gerald, ed. *Reformation Commentary on Scripture: Galatians, Ephesians*. Downers Grove, IL: IVP Academic, 2011.

Bredero, Adriaan. *Christendom and Christianity in the Middle Ages*. Grand Rapids: Eerdmans, 1994.

Cameron, Euan. *The European Reformation*. Oxford: Clarendon Press; New York: Oxford University Press, 1991.

Cargill-Thompson, W. D. J. "Seeing the Reformation in Medieval Perspective," *Journal of Ecclesiastical History* 25 (1974), pp. 297-308. 考察了最近一段时期对该领域的研究。

Christian History Magazine 49: "Everyday Faith in the Middle Ages" (1996). 全文见于 http://www.christianhistorymagazine.org.

Clark, James G., ed. *The Religious Orders in Pre-Reformation England*. Woodbridge, England: The Boydell Press, 2002.

Duffy, Eamon. *Marking the Hours: English People and Their Prayers 1240—1570*. New Haven, CT; London: Yale University Press, 2006.

——. *The Stripping of Altars: Traditional Religion in England 1400—1580*. New Haven and London: Yale University Press, 1992.

Evans, G. R. *John Wyclif: Myth & Reality*. Downers Grove, IL: IVP Academic, 2005.

——. *The Roots of the Reformation: Tradition, Emergence and Rupture*. Downers Grove, IL: IVP Academic, 2012.

George, Timothy. *Reading Scripture with the Reformers*. Downers Grove, IL: IVP Academic, 2011.

Hillerbrand, Hans J., ed. *The Oxford Encyclopedia of the Reformation*. 4 vols. Oxford: Oxford University Press, 1996.

Hudson, Anne. *The Premature Reformation: Wycliffite Texts and Lollard History*. Oxford: Clarendon Press; New York: Oxford University Press, 1988.

Huizinga, Johan. *The Waning of the Middle Ages*. New York: Doubleday, 1949. 第一版于 1919 年在德国发行，这是研究 14 和 15 世纪的生活、思想和艺术不可缺少的一本书籍。

Klepper, Deeana Copeland. *The Insight of Unbelievers: Nicholas of Lyra and Christian Reading of Jewish Text in the Later Middle Ages*. Philadelphia: University of Pennsylvania Press, 2007.

Lambert, Malcolm. *Medieval Heresy: Popular Movements from the Gregorian Reform to the Reformation*. Malden, MA: Blackwell, 1992.

Lindberg, Carter. "The Late Middle Ages and the Reformations of the Sixteenth Century." Pages 257—423 in *Christianity*. New York: Macmillan, 1991.

——. *The Reformation Theologians: An Introduction to Theology in the Early Modern Period*. Oxford; Malden, MA: Blackwell, 2002.

Linder, Robert D. *The Reformation Era*. Westport, CT: Greenwood, 2008.

Lynch, Joseph. *The Medieval Church: A Brief History*. Longman, 1992.

MacCulloch, Diarmaid. *The Reformation*. New York: Penguin Group, 2003.

Oakley, Francis. *The Western Church in the Later Middle Ages*. Ithaca, N.Y.: Cornell University Press, 1979. 该书通盘考虑了政治、社会、知识和灵性等多种势力。

——. "Conciliarism" in *The Oxford Encyclopedia of the Reformation (Vol. 1)*, Hans J. Hillerbrand, ed. Oxford: Oxford University Press, 1996.

Oberman, Heiko A. *Forerunners of the Reformation*. Philadelphia: Fortress Press, 1966. 该书是一本原始材料的选集,并包括了很有帮助的介绍。

——. *The Harvest of Medieval Theology: Gabriel Biel and Late Medieval Nominalism*. Cambridge, MA: Harvard University Press, 1963.

Oberman, Heiko, and Donald Weinstein. *The Two Reformations: The Journey from the Last Days to the New World*. New Haven: Yale University Press, 2003.

Ozment, Steven E. *The Ages of Reform, 1250—1550*. New Haven: Yale University Press, 1980. 该书提供了对这一时期一个比较综合的看法。对中世纪后期的论述要好于对宗教改革的论述。

Ozment, Steven E., ed. *The Reformation in Medieval Perspective*. Chicago: Quadrangle Books, 1971. 收集了该领域八位令人尊敬的学者的论文。

Petry, Ray C. *Late Medieval Mysticism*. Philadelphia: Westminster Press, 1957. 一本编得很好的原始材料选集。

Pettegree, Andrew. *The Early Reformation in Europe*. Cambridge; New York: Cambridge University Press, 1992.

——. *Europe in the Sixteenth Century*. Oxford; Malden, MA: Blackwell, 2002.

——. *Reformation and the Culture of Persuasion*. Cambridge; New York: Cambridge University Press, 2005.

——. *The Reformation World*. London; New York: Routledge, 2000.

Steinmetz, David C. *Misericordia Dei: The Theology of Johannes von Staupitz in its Late Medieval Setting*. Leiden: E. J. Brill, 1968. 该书盛赞施道比茨及其开启的中世纪传统。

Taylor, Larissa, ed. "Dangerous Vocations: Preaching in France in the Late Middle Ages and Reformations." Pages 91—124 in *Preachers and People in the Reformations and Early Modern Period*. Leiden; Boston; Köln: Brill Academic Publishers, 2001.

Thompson, John L., ed. *Reformation Commentary on Scripture: Genesis 1—11*. Downers Grove, IL: IVP Academic, 2012.

Vauchez, Andre. *The Laity in the Middle Ages: Religious Beliefs and Devotional Practices*. Notre Dame, IN: University of Notre Dame, 1993.

3

切慕恩典： 马丁·路德

> 路德反对教会不是因为教会的要求太多，而是因为教会的要求太少了。
> ——奥斯瓦尔德·斯彭格勒（Oswald Spengler）[1]

作为神学家的路德

1483年11月10日，马丁·路德生于艾斯莱本（Eisleben），他是一位中产阶级银矿主的儿子。他按部就班学习法律，之后进入了修道院，在那里经过多次的内心挣扎，他对上帝、信心和教会有了新的认识。这使他陷入与教皇的冲突中，之后他被开除教籍，并创立了信义宗教会，直到1546年去世，信义宗一直由他领导。

上面的三句话概括了路德的一生。任何人如果认为这样的概括或者讲述路德生平事件的长篇传记能够真实反映他的人生，这种想法都无法深入问题的本质。阿尔托依兹（Paul Althaus）曾经形容路德是一个"海洋"。[2] 这个比喻不仅指路德浩如烟海的著作——大魏玛版的路德全集已经超过了100卷，还指路德强有力的原创性以及无与伦比的深刻性。在教会历史上，只有两个神学家能够与路德比肩，即奥古斯丁和阿奎那；学者对这位维腾堡的改教家的作品进行研究的精细程度，只有对另一部作品，即新约文献本身的研究可以与之媲美。在这样的一个海洋里，一个人很容易被淹没。

人们做了各种各样的努力，希望能够解释路德对后来历史的影响。[3] 传统的天主教历史学将路德描述成一个拉倒了母教会柱子的疯狂修士以及心理有问题的魔鬼。对于正统的新教徒来说，路德是一个神圣的骑士，是摩西，是参孙（拉倒了非利士的神殿），是以利亚，甚至是第五福音的作者以及主的天使。对敬虔派信徒来说，路德是一位热心的皈依新教的使徒。德国民族主义者将他奉为民族英雄和"德国之父"；纳粹神学家将他塑造成原雅利安人以及 Führer（元首）的先驱者。有意思的是，路德的文字可以用来支持每一种夸张的说法。然而，他们都没有认真考虑过，路德本人认为该如何恰当地评价他的神学。

路德从来没有想过要建立一个新的宗教派系，他总是将自己看作教会忠实而又顺服的仆人。因此他为英国和法国而非德国的那些最初的新教徒被称为"路德宗"深感懊恼：

> 我要请求的第一件事就是人们不应该使用我的名字，不应该称他们自己是路德宗，而应称他们是基督徒。路德是什么？那些教导并不是我的。我也没有为任何人被钉十字架……我是满装蛆虫的臭皮囊，人们怎么能够用我败坏的名字来称呼基督的儿女？[4]

这段否认的声明写于1522年，路德写这段话并不是要抗议错误的羞辱，而是要努力阻止已经萌芽的"个人崇拜"，并将人们的注意力吸引到改教家思想的源头上去。"那些教导并不是我的"。理解了路德这段声明的意思以后也就能抓住他宗教改革神学的关键所在了。

在同年的一次布道中，路德讲述了他本人怎样看待自己在宗教改革事件中的角色：

> 我只是传授、宣扬和书写上帝的话；除此以外我什么也没做。然而，当我睡觉，或者与我的菲利普和阿姆斯多夫喝着维腾堡的啤酒时，上帝的话大大削弱了王侯和皇帝从来没有这样损害过的教皇制度。我什么也没做。所有的事都是上帝的话做的。[5]

对现代人来说，从这样的陈述很难看出路德是个实干的人。公然反抗教皇、压制农民、调停政治危机、教学、讲道、辩论、结婚以及在婚姻中付出：路德是上帝话语的实实在在的践行者，而不仅仅是一个聆听者。对路德来说，聆听和接受是首要的。"信心来自聆听"，"通过聆听获得信心"（*Fides ex auditu*）或许是对他宗教改革新发现最好的概括。[6]

路德并没有把自己看成是教会改革的代表，看成 16 世纪的列宁或者罗伯斯庇尔，撼动了世界颠覆了国家。教皇制和帝国被一个朴素的德国修士的话撼动了——如果算不上被推翻了的话，这样的结果，他认为只是他先前呼召所带来的上帝赐予的副产品。"我什么也没做。我让上帝的话行动。"路德实实在在所做的，路德被要求去做的，是聆听上帝的话。"上帝的话的本质是被人聆听。"他评论说。他还说："如果你去问一个基督徒他的使命是什么，他凭什么配得基督徒这个名号，除了聆听上帝的话之外，你听不到其他的回答，那就是信。耳朵是基督徒唯一的器官。"[7]他聆听上帝的话，乃是因为那是他的本分，因为他相信灵魂得救要靠聆听。路德不是因为攻击赎罪券而成为一名改教家。他攻击赎罪券是因为上帝的话已经在他的心里深深扎下了根。

人们对路德戏剧性的一生津津乐道：雷电中的危机感、在莱比锡与艾克（John Eck）的辩论、焚烧教皇的教谕、在沃尔姆斯"这是我的立场，上帝帮助我"的告白。然而，在他人生中有另一件事缺少戏剧性而且很少被人提起，但是对他未来的工作却至关重要。这件事发生在 1511 年的 9 月，就在路德从精神消沉中走出来以后。他与施道比茨（Johann von Staupitz）坐在花园的梨树下，施道比茨是奥古斯丁修会的牧师以及路德的导师和告解神父，当时这位长者告诉年轻的路德应该准备开始布道并成为一名神学博士。路德对这个建议十分惊奇，他回答说："尊敬的阁下，施道比茨先生，你将剥夺我的生活。"施道比茨半开玩笑地回答说："非常正确。在天堂里上帝有足够的工作给那些聪明的人做。"[8]事实上，路德已经获得了三项博士学位的预备资历："圣经学士"（*Baccalaureus Biblius*），让他具备了讲授圣经入门课程的资格；"神学学士"（*Formatus*），意味着他精通了学术术语，还有"语录讲师"（*Sententiarius*），让他有资格教授伦巴德《四部语录》的第一册和第二册。《四部语录》是标准的中世纪教义纲要。现在他正要完成获得博士学位的神学要求。1512年10月18日，路德终于被授予了神学博士学位。在授予仪式上，路德获得了一顶羊毛贝雷帽和一枚银戒指，还有两本圣经，一本合着，一本打开。他还接续了施道比茨本人的职位，被任命为维腾堡大学的终身圣经讲师。[9]

1512年冬天，这位受人尊敬的马丁·路德博士开始为讲授《诗篇》课程做准备（1513—1515），随后他又开始讲授《罗马书》（1515—1516），《加拉太书》（1516—1517），《希伯来书》（1517），后来又讲《诗篇》（1518—1519）。后来他评论道："在教课的过程中，教皇制从我的脑海中消失了。"[10] 在这几年之中，路德从一所偏僻大学的一名默默无闻的僧侣转变为欧洲政治舞台的中心人物。(1514年编写的德国大学的名人录甚至找不到路德的名字！) 在之后的混乱中，他产生了一种始终支撑自己的强迫意识，认识到自己作为圣经教授具有很重要的使命。和后来的加尔文感到上帝把他"推进游戏之中"一样，路德也诉诸上帝的主动性。提到施道比茨的敦促，他说："我……马丁博士，被要求和强迫做一名博士，这是违背我的意愿的，本着纯粹的服从，我不得不接受博士的任教职务，并对着我亲爱的圣经发誓一定要忠实而真诚地宣扬和讲授圣经。"[11] 后来路德违背了修道的誓愿，并与一位从前的修女结了婚，那时他仍然坚持担任教学工作，并保持着博士的头衔。[12] 作为教会的教师，他执著于倾听上帝的话和思索圣经。除了这些关键的被动活动外，还有一些关于路德的事情需要说一说。[13]

我们怎样理解作为神学家的路德？路德的作品包括各种各样的体裁：评论、教理问答、论辩文章、议论文、诗歌、布道、个人信件、《桌边谈话》等等。但是这里面，没有一样是系统神学。即使是部分由路德草拟的《奥格斯堡信条》也只是提出了具体的神学陈述，而缺少完整的教义系统。路德的文章毫无例外都是针对具体情况而发（*ad hoc*），面对特殊的情形，头脑中已经有了明确的答案。这并不是说路德的神学很随意，也不是说他的神学里没有统领的主题和形式。然而我们必须让路德的神学主题符合他本人的主要是作为牧师的思路，而不能把我们的想法强加给他。这样做有助于我们考察路德基本的神学进路，而我们可以用三个一以贯之的特点来形容路德神学。路德的神学是**圣经的、存在的和辩证的**。

路德是一位圣经神学家。这样说可能只是表示路德是一位在维腾堡大学主要教旧约以及诠释学的圣经教授。然而，这种说法更大程度上代表了路德激进地抛弃了经院神学的标准课程，而让神学重新回到圣经的文本当中。这里我们说的并不是路德正式的圣经教义，也不是宗教改革唯独圣经（sola scriptura）的原则，二者都是早期发展的结果。我们所想的是路德掀起的反对当时经院神学的运动，以及革新大学课程的计划，这样"研究圣经和教父才能回归纯净"。[14]

路德受到了中世纪后期唯名论传统的全面训练。在某些问题上，例如关于共相的问题，路德还是新路派（via moderna）的代表，即使在他成为一位改教家之后情况仍是这样。[15]然而，在他职业生涯的早期，仍然是个语录讲师（Sententiarius）的时候，路德就对哲学在神学建设中的价值这个问题产生了深深的怀疑："神学是天堂，甚至是天国；然而，人在地上，人的推理都是虚无缥缈的。"[16]路德感到在神学和人的"推理"之间有一条不可逾越的鸿沟，当他深入研究圣经文本之后，这种感觉就更强烈了。1515年他称唯名论者是"公猪神学家"（hog-theologians）。[17]1517年9月，也就是赎罪券之争爆发前的两个月，路德加紧了对经院神学的批判，对"亚里士多德"展开爆炸性的驳斥：

> 认为一个人不学习亚里士多德就不能成为神学家的说法是错误的。正确的说法乃是，一个人除非抛弃了亚里士多德就不能成为神学家。简言之，与学习神学相比，亚里士多德的所有哲学就像黑暗，而神学就像光。[18]

路德从来没有这样反对过亚里士多德。路德指责的是经院神学将亚里士多德哲学看成基督教教义的前提，用异教的"诡辩"来解释圣经启示，将圣经的伟大主题：恩典、信心和称义贬低成繁琐的行话。秉着德尔图良的精神，路德问耶路撒冷与雅典有什么关系，教会与学术有什么关系，信仰与理性有什么关系。

路德描述理性时所使用的词汇特别粗俗——魔鬼的娼妇、畜生、上帝的敌人、胡尔达女士（Frau Hulda）——他的批评常常给他打上非理性主义者的标签。格利什（Brian Gerrish）指出，路德使用理性一词（ratio, Vernunft）与现在的用法有细微的差别。路德很难诋毁理性本身的能力，也就是说理性判断和认识社会及其管理的能力。当理性越过这个"世俗"的层面而企图探讨神圣事物的时候,"那个聪明的妇人,耶洗别"便感到无能为力了,因为"上帝所有的作为和话语都是与理性相抵触的"。[19]

对路德来说,在真正的神学领域,理性只能在事后发挥作用,圣经的启示已经明确设定了理性的原则。被光照的理性,也就是被包含在信仰中的理性,因此能够"帮助信仰思索一些事情",由圣灵启示的理性"获得的所有想法都来自上帝的道"。[20]当我们听到路德在沃尔姆斯说出那一段著名的表白之时,我们的脑子里一定要明白这一点。路德说:"除非圣经和明白的理性说服了我,否则我不能也不愿收回我的说法。"理性不能离开圣经成为独立的权威——他的良心仍然要"听从上帝的道"——理性只是圣经本身必要的推理。[21]路德并没有贬低人类理性;他甚至指出经过修正的理性在研究神学过程中可发挥重要的作用。作为神学家,他反对的是理性的傲慢,经院神学已经使其代替了启示的首要地位。

当我们称路德是**生存论**神学家时,我们是说对他而言关于上帝的问题是关乎生死的问题,它不只是涉及一个人的知识,而是涉及一个人的整个存在。对路德来说,神学总是深具个人性、经验性和相关性的。通过把握路德三个关键时期的主要词汇,我们能够很好地理解这个概念。

在上帝面前

人类的生存是 *coram Deo*,"在上帝面前"或"面对上帝"。加尔文也用类似的说法表达在生活的每个层面上人类都"与上帝有关"(*negotium cum Deo*)。[22]这与是否相信上帝无关,因此路德摒弃了对上帝存在的古典证明方法。对路德来说,"上帝"从来不能被放在引号中。经院神学最大的罪(从路德的角度来说,也是新康德主义哲学的罪)正是把上帝视作一个设立秩序的概念、第一原则甚至是必然性存在。这样的做法将上帝置于远处,使上帝成为中立调查的客体,并剥夺了人类选择服从或违背上帝的决定权。但是上帝和我们的主耶稣基督的父不是我们能够讨论和争辩的一位神,也不是研讨会凭着冷冰冰的客观性可以决定其存在的一位神。圣经中的活神是在审判和恩慈中与我们相遇的上帝,是诅咒和拯救我们的上帝。*Coram Deo* 意味着我们全听凭上帝的处置,上帝从来不听凭我们差遣。"相信这样一位上帝,"路德说,"就是向他屈膝。"[23]

基督为我

路德神学的核心是上帝在耶稣基督里将他自己完全而毫无保留地赐给了我们。然而,正如路德不接受讨论上帝存在的做法,他也没有提出前后一致的赎罪"理论"。[24] 只是知道基督死了,或者他为什么死了是不够的。这种知识只是"历史的信"的结果,这样的信不能使人得救。魔鬼也有他们自己的赎罪理论;他们也信,却是战惊!获救的信心必须来自一个人的内心。只有认识到基督是"为我"(pro me)、"为我们"(pro nobis),我们才能了解基督的作为的意义。

> 重点理解这几个词,"我","为了我",并怀着坚定的信心相信你自己就是这个"我"。
> "我们的"、"我们"、"为了我们"这几个词语应该用金色的大字来书写——谁如果不相信这几个词语谁就不是基督徒。[25]

路德特别强调"为了我",这使得一些批评家认为他的神学过于主观性和以人为中心。这项指控很不可思议,因为路德的口号是以上帝为中心的"让上帝成为上帝",而他倡导的宗教改革的责任是取得突破,确立上帝在拯救中的绝对主权。[26] 好消息就是在耶稣基督里,至高无上的上帝是支持我们而不是反对我们的。路德认为我们不能抽象地(in abstracto)理解这个好消息,而应该凭着信心在经验中理解它。[27]

焦虑

Anfechtung 这个词常常被不太确切地翻译成"诱惑"(temptation),其实确切的意思是指恐惧、绝望、对末日来临的预感、攻击以及焦虑。路德用这个词来描述他在艰难地寻找一位仁慈的上帝的过程中所遭遇的剧烈的属灵冲突,这种折磨的痛苦深入他的良心。他说,他感到自己的灵魂和基督一起被拉出身体,因此他的骨头历历可数,"没有一个角落不是被填满了最苦的痛楚、震惊、恐惧、哀伤,并且永无休止"。整个宇宙都塌陷到他身上,他像一片干枯的树叶瑟瑟发抖。他的境况如此令人绝望,以致他想钻进老鼠洞里。这个"广阔的世界"对他来说已经太狭小了，但是却找不到出口。[28]

这种焦虑的经历在路德灵性旅程中并不是一个短暂的阶段。这种经历在他的一生中不断重复发生，并决定了他神学的方法。在一段著名的话中路德承认：

> 我没有马上就学习神学，但是我不得不更深地寻求它。在那里，我的焦虑攫住了我……并非理解、读书或者推理造就了神学家，而是生存，甚至是死亡和诅咒造就了神学家。[29]

因此神学是长达一生的挣扎、抗争和抵抗诱惑的过程。当信仰带来确定的信心的时候，我们务必要抵御世俗的安全感（securitas）。基督徒要想到每日会受到持续不断的攻击。"没有一个人能够安全而放心地行路，好像魔鬼远离我们。"[30] 路德对那些将他强调"唯独信心"（sola fide）曲解为简单的相信主义的人十分恼火。他说：诱惑和经验实实在在地告诉我们信心是"十分艰苦的艺术"：

> 当你关注死亡、罪、魔鬼和世界的时候，当你一加入战斗你的良心就开始了挣扎时，我敢说那时你会浑身冒着冷汗说：我宁愿身穿盔甲走路到圣雅各那里去（指西班牙的 Santiago de Compostella，据说使徒雅各埋葬在那里，雅各强调行为超过信心）也不愿遭受这样的痛苦。[31]

真实的信心和真正的神学是在诱惑的铁砧上锤炼成的，因为只有"经验"（experientia）能够造就神学家。[32]

路德神学的第三个特点就是**辩证性**。[33] 任何对圣经的理解和人类的经验都是辩证的，它们都能为人提供远非肤浅的分析，因为生活和圣经都不是一个简单的体系化的事物。路德似乎比大多数神学家更酷爱悖论。他讲话总是提到两样事物：律法和福音、愤怒和恩典、信心和行为、肉体与灵魂，与上帝有关或者与世界有关（coram Deo/coram mundo）、自由与束缚、隐藏的上帝与显现的上帝。这些成对出现的概念一定暗含了另一方面的意思，即使没有清楚地表达出来。真理只有通过相互对照的方法才能获得。例如，如果不是律法向我们指明我们没有能力称义，然后把基督指给我们，我们就无法理解福音。在这个例子中，律法/福音这两极是联合在一起理解的：律法**和**福音**两者**对于获得拯救都是至关重要的。有时，同样的词路德要分开来使用：我们**或者**局限于律法并受到诅咒，**或者**相信福音并获得拯救。这种思维方法加大了路德神学的张力。路德几乎总是选择忍受张力，而不是消解悖论。现在我们必须看一看他的称义教义是如何发展出辩证法的。

从"同时是"到"总是"：唯独因信称义

新教诞生于论证唯独因信称义教义的斗争中。对路德来说，因信称义不仅仅是众多教义中的一条，而是"所有基督教教义的总结"，"这条教义决定了教会的生死存亡"。在1537年的《施马加登条款》(Schmalkald Articles)中，他写道："我们不得抛弃这条教义中的任何内容，也不得就其做出任何妥协。"[34]同时，他也承认，这一条教义很难坚持，也很少有人能做出正确的解释。[35]路德是怎样发现这条教义的？他为什么把这条教义看得如此重要？

非常幸运的是，关于这些问题，路德都留给了我们答案。在他去世前不久，路德还记得当他还是个修道士的时候，《罗马书》1：17中的"上帝的义"这个词语怎样引起他灵魂的深深恐惧。他做了所有努力想让上帝满意——他祈祷、禁食、守夜、做善工——然而所有这些努力带给他的只是良心的焦虑不安。他开始对自己的失败感到绝望，后来仇恨上帝的情绪愈演愈烈："我不爱那个惩罚罪人的上帝，我反倒恨他；我用一种即使算不上亵渎也是十分可恶的默默的抱怨对上帝怀怒。"但是，他还是"不停地研究保罗"，日夜在塔楼里学习和沉思，直到：

> 我开始明白"上帝的义"就是人通过上帝的恩典获得的义，也就是通过信心获得的义。意思即：上帝的义通过福音显明出来，上帝通过我们的信心赋予我们被动的义，正如经上写的："义人必因信得生。"我感到我重生了，我穿过敞开的大门，进入了天堂。[36]

这段文字清楚地表明路德的想法出现于1519年他开始第二次讲解《诗篇》的时候。许多研究宗教改革的学者在路德早期作品中发现其对福音的新教理解，他们认为这段文字所表明的时间太晚了，并将其归咎于一个老人糟糕的记忆力。争论的焦点是"青年的路德"与"成熟的路德"之间的分界线在哪里。或者,换句话说,路德什么时候从一个奥古斯丁修会的修士变成一位改教家?

到 1517 年末爆发赎罪券之争的时候,路德已经深深埋下了后期神学的种子。他确信宽恕是上帝白白的恩典,并不是人的德行的成果。他与经院神学决裂,转向了圣经神学。在张贴《九十五条论纲》以后的斗争中,路德成熟的称义理论才充分显现出来。路德有两种经验,一种是 1513 或 1514 年期间,在施道比茨的启发下对福音最初的觉悟;另一种是 1518 或 1519 年期间的神学发现,这一发现导致了他对称义清晰而迥异的理解。我们能够区分路德的这两种不同的经验吗?

施道比茨为路德指出"最甜蜜的救主的伤痕"是治疗他绝望的方法。[37]因此这位奥古斯丁修会的告解神父和导师成了路德"在上帝中的父"(father in God)。"如果我不感激施道比茨,那我就是一头可恶的忘恩负义的天主教的驴子……他给了我在基督里的生命。如果不是施道比茨帮助了我,我早已被绝望吞没并堕入地狱。"[38]施道比茨播下了种子,或者如路德说的,"发现了因信称义",但是这一理论最后成型还需要发芽和生长。通过简要描述路德反对什么,我们便能更好地掌握路德理论的发展过程。

称义在教父神学和中世纪神学中都占据着主导地位,对称义的解释主要开始于基督教教义学与希腊哲学的结合。和解被理解成在上帝和人之间建立一种本体论的联系,"在存在的秩序中从属于上帝"[39]。希腊世俗的成圣概念就是基督教化,得救就是参与到上帝存在的大光中。例如,这一形象化的描述是阿塔那修的著名格言"基督成为人,好使我们能够成为上帝"以及奥古斯丁的整个称义神学的基础。

把得救视为神格化的必然结果是把罪视为对存在秩序的破坏,罪是一种需要医治的疾病。爱任纽(Irenaeus)指出道成肉身所释放出的医治力量:逻各斯成为肉身意味着神圣而实在的力量对衰弱的、无可救药的自然领域的冲击。[40]这种神圣的力量通过圣礼作为媒介永远常新地传递给人类。安提阿的伊格纳修(Ignatius of Antioch)曾经说过,圣餐是"令人不朽的良药"。[41]对奥古斯丁来说,始于洗礼的成圣过程同样也是通过恩典的浇灌得以持续,而这恩典的浇灌则是借着教会的圣礼——补赎礼。基督徒在今生是一名旅行者（viator），总是处在上帝的恩典以及上帝的审判之间，上帝的恩典由基督显现出来并通过圣礼传递给人，上帝的审判如同悬在人们头顶上方的达摩克里斯之剑，时刻对一个人的灵命提出质疑。

在经院神学中，称义理论细化并区分了"实际的恩典"（actual grace）和"长存的恩典"（habitual grace）。实际的恩典带来的是对那些在忏悔时所陈述的本罪的宽恕。但是实际恩典还不足以消除人的原罪，也不足以从本体上改变一个罪人。消除原罪还需要注入长存的恩典，以赋予灵魂神圣的品质，并使人能够行义。长存的恩典是纯粹的恩典，并非德行的结果。而且，一个人被称为义，乃是因为上帝已经使他成为义，至少在某种程度上，他被注入了超自然的品质。一个人被判定称义，就是医生宣布他已经康复，也是证实了病人的本质已经改变。

这也正是路德的问题。因为只有在忏悔中列举的本罪才能得到宽恕，路德非常担心他忽略了一些罪。他会向施道比茨忏悔长达几个小时，离开了，又急匆匆跑回来，为他没有提到的一些小问题忏悔不已。这时，施道比茨有些恼怒了，说："我说，马丁弟兄。如果你要忏悔，为什么不去做一些值得忏悔的事情？去杀害你的母亲或父亲！去犯奸淫！不要再为了那些鸡毛蒜皮、虚假不实的罪到我这里来了！"之后，路德又为另一个疑问苦恼不已："我的忏悔是真正的悔过吗？还是因为恐惧我才悔过？"每当这个时候，他就被投入绝望的深渊，以致他希望自己"从来没有被生为人"。[42]正如沃森（Philip Watson）说的，路德的仇恨从自己转向了上帝，路德根本的问题已经不再是自己是绵羊还是山羊，而变成了上帝是食草还是食肉，上帝是救赎者还是破坏者？[43]我们看到，施道比茨将耶稣的伤口指给路德看，从而帮助他克服了那些严重的焦虑，并将他引向基督的十字架。但这只是他提出因信称义的第一步。在接下来的五年里（1513—1518），形形色色的想法和各种各样的影响塑造了路德以及他对称义的思考。路德的思想明显受到了唯名论、德国神秘主义以及奥古斯丁作品的影响。

路德从唯名论神学家比尔（Gabriel Biel）的著作中操练神学，路德曾经在爱尔福特师从于比尔的学生。比尔所持守的是一个完备的传统，包括奥卡姆（William of Ockham）和司各脱（Duns Scotus）。众所周知，这一传统的鲜明特点就是区分上帝的绝对能力（absolute power）与定旨能力（ordained power）。凭借绝对能力，上帝能够做任何事而又不违背矛盾律。例如，他可以化身成一只老鼠或一块石头；他也可以规定奸淫是美德而对婚姻的忠诚是恶行。然而，我们知道，事实上通过定旨能力，上帝化身为人，也就是耶稣基督，并且规定奸淫是道德上的罪。

比尔神学中区分绝对能力和定旨能力的做法并没有对奥古斯丁分步骤称义的概念造成威胁。从理论上说，凭借绝对能力（de potentia absoluta），称义并不需要注入恩典。但是，凭借定旨能力（de potentia ordinata），上帝选择通过特定的渠道使我们称义，这些渠道我们已经说过了。在圣灵降临节的一次布道上（1460），关于称义这个问题，比尔劝诫他的会众说：

> 加百列对约瑟说，"你要给他起名叫耶稣，因他要将自己的百姓从罪恶里救出来。"他的确通过为他的百姓准备良药，已经把他们从罪恶中救了出来。他继续每天解救他们，为他们驱除疾病。他还要彻底地解救他们，给他们完全的健康，为他们抵挡所有疾病……当他创立了有医治作用的圣礼时，就为我们准备了良药，以治愈罪恶带给我们的伤痛。[44]

除了通过圣礼注入恩典，人无法获得应得的功德（meritum de condigno）。然而，"尽力做好"（facere quod in se est，字面意思是：做内心的事），有可能获得赏赐性的功德（meritum de congruo）。通过定旨能力，上帝赐予每个尽力而为的人恩典。因此罪人根据各人的自然能力和善工有可能向上帝提出要求，甚至可以向上帝要一些特定的东西。

我们来看一看唯名论描绘的旅行者的形象，即身处正义的上帝不可捉摸的意志与必须尽其所能做善工之间的一个人，怎样加剧了年轻的路德所感受到的痛苦。不管怎样，直到1515年路德仍然信奉尽其所能做善工是接受恩典的前提条件。"因此，律法是人们接受基督的预表与准备，所以尽力做我们内心的事（factio quantum in nobis est）才能使我们获得恩典。"[45]直到1516年末或1517年初，路德还坚持某种形式的"尽力"（facere quod）教义。在这几年中，他放弃了"逻辑学家令人作呕的规则"和那些"蛆虫一样的哲学家们"的术语。[46]路德开始认识到先于恩典的不是顺服,而是不顺服和主动的叛逆。[47] 路德抛弃唯名论的德行和恩典概念,是他提出称义理论根本的一步。

1516 年施道比茨第一次向路德介绍了多明我派神秘主义者陶勒的作品。路德在《德国神学》中发现了类似的精神,《德国神学》一书路德出版了两次,一次是节选本(1516),一次是完整本(1518)。路德有一句著名的格言,"神秘主义的迷狂不是通向上帝的途径"[48]。从这句格言人们可能会得出一个结论,即路德仅受到了神秘主义的负面影响。路德对陶勒以及其他神秘主义者毫不吝啬的赞扬表明实际情况并非如此。人类自我中心的刚硬以及仿效基督受辱和受难的需要是路德研究的主题,也是神秘主义不断重复的主题。路德也同意人在上帝面前恰当的态度是完全的被动和顺从(Gelassenheit),基督受难时的表现就是最好的例子。他曾下过地狱,作为他为恩典所做的部分"准备"。

有一段时间,路德接受了神秘主义关于良知(synteresis)的教义,良知就是人的灵魂的根基(Seelenabgrund),是达到神秘的神人联合的人类基础。在一次圣司提反纪念日(1515 年 12 月 26 日)的讲道上,路德将良知说成是灰烬下的火星、埋在地里的种子、等待取得形式的质料。路德对《以赛亚书》1:9("若不是万军之耶和华给我们稍留余种,我们早已像所多玛、蛾摩拉的样子了。")进行了引申的解释:"除非将良知和本性的残余保存下来,否则万物都将毁灭。"[49] 路德又将良知说成是自然人的良心之中不可磨灭的火星,医生称其为自然力量,缺了它任何疾病都无法治愈。的确,灵魂的终极本质不能让人天生就能够在上帝面前站立,也不能让人凭借自然能力自己获得拯救。但它的确给了自然人一条腿,让他们能站立,因为它提供了奥秘联合的基础,这联合是借着"上帝诞生在人灵魂中"而实现的。在这样的联合中,人本身融入上帝之中,"就像一滴水融入了深海。他与他的合一超过了空气暴露在日光中与太阳光的结合。"[50] 从某种程度上说,这样的过程一旦发生在人身上,他就称义了:从"旅行之人"(*homo viator*)变成了"神格化之人"(*homo deificatus*)。

然而,路德逐渐意识到罪人要拯救自己或者在上帝面前保持义是完全无能为力的,他开始怀疑良知概念。后来,路德把罪看成是激烈的叛逆,不仅仅是被动的软弱或善的缺乏。罪的恶劣之处不仅在于它败坏了人的整个存在，还在于它是一股难以控制的能量，无法用通常的方法制服。人在上帝面前的境况就好像完全赤身裸体，被夺去了所有的自然资源，包括良知，没有任何依靠。与上帝的分离源自堕落，路德曾这样描述堕落：

> 所以亚当和夏娃是纯洁而健康的。他们的视力敏锐，能够看穿墙壁，听力好使，能够听到两英里以外的声音。所有动物都服从于他们；甚至连太阳和月亮都向着他们微笑。但是后来魔鬼来到他们跟前，对他们说，"你们会变成上帝的样子"，等等。他们回答说，"上帝是有耐心的。一个苹果能带来什么不同？"魔鬼在他们面前喋喋不休。它勒住了我们所有人的脖子。[51]

最首要的罪就是不信上帝，人类依赖推理而不顾上帝的道。最恐怖的是所有人都没有意识到我们的罪的严重性："如果一个人认识到罪的巨大，他一刻也活不下去；所以说罪的能力如此大。"[52] 尽管路德在以后的讲章和圣经注释中还继续使用一些神秘主义词汇，但他放弃良知的教义是迈向对称义的崭新理解的关键一步。

我们已经否定了路德的称义教义是灵光一现就完成了的说法。他的理论经过了几年的发展，受到中世纪后期多种思想潮流的影响，中间还经历了多次转变。最关键的一次转变就是在非奥古斯丁的框架中重新定义称义。这几年中，路德对奥古斯丁态度的变化可以帮助我们找到他神学发展的过程。在1517年5月18日给朋友朗（Johannes Lang）的一封信中，路德写道："我们的神学与圣奥古斯丁的思想发展得很快，感谢上帝，它们在我们大学占据了主导地位。"[53] 后来路德重新评价了奥古斯丁的称义理论："奥古斯丁比那些学院派更接近保罗，但是他还没有完全理解保罗。开始我完全照搬奥古斯丁，但是当通向保罗的大门敞开以后，我知道了什么是真正的称义，从此我不再赞同奥古斯丁。"[54]

路德与奥古斯丁分道扬镳的同时，他也对《罗马书》1：17中所说的"上帝的义"有了新的理解。路德在《〈罗马书〉讲义》（1515）里对这节经文的讨论非常简短，仅仅解释了两个短语："上帝的义显明出来"（包括引用奥古斯丁和亚里士多德的话，共有18行文字）以及"本于信以致于信"（共有24行文字，并再次引用了奥古斯丁的话）。并且，他将后一个短语解释为逐步的义，一个"越来越增长的"获得义的过程。基督徒的生命就是"寻求和争取成为义,直至死亡那一刻"。[55] 1518 年 10 月,路德再次对《罗马书》1:17 进行了解释,但是此时他断言信心发挥效力不需要任何前提条件,也不需要为称义做任何准备,我们还发现一句令人震惊的话:唯独因信称义(Sola fides justificate)。[56] 在 1518 和 1519 年之交的冬天的两篇讲章中路德第一次清晰地提出他对称义的全新理解:"关于双重义的讲章"和"关于三重义的讲章",后来又在《〈加拉太书〉大注释》(Larger Commentary on Galatians, 1535)中给出了称义的经典解释。让我们来看一看这一教义的三个本质特征:(1)被归于,(2)仅凭借信心的特点,(3)对"同时是罪人和义人"的影响。

路德抛弃了赐予/注入这种医学用语,采用"被归于"这样的法庭式语言。早期他说基督徒在恩典上的进步是一个逐步治愈罪之伤痛的过程。《罗马书》14:1 所说的"信心软弱的人"(标准修订版)是指那些在上帝的管理下由他完善和治疗的人。他们的软弱不能被明确看作罪,因为康复已经在他们身上展开了。不仅如此,基督是一位好撒玛利亚人,带领半死不活的旅行者来到医务室(教会),为他们治疗,帮助他们恢复健康。[57] 路德讨论被归于的义已经不再使用良药的比喻,而是借用了法庭用语。上帝接受基督的义,对我们的本性来说基督的义是非常陌生的。虽然我们的罪实际上并没有消除,但是已经不再算为罪了。路德把这一变化称为基督和罪人之间的"甜蜜交换":

> 因此,我亲爱的弟兄,仿效基督以及他的被钉十字架;学习绝望地向他祷告,说,"你,主耶稣是我的义,我是你的罪;你把你所不是的担在自己身上,给我我所不是的。"[58]

路德相信他已经重新发现了保罗在《罗马书》中使用的那个希腊动词的原本含义。奥古斯丁和经院传统将其解释为"成为义",而路德坚持认为该词暗含着"宣告为义"的法律意义。

的确,路德在 1518 年以前也谈到过被归于的义(imputation),甚至还谈到过被归于的基督外来的义。然而,做出称义的审判是根据完全消除已经开始的本罪以及盼望末世消除所有的罪。因此,路德可能在 1518 年以前这样写道:

这是上帝最甜蜜的仁慈，他拯救真正的罪人，而非虚构的罪人，他把我们从罪中高举起来，……直到他把我们变得完美无瑕。他本身是我们唯一的义，直到我们符合他的形象。[59]

路德的新观点认为，基督将外来的义归于我们，不在于逐渐治愈罪，而在于基督在十字架上彻底的胜利。路德强调"一次完成"（once-for-all-ness）的称义，他说："如果你相信，你就能拥有！"称义与一个人的外在行为没有任何关系，路德又对法利赛人和税吏做了清晰的解释（1521）："税吏立即成就了上帝的所有诫命。仅仅由于上帝的恩典，他立即成圣了。在这肮脏的身体之下，谁能预见到会有这样的结果呢？"[60]

路德坚持说，我们获得了上帝的恩典，就**唯独因信**而被上帝宣布为义。[61]信心在此处被理解为 *fiducia*，即个人的相信、依赖、攫住或抓住基督。在中世纪的传统中，信心被认为是与盼望和爱并列的三种神学美德之一。只有超越了信心是由爱产生的美德的观点，路德才能完全理解 *fiducia* 乃是与上帝之间的关系。"如果信心没有伴随着所有的行为，甚至是最小的行为，它就不能使人称义；那也不是真正的信心。"[62]路德十分注意防止那种把信心看做是一种有价值的行为的倾向。确切地说，信心本身不能使人称义；也就是说，信心是接收称义的器皿。信心并不能带来恩典，而只能使人意识到一些已经存在的事物。信心是为了让我们接受耶稣基督。信心不是从自身产生的人的能力；信心是圣灵赐予的恩典。

路德将那些接受了信心恩典的人称为"同时是罪人与义人"（*simul iustus et peccator*）。从前他按照奥古斯丁的思路将这个说法理解成"一部分"是罪人"一部分"是义人，在经验实在上人还是罪人，但是在对未来圆满的盼望里人已经成为义的了。[63]然而，此时的路德保留了同时性的悖论，又极大地突出了每一个相互冲突的概念。1518至1519年以后，路德继续使用 *simul iustus et peccator* 这个说法，但是他却是在 *semper*（总是）*iustus et peccator* 的意义上使用这一说法。信徒不仅同时是义人又是罪人，而且总是或者完全同时是义人又是罪人。这是什么意思呢？

由于人类堕落的境遇，我们这一生永远是罪人。然而对那些信的人来说，今生已不再怀疑是否被上帝接受。从某种意义上来说，我们

已经来到了上帝的审判席前,并被宣告无罪——由于基督的缘故。因此我们总是义的。路德这样描述其中的悖论:

> 鉴于我们自身以及我们的第一次出生,我们的确是而且完全是罪人。但是,因为基督被赐予我们,我们变得完全神圣而公义了。因此,从不同的方面考虑,我们被说成一度是义人和罪人且同时是义人和罪人。[64]

所以路德可以说,根本没有罪,以及一切都是罪;有地狱,也有天堂。蒂利希注意到了路德从"同时是"(simul)转变到"总是"(semper)的重要性:"如果上帝接受了半是罪人半是义人的人,那么他的审判将由人的半善性决定。但是上帝最反对的就是半善性,每个人向上帝提出的要求都是基于半善性。"[65]

路德的称义教义犹如向中世纪天主教教义的神学园地里丢下了一颗炸弹。这一教义粉碎了整个善功神学以及教会的圣礼-补赎礼的根基本身。因此,无怪乎科隆的多明我派审判官霍赫斯特拉腾(Jacob Hochstraten)认为路德将灵魂与基督的结合描述为一个唯独凭借信心的属灵婚姻是极大的亵渎。基督怎么能进入到罪人中来呢?这就使灵魂成了"娼妓和荡妇",而基督本人则成了"令她蒙羞的皮条客和胆怯的嫖客"。[66]路德的说法所表达的意思令霍赫斯特拉腾震惊不已。但是保罗的说法更令人震惊:"上帝称那些**不敬神的人**(ungodly)为义。"路德的思想正是来自保罗的这句话,耶稣讲过一个慈爱的父亲欢迎落魄到恨不得吃猪食的流浪儿子回家的故事,这个故事同样令人震惊。路德看到经人窜改过的约翰·牛顿的圣诗一定会不高兴。原版的圣诗更符合他的神学:

> 奇异恩典,何等甘甜
> 救我如此**恶人**

那么路德就不在乎善行了吗?萨克森的乔治公爵认为路德不在乎善行,他说,"路德的教义对将死之人有好处,对活人是没有好处的。"伊拉斯谟更不客气:"信义宗信徒只追求两件东西——财产和妻子……对他们来说福音就是随心所欲地生活。"[67]路德如此强调上帝在拯救中的主动性,因此他是否就导致了反律主义,认为基督徒凭着恩典得到了自由,不需要遵守任何道德律法呢?

路德意识到别人对他的指控，但是他拒绝承认自己错了。我们被称为义绝不是因为善行，善行是由信心产生的结果：

> "是的，"你会说，"没有行律法信心就不能使人称义了吗？"是的，的确是这样。但是信心在哪里？它发生了什么？它怎样表现出来？信心不是迟钝的、无用的、聋的或已死的东西；信心是一棵活的能结果子的树。[68]

称义产生的结果是在**爱中活跃的信心**。这样的爱并不会为了争取某些获得拯救的德性而首先指向上帝，而是指向邻人，因为"基督徒不是在自己之中活，而是在基督和邻人之中活"。路德劝告基督徒出于自觉的爱而行善，为了他人的目顺从上帝。另外，唯独因信称义让我能够无私地爱邻人，他们是我的姊妹或弟兄，我的爱是为了他们，不是满足我的欲望的手段。因为我们不再背负无法承受的自义的重担，正如基督爱我们并将他自己赐给我们一样，我们可以自由地做"彼此的小基督"，为他人的益处而竭尽全力。[69]

让上帝成为上帝：预定论

由于犹太—基督教传统的特殊性，出现了预定论问题：上帝在一个民族，也即以色列中间启示自身，而他的启示最高地体现在一个人身上，这人就是拿撒勒人耶稣。耶稣以及保罗都提到"被拣选的人"和"被选中的少数人"。在新约的记载中已经出现了上帝的自由拣选与人的真实回应之间的紧张关系。然而，奥古斯丁在与帕拉纠的经典之争中发展出了完善的预定论教义。

对帕拉纠来说，得救是一种奖励，是人类自由地行善的结果。恩典并不高于本性；恩典临在于本性之中。换句话说，恩典只是人类本性的一种能力，每个人都拥有，也就是做对的事、遵守诫命以及赢得拯救的能力。与此不同，奥古斯丁看到，本性的堕落状态与恩典之间存在着巨大的鸿沟。奥古斯丁深切地意识到，自由意志完全没有能力选择正确的事，他把得救看做上帝赐予的自由且令人惊奇的礼物："出于你的恩典和仁慈，你像融化冰一样将我的罪消除。"[70] 但是，如果我们转向基督的根源不依赖我们自己，而仅仅在于上帝的意愿，为何有人对福音欣然接受有人却置若罔闻？这个疑问促使奥古斯丁关注《罗马书》9 至 11 章保罗关于拣选的讨论。他在这里找到了预定论这个"严酷的"教义的根据：上帝从多数堕落的人中拣选一部分人，让他们享有永生，而对注定要毁灭的另一些人置之不理，同时上帝的决定与人的善行或品德毫无关系。

从奥古斯丁到路德一千年的时间里，中世纪的主要神学就是致力于向奥古斯丁严格的预定论中掺杂其他东西。事实上，帕拉纠在以弗所会议（the Council of Ephesus，431）上遭到谴责，半帕拉纠主义则在第二次奥兰治会议（the Second Council of Orange，529）上遭抛弃，半帕拉纠主义认为至少信仰的开始，也就是一个人最初转向上帝，是自由意志的结果。然而，多数神学家却对预定论的基础进行限定，以此修正奥古斯丁的教义。哈勒的亚历山大（Alexander of Hales）借助于上帝是平等的原则："上帝在一个平等的基础上与所有人建立联系。"[71] 另一些人则认为，预定论从属于预知（foreknowledge），即上帝拣选那些他预先知道会凭借自由意志赚取美德的人。所有这些有关救赎的理论并不是"纯粹的"帕拉纠主义，因为他们都需要借助于神圣恩典。但是，关键的因素仍然是由人决定是否转向上帝，而不是上帝凭自己的意愿自由而不受约束地选择人。

我们已经看到路德的称义教义与奥古斯丁逐步分有恩典的模式分道扬镳。我们称义不是因为上帝一步步让我们成为义的，而是因为有了基督的赎罪祭我们被称为义。然而，在首要的原则唯独恩典（sola gratia）上，路德以及后来的茨温利和加尔文都与奥古斯丁立场一致，他们都反对日后的"帕拉纠派"，"帕拉纠派"以牺牲上帝白白的恩典作为代价抬高人的自由意志。从这方面讲，新教改革的主流可以被看作是"基督教尖锐的奥古斯丁化"[72]。有些历史学家认为路德的预定论教义偏离了其主要的神学论题，或者至多只能算作"次要的思想"[73]。但是，路德却不以为然。在回应伊拉斯谟对该教义的攻击时，路德赞扬这位人文主义者没有拿教皇制、炼狱或赎罪券等繁杂的问题来烦扰他。"只有你，"他说，"触动了真正的问题，也就是本质性的问题……只有你看到了问题的关键，而且还致力于解决这一重要问题。"[74]

路德抱怨那些"猪猡神学家"的论调,其中一项就是他们说人类的意志能够凭自己的决断爱上帝超过一切事物,或者一个人不凭恩典单靠自己的努力就能赢得在上帝面前的地位。针对他们对人类潜能如此积极的褒奖,路德对自然和恩典进行了鲜明的对照。"**恩典**把上帝放在它看到的其他事情之上,与自己相比,它更热爱上帝,但是**自然**把自己放在任何事情的位置之上,甚至取代了上帝,只追寻自己的目的而不顾及上帝的目的。"[75] 路德所说的"自然"不仅仅是指创造领域,而是指堕落的创造领域,尤其是指堕落而"自私为己"(incurvatus in se)的人类意志,人类意志受到奴役并在行动之中被罪恶玷污了。[76] 1518年在海德堡辩论时,路德提出辩护的一个论题是:"自由意志堕落之后只是在名义上存在,并且一个人只要说了谎,他就犯了致死的罪。"[77] 这一条款也包括在1520年教皇利奥十世(Leo X)开除路德教籍的教谕《主,起来吧》(*Exsurge Domine*)中。

那么,路德是一个彻底的决定论者吗?伊拉斯谟与一些现代学者是这样认为的。[78] 路德的确危险地使用了近于必然论的语言。但他从未否认自由意志在处理无关救恩的问题时的能力。因此,路德对伊拉斯谟说:"你赋予人某种程度的意志,这无疑是正确的,但是要给与人自由处理上帝之事的意志则有些太过分了。"[79] 路德毫无保留地同意,即使受奴役的意志也并非"一无是处",在处理"低于"它的那些事物时,意志仍然具有完全的能力。只有面对"高于"它的事物时,意志才会被罪束缚而不能选择上帝所认为的善。[80] 我们发现这与路德贬低理性有类似之处。在其合法的范围之内,理性是上帝赐予人类最高级的礼物,一旦理性进入神学领域,它就变成了"魔鬼的娼妇"。自由意志也是如此。认识到自由意志是上帝赋予人类的能力,以协助人类做出普通的抉择并履行在这个世界上的责任,自由意志才是完美无瑕的。自由意志所**无法**做到的是自己实施拯救。从这个方面说,自由意志完全被罪损害,并被撒旦捆绑。

路德将这捆绑的性质形容为上帝与撒旦之间的一场斗争:

> 意志就像站在两位骑手之间的野兽。如果由上帝驾驭,它就服从上帝……如果由撒旦驾驭,它就服从撒旦;它无法选择要跑向哪一位骑手,也不能找到他,只能是骑手自己去争夺和驾驭它。[81]

虽然有些学者从路德的这个比喻中发现了摩尼教二元论的苗头，但路德只是进一步演绎了最初由耶稣提出来的一个比喻："你们是出于你们的父魔鬼，你们父的私欲"（约 8：34、44，标准修订版）。关于被奴役的意志，路德又提出了一个论点。从某种意义上讲，虽然我们永恒的命运由上帝决定，我们也不会因此被迫去犯罪。我们是自发而自愿地犯罪。我们愿意并渴望做恶，凭我们自己的能力无法改变这种状况。这是人类存在离开恩典造成的悲剧：我们陷入幻想，以至于认为自己是自由的，我们被纠缠在这些事中，只会加重自身的束缚。

恩典的目的是将我们从自由——实际上是奴役——的错觉中释放出来，并将我们引领向"上帝儿女光荣的自由"。只有当意志接受了恩典，或者用其他别的比喻，只有当撒旦被另一个更强的骑手战胜，"抉择的能力在面临救恩问题时才能获得自由。"[82] 路德强调受奴役的意志背后的用意现在变得很清楚了。上帝热切地希望我们真正自由地爱他，但是这在我们被撒旦和自我的束缚**释放**之前是不可能的。《基督徒的自由》与《论意志的捆绑》中的答案遥相呼应。

没有了恩典，人既不具备正确的理性也不具备善良意志，"获得恩典最正确无误的准备……就是上帝永恒的拣选与预定。"[83] 路德并没有回避绝对和双重的预定论，尽管他承认"这是为强壮之人准备的烈酒和难消化的食物"[84]。他甚至认为赎罪只是面向被拣选之人的："基督绝对不是为了所有人而死。"[85] 一些人反对说，这种观念会使上帝变成一个为所欲为的怪兽，路德回答说——用保罗的话——"上帝期望如此，因为上帝期望如此，所以并非恶。"但"精明的肉体"却说"上帝将他的荣耀建立在我的不幸之上，这样的行为是残酷而卑鄙的。听听肉体的声音！'我的，我的。'它说！去掉这个'我的'，而要说：'荣耀是你的，主啊！'这样你就能得到拯救。"[86] 自然理性的态度总是以自我为中心的。上帝是公义的又是"不公的"，严格地说，他不是根据善行称不敬神之人为义，根据恶行弃绝另一些人。但是没有一个人抱怨前一个"不公义"，因为里面包含着自身利益！[87] 在以上两种情况中，从人的标准看上帝是不公义的，但从上帝自己的标准看他却是公义和纯正的。路德拒绝将上帝局限在人类公义的篱笆内，好像"创造万物的创造者要向他的被造物鞠躬"[88]。"让上帝成为善。"人文主义者伊拉斯谟这样叫嚷着。"让上帝成为上帝。"神学家路德如是回答。

尽管路德从来没有在预定论教义上有所松动（像后来的信义宗那样），但他努力将这一奥秘纳入永恒的语境中。他从来不承认上帝神秘莫测的审判实际上是不公义的，他只是说我们无法理解上帝的审判如何是公义的。他提出，有三道光——自然之光、恩典之光和荣耀之光。借助恩典之光我们可以明白许多在自然之光看来无法解释的问题。尽管如此，借助荣耀之光，上帝公义的审判——即使借助恩典之光我们也无法理解上帝的审判——会得以公然显明。因此路德采取了末世论的方法看待上帝在拣选得救者过程中所做的决定。要回答预定论的难题就需要依靠上帝的启示之后和之上那隐藏的上帝。最终，当我们通过自然之光和恩典之光进入荣耀之光时，就会看到"隐藏的上帝"与在耶稣基督身上启示以及福音书中所宣告的那位上帝是同一位上帝。同时，路德告诫大家，对于这一点我们只能**相信**。预定论和称义一样，唯独凭借信心（*sola fide*）。[89]

没有人比路德更了解质疑上帝的拣选给一个摇摆不定的灵魂所造成的痛苦。牧师该如何回应那些饱受该问题困扰的信徒？对这个问题，路德给出了两个答案，一个针对那些信心强大的基督徒，一个针对那些信心软弱甚至是刚信主的基督徒。处在拣选最高层次的是那些"如果上帝要求会自动下到地狱"的人。[90]自动下到地狱是神秘主义非常普遍的一个传统，表明了人完全的被动性，在上帝存在的深渊面前愿意彻底放开自己（*Gelassenheit*）。路德说上帝将这礼物简单而有限度地分给那些被拣选的人，多数是在一个人要死的时候。

更通常的情况下，当路德受邀劝告那些饱受拣选问题折磨的普通基督徒时，他基本的建议是，"为你所受的折磨而感谢上帝吧！"在上帝隐藏的忠告前战栗不已，这正是被拣选者的特点，而不是被弃绝者的特点。除此之外，他敦促大家要断然拒绝魔鬼并冥思基督。他回答里斯克申（Barbara Lisskirchen）的话十分典型，里斯克申为怀疑她不在拣选之列而万分痛苦：

> 当这样的想法向你袭来的时候，你应该问一问自己，"如果你愿意，在哪一条诫命里写着我要思考和处理这样的事情？"当你看到显然没有这样的诫命时，请你学着说一句："走开吧，万恶的魔鬼！你想让我为自己担心。但是上帝说过无论在什么地方我都应

该让他来照看我自己……"上帝最高的诫命就是，我们应该在眼前高举他亲爱的儿子、我主耶稣基督的形象。每日他都是我们极佳的镜子，从那里我们明白上帝多么爱我们，他以无限的善意如此关怀着我们，因为他已将亲爱的儿子赐予了我们。我敢说，只有这样而没有别的方法，一个人才能很好地解决预定论的问题。很显然，你相信基督。如果你相信，那么你就受到了召唤。并且如果你受到了召唤，你就极确定地被预定了。别让这面镜子和恩典的王冠从你眼前损坏……沉思那上帝赐予我们的基督。然后，上帝会悦纳，你的感觉也会好些。[91]

路德的预定论教义并不是出于推理或形而上学的考虑而提出的。它是一扇窗户，透过这扇窗户，我们能够看到上帝仁慈的意志，在耶稣基督里他将自己与人类自由地联系在一起。预定论，如同上帝自身的性质，只能通过十字架、通过"耶稣的伤口"靠近，路德早年遭遇挫折的时候，施道比茨正是将他引向"耶稣的伤口"。

马槽里的基督：唯独圣经的含义

路德坐在桌边，回忆起他早年的一些事情：

> 我 20 岁的时候还没有见过圣经。我认为，除了写在星期天注经课上的福音书和使徒书信，再没有别的书卷了。终于我在图书馆里找到了一本圣经，我把它带进了修道院。我开始读了又读，对此施道比茨先生十分惊讶。[92]

路德"发现圣经"的故事在路德早期传记作家的大大渲染下被不断传诵。例如，有一个版本曾经提到，圣经是被链子拴住的，目的是不让人查阅。事实上，我们知道在书架发明以前圣经以及其他书籍常常被拴在书桌上以更方便取阅，而不是为了不便取阅。宗教改革开始很久以后，维腾堡还在延续这一做法。不过这则轶事还是有些道理。宗教改革正是关于书籍以及**那本书**的一场运动。印刷术的发明以及路德的德语圣经在一定意义上是为圣经"松开锁链"，无论是学者和修士，还是那些耕地的庄稼汉以及挤奶的女工都可以读到圣经。如果认识不到伴随着圣经在欧洲大范围的传播带来的理解力上的巨大革命，我们也无法体会圣经在宗教改革神学中的地位。数代之后，霍布斯（Thomas Hobbes）在谈论"每个人的神学"时表达了他的恐惧：

> 圣经被翻译出来以后……每个人，包括那些懂英语的少男少女，都认为他们在与大能的上帝对话，某一天他们读了一遍或两遍圣经中的某几章，他们就认为已经理解了上帝所说的话。[93]

在此之前，路德也有理由抱怨那些"拉帮结派的人"，他们叫嚷着"上帝之道，上帝之道"，却又分裂了上帝之道的内容。[94]

我们已经提到了路德的职业是圣经学博士，他强调通过聆听上帝之道来激发信心。我们一定会问圣经对路德来说意味着什么，以及他是怎样运用刚刚发现的唯独因信称义来解释圣经。

路德与罗马天主教彻底的决裂并不是发生在沃尔姆斯帝国会议（1521）上，当时他宣布他的良心被上帝的道攫住，而是发生在两年之前的莱比锡辩论（1519年7月）上。他的对手是臭名昭著又能力卓越的艾克（John Eck），他的名字在德语中的意思就是"角落"，因此有一个说法是艾克要将路德击打进角落。路德是更优秀的圣经学者，而艾克则是更优秀的教会历史学家。艾克指责路德支持胡斯（John Hus）的某些主张，胡斯早在一百年前的康斯坦茨会议上（Council of Constance）就被定罪，并因此被处以火刑。尽管路德反对说，他并不是为胡斯辩护，但艾克不断在这个问题上逼他。午饭休息期间，路德查阅了有关康斯坦茨会议的记录，他吃惊地发现艾克是对的！他拥护的立场与胡斯一致。在下午的辩论中，路德说的话令所有与会者震惊不已，他说："Ja, ich bin ein Hussite!"（是的，我是一个胡斯派信徒）现在路德确实被逼进角落里，艾克迫使他与一个被定罪的异端结盟，否定大公会议和教皇的权威。对路德来说，支撑权威的古老柱子倒塌了。因此，在唯独圣经的基石上，路德的神学被建立起来。在论文《教会被掳巴比伦》（*The Babylonian Captivity of the Church*，1520）中，路德以否定的形式陈述了这一原则："没有经过圣经或已证明的启示证实的断言可以当作意见，但不需要被相信。"[95]

唯独圣经的原则本意是捍卫圣经权威从对教会卑躬屈膝的依赖中脱离出来，事实上教会使得圣经的地位低于教会。圣经是有决定作用的规范（norma normans），而不是被决定的规范（norma normata），能够决定所有的信仰与生活。圣经是"恰到好处的试金石"，"借助这块试金石我能够辨别黑白和善恶"。[96]教会，并不高于圣经，实在是圣经的产物，从圣经的子宫中诞生。"有谁能生下自己的父母？"路德问。"谁能制造出他自己的创造者？"[97]尽管教会认可了那些被列为正典（对此路德有所保留，以后我们会看到）的特别书卷，但它只是见证了圣经的真实性，正如施洗约翰指向了基督的到来。

通过将圣经置于高于教皇和大公会议的地位，路德是否脱离了教会传统？完全不是。他不承认双重来源理论的传统，该传统在后来的特兰托会议上有所发展，即除了圣经包含的传统，还有**另一个**圣经之外的（extrabiblical）口头传统，由耶稣复活之后传给使徒，并通过教会训导（magisterium）一代代传给后任继承者。同时，路德并没有简单地抛弃之前1500年的教会历史。在一篇反驳重洗派的论文（1528）中，路德说：

> 我们不像狂热分子（Schwärmer）那么狂热。我们并不是抛弃教皇统治下的一切事物。如果那样，我们也要抛弃基督教会了。从教皇制中我们可以找到许多基督教的善，那些善也留传给了我们。[98]

"唯独圣经"（Sola scriptura）并不是"只有圣经"（nuda scriptura）。这从来不是一个要圣经**还是**要传统、要圣经**还是**要教会的简单问题。只有圣经被看作是赐予由圣灵聚集和带领的信仰群体，也即基督教会的经典时，其重要作用才能发挥出来。

当我们看到路德如何运用教会传统的时候，我们对这句话会有更好的体会。他保留了《使徒信经》、《尼西亚信经》和《卡尔西顿信经》。尽管他个人并不喜欢"同质"和"三位一体"这样的词汇，路德还是维护这些词汇的用法而反对布塞（Martin Bucer）等改教家使用严格的圣经语言。信经不是圣经的补充，也不是与圣经并列的权威。信经是为了保护圣经的真实意图，抵御异端的偏差。路德不能妥协的是圣经试金石的地位。所有的信经、教父说的话、大公会议的决定都必须经受"上帝之道的确定原则"的审判——它们从来没有坐在凌驾于"上帝之道"的审判位置上：

现在如果任何一位教父能够表明他的解释是根据圣经的，如果圣经证明经文就该这样解释，那么这样的解释就是正确的。否则，我不会相信他。[99]

因此路德证明圣经与传统、圣经与教会的内在一致性，但在他心目中前者的优先地位从来没有动摇过。

历史学家常常指出唯独圣经是宗教改革**形式上**的原则，与此相比，唯独信心是**实际上**的原则。[100]这一不适宜的说法掩盖了圣经对路德来说的首要意义。路德对圣经默示性和合法性的看重与中世纪的传统并没有不同。对他来说，圣经乃是"圣灵之书"，是"圣灵的工具"；不仅词语，就连短语也是由上帝默示的；圣经由人写成，但是它不属于人也不来自于人，圣经来自上帝。[101]路德的语库里充满了这样的崇高表达。这些表达丝毫不表明路德对圣经有什么独特的看法，因为经院神学家（尤其是唯名论者）——其实包括路德同时代的对手——与他的立场完全一致。[102]出于这个原因，路德并没有把圣经作为《奥格斯堡信条》的一个条款。

彻底以基督为中心的基础赋予了路德的教义独特的改革特色。早在1515年，路德就强调圣经必须坚持以基督为中心："一个人阅读圣经一定要谨记他不要犯错误，因为圣经允许它本身被展开并得出结论，但是却不允许一个人按照自己的意愿去得出结论，而是让他回到源头，即基督的十字架。然后他一定能够击中问题的要害。"[103]寓意解经最大的弱点是它模糊了圣经基督中心论平实又直白的见证。作为回应，路德放弃了四重解经法，而赞赏一种所谓的"文法—历史意义"（grammatical-historical sense）。按照路德的说法，那是正确而适当的意义，因为它"清楚阐明基督"（*Christum treibet*）。而且，基督本人也明确地说要以基督为中心：研究圣经吧，"那样你会在圣经里发现我，我"[104]。

基督立即成为圣经的中心和圣经的主。圣经所有的记载都与基督有关，但并非所有的话都同等直接地描述基督。因此，路德将圣经的字句和形式与圣经的内容区分开："从圣经的记述中，你能发现包裹基督的襁褓。襁褓简朴又短小，但是包裹于其中的珍宝，也即基督，却是可贵的。"[105]

路德不喜欢《雅各书》的事尽人皆知，这更加表明了他认定基督是圣经真正而确切的主。[106] 路德从保罗的眼里看雅各，他发现雅各提出的是缺乏恩典的神学。《雅各书》"毫无价值"，因为它"根本与福音的本质无关"。"远离雅各，"他说，"我感觉就像卡伦贝格牧师（Kalenberg）一样把吉米（Jimmy 是 James 的昵称）扔进火炉。"卡伦贝格是当地的一名牧师，曾经把使徒的木刻像当柴烧。"《雅各书》将称义归于行为，这与圣保罗以及圣经的其余部分截然相反。"[107] 此后路德就不再把圣经看做意义单一的文本。我们可以说，他发现了正典中的正典，能够评判圣经的所有经文。另外，任何人都不能评判圣经，圣经可以自己评判自己。"任何教导如果不是关于基督的，都不能算做是使徒的教导，即使那些教导出自圣彼得和圣保罗。而且，任何讲道如果是关于基督的，都可以算为使徒的讲道，即使那些讲道出自犹大、亚那、彼拉多和希律。"[108] "教导有关基督的事情"，路德指的当然不仅仅是在讲道的时候提到基督或者将他作为一个有价值的榜样。雅各已经做到了！路德的脑子里想的是，清楚地宣告基督是罪人的拯救者，是福音，亦即上帝通过基督的十字架拯救了堕落的人的好消息。这才是保罗坚持不懈所宣讲的，因此路德认为保罗的作品，尤其是《罗马书》，是"灵魂每日的粮食"[109]。即使这样，路德也没有简单地把《雅各书》从圣经中删掉。他只是把《雅各书》与《希伯来书》、《犹大书》和《启示录》（伊拉斯谟也怀疑这些书是不是正典）一起放在了圣经的最后，将之列为他直接抛弃的伪经和更加清晰宣讲基督的"真正而确定的主要书卷"[110] 之间的一类不确定的作品。

现在我们讨论的结果已经很明显了：路德对圣经的看法与他的道成肉身理论比起与其他的默示理论关系要密切得多。圣经是穿着人类语言外衣的上帝的道，路德说，"写进文字里的上帝的道如同基督一样，穿上了人性的外衣。"[111] 基督是圣经的主，圣经是通向信仰的手段而非信仰的对象。就像"在那用芦苇编成的糊着泥土、松脂等东西的简陋篮子里……有一个漂亮而活泼的小男孩。正是如此，基督像摩西那样，躺卧在马槽里，身上裹着布。"[112] 这样，宗教改革形式上的原则是由实际上的原则决定的：唯独因信称义只以基督的恩典与作为为基础，它是理解上帝在圣经中的启示的唯一钥匙。

当路德说圣经必须要"阐明"或"教导"（trieben）基督时，他并没有想起任何形式上的圣经神学，甚至没有想起严格的基督论神学。他脑海里出现的是，圣经乃是又真又活的上帝在审判和恩典中与读者相遇的地方。"上帝的道是有生命力的。这句话的意思是说上帝的道使那些相信它的人活过来。因此在我们灭亡和死去之前必须赶紧拥有它。"[113] 路德对圣经的了解不是纯粹客观的、冷漠的和学究式的知识。这样的知识，即使有的话，也只是叫人死的没有生命的文字。圣灵使人活！所以我们一定要"从心里感受"圣经的语言。理解上帝的道也需要经验。我们不单要重复并知道上帝的道，而且要活出和感受上帝的道。[114]

路德提倡在阅读圣经的时候理解经文的时代背景，从他的这个方法中我们可以看出上帝之道的鲜明特点。上帝不仅仅是"在那里"（da），而是"为了你在那里"（dir da），所以圣经里记载的故事不仅仅是过去的那里和那时的历史事件，而是这里和现在的鲜活事件。路德呼吁设身处地参与圣经故事，我们看到，他阅读到基甸时说："〔对基甸来说〕与敌人的斗争是多么艰难。如果当时我在那里，我肯定会吓得屁滚尿流。"[115] 在无时间差异的上帝的道里，上帝的古代子民与当代信徒之间的距离不见了。这并不是削弱圣经事件的历史真实性——想一想路德一再强调的文法—历史意义——而是让每一位读者都面对圣经的要求与应许，并给与回应。

路德运用相遇法（confrontational）诠释圣经，在解释《诗篇》时这种方法运用得最娴熟。这里呈现了人类所有的情感，对上帝信息的回应也十分清晰。在一次关于"我呼求主"（诗 118：5）的布道上，路德告诫他的会众：

呼求是你必须要学会的事情。你听好了。不要只是坐在那里或者靠在一边，摇头晃脑，咬着手指关节，忧心忡忡，想找到出去的路，你满脑子只会想**你**感觉多糟糕、**你**多受伤、你是多可怜的人。起来，你这个懒惰的家伙！跪下身去！伸出双手，举目望天！念一首诗篇或主祷文，向主诉说你的愁苦。[116]

圣经提醒我们，我们所有的生活都在上帝的面前。圣经是上帝默示的见证，见证了上帝在耶稣基督身上完美的启示，圣经也是基督徒信仰争战与得胜的日常指南。

"对我来说她是亲爱而可敬的少女" —— 路德论教会

路德在这个世界上最不想做的一件事就是开创一个新教会。他不是创新者而是改革者。他从来都认为自己是唯一、神圣、大公和使徒性的教会中真正而忠实的一员。作为圣经博士和引导灵魂的牧师,路德反对滥用赎罪券(1517 年的《九十五条论纲》),然后被卷进了与当时罗马教会的巨大冲突之中。在与罗马教会斗争的过程中,他向整个教皇系统说出了一个关键的不。他谴责教皇是敌基督,称罗马的等级制度是"魔鬼的娼妇—教会"(whore-church of devil),烧毁了整个的教会法以及开除他教籍的教谕。[117]这些都是激烈的行为。这些激烈的行为引发了西方基督教世界的分裂,分裂至今没有弥合。然而,路德不仅仅是一个反对偶像崇拜的人。他是为了教会的利益而反抗教会,为了一个"真正的、古老的教会,圣徒与神圣、普世的基督徒的教会的一体与联合"而反抗腐败的教会。[118]

路德远非一个拥护粗俗的个人主义——凡事靠自己——的人,路德强调基督教的群体特点。"基督教会是你的母亲,"路德说,"通过道给了你生命。"[119]他还称教会是"我的堡垒,我的城堡,我的密室。"他很认同教父西普里安的观点,也认为教会之外无拯救。路德会很抒情地赞美教会,1535 年的这首圣诗听起来如同世俗的爱情歌曲:

> 她是亲爱而可敬的少女,
> 让我难以忘怀;
> 她的赞美、荣耀、美德到处传诵;
> 我更加爱她。
> 我寻找她的好处,我要纠正邪恶,
> 我不介意,她会补偿我,
> 带着永不疲惫的爱心和真理,
> 她将向我展现;
> 完成我所有的心愿。[120]

但教会到底是什么？路德对这个问题很不耐烦："为什么？一个七岁孩子也知道教会是什么，教会就是那些听到牧羊人声音的神圣的信徒和羊群。"[121] 从这个答案里我们得到了路德教会论的主旨：教会最根本的属灵的、非制度性的特点。路德不喜欢德语词 *Kirche*（该词就像英语中的 church，或者拉丁语中的 *curia*，源于希腊语 *Kuriakon*，即主的房子），因为这个词有建筑物或机构的意思。他更喜欢 *Gemeine*，"群体"，或者 *Versammlung*，"聚集在一起的人"。对他来说，真正的教会就是上帝的子民，是信仰者的团契，或如《使徒信经》上说的，是圣徒相通。路德从这个角度出发提出了一套十分精妙的教会理论。我们要从三个方面更仔细地查看这一教义：(1) 福音高于一切，(2) 圣言与圣礼，(3) 信徒皆祭司。[122]

福音高于一切

正如路德自己说的，他曾经是"教皇最热情的支持者"，堆好了木材随时准备焚烧那些诽谤弥撒、独身和教皇的异端。[123] 当他研究圣经并发现了福音以后，他对教皇制的幻想破灭了。直到1521年，尽管路德已经将教皇制与全体牧师看成是"魔鬼的国度以及敌基督的统治"，但是他仍然力劝人们不应该蓄意反对教皇。教皇制是一场瘟疫，是上帝"神圣的愤怒"允许的惩罚；人们应该耐心忍受。[124] 随着年岁的增长，他反对罗马的论调越来越尖锐了。他把教皇保罗三世称作"地狱的头头"。教皇与其助手不是教会的成员吗？不是，口水、鼻涕、脓汁、大便、尿液、臭屁、疥癣、天花、溃疡、梅毒不会是教会的成员。路德说话向来不委婉。我们必须记得，路德以前就曾这样痛骂嘲讽对手。最早从1520年开始，他坚决不承认教皇等级制的教会是真教会。

> 从这一点你就可以回答那些高声尖叫和唾沫横飞的人，他们除了"教会"一无所有：告诉我，亲爱的教皇，教会是什么？回答：教会是教皇和他的大主教。噢，听着，你这笨蛋，上帝之道哪里写着父教皇和大主教弟兄是真教会？是因为灵巧的鹦鹉对黑乌鸦说过这话吗？[125]

与伊拉斯谟和其他宗教改革家对罗马教会的反对首先是道德上的不同，路德的反对更是在神学上的。上帝的恩典就是**上帝**的恩典。恩典不可以买卖，也不能以赎罪券的形式分出去。"如果教皇统治着炼狱中的灵魂，那么他为什么不打开大门，让他们都出来？"路德嘲讽道。教皇制，出自人而非源于上帝，却妄称它拥有只属于上帝的特权。教会已经走到了尽头。上帝的道被人的念头控制住。路德反对罗马提出的教会概念，他强调福音高于一切。

路德坚持认为福音是教会的根本，而非教会是福音的根本。"教会真正的财富是荣耀的福音以及上帝的恩典。"[126] 同以前的奥古斯丁、威克里夫和胡斯一样，路德认为，不可见的教会乃是由上帝预定之人组成的集合。这个教会存在于所有时间和空间，不局限在任何城市、个人或年龄。它建立的根基是彰显在耶稣基督里的仁慈的拣选，并得到了圣经的证实："教会并不构成上帝的道，教会是由上帝的道建立的。"[127] 教会的不可见乃是因为信心本身是不可见的，是"未见之事的确据"（来 11：1）。如果信心是一个可以测量的事物，我们就可以根据教会外在的特点来辨识它。但是信心完全是上帝赐予的礼物，不可以凭外表辨认，因此教会也不是身体聚在一起的人群，而是"有同一信仰的人聚在一起的人群"[128]。

除了"不可见"之外，路德还讲到教会是"隐藏的"。这是一个更复杂的概念，包含好几层意思。首先这意味着，教会对上帝是显而易见的，但是对世界却是隐藏的。路德曾用一个大胆的比喻说，上帝不想让世界知道他什么时候与新娘同寝。[129] 在信心的眼里，教会是一位"可敬的少女"，但是按照世界的标准，她只是一个贫穷的灰姑娘，受到无数危险敌人的围攻。

> 那么，如果一个人想要把他看到的教会的样子画下来，他就会画一个丑陋而贫穷的女孩，坐在危机四伏的森林里，身边围着饥饿的狮子、黑熊、野狼、野猪和致命的蛇；还有愤怒的人们，手里拿着刀、火和水，想要杀死她，并让她从地球上消失。[130]

不可能有荣耀神学，因此也不可能有荣耀教会论。路德将"神圣的十字架"包括在教会七项"神圣的财产"中。[131] 教会与万古的巨大权力之间存在张力，她也像她的主一样要承受各种不幸与迫害。

教会的神圣性也是隐藏的。与重洗派不一样，路德从来不同意纯洁的教会只是由那些能够认得出的圣徒构成。这个阶段的教会是"混合体"（corpus permixtum），有罪人也有圣徒，有伪善之人也有虔信之人，有稗子也有麦子。教会的纯洁是不需要检验的，也不依赖其成员或牧师的道德水平。"我们的神圣在基督所在的天上；它不在世上，不在人们的眼前，像市场上的商品一样。"[132]

路德很肯定，真教会一直存在，虽然有时候好像教会的成员很少——"只有两三个人，或只有孩子"[133]。他指出，教会的延续不在于主教的传承，而在于真信徒的传承（successio fidelium），一直追溯到亚当："地上有一群基督的子民，基督在他们之中活着、做工和统治。"[134]而且，教会是顺从福音的：上帝的道不能离开他的子民，上帝的子民也不能离开他的道。路德承认，即使背道的罗马教会，也没有完全抹杀福音。洗礼和圣经至少被保留下来了，这帮助年幼的儿童以及为数不多的老人——他们在临终之际再次转向基督——维系了信仰。[135]

圣言与圣礼

路德强调教会的隐藏和不可见的特色，看似削弱了教会确实的历史的实在性。然而，路德并没有打算将教会幻化成一座空中楼阁，也不想把教会降低成思想类似的个体之间松散的集合。福音是教会剩下的独一无误的标记，但是从某种程度上说，正如上帝之道表明的那样，要正确地宣讲福音，也要正确地施行圣礼。只有这两点做到了，真教会才能存在，即使教会里只有那些还在摇篮里的孩子。

公开宣讲上帝的道是获得恩典的一个必不可少的方法，也是真教会确切的标记。通过讲道之人的话，人们才能听到福音活的声音（viva vox evangelii）。对路德来说，教会不是"笔之家"（pen house）而是"口之家"（mouth house）：

> 新约和福音的方法就是必须通过嘴中说出的话以及活的声音来宣讲和实践上帝的道。基督本人没有写下任何文字，他也没有命令别人写什么文字，却命令人们通过口中的语言来传播他的道。[136]

路德回到保罗的宣讲教义：信道是从听道来的，听道是从上帝的话来的。但没有传道的，他们怎么听呢？（罗 10：17）路德并没有发明讲道，但是他把讲道提升到了基督教崇拜的一个新高度。他想如果普通信徒也能说到教堂里去**听**弥撒而不是看弥撒，这样的变化肯定意义深远。讲道是弥撒的最好且最必要的部分。路德赋予了讲道圣礼的性质，并使之成为仪式的中心。"听弥撒仅只意味着聆听上帝的道，并因此服侍上帝。"[137] 新教的崇拜是围绕着讲坛，面对会众与讲道人一起打开圣经，不是围绕着祭坛看神父表演半神秘的仪式。讲道如此重要，即使那些被开除教籍的成员也能从中受益："上帝的道应该是免费的，每个人都应该听到。"[138]

一个受命给信仰群体讲道的人将面临许多诱惑。许多人就利用这种神圣的受命谋私人利益。然而"基督建立宣讲的事工不是为了让我们获得金钱、财产、声望、荣誉和友谊。"[139] 有些讲道人不敢对会众讲严厉的批判，以免冒犯了那些坐在台下的"大人物"。这样的讲道人实在是"在讲坛上胡言乱语"的雇工，他们没有宣扬真理，因为他们爱自己的肚腹和现世的生活超过了爱基督。或许一个讲道人面临的最危险的诱惑是虚荣心。路德说，"愿上帝保护我们远离那些能够取悦所有人又获得所有人赞誉的讲道人。"[140] 讲道人一定要小心那些能挑起自己虚荣心的阿谀奉承之人，因为很快他们就会对自己说："这个你已经做到了，这是你的工作，你是最棒的人，真正的大师。"这些话喂狗都不值！忠心的讲道人应该只讲上帝的道，并只寻求他的荣耀和赞美。"同样，听众也应该说：'我不相信我的牧师，但是他给我讲另一位主的事，那位主的名字叫基督；他把他展示给我看。'"[141]

路德的作品里充满了给那些志向高远的讲道人的建议。一个优秀的讲道人具备的三个特征是：他站起来，张口说话，并知道什么时候闭嘴。[142] 让他讲话既有激情又清楚明白，而不要像嘴前挡了一片叶子。教会是"口之家"，却又不仅仅是"口之家"！更重要的是，讲道人应该有一些值得讲的东西。让讲道人成为"一个会讲经文的好讲道人"（*bonus textualis*），他要十分精通圣经。[143] 路德痛斥了那些"懒惰、不好的"讲道人，他们总是从别人那里照搬讲道的材料，照搬训导和讲章，从不祷告、阅读，也不亲自查阅圣经。[144] 讲道不应该使用艰深的神学词汇，而应该使用普通大众那种清晰又干脆的语言。"我不向博士波姆兰（Pomeranus）、约拿斯和菲利普讲道，我要向我的小汉斯和伊丽莎白讲道。"[145] 最重要的是，讲道必须忠于其适当的内容，即基督。只有这样，讲道才能成为所有崇拜的主要部分。

除了要正确地宣讲上帝的道，还要正确地主持圣礼。在《教会被掳巴比伦》（1520）一文中，路德攻击了中世纪天主教的圣礼体系，认为只有两项圣礼是真实的：洗礼和圣餐。（有一段时间，他还保留了补赎礼，但后来却将其抛弃了，因为补赎礼虽然由基督设立，却没有与之相随的必要的记号。）这两项圣礼有以下几个共同的特征：（1）它们都宣布罪被宽恕了，（2）举行这些仪式并不能使其发挥效力，只有相信了才有效，以及（3）它们是上帝之道的扩展和个例，告诉教会上帝不会违背他的应许。"宣讲的道与圣礼体现的道，即'上帝可见的道'之间存在着最密切的关系。"

正如福音高于教会，圣礼也是信心的结果。路德攻击"机械的"圣礼教义，即，圣礼可以凭借其实施（ex opere operato）而将恩典传递给那些没有犯死罪的人的想法。不，圣礼是上帝发出的一句话，需要每个人接受、相信并理解。路德认为信心即使离开了圣礼也足以让人得救："即使没有受洗你也可以相信，因为洗礼只是一个外在的记号，让我们想起上帝的应许。"[146] 路德是在回应天主教的圣礼主义时说的这段话。然而，路德还是非常坚持圣礼的客观性。洗礼和圣餐是上帝应许的保证，从这个意义上说，圣礼完全与接受者的表现无关。黄金首饰由妓女佩戴的时候也绝不会损失一点纯度。同样，圣礼的有效性也不依赖那主持仪式的牧师的品格。圣礼的神圣性，和教会的神圣性一样，都在于基督，而不在于主持仪式的人，所以"即使犹大、该亚法、彼拉多、教皇，或者魔鬼亲自为那些有真信仰的人施洗，他们仍然可以得到真正而神圣的洗礼"[147]。

但是为什么我们需要圣礼呢？那些激进的属灵派不断地向路德提出这个问题，他们如此强调"内在的道"，以致完全摒弃了上帝恩典的外在证据。对这个问题，路德最好的回答出自他很有力量的"为死亡做准备的讲道"（1519年）。在那篇文章里，他宣布圣礼就是

> 上帝的意图的外在记号。我们必须把圣礼与坚定的信心联系在一起，就像先祖雅各过约旦河时手里拿的杖（创 32：10），又像

指引我们前行的灯笼，我们在死亡、罪恶和地狱的黑暗道路上睁大眼睛小心翼翼地走着……它指向基督和他的形象，使你能够在死亡、罪恶和地狱面前说，"上帝应许了我，他的圣礼给了我确定的记号……这记号和上帝拯救我的应许不是谎言和骗局。是上帝应许我的，他不可能骗我。"[148]

正如博恩卡姆讲的那样，对路德来说，圣礼就是"生命之高速路上的路标"，在人们活着和要死的时候，提醒人们上帝不会违背应许，他会一直赐予人恩典。[149]

我们将会在路德与茨温利的争论中探讨他有关圣餐的理论。现在我们有必要看一看路德有关洗礼的教义的鲜明特点。在《小教理问答》里，路德问："洗礼能够给与我们什么或者说洗礼有什么益处？"回答："洗礼宽恕人的罪，将人们从死亡和魔鬼那里解救出来，并赐予所有相信的人永恒的救赎。"[150]他继续解释说，水本身并不具备这样的能力，但是在水里的上帝之道和水，以及相信在水里的道的信心，共同作用就有了救赎的能力。洗礼是路德提出的唯独因信称义教义在仪式上的规定。以三位一体的上帝之名义举行洗礼，洗礼就是一项神圣的活动。上帝是洗礼的实施者，牧师只是上帝的代理人。洗礼的时候，上帝宣布他仁慈地接受了有罪的人，那些在信心里接受洗礼的人就是在"基督美丽的、玫瑰红的血"中受洗、被洁净的人。[151]

路德和所有主流的改教家一样，维护婴儿洗礼，反对重洗派。他的论证包括很多方面。圣经没有明确要求婴儿受洗，但对此也没有禁止。上帝怎么会允许教会在这么重要的一件事情上长时间地受骗呢？婴儿洗礼类似于旧约中的割礼；二者都是上帝对其子民的应许的印记。其中最纠缠不清的一个问题是，路德将圣礼是否发挥作用与接受者的信心严格地联系起来。没有理性的婴儿怎么会相信？路德在论述其婴儿信心的独特概念时，有人提出了反对意见。"的确，儿童由于别人的信心和行动被带去受洗；但是当他们到了那里，牧师代替基督为他们施洗，是基督祝福他们，并承认他们具有信心并能进入天国。"[152]所以说，信心是在受洗的时候被注入婴儿心中的，尽管他没有意识到。这就越发肯定了上帝慷慨的恩赐，因为婴儿无力影响自己的洗礼过程。他只能接受这个纯粹的礼物（*sola gratia*）。路德否定了一种中世纪广为认同的思想，即没有受洗的婴儿会去地狱边界，这一边界处在地狱的上层，并没有剧烈的痛苦，那里是他们永远的家。因此当发生流产的时候，不应该把水洒到母亲的腹部，而应该为有生命危险的婴儿祷告，把他献给上帝。路德相信未出生和未受洗的婴儿也能得救，尽管他十分不情愿公开地讲这个问题，以免普通信徒不再带他们的孩子去受洗。[153]

虽然洗礼是一次性事件，但是其拯救作用却贯穿基督徒的一生。我们在洗礼时被"淹死"，又被赋予了新的生命，从这一点说，我们必须不断返回原点。"基督徒的生命不是别的，正是每日举行的洗礼，一旦开始就要一直生活在其中。"[154]洗礼和悔改之间存在着密切的联系。我们还记得，路德《九十五条论纲》的第一条说，基督徒的一生就是悔改和不断转向上帝的一生。悔改就是指回到洗礼的力量上。从这个意义上，路德声称："我们需要不断地受洗"，直到死时我们才能真正实现洗礼的记号所包含的意义。有一个事实让路德很受安慰，即每个人——教皇、主教还有农民都一样——都赤裸着受洗又赤裸着死去。路德死时所在的那个小镇正是他出生和受洗的地方。有时，路德遭受预定论的困扰，他就大喊："我是上帝的儿子。我受了洗。别烦我，魔鬼。"[155]在生和死的时候，在进退维谷的痛苦时刻，洗礼都是上帝伟大的爱和恩典的保证。

信徒皆祭司

路德对新教教会论最大的贡献就是他提出了信徒皆祭司的教义。还没有其他问题遭到过比这个教义更多的误解。对一些人来说，这一教义意味着教会里不再有祭司，也就是神职人员的世俗化。从这一理解出发，一些团体，尤其是贵格会，提出牧师不应再作为教会中一个明确的职分。更多人则认为所有的信徒都是他或她自己的祭司，因此在信仰和教义等事务上拥有"个人判断的权利"。二者都是现代人对路德最初意图的曲解。他的这一教义的本质可以用一句话概括：每个基督徒都是其他人的祭司，我们都是彼此的祭司。

路德抛弃了对教会的传统划分，即把教会分为两个阶层，神职人员与平信徒。凭着洗礼，每个基督徒都是祭司。祭司的身份直接来源于基督："我们是祭司因为他是祭司，我们是神子因为他是神子，我们是王因为他是王。"[156]而且教会群体（Gemeine）的每个成员都平等地享有祭司的身份。这就意味着祭司职务是所有基督徒共有的财富，而不是那些被挑选出来的，由神圣之人组成的等级的特权。路德列举了七项属于整个教会的权利：宣讲上帝的道，洗礼，举行圣餐，承担"钥匙"的职责，为他人祷告，献祭，评判教义。[157]路德称他提出的信徒皆祭司的说法乃是根据新约中两段同样重要的经文，"你们……是有君尊的祭司"（彼前2：9）和"你使他们成为国民和祭司"（启1：6）。

信徒皆祭司表明了权力和责任，信徒有尊贵的身份又要行服侍。上帝使我们成为一体，一块"蛋糕"（路德最喜欢用的一个比喻）。我们彼此相爱又互相关心，这表明了我们在基督里既统一又平等。"我们都是祭司又是国王这一事实意味着我们每个人都可以来到上帝面前为别人代求。如果我发现你没有信心或信心很软弱，我可以请求上帝给你坚强的信心。"[158]

所有这些都意味着一个人不能单独成为基督徒。正如我们不能自己生出自己，不能自己给自己施洗一样，我们也不能单独侍奉上帝。现在我们触及了路德对教会的另一个伟大定义，"圣徒的群体"（communio sanctorum）。但是谁是圣徒呢？圣徒不是已经被提，得到天国荣耀，其"美德"使我们一生受用的超级基督徒。所有相信基督的人都是圣徒。正如阿尔托依兹所说的那样，"路德将圣徒的群体从天上带到地上"。[159]

> 不论你想为圣徒做什么，把注意力从死人转向活人。活的圣徒是你的邻人，也即那些赤身裸体的人，饥饿、干渴和贫穷的人，他们有妻子和孩子，正遭受羞辱。帮助他们吧，从这里开始你的服侍。[160]

代祷者的群体，帮助邻人的祭司，分享快乐和分担重担的家人，这就是"圣徒群体"。

路德怎样把所有信徒的祭司身份与传道的职分联系在一起的？所有的基督徒都平等地享有包括圣礼在内的教会财富，但并不是每个人都能成为讲道人、教师或劝士。只有一个共同的阶层（Stand），但是却有不同的职分（Amte）和功用。

路德把宣讲上帝的道看做教会最崇高的任务。"神圣之道的仆人"（minister verbi divini）这个称号表明他起到关键的作用。严格来讲，路德教导说每个人都是传道人，都有权讲道。如果一个人身在非基督徒之中，在土耳其人中，或被困在一个由异教控制的孤岛上，那么他可以自由地运用传道的权利。然而，身处在基督教团体中，他就不能自取这职分来"吸引人注意自己"。他应该"让自己受到召唤和拣选，由别人任命并代替别人讲道和教训人"[161]。召唤由会众发出，传道人对会众负责。路德又说："今天我们给他的，明天我们也可以拿走。"[162]按立仪式并没有授予那些受按立之人不可撤销的特点。这只是一个公开的手段，借此可以通过祷告、讲解圣经以及按手来任命一个人去服侍会众。通过对自然法的讨论，路德将妇女、儿童以及无能之人排除在外，认为他们不能担当教会的传道职分，虽然在紧急时刻他还是允许这些人传道，因为他们也分有所有信徒都有的祭司身份。

但是宗教改革的紧迫性使得路德早期提倡的会众主义不能实现。如果教会要改革，统治权威必须发挥作用。路德称王侯为"紧急主教"（Notbischof）。通过建立视察制度，各地的王侯在教会事务上扮演着更重要的角色。最终，一个国家教会的网络在德国出现了。这种安排经过《奥格斯堡和约》（1555）得到了法律的批准，该条约规定王侯的宗教能决定其臣民的宗教。路德看到了国家教会系统的危险，也看到了它的好处。在两个国度的教义里，路德试图厘清教会与世俗权威的适当角色。

"上帝的左手"：路德论国家

路德、茨温利、加尔文和克兰麦都是**宪制**改教家（magisterial reformers）。这个词是由 G. H. 威廉姆斯创造的，指的是所有的主流改教家实施改革都与拥有强制权力的行政官员联合并获得他们的支持，有时是王侯，有时是城市议会，或者如英国的情况是君主本人。（亨利八世，只是一个平信徒，却宣布自己是英格兰教会的"领袖"。）尽管丁道尔在本国英格兰是一个罪犯，并在神圣罗马帝国皇帝的手下被绞死并焚尸，但他也认为理想状况是由政府来支持教会和社会的双重敬虔变革。那些激进的改教家，少数人除外，弃绝这种改教模式，与基督教国家作为兼容并包的统一社会的传统概念彻底决裂，这一概念乃是世俗权威与属灵权威相互作用而界定的。例如，门诺（Menno Simons）代表重洗派抛弃了"官方的"改革。然而主流改教家内部对于国家权力的性质、目的和限制等问题也是意见不一。信义宗与改革宗在这一点上出现了很大的分歧。

路德在论述两个国度教义时阐明了他的国家理论。

> 上帝在人间建立了两种统治。一种是属灵的统治；它没有剑，却有道，借着道使人变得良善和公义，所以有了这公义他们就会获得永恒的生命。他通过道施行这公义，他将这道委托给讲道人。另一种是世俗的统治，它通过剑来统治，所以那些不愿变得良善和公义并获得永恒生命的人可能会在世界的眼里被迫变得良善和公义。他通过剑施行这公义。[163]

上帝通过两种相互联系的权力来管辖世界的思想可以一直追溯到奥古斯丁，奥古斯丁把人类大家庭分为两个城：上帝之城，由奔走天路的被拣选之人组成，以及地上之城，也叫魔鬼之城，那里的人活在恩典之外。然而，在现世，这两个城是重叠在一起的。历史的进程由上帝之城和地上之城的共存和对抗而决定。

在反对中世纪天主教与重洗派这两种敌对理论的过程中，路德发展出了他自己的两个国度的教义。教皇超越世俗统治者的地位早在494年教皇杰拉斯一世给皇帝阿纳西塔斯的一封信中就得到了确认："皇帝陛下，世界主要由两种方式统治着，祭司神圣的权威和皇族的权力。其中祭司的责任更重大……"[164] 路德与杰拉斯一世之间的一千年被人们称作"教皇索权要求的大膨胀"，可以一直追溯到格列高利七世、英诺森三世和卜尼法斯八世的谕令。在教谕《神圣一体敕谕》（1302）中，卜尼法斯宣布因为教会存在现世和属灵的权威，因此教皇有权处置那些违背他意志的世俗统治者。路德反对这一传统，他称世俗统治独立于神职人员的控制。二者的区别十分关键："魔鬼本人从来没有停止将两个国度搅和到一起。"[165] 教会滥用职权的一个主要原因就是教皇不愿将手从世俗权力的"蛋糕上拿开"。教皇没有权力统辖皇帝或其他世俗统治者。他不是基督荣耀的代理者,他是基督受难的代理者;他的职责不是统治国家而是传讲福音。[166]

如果说天主教在实施教皇神权政治的过程中混淆了两个领域的范围,那么重洗派则在宗教分离主义的名义下将二者区分得过于明确了。重洗派取了基督不抵抗命令(太5:39)的字面意思,反对参与国家的强制权力。面对这些和平主义的改教家,路德强调国家的神圣起源、国家权力的限制以及基督徒参与强制行为的基础。

根据对《罗马书》13章和《彼得前书》2:13—14的理解,路德认为国家最初是由上帝设立的,为了抑制恶人以及维护世界的和平与秩序。如果全世界都是基督徒,那么就不再需要王侯、国王、刀剑和法律了。然而,"上千人中也几乎找不到一个真正的基督徒",因此需要国家来防止世界陷入混乱。[167]现世的统治者是"上帝的监狱长和执行官"。[168]从这个角度看,两个国度的教义代表的就不是一种伦理上的二元论,即撒旦王国与上帝王国的对决,而是上帝在历史中实施统治的两种手段。路德用不同的比喻来形容上帝统治的两种不同模式。基督的王国,教会,是"上帝的右手",世俗的王国,国家,是"上帝的左手"。[169]而且,世俗统治者是"上帝的面具",上帝把自己伪装起来,管辖这个世界。路德说,其实,绞死、折磨、砍头、击杀和争战的不是人而是上帝!从这些比喻中我们可以得出两个有关国家的结论:(1)国家的起源不是出于人们对权力自发的意志,也不是出于被统治者的同意,而是上帝的意志。(2)教会与国家,右手的王国和左手的王国共存,并处于一定的张力之中。二者之间的区别不容混淆,但是也不能将二者截然分开强调另一方。

基督徒处在一个非常模棱两可的位置上:他们发现自己是两个国度的公民。路德催促基督徒为了邻人的益处而接受公民的义务(只要不违背基督的要求)。这一任命甚至适用于那些明显具有暴力倾向的刀剑职位:"如果你看到刽子手、警官、法官、领主或王侯等职务有空缺,而你又发现自己具备资格,那么你应该奉献辛劳,谋求那职务……"[170]在《士兵是否也能得救》(*Whether Soldiers, Too, Can Be Saved*,1526)一文中,路德还劝告人们去从军。然而,这并不是在劝告人们要卑躬屈膝。如果一个士兵了解到他的主人错误地加入了战争,那么他可以凭良心拒绝战斗。如果他进入战场以后发现战争的起因是非正义的，那么他应该"离开战场……拯救他的灵魂"[171]。任何时候，当两个国度的要求发生了冲突，基督徒必须以彼得的话回答："顺从上帝，不顺从人，是应当的。"（徒 5：29）同时，路德极不愿意支持反叛或积极的抵抗，就算反对的是暴君也不例外，因为暴君也是由上帝设立的，在达到上帝设立他们的目的后会被上帝废去。

在后来的信义宗里教会渐趋变成国家的一个部门；随之而来的是教会在社会中越来越失去了其先知的声音。尽管同意王侯在建立其领地内的教会的过程中担当着保护人的角色，但是路德仍然强烈提出属灵王国要具有独立性。在 1543 年给克鲁兹堡（Cruezburg）镇议会的一封信中，路德劝告那些想要驱逐当地牧师的官员说：

> 你们不是凌驾于牧师和教区牧师之上的主。你们没有设立牧师职分，设立牧师职分的是神子。你们对牧师职分也没有做出任何贡献。你们对它的权力并不比魔鬼对天国的权力更大。因此你们不应该统治牧师，命令牧师，也不能阻止他们谴责你们。因为当牧师谴责你们的时候，那不是人的谴责，而是上帝的谴责。上帝想要将谴责表达出来，不愿谴责被压制。履行好你自己的职责，把上帝的管辖留给他自己，以免他发现有必要指导你。[172]

左手的国度不能干涉教会的事务。它的职责是建立社会的正义、秩序和安宁。在右手的国度里，上帝"通过人来统治"（即不隐藏在面具之后，而是通过牧师、圣道和圣礼）。

我们一定不要将路德在两个国度上的区分与现代的政教分离混淆起来。对路德来说，两个国度是互为前提相互巩固的：牧师敦促信徒服从现世的权威，而王侯则保护教会免遭乌合之众的暴力。（路德劝告王侯"刺穿、重击和杀戮那些暴乱的农民"，他用十分可怕的词语形容那些农民，说他们是"打家劫舍和杀人掳掠"。）[173] 尽管路德允许基督徒从事行政官员的工作，但是他没有提出有关基督徒执政的教义。国家是由上帝设立的，作为对人类罪恶的一种妥协。国家不是上帝为了实现拯救人类目的的代理人。路德的天启末世论不允许他对世俗境况的改善抱有太大希望。"世界是一个病态的东西……就像医院……或者它就像毛皮或皮肤，而附着其上的兽皮和毛发也是毫无益处的。"[174] 国家充其量只能修补旧秩序,抑制无政府状态的蔓延,直到上帝进行最终的审判。上帝左手的这项任务极为重要,因为它使得福音即使在一个罪恶的社会里也能展开适当的工作。

遗言与遗产

1546年2月初,路德已经62岁了,他回到自己出生的小镇艾斯莱本(Eisleben),处理曼斯菲尔德伯爵们之间的一桩政治纠纷(实际是一桩家庭争吵)。维腾堡距离艾斯莱本80英里。路德的健康状况极差,他由三个儿子陪伴着,他们分别是汉斯、马丁和保罗,还有他十分信任的朋友约拿斯(Justus Jonas)。他们出发两天之后,当时还在途中,路德写信给待在家中的凯特,向她讲述旅途的艰辛。显然温暖的天气使河水融化,他们无法直接到达艾斯莱本。

> 亲爱的凯特,今天八点钟我们到达了哈勒(Halle),但是无法继续向艾斯莱本前行,因为一个巨大的"重洗派"[萨勒河]以巨浪和冰块挡住了我们的去路。她淹没了河岸,想要给我们重洗一次……我们喝了一些上好的托尔高啤酒和莱茵甜酒暂作休整,等等看萨勒河的河水是否恢复平静……魔鬼憎恨我们,他就在水里——小心总比后悔好。[175]

最后河水平静了,他们继续前进。2月14日圣瓦伦丁节那天,路德成功地使互相争吵的伯爵们达成了和解。三天以后他们签署了协议,路德准备返回维腾堡,回到凯特的身边。突然他病倒了,并且因为疲劳过度而昏了过去。显然他知道大限近了,人们要死的时候通常都能感觉到。他说,幼小的婴儿成千上万地死去,"但是当我马丁博士63岁死的时候,我认为全世界不超过60个或100个人同我一起死去……好了,我们这些老家伙活得这么长就是为了看看在后面的魔鬼"[176]。

吃过晚饭以后,路德走到楼上,然后躺下来祷告。疼痛加重了。朋友们用热毛巾为他擦洗。他的病痛一连串地发作,后来医生被请来了。路德睡了几个小时,在凌晨一点钟的时候他在疼痛中醒来。他重复着拉丁语的《诗篇》31：5：*In manus tuas commendo spiritum meum, redemisti me, domine Deus veritatis*。"我将我的灵魂交在你手里，耶和华诚实的上帝啊，你救赎了我。"约拿斯问他："尊敬的父亲，你死时还笃信基督以及你所宣讲的教义吗？"路德以房间里的每个人都能听到的声音响亮地回答道："是。"黎明时，路德去世了。

路德的遗体被放在一副镀锡的棺木里送回了维腾堡，并停放在城堡教堂里，大约三十年前路德正是把他的《九十五条论纲》贴在这座教堂的大门上。梅兰希顿致追悼辞，他说这位陨落的改教家在最广阔的教会历史中，甚至在救赎历史中占有一席之地。旧约时代的族长、士师、国王和先知由施洗约翰、耶稣基督本人以及使徒接续。路德也被列在"这些由地上最崇高之人组成的美妙的序列之中"[177]。梅兰希顿称，纯粹的基督教福音在五个人那里得到了最清晰的阐释：以赛亚、施洗约翰、保罗、奥古斯丁和路德博士。这样就开始了我们可以称为新教版的路德的典范化。几年之中，萨克森地区发行了一枚勋章，上面刻着：*Mart. Luther. Elias ultimi saeculi*。"马丁·路德：末日的以利亚。"[178]很多人相信路德是末日时弥赛亚的前行者，路德的生命和事业表明了世界末日的临近！

尽管有这些溢美之词，当然还有来自天主教诽谤者的诋毁性攻击，但没有什么能比路德在艾斯莱本临终前写的一段话更好地概括了他的一生和遗产，这是人们所知的路德留下的最后一段文字。一次惠特曼（Walt Whitman）曾问道："为什么人们念念不忘临终前的话？"他接着回答道，"那些临终的话……对确认和评价一个人一生多变的事件、事实、理论和信仰，其价值无法估量。"[179]路德死后，朋友从他床边的桌子上找到了一张纸，纸上路德潦草地写下了下面的一段话：

> 没有人能理解维吉尔的《牧歌集》（*Bucolics*）和《农事诗》（*Georgics*），除非他先做了五年的牧羊人或农夫。没有人能理解西塞罗的书信，除非他参与重大的公共事务二十年。也没有人认为他完全品尝到了圣经的滋味，除非他在先知的协助下治理了教会一百年。因此有些奇妙的事情，首先是关于施洗约翰的；其次是关于基督的；第三件是关于使徒的。"不要把手放在神圣的《埃涅阿斯纪》上，而要向它鞠躬，欣赏它的每一道轨迹。"我们

都是乞丐，的确是这样。[180]

路德一半用德语，一半用拉丁语写道："我们都是乞丐，的确是这样"（*Wir sein pettler*，*Hoc est Verum*）。

路德对基督徒生活进行研究的整体进路可以用他的这些遗言来总结。在上帝面前，人类的姿态就是完全接受。我们没有自己的腿可让我们站立。没有神秘的"灵魂的土壤"为我们提供与上帝联合的基础。我们无法积德使我们能够站立在上帝面前。我们都是乞丐——贫苦、软弱、完全失去了能够拯救自己的东西。对路德来说，福音的好消息就是上帝在耶稣基督里也变成了乞丐。上帝体恤我们的需要。就像好撒玛利亚人自己遭遇路上的危险，还要照看那落在沟里要死的人，上帝"来到我们所在的地方"。

我们已经讲过路德的"焦虑"（*Anfechtungen*），他与魔鬼的斗争，一生都不放过他的属灵攻击。当那样的时刻来临时，他发现上帝的恩典最能让他支撑下去。"我并不是突然之间获得了我的神学，而是深思熟虑的结果。磨练把我带到它那里，因为我们只有通过经验才能学到东西。"[181] 路德还写道："一个从来没有经历痛苦的人不会理解什么是希望。"[182]

路德曾说过，他对上帝是仁慈的看法是他"*auff diser cloaca*"时想到的，这个词组的字面意思就是"在马桶上"。一些学者将路德的这个说法解释成他患有严重的便秘，然而我们要知道 *in cloaca* 是中世纪灵修著作中常使用的一个比喻，指的是完全无能为力只能依靠上帝的一种状态。在路德的想法中，什么地方会比在马桶上让我们更软弱、更尴尬、更容易受到魔鬼的攻击？正是在这种非常软弱的状态中——当我们谦卑下来，像乞丐一样只能把自己托付给别人——人们对恩典的呼求在肯定上帝不可逃避的临近中得到了回答。路德一再用自己的经历证实这种状态的正确性：当他幽居在瓦特堡的时候——那时魔鬼是如此真实，以至于他能听到魔鬼夜里向天花板扔橡果壳的声音；当他被自我怀疑的魔鬼缠上的时候——那时他面临的问题是，只有你是聪明的吗；当他的身体饱受疾病和疼痛折磨的时候；当教会受到外部战争和瘟疫的攻击以及内部异端和分裂困扰的时候。他人生的最低谷是只有 14 岁的心爱的女儿玛德琳娜饱受瘟疫折磨。路德心碎地跪在她的床前，请求上帝将她从痛苦中解救出来。她死了以后，当木匠把棺盖钉上时，他大声说，"用力钉吧！世界末日她还会复活。"[183]

路德在很久以前解释《九十五条论纲》的第四条时，说过这句话："如果一个人的整个一生是忏悔和基督十字架的一生，那么很明显十字架会一直相随到死然后进入天国。"[184] 路德留给后人的，并不像法兰西斯一样是圣徒般的生活。他的缺陷和恶习很多，有时比美德更显眼。他的遗产也不完全取决于作为一个改教家和神学家所取得的伟大成就。路德真正的遗产是他认识到上帝在耶稣基督里表现出的仁慈的特点，认识到那个爱我们保守我们直到死亡再到复活的上帝。巴特（Karl Barth）问，"除了是基督教会的一位教师，路德还是什么？人们除了聆听他的话之外，再没有任何方式可以表达对他的尊敬。"[185]

注释

[1] Oswald Spengler, *The Decline of the West* (New York: Alfred Knopf, 1928), II, p. 296.

[2] Paul Althaus, *The Theology of Martin Luther*, Robert C. Schultz trans., p. 6.

[3] Ernst Walter Zeeden 追溯了自宗教改革之后对路德的大量评论, *The Legacy of Luther* (London: Hollis and Carter, 1954)。参阅 Bernhard Lohse 的调查研究，*Martin Luther: An Introduction to His Life and Work* (Philadelphia: Fortress Press, 1986), pp. 199—235。

[4] WA 8, p. 685.

[5] 转引自 Gordon Rupp, *Luther's Progress to the Diet of Worms*, p. 99. *Works of Martin Luther* (Philadelphia: Muhlenberg Press, 1915), II, pp. 399—400。

[6] 这是 Ernst Bizer 一本研究路德称义教义的出色的著作的题目，*Fides ex Auditu: Eine Untersuchng über die Entwicklung der Gerechtigkeit Gottes durch Martin Luther* (Neukirchen: Moers, 1958)。

[7] WA 4, p. 9. 参阅 Gerhard Ebeling 对这段文字的深入分析，*Luther: An Introduction to His Thought*, pp. 70—75. 关于"耳朵是基督徒唯一的器官"，请参阅 WA 57/3, p. 222; LW 29, p. 224: "但是在很大程度上，'耳朵'这个词是坚定而有力的；因为在新的律法中，所有那些无数仪式性的负担都被去掉了，那都有犯罪的危险。上帝不再需要脚或手或身体的其他部分；他只需要耳朵。在这个意义上，生活被简化了。因此如果你问一个基督徒凭什么可配称作'基

督徒',除了听上帝的话之外,他再不会有其他的答案,那就是信心。所以只有耳朵是基督徒的器官,他能够称义并被称为基督徒,不是因为身体其他部分的作为,而是因为信心。"

[8] 这段话出自 Roland Bainton, *Here I Stand*: *A Life of Martin Luther*, 对施道比茨回答的记载, p. 59。请参阅原文 WA TR 3, pp. 187—188。

[9] 路德获得博士头衔的经过请参阅 E. G. Schwiebert, *Luther and His Times* (St. Louis: Concordia, 1950), pp. 193—196。

[10] WA 30/3, p. 386; LW 34, p. 103: "当从事这类教学活动时,教皇制度进入了我的视野,并阻碍了我。它的发展所有人都清楚,它还将变得更糟糕。教皇制度不会再阻碍我了。"

[11] Ibid.

[12] 在宗教改革的早年,路德的同事卡尔施塔特(1512年路德的博士授予仪式就是由此人主持的),宣布放弃博士头衔(他有三个博士头衔),脱下学位服,辞掉在大学的职位,加入了奥拉明德(*Orlamünde*)的农民队伍,成为他们的农场牧师。路德在"驳天上的先知"(Against Heavenly Prophets)一文中指责卡尔施塔特的新型生活方式:"你在想什么?这不是灵命的耻辱吗?头戴毛料帽子,身穿灰色袍子,不想被称为博士,倒想被称为安德鲁兄弟和亲爱的邻居,就像另一个农民,……好像基督徒的行为就是这些外在的形式。" LW 40, p. 117; WA 18, pp. 100—101。

[13] WA 40/1, p. 160: "实际上我们的知道是被动的而非主动的;也就是说,我们被上帝知道,而非我们知道上帝。我们必须让上帝在我们中做工。他赐下道。"

[14] WA BR 1, p. 170, no. 74。出自1518年5月9日路德写给从前在爱尔福特的老师 Jadotus Trutfetter 的一封信。

[15] 参阅 Brian A. Gerrish, *Grace and Reason*: *A Study in the Theology of Luther*, p. 45。

[16] WA 9, p. 65. 参阅 Heiko A. Oberman 对这段文字的分析, "*Facientibus Quod in se est Deus non Denegat Gratiam*: Robert Holcot O. P. and the Beginnings of Luther's Theology," *The Reformation in Medieval Perspective*, Steven Ozment ed., (Chicago: Quadrangle Books, 1971), pp. 119—141。

[17] Heinrich Boehmer, *Luther in the Light of Recent Research* (New York: The Christian Herald, 1916), p. 87.

[18] James Atkinson, ed., *Luther*: *Early Theological Works* (Philadelphia: Westminster Press, 1962), pp. 269—270.

[19] Gerrish, pp. 19—20.

[20] WA TR 1, p. 439; LW 54, p. 71.

[21] Gerrish, pp. 24—25.

［22］CR 11，p. 100：" 我意识到我与上帝有关系"（mihi esse negotium cum Deo）。参阅《基督教要义》1.17.2。

［23］J. S. Whale trans.，*The Protestant Tradition*（Cambridge：Cambridge University Press，1955），p. 17.

［24］这是一个很有争议的问题。Gustaf Aulén 认为路德支持忏悔的"古典"理论：*Christus Victor*（New York：Macmillan，1969）。此处，我借鉴了 Ian Siggins，*Martin Luther's Doctrine of Christ*，pp. 108—143，他认为历史上所有的忏悔理论都在路德的写作中出现过，但是路德没有采纳任何一种说法。

［25］WA 40/1，p. 299；31/2，p. 432。

［26］Velle deum esse deum 这个说法出现在 1517 年 "对经院神学的反驳"中。参照 Atkinson，p. 267。还可参阅 Philip S. Watson 的经典研究著作，《让上帝成为上帝》（*Let God Be God*）。

［27］参阅路德令人震惊的说法："我常常说，谁想要得到拯救，他的行为就应该好像没有人希望他在地上存在一样，而且，好像圣经各处记录的上帝的安慰和许诺都只是关乎他自己的，且只是为了他才写的一样。"WA 16，p. 433.

［28］Gordon Rupp，*The Righteousness of God*，pp. 108—110。参照 WA 1，p. 558；5，p. 208；19，p. 209。

［29］WA TR Ⅰ，p. 146；WA 5，p. 163。

［30］WA 30/1，p. 209。

［31］WA 33，p. 283；LW 23，p. 179。

［32］参阅 Ebeling，p. 32。

［33］关于路德是一位"辩证的"神学家，请参阅 Ernest B. Koenker，Man：*Simul Justus et Peccator*，Heino O. Kadai ed.，*Accents in Luther's Theology*（St. Louis：Concordia，1967），pp. 98—123。

［34］WA 25，p. 375；50，p. 119。

［35］WA 1，p. 225。

［36］WA 54，pp. 179—187；LW 34，p. 328. 这一段著名的话出自 1545 年版路德拉丁作品集的序言。

［37］WA 1，p. 525；LW 48，p. 66.："上帝的诫命是甜蜜的，不仅从书里阅读的时候是甜蜜的，而且在甜蜜的救主的伤口里阅读的时候也是甜蜜的。"

［38］WA 58/1，p. 27。

［39］Hans Küng，*Justification*：*The Doctrine of Karl Barth and a Catholic Response*（New York：Thomas Nelson and Sons，1964），p. 67。

［40］爱任纽关于拯救概念更详细的论证，请参阅 John Lawson，*The Biblical Theology of St. Irenaeus*（London：Epworth Press，1948），pp. 153—154。

［41］"……掰饼，是获得不朽的良方，是让我们不死反倒在耶稣基督中永活的药剂。"Ephesians 20：2。Kirsopp Lake，ed.，*The Apostolic Fathers*（Cambridge, Mass.: Harvard University Press, 1912), Ⅰ, p.195.

[42] WA 18, p.719; LW33, p.191.
[43] Watson, p.84.
[44] Heiko A. Oberman, *Forerunners of the Reformation* (Philadelphia: Fortress Press, 1966), p.166.
[45] WA 4, p.262.
[46] WA 47, p.26; 9, p.29.
[47] WA 1, p.225; LW 31, p.11. 出自路德"驳经院神学"一文。
[48] WA 56, p.300; LW 25, p.288. Bengt Hägglund 很好地总结了近代在路德与神秘主义的关系问题上学术界的研究成果, *The Background of Luther's Doctrine of Justification in Late Medieval Theology* (Philadelphia: Fortress Press, 1971), pp.2—16. 还可参阅 Heiko A. Oberman, "Simul Gemitus et Raptus: Luther and Mysticism," in Ozment, pp.219—251。
[49] WA 56, p.300.
[50] Hägglund, p.13.
[51] WA 36, p.253.
[52] WA 39, p.210. 参阅 WA 39, p.84:"全世界极端的罪,致命的罪,人们并不知道……没有一个人认为不相信被钉十字架的耶稣基督是一种罪。"
[53] *Luthers Briefwechsel*, Enders, ed. (Frankfurt), 1884, Ⅰ, p.100.
[54] 转引自 Gordon Rupp, "Patterns of Salvation in the First Age of the Reformation", *Archiv fur Reformationsgeschichte* 57 (1966), pp.52—66。
[55] LW 25, pp.153, 251—252; WA 56, p.275; LW 25, pp.173, 264—265.
[56] Bizer, pp.97—105.
[57] WA 56, p.441; LW 25, p.433. 还可参阅 WA 56, p.275; LW 25, p.263: "Ecclesia stabulum est et infirmaria egrotantium et sanandorum"。
[58] Smith ed., *Luther's Correspondence and Other Contemporary Letters* (Philadelphia: The Lutheran Publication Society, 1913), Ⅰ, p.34.
[59] LW 31, p.63; WA 1, p.370.
[60] Wa 17, p.404.
[61] 当然,路德并没有发明这个短语。1483 年在纽伦堡出版的德语圣经将《加拉太书》2:16 翻译为"gerechtfertigt... nur durch den Glauben"。而且天主教传统中已经有"唯独信心"的说法,奥利金、希拉利、克里索斯托、伯尔纳、阿奎那以及其他人都曾经使用过,但是没有像路德那样指出其中细微的差别。参阅 Küng, pp.249—250。
[62] WA 7, p.231.
[63] WA 56, p.269.
[64] WA 39, p.523.

[65] Paul Tillich, *Systematic Theology* (Chicago: University of Chicago Press, 1963), Ⅲ, p. 226.

[66] Ozment, p. 150.

[67] 另 Allen and H. M. Allen, eds., *Opus Epistolarum Des. Erasmi Roterodami* Oxford University Press, 1928, vol. 7, p. 366, 1528 年 5 月 20 日写给 Willibald Pirckheimer 的信（no. 1977）。

[68] LW 24, pp. 264—265; WA, p. 702.

[69] LW 31, pp. 371, 368.

[70] Augustine, *Confessions*, Ⅱ, 7.

[71] Alexander of Hales, *Summa Theologica* (Quaracchi, 1924), L. 320.

[72] 我很感谢威廉姆斯教授（George H. Williams），因为他让我借用了哈纳克的短语，哈纳克曾用"对基督教进行尖锐的希腊化"来描述诺斯替主义。

[73] Werner Elert, *The Structure of Lutheranism*, Walter A. Hensen trans. (St. Louis: Concordia Publishing House, 1962), Ⅰ: 123.

[74] WA 18, p. 786. *De servo arbitrio* 的英语引文出自 E. Gordon Rupp & Philip S. Watson, eds., *Luther and Erasmus: Free Will and Salvation* (Philadelphia: Westminster Press, 1969)。

[75] Rupp and Watson, p. 220.

[76] Ibid., p. 252.

[77] Atkinson, p. 287.

[78] 参阅 Linwood Urban, "Was Luther a Thoroughgoing Determinist?", *Journal of Theological Studies*, 22 (1971), pp. 113—139. 对该问题最有帮助的讨论是 Harry J. McSorley, *Luther: Right or Wrong?* 参阅 Robert Shofner, "Luther on 'The Bondage of the Will': An Analytical-Critical Essay", *Scottish Journal of Theology*, 26 (1973), pp. 24—39。

[79] Rupp and Watson, p. 170.

[80] Pauck, *Lectures on Romans*, p. 252.

[81] Rupp and Watson, p. 140.

[82] Pauck, p. 252.

[83] Atkinson, p. 268.

[84] Pauck, p. 271.

[85] Ibid. p. 252.

[86] Ibid. p. 253.

[87] Rupp and Watson, p. 259: "当理性赞扬上帝拯救了那些不值得拯救的人时，

她发现上帝错误地诅咒了那些不该诅咒的人,因此她认识到不该赞美上帝是上帝,而应谋求自己的利益。"

[88] Ibid. p. 258.

[89] Ibid. pp. 331—332.

[90] Pauck, p. 255.

[91] T. G. Tappert, ed., *Luther: Letters of Spiritual Counsel* (Philadelphia: Westminster Press, 1955), p. 116.

[92] Schweibert, p. 121. 参阅 WA TR 3, p. 599。

[93] Thomas Hobbes, *Works*, William Molesworth ed. (London: n. p. 1839—1845), Ⅵ, p. 190.

[94] LW 35, pp. 170—171; WA 16, p. 388.

[95] LW 36, p. 29; WA 6, p. 509.

[96] LW 24, pp. 177, 174; WA 45, p. 622.

[97] LW 36, p. 107; WA 6, p. 561.

[98] LW 40, p. 231; WA 26, p. 147.

[99] LW 30, p. 166; WA 14, p. 31. 关于路德为古代信经所做的辩护,请参阅 Elert, pp. 185—236。

[100] 参阅 J. A. Dorner, *History of Protestant Theology* (New York: AMS Press, 1970; original ed. 1871), Ⅰ, p. 220。

[101] WA 48, p. 43; LW 30, p. 321; LW 35, p. 153. 有关路德的圣经教义请参阅 Jaroslav Pelikan, *Luther the Expositor* (St. Louis: Concordia, 1959); Watson, pp. 149—189; A. Skevington Wood, *Captive to the Word* (Grand Rapids: Eerdmans, 1969); Jack Rogers and Donald McKim, *The Authority and Interpretation of the Bible* (New York: Harper and Row, 1979), pp. 73—88。

[102] 参阅奥卡姆的论述,见 *Dialogue*, 449。转引自 B. A. Gerrish, "Biblical Authority and the Continental Reformation", *Scottish Journal of Theology*, 10 (1957), pp. 337—360。

[103] Ibid.

[104] WA 51, p. 2.

[105] LW 35, p. 236; WA DB 8, p. 12.

[106] LW 35, p. 317, p. 280, p. 398; WA TR 1, p. 194, 转引自 H. G. Haile, *Luther: An Experiment in Biography*, p. 332. 路德论圣经的重要观点,请参阅 Reinhold Seeberg, *The History of Doctrine* (Grand Rapids, Mich.: Baker

Book House, 1977），Ⅱ：299—301。

[107] LW 35, p. 396；WA DB 7, p. 385；LW 34, p. 317. 参阅 Althaus, p. 81, 31n. 路德对雅各更全面的看法，请参阅 Timothy George, "'A Right Strawy Epistle'：Reformation Perspectives on James", *Review and Expositor* 83 (1986), pp. 368—382。

[108] LW 35, p. 396；WA DB 7, p. 385.

[109] LW 35, p. 365；WA DB7, p. 3.

[110] LW 35, p. 394；WA DB 7, p. 345.

[111] WA 48, p. 31.

[112] WA 10/1, p. 15.

[113] Atkinson, p. 94.

[114] B. A. Gerrish 发展了这一看法，*The Old Protestantism and the New* (Chicago：University of Chicago Press, 1982), pp. 53—58。参阅 WA TR 1, p. 340。

[115] WA TR 1, p. 136；LW 54, pp. 46—47. 该引文出自《桌边谈话》，文章中路德抛弃了寓意解经法而提倡按照字面—历史意义来解释圣经。

[116] WA 31, p. 1. 转引自 Haile, p. 65。

[117] LW 41, p. 219；WA 51, p. 523. 关于如何导致了这一决定性的分裂，请参阅 Sott H. Hendrix, *Luther and the Papacy* (Philadelphia：Fortress Press, 1981)。

[118] LW 41, p. 119；WA 51, p. 487.

[119] LW 51, p. 166. 参阅 LW 26, p. 441。

[120] LW 53, p. 293. 这首圣诗是根据《启示录》12：1—2 创作的，这段经文描述的是一个女人正忍受着分娩之痛。路德将这段经文解释为教会正遭受撒旦的攻击。圣诗的第三节得出结论："在地上，人都疯狂杀人，现在她只是母亲，但是上帝会小心守护她，父来了。"

[121] T. G. Tappert, ed., *The Book of Concord* (Philadelphia：Fortress Press, 1949), p. 315.

[122] 在对路德教会论的研究中，请特别参阅如下著作：Karl Holl, 'Die Entstehung von Luthers Kirchenbegriff ', *Gesammelte Aufsätze zur Kirchengeschichte* (Tübingen：J. C. B. Mohr, 1948), Ⅰ, pp. 288—325；Wilhelm Pauck, *The Heritage of the Reformation* (London：Oxford University Press, 1950), pp. 29—59；Elert, pp. 255—402；Scott H. Hendrix, *Ecclesia in via：Ecclesiological Developments in the Medieval Psalms Exegesis and the Dictata super Psalterium of Martin Luther* (Leiden：E. J. Brill,

1974)。

[123] LW 34, p. 328; WA 54, pp. 179—180.
[124] LW 39, p. 210, 101; WA 7, p. 676; 6, p. 321.
[125] LW 51, p. 311; WA 47, p. 778.
[126] WA 1, p. 236. 这是《九十五条论纲》的第62条。LW 31, p. 31.
[127] WA 8, p. 491; LW 36, p. 145.
[128] LW 39, p. 65; WA 6, p. 293.
[129] WA 17/2, p. 501.
[130] WA 40/3, p. 315.
[131] LW 41, p. 164; WA 59, p. 642.
[132] LW 35, p. 411; WA DB 7, p. 420.
[133] LW 41, p. 147; WA 50, p. 627.
[134] LW 41, p. 210; WA 51, p. 506.
[135] LW 41, p. 144; WA 51, p. 506.
[136] WA 10/1, p. 48. 有关作为传道人的路德，请参阅 Wood, pp. 85—94, 以及 John Doberstein, *Luther's Works*, vol. 51 序言。
[137] LW 51, p. 262; WA 36, p. 354.
[138] LW 39, p. 22; WA 6, p. 75.
[139] LW 21, p. 9; WA 32, p. 304.
[140] WA 28, p. 530.
[141] LW 51, p. 388; WA 51, p. 191.
[142] WA 32, p. 302; LW 21, p. 7.
[143] WA TR 4, p. 356.
[144] WA 53, p. 218.
[145] WA TR 3, p. 310.
[146] WA 10/3, p. 142. 特兰托会议上特别谴责了这一思想。
[147] LW 41, p. 218; WA 51, p. 521.
[148] LW 42, pp. 108—109; WA 2, p. 693.
[149] Heinrich Bornkamm, *Luther's World of Thought*, Martin H. Bertram trans. (St. Louis: Concordia Publishing House, 1958), p. 97.
[150] WA 30/1, p. 285.
[151] LW 51, pp. 325—326; WA 49, p. 131.
[152] WA 17/2, p. 83.
[153] WA 53, pp. 203—207. 参阅 Jaroslav Pelikan, "Luther's Defence of Infant

Baptism", *Luther for Ecumenical Age*, Carl S. Meyer, ed (St. Louis: Concordia, 1967), pp. 200—218。关于路德与重洗派的论争,请参阅 John S. Oyer, *Lutheran Reformers Against Anabaptists* (The Hague: Nijhoff, 1964)。

[154] WA 30/1, p. 220.

[155] Tappert, *Letters*, p. 134.

[156] LW 40, p. 20; WA 12, p. 179.

[157] LW 40, pp. 21—32; WA 12, p. 180.

[158] WA 10/3, pp. 308—309; 参阅阿尔托依兹的讨论, pp. 297—303。

[159] Althaus, p. 298.

[160] WA 10/3, p. 407.

[161] LW 39, p. 310; WA 11, p. 412.

[162] WA 15, p. 721。参阅 Elert, p. 347。

[163] LW 46, p. 99; WA 19, p. 629. 路德论国家的基本著作有 *To the Christian Nobility of the German Nation*, 1520)、*Temporal Authority: To What Extent It Should be Obeyed*, 1523 和 *Whether Sodiers, Too, Can be Saved*, 1526。关于路德怎样论述两个国度教义,请参阅 Rupp, *Righteousness*, pp. 286—309; Paul Althaus, *Essay on the Development of Luther's Thought on Justice, Law, and Society* (Cambridge, Mass.: Harvard University Press, 1959); Marc Lienhard, "La 'doctrine' lutherienne des deux regnes et sa fonction critique", *Istina* 17 (1972), pp. 157—172; John R. Stephenson, "The Two Governments and the Two Kingdoms in Luther's Thought", *Scottish Journal of Theology* 34 (1981), pp. 321—337。

[164] 教皇杰拉斯一世写给皇帝阿纳西塔斯的信转引自 Brian Tierney, ed., *The Crisis of Church and State* (Englewood Cliffs, N. J.: Prentice-Hall, 1964), p. 13。

[165] WA 51, p. 239; LW 13, p. 194.

[166] Martin Luther, *Three Treatises* (Philadelphia: Fortress Press, 1970), pp. 53—56.

[167] LW 45, p. 91; WA 11, p. 251.

[168] WA 11, p. 267; LW 45, p. 113.

[169] WA 1, p. 692; 36, p. 385. 参阅 LW 46, p. 96。

[170] LW 45, p. 95; WA 11, pp. 254—255.

[171] WA BR 10, p. 36; LW 46, p. 130. 参阅 Stephenson, p. 332。

[172] Tappert, *Letters*, p. 343.

[173] LW 46, pp. 49—55.

[174] WA 51, p. 214; LW 13, p. 164. David C. Steinmetz, *Luther in Context*, p. 114, 对路德政治理论的目标做了如下的总结。"我认为，路德的目标是很明确的。路德想建立（1）基督教伦理尽管不是全部的人类道德，却以因信称义为根据；（2）每个基督徒都要履行公民和社会责任，有些基督徒通过担任国家公职来履行责任；（3）登山宝训不仅仅是修道人员要遵守的伦理，也不是将来的上帝之国要实现的伦理，每个基督徒都要将其运用到自己的生活中，虽然有些道德要求不应用于那些作为公共人的基督徒必须做出的每个决定；（4）国家由上帝建立，为了达到上帝希望的目的，教会不能也不应该僭越国家的目的；以及（5）上帝通过福音统治教会，通过国家能够运用的工具——即人类理性、智慧、自然法以及暴力的强制手段——统治这个混乱的世界。"

[175] WA BR 11, p. 269; LW 50, pp. 286—287. 我采纳了 Haile 的译文，p. 342。

[176] Ibid., p. 350; WA 54, pp. 988—989.

[177] Haile, p. 355. Schwiebert 对路德死时的情形做了详细的描述，pp. 745—752。

[178] Rupp, *Righteousness*, p. 14.

[179] Walt Whitman, *Leaves of Grass* (Franklin Center, Penn.: The Franklin Library, 1979), p. 521.

[180] LW 54, p. 476; WA TR 5, pp. 317—318. 有关路德最后的话，请参阅 Heiko A. Oberman, "Wir sein Pettler. Hoc est Verum. Bund und Gnade in der Theologie des Mittelalters und der Reformation", *Zeitschrift für Kirchengeschichte* 78 (1967), pp. 232—252; Eric W. Gritsch, *Martin—God's Court Jester: Luther in Retrospect*, pp. 71—89; Timothy George, "Luther's Last Words: 'Wir Sein Pettler, Hoc Est Verum'" "路德最后的话：'我们都是乞丐，的确是这样'", *Pulpit Digest* 63 (1983年9—10月), pp. 29—34。

[181] WA TR 1, p. 146.

[182] WA TR 4, pp. 490—491.

[183] WA TR 5, pp. 193—194.

[184] LW 31, p. 89; WA 1, p. 534.

[185] Karl Barth, "Lutherfeier", *Theologische Existenz heute* 4 (1993), p. 11.

参考书目精选

除了 54 卷的《路德文集》（*Luther's Works*），基督教经典文库中有四卷书是路德的作品。一本对研究路德很有裨益的路德文选是 John Dillenberger, ed., *Martin Luther: Selections from His Writings*. New York: Doubleday, 1961. 还有 1520 年的改革著作也出版了单行本：*Martin Luther: Three Treatises*. Philadelphia: Fortress Press, 1960. 以下选择了一些很有代表性的二手文献。

Althaus, Paul. *The Theology of Martin Luther*. Translated by Robert Schultz. Philadelphia: Fortress Press, 1966. 该书有系统地全面概述了路德的神学。1972 年同一出版社又出了该书的附本《路德的伦理》（*The Ethics of Martin Luther*）。

Bainton, Roland H. *Here I Stand: A Life of Martin Luther*. Nashville: Abingdon Press, 1950. 该书是 20 世纪最流行的路德传记，浅显易懂并配有许多当时的木刻画。

Brecht, Martin. *Martin Luther*. 3 vols. Minneapolis: Fortress, 1985—91.

Brecht, Martin, and Wolfgang Katenz (trans.). "Martin Luther" in *The Oxford Encyclopedia of the Reformation*. Vol. 2. Edited by Hans J. Hillerbrand. Oxford: Oxford University Press, 1996.

Brendler, Gerhard. *Martin Luther: Theology and Revolution*. Translated by Claude R. Foster Jr. New York: Oxford University Press, 1991.

Christian History Magazine 34: "Martin Luther: The Reformer's Early Years" (1992). 全文见于 http://www.christianhistorymagazine.org.

Dieter, Theodor. Translated by Mark C. Mattes and Ken Sundet Jones. "Martin Luther's Understanding of 'Reason.'" Pages 249—78 in *Lutheran Quarterly* 25, no. 3 (Autumn 2011).

Dömer, Cornelia. *Traveling with Martin Luther: A Biographical Guidebook*. Translated by Nicholas D. Proksch and Christian C. Tiews. St. Louis: Concordia, 2010.

Ebeling, Gerhard. *Luther: An Introduction to His Thought*. Philadelphia: Fortress Press, 1970. 该书是一位路德研究专家富有真知灼见的著作。

Edward, Mark U., Jr. *Luther and the False Brethren*. Stanford: University Press, 1975. 该书深入探讨了路德与"狂热分子"（*Schwärmer*）的关系。

——. *Printing, Propaganda, and Martin Luther*. Minneapolis: Fortress, 2005.

Forde, Gerhard O. *On Being a Theologian of the Cross: Reflections on Luther's*

Heidelberg Disputation, *1518*. Grand Rapids: Eerdmans, 1997.

Forell, George W., and William R. Russell. *Martin Luther, Theologian of the Church: Collected Essays*. St. Paul, MN: Word & World, Luther Seminary, 1994.

Froehlich, Karlfried. "Martin Luther and the Glossa Ordinaria." Pages 29—48 in *Lutheran Quarterly* 23, no. 1 (Spring 2009).

Gerrish, Brian A. *Grace and Reason: A Study in the Theology of Luther*. New York: Oxford University Press, 1962. 该书出色地研究了路德神学中理性的应用与局限。

Grane, L. *Martinus Noster: Luther in the German Reform Movement, 1518—21*. Mainz: P. von Zabern, 1994.

Gritsch, Eric W. *Martin—God's Court Jester: Luther in Retrospect*. Philadelphia: Fortress Press, 1983. 该书于路德诞辰五百周年之际出版，较出色地论述了路德的生平与思想。

——. *The Wit of Martin Luther*. Minneapolis: Fortress, 2006.

Grosse, Sven. "Salvation and the Certitude of Faith: Luther on Assurance." Pages 64—85 in *Pro Ecclesia* 20, no. 1 (Winter 2011).

Haile, H. G. *Luther: An Experiment in Biography*. New York: Doubleday, 1980. 该书运用路德的书信和《桌边谈话》，引人入胜地描述了晚年的路德。

Harran, Marilyn J. *Martin Luther: Learning for Life*. St. Louis: CPH, 1997.

Helmer, Christine. *The Trinity and Martin Luther: A Study on the Relationship Between Genre, Language and the Trinity in Luther's Works (1523—1546)*. Mainz: Philipp von Zabern, 1999.

Hendrix, Scott H. *Luther and the Papacy*. Philadelphia: Fortress Press, 1981. 该书很细致地追溯了路德与罗马教会逐步决裂的过程。

Janz, Denis. *The Westminster Handbook to Martin Luther*. Louisville: WJK, 2010.

Kolb, Robert. "Lutheranism: Theology" in *The Oxford Encyclopedia of the Reformation*. Vol. 2. Edited by Hans J. Hillerbrand. Oxford: Oxford University Press, 1996.

——. *Martin Luther as Prophet, Teacher, Hero: Images of the Reformer, 1520—1620*. Grand Rapids: Baker, 1999.

——. *Martin Luther: Confessor of the Faith*. New York: Oxford University Press, 2009.

Leroux, Neil R. *Martin Luther as Comforter: Writings on Death*. Boston:

Brill, 2007.

Lindsay, Thomas M. *Martin Luther: The Man Who Started the Reformation*. Fearn, Ross-shire: Christian Focus, 1997.

Loeschen, John R. *Wrestling with Luther*. St. Louis: Concordia, 1976. 在研究路德思想中的相对性与矛盾性上很出色。

Lohrmann, Martin J. "Bugenhagen's Pastoral Care of Martin Luther." Pages 125—36 in *Lutheran Quarterly* 24, no. 2 (Summer 2010).

Lohse, Bernhard. *Martin Luther's Theology: Its Historical and Systematic Development*. Minneapolis: Fortress, 1999.

Lull, Timothy F., and William R. Russell, eds. *Martin Luther's Basic Theological Writings*. Minneapolis: Augsburg Fortress, 2005.

Luther, Martin. *Martin Luther: The Best from All His Works*. Nashville: Thomas Nelson, 1989. 由 Stephen Rost 选摘和编辑。

Marius, Richard. *Martin Luther: The Christian Between God and Death*. Cambridge, MA: Belknap Press of Harvard University Press, 1999.

Marty, Martin. *Martin Luther*. New York: Viking Penguin, 2004.

McKim, Donald K., ed. *The Cambridge Companion to Martin Luther*. New York: Cambridge University Press, 2003.

McSorley, Harry J. *Luther: Right or Wrong?* New York: Newman Press, 1969. 该书广泛研究了路德与伊拉斯谟在自由意志问题上的争论。

Melanchthon, Philipp; Erik H. Herrmann (author of introduction); James B. Prothro (commentator for written text). Pages 97—101 in "Philipp Melanchthon's Poem to Martin Luther." *Concordia Journal* 36, no. 2 (Spring 2010).

Mullett, Michael A. *Martin Luther*. New York: Routledge, 2004.

Oberman, Heiko A. *Luther: Man Between God and the Devil*. New Haven: Yale University Press, 2006. 或许是最佳从背景入手的传记；作者的研究可谓细致入微，而且特别重视路德的神学关注。

——. *The Two Reformations: The Journey from the Last Days to the New World*. New Haven: Yale University Press, 2003.

Preus, James Samuel. *From Shadow to Promise: Old Testament Interpretation from Augustine to the Young Luther*. Cambridge: Harvard University Press, 1969. 该书以中世纪的诠释学来分析路德早期对《诗篇》的讲解。

Rogers, Mark. "A Dangerous Idea? Martin Luther, E. Y. Mullins, and the Priesthood of All Believers." Pages 119—34 in *Westminster Theological Journal* 72, no. 1 (Spring 2010).

Rupp, Gordon. *Luther's Progress to the Diet of Worms*. New York: Harper and Row, 1964. 该书简要而睿智地论述了路德1521年以前的发展。

Rupp, Gordon. *The Righteousness of God*. London: Hodder and Stoughton, 1953. 该书是战后关于路德最好的著作之一。

Schorn-Schütte, Louise, and Jeff Bach, trans "Church Offices: Lutheran Offices" in *The Oxford Encyclopedia of the Reformation*. Vol. 1. Ed. Hans J. Hillerbrand. Oxford: Oxford University Press, 1996.

Siggins, Ian D. K. *Martin Luther's Doctrine of Christ*. New Haven: Yale University Press, 1970. 该书全面记载了关于路德基督论的研究。

Singer, David. "Baptism or Expulsion: Martin Luther and the Jews of Germany." Pages 401—8 in *Journal of Ecumenical Studies* 44, no. 3 (Summer 2009).

Spitz, Lewis W. "Lutheranism: An Overview" in *The Oxford Encyclopedia of the Reformation*. Vol. 2. Edited by Hans J. Hillerbrand. Oxford: Oxford University Press, 1996.

Steinmetz, David C. *Luther in Context*. Bloomington: Indiana University Press, 1986. 该书收集了一些关于路德神学的论文，其中有几篇则是关于路德的解经工作。

Trigg, Jonathan D. *Baptism in the Theology of Martin Luther*. New York: E. J. Brill, 1994.

Waibel, Paul R. *Martin Luther: A Brief Introduction to His Life and Works*. Wheeling, IL: Harlan Davidson, 2005.

Watson, Philip S. *Let God Be God*! Philadelphia: Fortress Press, 1970. 该书的第一版于1947年出版，至今还是诠释路德"哥白尼式革命"的里程碑。

Wicks, Jared. *Man Yearning for Grace*. Washington: Corpus Books, 1968. 该书是天主教按照洛茨学派（Lortz school）传统研究路德取得的最杰出的成就。

Wicks, Jared. *Luther and His Spiritual Legacy*. Wilmington: Michael Glazier, 1983.

Wohlfeil, Rainer. "Diet of Worms" in *The Oxford Encyclopedia of the Reformation*. Vol. 4. Edited by Hans J. Hillerbrand. Oxford: Oxford University Press, 1996.

4

勇敢为主：茨温利

> 一种宗教若能使大众理解体现在流变之中的某种永恒的伟大，它便无往不胜。
>
> ——怀特海（Alfred North Whitehead）[1]

改革之路

1510年的冬天，路德去罗马旅行。他路过瑞士东部，经过塞普提姆古道（Septimer Pass）上的阿尔卑斯山。路德没有惊叹那粗犷的地形，他认为瑞士的阿尔卑斯山是地球表面的一块巨大伤疤，大洪水时期留下的诅咒的痕迹。他推测，大洪水之前并没有隆起的高山，只有"平缓的原野"，如同萨克森地区的景象！[2] 当路德步履维艰地走在阿尔卑斯山的雪地上时，在相邻的格拉鲁斯州（Glarus），茨温利就要担任教区牧师了。他和路德会成为早期新教运动的领军人物。他们在共同反抗罗马的斗争中有可能结成联盟，而对圣餐的理解却存在冲突，最后导致了改革运动永久的分裂。

茨温利1484年1月1日生于阿尔卑斯山高处的土根堡山区一个名叫威尔德豪斯的村子。茨温利最早的一位传记作家麦克尼尔斯（Myconius）提到茨温利在山区长大——离天那么近，这使得年轻的茨温利特别适合思考上帝的事情。[3]他的作品常常提到早年在阿尔卑斯山的情形：山峦宣告了"上帝不可征服的力量"以及他"无比的庄严"；即使是阿尔卑斯山上的老鼠也表明了上帝的护理；他把《诗篇》23：2的"青草地"翻译成"阿尔卑斯山上美丽的草场"。[4]路德与茨温利之间深深的分歧不能仅仅概括为他们对阿尔卑斯山的不同态度，他们的性格确实反映了独特的历史和政治环境。

茨温利早年受到了瑞士爱国主义与伊拉斯谟的人文主义两个因素的影响，它们也持续影响了他一生的思想。在成为改教家之后所写的最早的一篇文章里，茨温利将自己形容成"一个在瑞士人中传讲基督的瑞士人"。[5]虽然从法律上说，瑞士联邦还是神圣罗马帝国的一部分，但16世纪时瑞士已经获得了一定程度的独立。瑞士主要输出士兵。瑞士雇佣兵以其作战能力著称，他们常常被欧洲相互敌对的政权雇用，尤其是教皇、皇帝以及法兰西国王。许多战斗都是发生在意大利北部的平原上，据说到现在那里的母亲们在吓唬孩子时还会说，"瑞士人来了。"[6]

茨温利作为格拉鲁斯的随军牧师，与士兵们一起踏上了征程。他获得了有关恐怖的雇佣兵交易的第一手材料。1515年茨温利来到马里尼亚诺（Marignano），当时瑞士人在与法国的战役中遭到了惨败，据报告有一万人被杀。后来，他哀伤地说："要是我们的儿子能够长大而不遭杀害该多好。谋杀，谋杀！我们的联邦怎么了？她的儿子和女儿要这样被卖掉！绝望啊，绝望啊！悲惨啊，悲惨啊！罪恶啊，罪恶啊！……主啊，赐给我们和平吧。"[7]

1522年茨温利就雇佣兵的利害关系向施维茨州（Schwyz）提出了严正的警告。他指出外国联盟会让各州互相残杀，并威胁各州的独立。而且外国金钱提供的华美的衣物和丰裕的食物正在对瑞士人发挥着极坏的影响。瑞士不会再生产"肉桂、白葡萄酒、橘子、丝绸等女性用品，而是大量生产黄油、牛奶、骏马、绵羊、黄牛、家织布、白酒和玉米"。[8]

茨温利厌恶战争，但他绝不是一个彻底的反战主义者。他相信年轻人应该接受军事训练，去保卫自己的国家和"那些上帝赞许的人"[9]。茨温利本人手挥双头斧死在战场上。克瓦西耶注意到茨温利是最早支持瑞士军事中立的人之一，这一政策直到现在还保留着。[10]茨温利的理想是让改革后的瑞士成为阿尔卑斯山的"以色列"，国内各个州则对应着古代上帝子民的十二个部落。最终茨温利的改革分裂了这个国家，并导致了新教与天主教的第一次宗教战争以及他自己的死亡。

茨温利既是牧师又是爱国主义者，既是神学家又是政治家。作为"基督的雇佣兵"（Christus, des reiser ich bin），他把新教的信念直接应用于当时的社会和政治。与路德强调两个国度的矛盾性不同，茨温利坚持认为"基督的国度也是外在的"。[11]宗教的觉醒暗示了政治的改革："上帝的道会让你们成为虔诚的、敬畏上帝的人。所以愿你们保卫你们的祖国（Fatherland）。"[12]茨温利将教会与国家的任务合并起来的做法与愿望，他政治上的智慧和灵活性都是改教传统的鲜明特点，其起源可以一直追溯到瑞士和德国南部的城市。

对于茨温利思想的发展同样重要的还有他所受到的彻底的人文主义教育。我们将人文主义看作一个学术运动，其目的是将古典思想运用于当时的生活，以此来改革社会。Ad fontes——回到本源——是那些熟读希腊语和拉丁语文献的学者们的座右铭，他们已经出版了古典文献的新版本，还希望通过完善的教育和政治行为实现道德—宗教的更新。人文主义中的领袖人物是伊拉斯谟（Desiderius Erasmus），从1514年到1519年，伊拉斯谟对茨温利的影响非常大。茨温利已经非常精通人文主义，也可以说是人性，从他在维也纳和巴塞尔学习开始，茨温利就发现伊拉斯谟将学术与虔诚融合在了一起，这使他印象深刻。伊拉斯谟的诗"耶稣哀悼人类"中写道，基督宣布他自己是拯救的承担者，是灵魂唯一的安慰和财富。实际上，这首诗让茨温利放弃了圣徒代求的信念。[13]更重要的还是伊拉斯谟1516年出版的希腊文新约。从1516年到1518年他在格拉鲁斯和艾因西德伦（Einsiedeln）两个地方担任讲道职务，那段时间他潜心阅读圣经。他在苏黎世的朋友兼继任者布林格（Heinrich Bullinger）说茨温利记下了所有希腊文的保罗书信，并一个字一个字地抄写下来。[14]这项费力的工作在以后茨温利讲道和注释圣经的过程中收到了巨大的成效。尽管以后他与伊拉斯谟决裂了，茨温利成熟的神学仍然反映出他早年学习过人文主义。他强调上帝的属灵性，厌恶宗教中外在的东西，欣然接受哲学和理性，轻视神秘主义和圣礼主义,这些都与伊拉斯谟的思想有共同之处。

茨温利如何从一个人文主义者发展成为新教徒是宗教改革史学家常常讨论的一个问题。他自己认为关键的转变发生在 1516 年,那时"由于上帝的道与圣灵的带领,我看到有必要放弃这些事情〔人的教诲〕,而学习从上帝自己的道直接产生的教义"[15]。另一个重要事件是茨温利被召唤去苏黎世著名的大敏斯特教堂担任"人民的牧师"。今天人们还能看到教堂门口刻着这样一行字:"1519 年 1 月 1 日茨温利的改革从这里开始。"这一天,这位新上任的牧师宣布抛弃传统的读经课本,他的话让信众们震惊不已。不再是"填鸭式的"布道,茨温利直接讲《马太福音》,从第一章的家谱开始讲起。讲完《马太福音》以后讲《使徒行传》,然后是《提摩太前书》、《提摩太后书》、《加拉太书》、《彼得前书》和《彼得后书》,直到 1525 年他讲完了全部的新约,又开始讲旧约。[16]这的确是一项很重要的活动,为几年之后苏黎世完全接受宗教改革做好了准备。茨温利直到去了苏黎世一段时间以后才与罗马教会彻底决裂。在这期间,他才与欧洲其他人意识到路德做的事以及德国正在发生的事情。他很佩服路德在莱比锡能够勇敢地站出来与艾克对峙,并称路德是"以利亚"。他催促他的信徒购买和阅读路德的书籍,苏黎世和巴塞尔的出版社都在大量印刷路德的书。后来他拒绝被贴上"信义宗"的标签,不承认他仰赖维腾堡的改教家:"我的教义不是从路德那里学来的,而是从上帝之道本身学来的。"[17]多数现代学者赞同茨温利独立于路德的说法;茨温利的改革思想与路德的改革思想是并列的,而非源自后者。[18]

1519 年一场瘟疫横扫苏黎世。七千居民中有超过两千人死于非命。茨温利的兄弟被传染病夺去了生命,茨温利本人也是九死一生。经历了这件事情,他写了一首"瘟疫之歌",有些传记作家引用这首诗来证明茨温利的神学思想更加深刻了。

> 帮帮我,主啊
> 你是我的力量和磐石;
> 瞧,门口
> 我听到了死亡的敲门声。
> 举起你的武器,

为我刺杀，

战胜死亡，

给我自由。

茨温利从病中康复以后，写道：

我的神啊！我的主！

用你的手为我疗伤，

从地上

我再次站起。

让罪恶不再

控制我；

我的嘴歌唱的

只有你。[19]

路德在遭遇了一次雷击之后做了修道士。茨温利从可怕的疾病中恢复过来，吸取经验下定决心，有了完全依靠上帝的全新想法。他发现了保罗的称义教义，在这一点上他与路德相同，但这件事并没有如一个传记作家说的那样"像一道闪电"击中了茨温利。[20]他的神学是在经年累月的研究和讲道的过程中慢慢形成的。16世纪20年代早期茨温利无法再保持天主教教士的身份。有两件事表明了他与罗马决裂并公开支持新教事业。1520年后期他放弃了教皇的津贴，这项津贴他领受了数年之久。两年后，也就是1522年的10月10日，他又辞掉了苏黎世"人民的牧师"职务，于是市议会立即雇佣他担任全城的牧师。现在茨温利迫切要求在苏黎世进行一场正式的改革。

德国北部的王侯认为路德改革的利益与自己王朝和领土的利益是一致的，因此，他们为路德的改革提供安全保障。在德国南部与瑞士，宗教改革与城市精神的崛起同时发生。莫勒（Bernd Moeller）指出，罗马帝国的85个自由的帝国城市中超过50个城市在16世纪皈依了新教。[21]在斯特拉斯堡、巴塞尔、伯尔尼、洛桑、日内瓦、乌尔姆还有苏黎世等城市，宗教改革巩固了社会和政治稳定，加强了市民的认同感，完成了占主导地位的中产阶级反对外部敌人（主教）和内部敌人（贵族）的革命。在苏黎世，普通人是茨温利最早的也是最热心的支持者。

1524年茨温利发现："普通人遵守福音，尽管他的长官对福音一无所求。"[22]茨温利反对在大斋节期间禁食，这件事使他第一次与教会权威发生了抵牾，同时也是一定程度的阶级冲突问题。茨温利将这次斗争看做是"劳动者"与"游手好闲之人"之间的较量。后者能够忍受不吃肉，因为他们可以"吃更丰富的食物填饱肚子"[23]。但是穷苦的劳动者必须吃香肠才能去做艰苦的劳动。

茨温利遭到了康斯坦茨主教的审判，他怀着日益惊恐的心情看待茨温利尖锐的讲道。当主教警告苏黎世人应该维持"教会统一，没有统一就没有福音；基督是一，教会也是一"时，他脑海里浮现出令人担忧的分裂。对这样的警告，茨温利写了"我的第一个也是最后一个辩护"（*Apologeticus Archeteles*）。很多时候他说的话听起来有些粗鲁。难道就没有人控告他不服从主教吗？"事情再简单不过了，因为他们什么也没说。"对于有人指控他抛弃了神圣的母教会，他呼吁他的对手"离开驴子去找牛，抛弃山羊去找绵羊"[24]。这对伊拉斯谟来说有些过火了，他给了这位从前的追随者一个答复，建议他不要把这篇文章翻译成德语，除非他咨询过一些"有学问的朋友"（即伊拉斯谟！）。[25]然而这时骰子已经掷出去了。茨温利已在最后的挑战中将铁拳挥向了主教：

> 如果你坚持要说我没有正确地讲授福音教义，那么请不要用威胁和谄媚的方法，不要设下陷阱并暗中算计，而是要通过圣经的战争以及公开的会面，让圣经作为你的向导和老师，不要仅凭人的私念。[26]

1523年1月29日星期四的早上，600名群众，其中包括200名市议会的成员还有本州所有神职人员，都涌进苏黎世的城市礼堂，旁听后来十分著名的苏黎世第一次辩论。应茨温利的要求，市议会召集这些人出席辩论会。召集这个特殊的集会是为了举行一个"公开的使用德语讨论的辩论会"[27]。结果这次辩论几乎没有办成，因为在场的人没有一个敢指控茨温利为异端，主教派来的代表团拒绝讨论茨温利为这次辩论拟定的《六十七条》（Sixty-seven Articles），代表团由茨温利曾经的朋友法布里（John Fabri）带领。他们认为像苏黎世这样一个地方性的城市不是解决重要神学议题的合适场所。这样的问题留给大公会议或至少是大学更好一些，那里有学富五车的博士冷静地进行讨论，不是用瑞士德语，而是用优美的拉丁语。对于这种回避策略，茨温利回答说："我说，在这个房间里毫无疑问是一个基督徒的集会；我们有理由谈论这些事情，传讲和判断真理。"[28]这是一个很明确的要求。茨温利认为这个集会不仅仅是市议会召集的一次特别会议，而是一次教会会议，有着与大公会议同等的效力，能够宣布信仰和礼拜等事务。苏黎世还没有大学，又不是主教所在地，苏黎世当局心安理得地称这个拥有特权的法布里控告茨温利和他的同党"计划推翻和颠覆一切"[29]。

在下午的会议上，议会的议员们宣布了他们的裁决：茨温利可以"按照他的能力继续像以前那样在上帝的灵的同在中宣讲神圣的福音以及正确而神圣的圣经"[30]。议会的这个行为常常被拿来与亨利八世宣布他拥有宗教事务的最高权力一事相比。显然苏黎世成为"**行政官员努力下的第一个新教政权**"[31]。但是，茨温利改革赋予市政的至高权力乃是依赖于唯独圣经的最高原则。

该原则早在1520年就已经被议会正式认可了，当时有规定，所有在苏黎世各州进行的讲道必须符合圣经。茨温利于1522年辞去"人民的牧师"之后继续做该城市的雇员是他迈向"圣经统治"（Bibliocracy）的又一步。茨温利与助手带着几卷对开本的希腊文新约、希伯来旧约和拉丁文的武加大本圣经来到辩论会。整个辩论过程中，茨温利不断引用圣经。他要求知道法布里所说的圣徒代求的教义出自圣经的哪一章哪一节。他强调每个牧师都应该买一本他那样的希腊文新约来读。如果有的牧师太穷买不起，茨温利说，一些虔诚的市民应该买一本送给他，或者借钱给他去购买。苏黎世的市民有能力判断灵性上的事情，因为纯粹的福音已经在他们中间传讲四年了。主教和神父们，茨温利称他们为"大人物"（big Jacks, *grossen Hansen*），不让普通人看圣经，说只有他们有权利阅读圣经，好像其他基督徒都和上帝的灵与道毫无关系。辩论快结束的时候，茨温利向法布里发出了最后一次挑战："如果你能用圣经证明我提出的任何一个条款是错误的，我会给你一个兔子乳酪。让我们听一听。我等着呢。"法布里显然不太清楚瑞士乳酪之间的细微差别，他回答说："兔子乳酪，那是什么？我不需要乳酪。"茨温利获得了对对手的一个标志性的胜利，他大喊："赞美和感谢上帝，他的话行在天上也行在地上。"[32]

第一次苏黎世辩论是茨温利改革发展过程中一个非常关键的时刻。茨温利公开洗清了称他是异端的指控，他的《六十七条》被广泛接受，成为以后改革的基础，《六十七条》还构成了改革宗第一个信仰告白。当然在苏黎世教会完全改革之前还有许多事情要做。1523年10月，第二次辩论会召开了，这次辩论会讨论的是圣像与弥撒的问题。在茨温利的同伴朱得（Leo Jud）的倡导下，洗礼仪式已经改用德语主持。茨温利抨击弥撒是"亵渎的行为、敌基督的举动。基督我们的救世主将圣餐赐给我们只是作为一种食物以及对他受难和立约的纪念"[33]。在辩论要结束的时候，茨温利动情地说：

> 不要怕，我的朋友！上帝在我们这边，他会保护他自己。为了只有少数人费心思索的纯洁的上帝之道，你们确实要承担重大的事情，你们还要遭到许多反对。以上帝的名义前进![34]

尽管人们对茨温利讲道的反应十分热烈，但是市议会并没有立即实行改革。直到1524年6月"画像和偶像"还在教堂里，1525年只有圣周（Holy Week）期间才放弃弥撒。改革这么迟缓有两个原因。有一个主要由年轻人组成的新团体，他们都是茨温利的热心支持者，提出改革应该脱离议会的命令进行。最早的重洗派就是从这个团体中产生的。茨温利和市议会反对他们"毫不延迟的"改革口号，担心急切的行动可能引起公众的不安，也担心会惹恼那些软弱的良心。而且议会担心苏黎世孤立于瑞士其他的州，因为多数州都反对茨温利的新教义。联邦国家按照宗教界限分离了。茨温利小心地决定选择那条通向卡佩尔（Kappel）战场的道路。

在改革逐步展开的过程中，茨温利渐渐把自己看做是人民的先知。如同旧约里的先知，"牧羊人"或者"守望者"（茨温利用来形容牧师的词）需要热心地保护羊群不受恶者的攻击，还要随时准备着为基督的事业战斗至死。"无畏是你的盔甲！你要警醒准备战斗；因为上帝派先知到各地警告这个罪恶的世界。"[35]茨温利一直带领着苏黎世进行改革，直到1531年英年早逝。建立神学院、设立道德法庭（最初是处理婚姻纠纷的法庭）、将圣经翻译成瑞士德语、宗教改革扩展到其他州（尤其是伯尔尼和巴塞尔），这些使茨温利改革的努力得到了巩固。最后几年里，他努力确立独特的改革立场，在反驳法布里和艾克等罗马天主教的卫教士、1525年公开与他决裂的重洗派以及越来越怀疑和不信任他的路德的过程中，他的作品越来越具有神学性了。

作为神学家的茨温利

茨温利在基督教思想史上的地位从来没有得到过清晰的评价。一位现代的神学史家宣称说，茨温利对神学史的贡献，"一篇简单的报告就足以说明了"，因而只给了这位改教家三页纸的篇幅。[36]人们忽略茨温利有很多原因。茨温利有关宗教改革的文章都是在匆忙之间完成的，都不超过十天。他活着的时候被伟大的路德的阴影笼罩着，在他之后又有影响更大的加尔文，因此他被一个学者冠之以宗教改革"第三人"的称号。他从来没有写过能与《基督教要义》相媲美的东西。他的大部分讲道都是即兴完成的；只有少数后来被修改并出版。同样，因为没有忠实的听众为他记下每句话，他的桌边谈话也失传于后代。

那么他的神学属于什么范围？他的人文主义背景以及对理性主义的推崇让一些学者把他看作是现代自由神学的先行者。蒂利希将茨温利的神学与中产阶级的健康理想联系在一起："如果你心理健康，你就有信仰，否则你就没有信仰。"[37]近年来的研究则更多强调茨温利思想对基督论的关注及其属灵主义趋向。[38]

我们试图用茨温利思想中出现的五个基本主题来勾画出他的神学轮廓。我们常将茨温利的思想与路德的思想进行对比，但这并不能抹杀这两位改教家在本质上的共同之处。路德的口号是唯独恩典、唯独信心以及唯独圣经（sola gratia, sola fide, sola scriptura），这些得到了茨温利的强烈响应，虽然二人的强调之处各有不同。他们的预定论教义虽然有所不同，但都与加尔文一道反驳反宗教改革运动和重洗派对自由意志比较乐观的评价。茨温利宣告得救只能通过基督："基督是过去、现在以及将来的人得救的唯一途径。"[39]在这一点上他强调的不比路德和加尔文少。同样，教会是那些因信而真正属于上帝的人的群体："所有住在基督这头里的人是上帝的子民和儿女，那就是圣徒的教会或集体、基督的新娘、大公教会。"[40]只有首先说明了这相同的背景，我们才能找出茨温利神学的独特之处。

和路德不同，茨温利从来没有获得过神学博士头衔。第一次苏黎世辩论期间，法布里很恼火茨温利"大师"竟敢对那些本由主教和有学问的博士研究的问题说三道四。然而茨温利精通经院主义传统，尤其是旧路派，他曾经在巴塞尔大学专门学习过。后来他曾说过他的一位老师威登巴赫（Thomas Wyttenbach）对他反对赎罪券产生了重要的影响。[41]在那些经院主义大师中，让他印象最深刻的是阿奎那，有一段时间他接受了阿奎那关于拣选论的看法。[42]然而，路德却更多地身处经院神学的背景中，而且接受了一个不同的传统——新路派。从某种程度上说，他们独特的神学反映了这些不同的知识背景。

创造者而非被造物

1523年7月茨温利出版了《六十七条》的详细注释，这是他为六个月前的第一次苏黎世辩论做的准备。他回忆了伊拉斯谟的一首优美的诗歌对他产生的影响，那首诗歌写的是耶稣哀伤地说人们并没有在他里面寻找一切美善事物，尽管他是一切美善的源头。茨温利忏悔道："事实从来如此。**为什么我们向被造物寻求帮助？**"[43]

茨温利神学最根本的出发点就是创造者与被造物的绝对分开。上帝从无中（*ex nihilo*）创造宇宙的教义自早期教会开始就是基督教神学中老生常谈的话题。然而茨温利感到，实际情况中这一教义根本得不到强调，甚至遭到否认。1524年他写信给土根堡的同胞：

> 全能的上帝创造了我们，他让我们知道他是我们的父，最后又将他的子赐给我们；他站在那里，称我们为可怜的罪人，说："凡劳苦担重担的人，可以到我这里来，我就使你们得安息。"这岂不是很难理解吗？我们走过去并转向被造物，还想着上帝如此严厉和残酷，以至于我们不敢来到他面前。[44]

因此，人性最大的罪就是**偶像崇拜**，即将上帝所独有的赋予被造物。[45]对茨温利来说，宗教改革本质上是一场从偶像崇拜到服侍独一真神上帝的运动。

偶像崇拜的危险是茨温利讲道中一个响亮的主题。"当我们从上帝转向被造物，当我们接受人为神圣的时候，我称之为深度的不敬。"他又说，"我尽可能教导我的会众不要希望把任何被造物当作独一真神和他的独生子耶稣。"[46]

茨温利真诚的劝告背后有两个考虑。第一，**人类存在派生的特性**。与堕落的问题不同，既然我们是被造物，人类的存在只能依靠上帝的智慧和善良意志。奥古斯丁说过，如果上帝将他的眼睛从我们身上移开一小会儿，我们都要化为乌有。茨温利是奥古斯丁作品的热心读者，他也有相同的想法。当"一个人的所有都来自上帝"时[47]，茨温利问，他还能将什么归于自己？茨温利按照这一思路写的许多东西都可以理解成对《诗篇》100：3"我们是他造的，也是属他的"的注释。

茨温利还意识到另一个更深的问题：一心一意地忠诚于上帝。当然，这里他引用的经文是第一条诫命"我是耶和华你的上帝……除了我以外，你不可有别的上帝"（出 20：2—3）。若问"谁是你的上帝"也就是在问："你信靠谁？""如果你信靠一个圣徒，那么实际上，你就把他变成了上帝；因为'上帝'是善，我们信靠他，他就将我们需要的善给我们。"[48]但是一位真上帝不可能接受三心二意的信靠。你不能为了规避风险既相信上帝又相信别的东西。一个人不可能信靠上帝，又说："我也信靠被造物和圣徒。"茨温利把这种态度比作一个小孩被问到他最喜欢家里面的哪个人时，他说，"我爱我的父亲。"这时母亲走进屋里说，"我希望你最爱的人是我。"小孩回答："你也是我最爱的人。"到最后这个小孩甚至对女仆也能说出这样的话！然而，上帝不能忍受人们把信心和仰赖放在他之外的任何人身上。[49]

护理而非偶然

茨温利与之前的路德一样，肯定上帝在创造和拯救上的主权。的确，他的护理与预定论教义要比那位维腾堡的改教家清晰得多。

茨温利使用经院神学的语言，称上帝是第一推动因和最高的善（*summum bonum*）。正如我们看到的那样，上帝是创造者，万物的起源。然而，上帝无限的创造力并不是毫无章法地发挥作用。上帝诚然掌管万物的生命与运动，却不是以这样的方式，即"盲目地"赋予他们呼吸和运动。上帝的创造力量是有目标、有目的的，即指向一个特殊的目的。上帝不只是一个储存无限能量的仓库,而且是一切实在的位格中心,其力量是与他的智慧、知识和远见不可分离的。

上帝的护理不仅与历史的重大事件有关,也与日常生活琐事有关。

> 我们不能不承认,如果不是上帝的命令,即使最小的事件也不可能发生。有谁担心又好奇自己头上有多少根头发呢?没有人。然而上帝知道你头发的数目。的确,关于我们或其他被造物的再小的事情也要听命于上帝全知全能的护理。[50]

而且,上帝的护理不仅管辖生活中善的与快乐的一面,也管辖阴暗与麻烦的一面。"没有上帝的智慧,蚊子既不会长尖尖的刺,也不会发出嗡嗡的响声。"茨温利并**没有**说基督徒能够理解和分析上帝护理的行为。要问上帝为什么创造跳蚤、牛虻、大黄蜂、马蜂,则表现出"徒劳无益的女人气的好奇心"[51]。他们应该满怀敬意地思索上帝向他们启示了什么,而不是放肆地企望触摸他隐藏起来的东西。

关于护理,茨温利最详细的叙述来自 1529 年 10 月马尔堡会谈(Marburg Colloquy)的一篇讲道,这篇讲道重新修改后又被收进一篇哲学论文《上帝的护理》(De Providentia Dei)。在这篇论文里,他提出上帝的护理与人类的拯救之间最可能的和谐。早先他写道:"预定论、自由意志和美德等所有事项都依赖于护理。"[52]他又进一步称,护理可以说是"预定论之母",因为有了上帝的拣选,他把一切变为善,甚至是恶的行为,但是那些被弃绝的人却不能成为善。[53]

伦巴德和阿奎那也曾在护理的语境里讨论过预定论,作为一般的上帝教义的一部分。茨温利在这一点上并没有离开经院主义的传统,后来的加尔文也一样。[54]从这一观点看,预定论是护理的一个特殊(十分特殊!)的例子。

茨温利和路德一样,把预定论看做攻击靠行为称义的堡垒。因为不是人拣选上帝,而是上帝选择人并把他们分别出来,信徒不能说凭自己的功劳可以得救。人类傲慢的集中体现就是拒绝上帝恩典的赏赐。茨温利用一个很朴实的例子将这个道理讲明白。"看我们多么气派地站在这里,像乡下人一样放屁。他总是想做一名骑士却一直没有马,直到有一天他病了,人们把他放在一架送粪的马车上送他去医院。"[55]根据茨温利的想法,"拣选"只能给与那些上帝注定要拯救的人。并不是

"拣选"恶人受诅咒，实际上，上帝"弃绝、驱赶和隔离了"他们。茨温利讲的是双重的预定论，"拣选和弃绝都是上帝自由意志的行为"[56]。

茨温利拣选教义的另一面也值得特别关注：他提出"虔诚的异教徒"也可以得救的假说。茨温利认为即使在那些从来没有听过福音的人——他们生活在救赎历史的时间或地域之外——当中，也有一些人获得了上帝的拣选。他们是我们未来天堂里的邻居——不仅有旧约里的杰出人物，还有"赫拉克勒斯、忒修斯、苏格拉底、亚里斯蒂德、安提戈涅（Antigonus）、努马（Numa）、卡米勒斯（Camillus）、加图（Catos）和西庇阿斯（Scipios）"，实际上包括世界之初以来每一个虔诚的心灵与相信的灵魂。[57]

这种说法大大地激怒了路德，他将其看做是对上帝恩典的推测以及与理性主义的人文主义的妥协，这正是他反对伊拉斯谟的理由。（伊拉斯谟有一次曾写道，"圣苏格拉底，为我祈祷"。）茨温利的教义与加尔文的也相去甚远，后者感到一个人遭到弃绝的记号就是没有机会听到福音。[58]

然而，对于茨温利来说，"异教徒"也能得救的这一假设不是根据上帝在自然界的普遍启示，更不是根据他们个人值得赞扬的行为。相反，他们得救依靠上帝的自由选择，他愿意选择谁就选择谁。的确，在可见的基督教世界之外被拣选的那些人可能一生都没有信仰上帝。但这是无关紧要的，因为信仰在拣选之后（而不是之前），拣选正如花朵从嫩芽中产生。"尽管那些异教徒不懂得具体的宗教和圣礼，但是说到真正的事情，我敢说，他们比所有曾活在世上的多明我会和方济各会修士更圣洁、更敬虔。"[59]

茨温利将得救的范围扩大到那些被拣选的异教徒的说法不应被置于过高的位置，而认为这违背他基本的福音信仰。没有人比他更激烈地宣讲"唯独基督"（*solus Christus*），正如《六十七条》的第二条和第三条所说的那样。

> 福音的概括就是我主基督，真正的上帝之子，让我们知道天上的父的旨意，并将我们从死亡中拯救出来，通过他的赎罪使我们与上帝和解。
>
> 因此，基督是过去、现在和将来之人得救的唯一途径。[60]

根据他常常引用的《约翰福音》14：6，茨温利坚持认为除了通过基督没有人能来到父面前，他是"道路、真理和生命"。但是他拒绝将基督的救赎能力限制在可见的教会范围内。这是他自己言说"让上帝成为上帝"的方式。

作为牧师，茨温利意识到他严格的护理理论中固有的危险性。有人会放纵他们的欲望和要求，"如果我是被上帝选中的人，不管我怎样活着都能得到幸福"。茨温利回答说，这样的人会证明或者他们不是被上帝选中之人，或者他们没有得到对上帝的信仰和知识。[61]对于真正的信仰者来说，恰当地认识上帝的护理是抗击人生不确定性与打击的堡垒。在我们的个人生活与历史的大舞台上，我们非常确定地知道"不管我们怎样吵嚷，不管我们怎样谋划，上帝的计划不会改变"[62]。

圣经而非人类传统

圣经是茨温利改革的中心。这可以从改革过程中的四个关键时刻表现出来。

第一个时刻是茨温利自己决定"皈依"圣经原则。1522年茨温利给一群修女讲了一篇道，名为"上帝之道的清晰性与确定性"，讲道时茨温利回忆了他神学之旅的这次重要转变。

> 当我比较年轻的时候，我给自己太多人类的教诲，像我同时代的人一样。大约七八年前我开始全身心地阅读圣经，那时我总是受到哲学与神学的阻碍。但是最终我听凭上帝的道与圣灵的引领，我看到需要将这些东西置于一边而直接从他的道学习上帝的教义。然后我开始向上帝寻求光亮，圣经在我面前也变得更加清晰起来。[63]

毫无疑问茨温利这种对圣经全身心的阅读有一部分原因是出于对伊拉斯谟的强烈喜爱。同样毫无疑问的是，茨温利将人类权威"置于一边"是一个逐渐的过程。与伊拉斯谟一样，茨温利喜欢教父胜过经院神学家（他称他们是"诡辩家"）。虽然他还是一个热心的教父学者，并受到教父深远的影响，尤其是受到了奥古斯丁的影响，但是他慢慢将他们的权威与圣经的权威鲜明地区分开。例如，当他在艾因西德伦讲道的时候,他仍然醉心于哲罗姆(1516年伊拉斯谟编辑了他的作品),即使在那时,他还对一个同事讲,将来"有一天,哲罗姆或其他人对基督徒来说意义都不再重大,只有圣经除外"[64]。后来他用奥古斯丁的话宣布支持唯独圣经的原则,"瞧,你让圣经做你的师傅、老师和向导,而不是让教父和某些人误解的教会来做。"[65]

第二个时刻是茨温利采用激进的新式讲道法,他在1519年新年踏上苏黎世大敏斯特教堂的讲坛时,开始采用这种讲道方式。他放弃了诵读课经的传统方式,采用逐章释经的方式。布林格说茨温利"拒绝将主的福音分割成小块"[66]。尽管现在我们无法将那些早期讲章的内容重新拼合起来,茨温利回忆说他讲道"不会因为反对的观点而附加人的赘述,或犹豫与摇摆不定"[67]。他不仅从圣经出发讲道,还允许圣经直接对他和他的会众讲话。渐渐地,大教堂挤满了热心聆听上帝之道的人。茨温利承认他惊叹有那么多的人"赶"来听他的讲解。圣经上的话是苏黎世城改革中唯一最重要的东西。茨温利相信在几年内瑞士所有的地方都会接受福音,然后是德国、法国、意大利和西班牙。因为"上帝的道会轻易将所有尘土都吹走"。对那些反对他的讲道的人,茨温利警告说,"不要让你自己违背上帝的道。的确,它像莱茵河沿着河道流淌一样坚定不变。一个人可能会暂时拦住河水,却不可能让河水停下。"[68]

第三个时刻是市政当局接受了圣经原则。茨温利大胆的讲道引起了苏黎世人的强烈反对,尤其受到修会的反对。早在1520年,市议会发布了一项命令允许自由传讲"真正而神圣的旧约与新约"。接着,1521年又发布了一项命令要求讲道应该"出自圣经,撇开司各脱、阿奎那之流"[69]。这些命令在1523年1月的第一次苏黎世辩论上又得到了确认,当时圣经被认定为判断茨温利与罗马反对者辩论的"绝无谬误的法官"。

通过"上帝之道"茨温利到底明白了什么?上帝之道就等同于圣经吗?他坚信道包含了圣经,并通过圣经独特地表达出来,从另一个意义上说,道是更大、更为普通的一个词语。例如上帝创造性的道在被书写下来之前就产生了世界以及在世界里的一切事物。同样,对童贞女马利亚而言的有力的道,在她子宫里就生成了婴孩耶稣。因此"整个自然界的进程一定会改变,而上帝的道也会长存并成就"[70]。当然活生生的上帝之道就是基督本人。茨温利也称福音是上帝之道,并且给福音的定义是"不仅包括马太、马可、路加和约翰写的福音书,还包括上帝给人们的一切启示"[71]。正如基督的救赎能力不局限在可见的教会的历史范围内,他的道也不局限在书写的文字中。按照茨温利的想法,这绝不会取消圣经的权威性,相反会加强圣经的权威,因为它指向的是圣经的终极来源,上帝自身。

但是一个人怎样认出在圣经里的上帝之道?茨温利回答说,只有一个方法能够接收到圣经的思想——从上帝自己那里。向先知和使徒默示,让他们写下圣经的同一位圣灵也会临在,来确认和说服我们相信真理。换句话说,圣经是自我证明的。圣灵以如此的方式启迪了圣经的经文,以至于我们知道并承认圣经就是上帝的道。从这个意义上,茨温利就能够谈论圣经"先验的明确性"(*für Kummende klarheit*)。也是出于这个原因,茨温利能够不拘泥于官方公认的解释渠道——教皇、大公会议、学者和教父。"上帝的道能够在完全没有人指导的情况下被人理解。"[72]

茨温利肯定了两件事,这两件事在加尔文那里被紧紧地联系在一起了:圣经凌驾于人的传统的至高无上性以及个人在圣灵的引导下对圣经的理解。因此,茨温利能够说:"只有通过圣灵引导下的以经解经的方式,我才能够理解圣经。那不需要任何人类的想法。"[73]然而这并不是说,茨温利废去了教父或早期大公会议做出的决定。的确,他毫不犹豫地接受了最早的四届大公会议(尼西亚会议,321年;君士坦丁堡会议,381年;以弗所会议,431年;卡尔西顿会议,451年)以及《使徒信经》、《尼西亚信经》和《阿塔那修信经》。他的观点——此处与路德没有不同——是所有的大公会议和文献都要经过圣经的检验。如果他们讲的是基督,那么它们就是真实的,"出于上帝的圣灵"。然而,在这种情况下,没有必要叫嚷着"教父"、"大公会议"、"习惯"和"传统";它们只是反映了由上帝启示的圣经所包含的真理,并通过圣灵让人们知道。

最后,在"先知讲道"(Prophecy)学院里可以进一步研究圣经。从1525年7月开始,夏天的早上七点钟(冬天的八点钟),除了星期五和星期六之外的每一天,所有苏黎世的牧师和神学生都要聚集到大敏斯特教堂的唱经楼,花一个小时的时间认真地解经和释经。聚会以茨温利的祷告开始：

> 全能、永恒而仁慈的上帝，您的道是我们脚前的灯和路上的光，开启并照耀我们的思想，这样我们就能纯正而完美地理解您的道，我们的生命就能符合我们对您的正确理解，我们就能在凡事上不冒犯您，这都是靠着我主耶稣基督。阿们。[74]

之后，茨温利用拉丁语、希腊语和希伯来语朗读那天的经文，随后他会讲解适当的文本或解经的评论。茨温利或另一位牧师会用德语讲一篇道。许多正在上班路上的平信徒停在大教堂旁边聆听这篇道。

"先知讲道"这个名称出自《哥林多前书》14章，保罗讲到，预言或讲道是上帝的恩赐，要用来教导教会。苏黎世的先知讲道影响十分重大。这是一种神学研讨会，牧师、传教士、讲道人和教师在那里可以接受全面的圣经基础学习。这成为整个欧洲改革宗院校和神学院的一种模式，而且对1636年在新英格兰建立的哈佛大学也有影响。除此之外，大量的圣经注释，包括茨温利本人的几本注释，以及著名的苏黎世圣经都是在先知讲道的会议上产生的。

真宗教而非仪式上的虔诚

在第一次苏黎世辩论期间，一个有趣的交谈在茨温利与康斯坦茨的代理人法布里之间发生了，法布里为罗马一方说话。

> 茨温利：我们从上帝的旧约里知道我们的抚慰者、拯救者、救世主和中保是耶稣基督，只有在他里面并通过他我们才能获得恩典、帮助和拯救，除此之外，天上地下再没有其他途径。
>
> 法布里：在我看来，亲爱的圣徒与圣母马利亚不应该遭到轻视，因为很少有人感觉不到圣母与圣徒的代求。我不在意每个人说什么或相信什么。我已经放下了一个登天的梯子。[75]

法布里提到的是圣经里关于雅各的异象的故事，雅各看到一个从地上伸到天上的梯子，还有天使上去下来。一首很流行的主日学诗歌里也用了这个意象："我们爬上雅各的梯子……每一档都越来越高。"法布里的梯子上不仅有天使，也有马利亚和圣徒，当然还有画像与遗物、玫瑰经和圣袍。这些是通向天国的梯子上的横档，上帝认可的"脚手架"，能够帮助基督徒完成他们从此世到来世的旅程。茨温利强调的是上帝立即赐下他的恩典，只能通过基督，并由圣灵分给众人，因此他就将脚手架从中世纪的宗教中剔除了。通向天国的梯子被粗鲁地推倒了；现在基督徒只能凭着信心直接来到上帝面前（参《希伯来书》4：16）。

茨温利不想诋毁圣徒和马利亚，他和罗马神学家一样全力维护马利亚永远童贞的身份。茨温利的观点是，人们依靠"脚手架"并相信这些"脚手架"能让他们得救，却不相信一位真正的上帝。在一个地方，茨温利编了一段话，并假设这段话出自马利亚之口：

> 噢，你们这些无知的人。不论我有什么荣耀，那荣耀都不是我的。上帝在他的恩典里丰富了我，因此我成了人类的女仆和母亲。我既不是女神，也不是善的根源；只有上帝是源泉……我只是我儿子的见证人，你们将会看到救赎取决于他。[76]

在将礼仪性的仪式和宗教装饰剔除出教会生活方面，茨温利比路德更激进，那些仪式和装饰是中世纪虔诚的主要支撑物。轻率的祈祷、墨守成规的禁食、修士褪色的斗篷和小心翼翼剃过的脑袋、圣日、焚香、点蜡烛、洒圣水、修女的祈祷、神父的唠叨、守夜、弥撒和晨祷——"所有仪式堆积成的垃圾堆"除了是"愚蠢的举动"外什么也不是。想依靠这些东西获得拯救就像"把冰块放在冰块上"。[77]

看到茨温利如此强烈地追求改革，天主教当权者十分震惊。艾克1530年写信给皇帝查理五世，向他描述了苏黎世教会破败的情况："祭坛遭到破坏，并被推翻，圣徒的画像和油画有的被烧毁，有的被撕掉，有的被画得面目全非……他们没有教会了，有的只是马厩。"[78] 1527年大敏斯特教堂的管风琴被拆除后搬走了，尽管茨温利是一位训练有素的音乐家，他精通多种乐器。（1874年该教堂重新配备了一架管风琴。）直到今天，大敏斯特教堂还仅仅是刷得雪白的墙壁，内部没有任何装饰，与装饰得富丽堂皇的巴黎圣母院等教堂形成鲜明的对比。

为什么茨温利如此激烈地反对画像以及其他形式的仪式性虔诚？我们至少可以指出三个理由。第一，圣经权威的原则使所有圣经之外的习俗都变得相对化了。《伯尔尼十结论》（Ten Conclusions of Bern，

1528)的第二项表达得很清楚:"基督的教会不能制定离开上帝之道的律法和诫命;因此所有的人类传统都不能约束我们,除非它们是根据上帝之道或由上帝之道规定的。"[79]一般来说,信义宗的传统乐意在崇拜中保留那些圣经没有直接禁止的做法和习俗。改革宗的传统追随茨温利,倾向于消除一切圣经没有明确命令的做法。19世纪的坎贝尔(Alexander Campbell)用一句很简洁的表达概括了这个原则:圣经说话的地方,我们说话;圣经沉默的地方,我们沉默。

第二,茨温利受到的旧路派(*via antiqua*)训练让他对在崇拜中保留画像的危险特别敏感。旧路派假定一幅画像与其所代表的事物之间存在着真正的本体论上的关系。对茨温利来说,画像具有真实的力量,尽管这种力量是一种破坏性的、魔鬼的力量。例如,他看到圣女的画像制作得特别迷人,那么流畅而多彩,以致能够引起男人的性欲!同样,一些圣徒的画像被装饰得特别富丽堂皇,以致女人盯着他们就"感动得要献身"。这些画像就成了偶像,必须从公共崇拜的场所拿走,以免分散了为独一的真神上帝举行的崇拜。路德受到的是新路派(*via moderna*)的训练,他对这个问题不那么敏感,因为作为一个唯名论者,他认为画像与其所代表的事物之间只存在着思想上的联系,而不存在真实的、直接的联系。[80]

最后,茨温利反对仪式上的虔诚,因为他认为仪式上的虔诚代替了真正的宗教,他将真正的宗教定义为"服从上帝,毫不动摇地相信他是唯一的善,相信只有他有知识和能力将我们从麻烦中解救出来,并除去一切恶或使它们变为他自己的荣耀以及有益其子民的事情,使他们像子女依靠父亲一样依靠他——这就是虔诚,这就是宗教。"[81]出于这个原因,茨温利相信不应该给上帝启示的道添加上任何东西,也不能从上帝的道中拿掉任何东西。

茨温利并不认为"所有人类法令的大杂烩"都应该立即或全部除掉。他愿意忍受这些事物,把它们当做记号,如同祷告时的十字架或牧师的圣袍,直到道有时间发挥作用。他坚持认为应该使用德语阅读和传讲圣经:"在这一点上妥协的人是在犯罪,因为圣经是生命的道。"[82]画像是慢慢被从教会清除掉;直到1525年弥撒才被废除。然而,改革一旦开始,就不能再倒退了。将这些心爱的多余之物从圣殿里"清除"出去是很困难的,但是要让纯洁的上帝之道流行,这项工作是很必要的。"如果你不把鹳的窝破坏掉,"茨温利警告说,"它们肯定会再回到窝中的。"[83]

外在的国度而非私人的道德

路德的宗教改革诞生于他痛苦地寻找一个仁慈的上帝的过程,他是为了回答一个问题:我怎样才能得救?茨温利从一开始就比较关注改革的社会和政治含义。茨温利的中心问题是:我的人民怎样才能得救?路德喜欢引用耶稣的"我的国不属于这个世界"的说法。对路德来说这意味着基督的国度,像可见的教会表现的那样,不应该被"外在的事物"占据(例如被政治、经济、对外政策等占据)。这是另一个领域应该处理的事情,是上帝左手的事情。茨温利并没有区分上帝的右手和左手。在一封给康斯坦茨改革者布劳尔(Ambrosius Blaurer)的信中,他坚持认为"基督的国度也是完全外在的"[84]。

路德对两个领域做出的区分乃是根据他对律法和福音所做的鲜明对比。茨温利很愿意赞同路德说的我们唯独因信称义,而不在于我们自己任何值得称赞的行为,但是他感觉到没有必要将律法和福音变成对立的两极。上帝启示的一切事情或者是诫命,或者是禁令,或者是应许。所有这些启示的形式,包括诫命和禁令,都能够教化信徒。当上帝命令人们不要有贪念,不要犯奸淫的时候,上帝的这些诫命都是为了教导和安慰信徒。相比之下,对那些不信之人来说,上帝的应许就是十足的蠢话了。因此:

> 我称上帝向人们开启的以及要求人们的所有事为"福音"。无论什么时候上帝让人们看到他的旨意,都使那些爱上帝的人喜悦不已,因此,对他们来说上帝的旨意是确定而美好的消息。出于这个原因,我称它为"福音",和"律法"一词比较起来,我更喜欢"福音";这个名称更合适,符合信徒而非不信之人的理解;同时,我们克服了律法与福音之间的张力。除此之外,我还知道基督就是总结与完美;他是拯救确切的表现,因为他就是拯救。[85]

对信义宗来说,这种混淆律法与福音的区别的做法好像是为新律法主义打开了大门，它嫁接在纯正的唯独信心的消息之上，是一种新教的以行为称义的做法。对茨温利和那些追随他的人来说，这种说法暗含着基督徒生命的一种深刻的行动主义（activistic）概念。"基督不会让他的子民无所事事"，茨温利在给继子梅耶（Gerold Meyer）的信中写道："那些正确地理解了福音奥秘的人会让自己正确地活着。"[86]德国南部与瑞士的改教家——苏黎世的茨温利、斯特拉斯堡的布塞、巴塞尔的厄科兰帕迪乌斯（Oecolampadius）以及后来日内瓦的加尔文——都在忙于决定教会与世俗社会结构之间的相互依赖关系。与其他改革城市比起来，苏黎世的教会与市民团体更是一个不可分割的整体，由属灵的和世俗的长官共同管理，他们都将圣经权威的原则作为其共同统治的基础来接受。例如，1525年苏黎世的市议会建立了所谓的"婚姻法庭"，该法庭由神学家和市议会成员共同主持。该法庭试图对全体苏黎世居民实施一项严格的道德法规，在某些方面为加尔文在日内瓦的宗教法庭提供了先例。茨温利看到在这种教会与国家的合作中没有出现问题。在他临终前写的一份著名的声明中，他说："基督徒只是忠实而优秀的公民，而基督教城市只是基督教教会。"[87]

茨温利提出律法和福音是可以协调的，二者都是上帝意志的体现，然而当他要区分上帝的义与人的义时遇到了巨大的麻烦。这个问题是在一篇名为"上帝的义与人的义以及它们之间的相互关系"的讲道上提出来的，茨温利在1523年的圣施洗约翰日讲了这篇道。茨温利认为，上帝"纯洁的、没有被污染的、纯粹的"义在登山宝训中展现出来。基督徒应该宽恕别人，正如他们渴望上帝宽恕他们自己一样。他们不仅不能杀人而且不能发怒，不仅不能犯奸淫而且要抑制欲望。上帝要求的是这样的纯洁和无罪。然而基督徒无法达到这样一个义的标准，所以上帝通过他的儿子耶稣基督完成了义。

茨温利说还有一个人的义的标准，与上帝的义比起来，人的义"可怜又软弱"，人的义是由上帝设立的，因为人是不顺从的。在上帝的义与人的义之间就是地方官员，他们由上帝任命，维护秩序，打击偶像崇拜并支持讲道。地方官员是主的仆人，更别提牧师了。他们紧密协作，确保上帝的国度能够长远。对茨温利来说，不只是教会，"整个世界"都变得如此败坏、邪恶和无耻，所以"必须实行改革"。他改革工作的目的是要改造社会与政治的组织结构，他称之为"事情的现状"，还要抚慰个人良心上的不安。[88]

虽然茨温利对地方官员改革教会的能力十分自信，他还是制定了两项限制措施防止地方官员滥用权力。其中一个就是使废黜陷入暴政的地方官员成为可能。尽管茨温利强烈反对民众的抗议和叛乱活动（他和路德都对农民振臂反抗领主的暴动行为感到震惊，尽管他很厌恶路德报复农民的举动），他还是允许由所有人民的意志来赶走那些屡教不改的恶劣统治者。说到玛拿西王的暴行，他称："如果犹太人允许了他们的王受惩罚，那么上帝也不会[借被掳巴比伦]来惩罚他们。"[89]

地方官员还要受牧师忠实劝勉的制约，茨温利称牧师是牧羊人、守夜人或先知。

> 上帝已经为他的民立下了长官——牧者——他们随时看顾着他的民。上帝不愿意让任何人拥有如此不称职的权力，以至于没有人能够指出他的恶行……如果当局能帮忙，那么恶人会被赶走，随之而来的是更大的和平，但是如果他们不帮忙，那么牧者就不得不冒生命危险，只能盼望从上帝那里寻求帮助以获得解放。[90]

茨温利知道他讲的是什么。他曾经被迫离开格拉鲁斯的牧师职位，因为他直言不讳地反对雇佣兵贸易。在苏黎世他也曾无数次"冒生命的危险"；直到1525年他才获得议会多数成员的支持。那一年，先知讲道学院建立起来了。茨温利的讲道、讲课和注释更多转向旧约。在不同时期，茨温利担任了苏黎世城的先知角色。"如果一个牧者阅读了先知书，那么他只会发现一场与强大而罪恶的世界的永恒的斗争。"[91]

茨温利本人的"先知"使命让他直接进入到苏黎世、瑞士联邦和帝国错综复杂的政治中。这种投入以及其他一些事情最终导致他1531年悲惨地死在战场上。

我们可以轻易地将茨温利解读为新教徒马基雅维利，一个致力于人民的政治命运的敬虔的政治家。毫无疑问，这样的说法有一定的道理，然而却忽略了茨温利政治行为背后的真实动机，他的动机是以对社会的理想以及对穷人和边缘人群的关注为中心的。他反对画像，一部分原因是基于基督徒那么多的爱被浪费在一些没有生命的物体上，而地上那么多的"真正的上帝形象"，即信徒却在贫困中变得虚弱了。

茨温利坚定地呼吁"为了上帝的荣耀,一个人应该给活的上帝的形象,即穷苦的基督徒穿衣服,而不是给木头和石头做成的偶像穿衣服。"[92] 数个世纪以来,富裕的市民为那些死去的人举办弥撒,认为这样做能加快那些死者在炼狱中的旅程。当茨温利的领土内废除了弥撒之后,那些举办弥撒的捐赠就转给了慈善机构,用来帮助穷人,茨温利相信他们比那些已经去世的人更需要帮助。茨温利还是一个敏锐的批判家,他指责刚刚出现的资本主义对经济的滥用。"如果一个穷困的母亲坐在婴儿床前,想买一些药,她会十分伤心;因为她必须付给那些垄断的商家两倍的价钱。"[93]

141　　茨温利参与的政治和经济事务指向的是整个社群以及全部社会生活的改革。教会和国家的关系就像灵魂与身体,彼此有分别又必须相互联系和依存。茨温利比任何其他改教家都更反对中世纪教会中神职人员拥有至高无上的权力。罗马敌基督的错误就在于将自己放在了王侯和国王之上。茨温利相信圣经教导人们(出 4:16)牧师要服从地方长官。茨温利希望神圣与世俗能具有平等的地位,以及出现一幅牧师与地方长官共同作为上帝之道的仆人的改革景象。"基督的国度也是外在的"意味着人类生存的任何方面都不能排除在福音的要求和应许之外。

作为教会事务的洗礼

早在第二次苏黎世辩论时(1523 年 10 月),茨温利的一些热情的追随者就对城中缓慢的改革步伐感到失望。这时,市议会宣布罗马的弥撒教义是错误的,并决定推迟即将开始的改革。茨温利支持这项决定,他相信苏黎世的全体人民需要为这次全面的变革做好更充分的准备。那些反对者不能接受如此妥协的措施。他们中的一个代言人格列伯(Conrad Grebel)写道,第二次苏黎世辩论时,苏黎世的主要神学家"攻击上帝之道的头,把它踩在脚下,又奴役它"[94]。

很快反对者的焦点又转到另一项圣礼上去了,苏黎世也没有对这项圣礼即洗礼进行改革。格列伯和其他人拒绝让他刚出生的儿子接受洗礼,因为他在新约中找不到支持这个仪式的理由。与洗礼的官方政策的决定性分裂发生在 1525 年的 1 月 21 日曼茨（Felix Mantz）的家里，他是又一个不喜欢茨温利的追随者。那天晚上，祈祷完毕之后，乔治·布劳若克（George Blaurock）要求格列伯给他施洗，布劳若克后来成为重洗派的传道人。

> 当他带着那样的要求和愿望跪下时，康拉德给他施洗。……之后其他人也要求乔治给他们施洗，他就为他们施洗了。因此，他们深深敬畏上帝，一起把自己归在主的名下。[95]

这就是重洗派运动在苏黎世卑微而又明显非法的开始。几乎在一夜之间，重洗派的秘密集会就蔓延到了佐利空村（Zollikon），该地位于苏黎世的湖下游四英里处。其他的洗礼骚乱也在苏黎世发生了：新生婴儿洗礼被拦阻，官方牧师的布道被重洗派的牧师打断，洗礼池被推倒后打碎，接受重洗的信徒聚集起来组成分离主义团体公然反抗法律。1525 年 6 月佐利空的农民进入苏黎世城，并在街道上游行，嘴里喊着，"喔，喔，喔，苏黎世。"他们侮辱茨温利是"老魔鬼"，并给苏黎世 40 天时间，让他们像先知约拿一样悔改！议会将这场骚乱视为对权威的直接威胁。为了应对危机，议会要求消灭那些顽固的违法者，将那些接受重洗的人判死刑并扔到水里淹死。1527 年 1 月 5 日，曼茨成为第一个在苏黎世被淹死的重洗派信徒。在茨温利和其他牧师的监督下，曼茨被沉到利马特河（Limmat River）的冰层之下。人们听到他说的最后一句话是："主啊，我把灵魂交在你手中。"[96]

茨温利关于洗礼的教义主要反对两种立场：重洗派撤销婴儿洗礼以及罗马天主教和信义宗在圣礼上所采取的客观主义的做法。他早期对洗礼的论述主要都是出于对后者的考虑。他强烈反对洗礼具有消除原罪的能力。对茨温利来说，尽管原罪有败坏人类的恶果，但是原罪是一种缺陷，"对有原罪的人来说原罪本身并不是罪。这种缺陷不能定一个人的罪——不论神学家怎么说——除非他出于这一缺陷而违背了上帝的律法，而且只有在他知道律法的情况下，他才被定罪。"[97]洗礼并不能让人获得重生，因为基督死在十字架上已经一劳永逸地成全了人的重生。基督教世界成千上万个洗礼池浅起的水花要实现的效果事实上已经由基督在髑髅地的献祭完成了。一个人不能既相信基督又相信圣水。

由于他的死，他已经从父那里得到了一切，因此无论我们以他的名求什么东西，我们都能得到。任何被造的东西都不应该受到崇拜或享有尊重，好像它有能力洁净我们的良心或拯救我们的灵魂一样……否则基督的死就是多余的。[98]

在中世纪的神学里，那些没有接受洗礼的婴儿要去到地狱边界。那里与炼狱不同，痛苦较小，也没有逃脱的希望。也就是说，地狱边界是地狱里安装了空调设备的隔间。由于这种思想，苏黎世形成了将未受洗的婴儿埋在公墓的某个中间位置的风俗，那地方位于渎神的土地与神圣的土地之间——形象地代表了地狱边界！茨温利坚决反对这个风俗，他提出应该给那些没有受洗就死去的婴儿完全的基督徒的葬礼。他相信父母是基督徒的孩子不论受洗与否都能得到拯救，因为恩典的约延及他们的父母，也延及他们。

茨温利强调恩典的即时性，并由圣灵直接授予，这让他特别提防那些传统上与洗礼有关的仪式方面的礼节。1523 年茨温利的一个同事朱迪为苏黎世制定了一套用本地语言进行的洗礼程序。但是，这个程序还保留了许多旧的拉丁礼仪，包括两次划十字，往眼睛下面吹气、往嘴巴里放盐以及往耳朵和鼻子上涂唾沫，以及涂抹由主教祝圣的油。1525 年茨温利指责这些做法是"魔术"、"人附加的毫无价值的东西"。他问道："水、火、油、奶、盐等粗糙的东西怎么能进入人的心灵呢？"1525 年 5 月茨温利提出了他亲自做了大量修改的洗礼程序，这个程序正如题目所写的那样，"在上帝之道里找不到根据的所有附加之物都被去掉了"。[99]

对茨温利来说是用圣灵洗礼而不是用水洗礼，圣灵的洗礼将人们带入上帝拯救的轨道中。圣灵并不拘泥于外部记号："上帝按照他愿意的方式和时间给他愿意的人洗礼。"茨温利强调圣灵洗礼本可能导致他如同激进的改革者史文克斐（Caspar Schwenckfeld）一样，终止一切外在的洗礼。茨温利没有这样做乃是因为他强烈地感到可见的教会具有团体的性质。现在我们来看看茨温利洗礼神学中积极的方面。

加入仪式与认同意识

茨温利将圣礼定义为一项加入教会的仪式或誓言，通过这个仪式或誓言一个人必须公开承担起某一职位或修会的义务。对他来说，水的洗礼本质上是一种**人**的行为，以回应上帝在先的行动和语言。加入的意思在他那里不是简单的"开始"，而是进入一种崭新的生活方式。他以自己经历的两个比喻来形容用水洗礼的"公开证明"（*consignatio publica*）。当他还是伯尔尼多明我修会的见习修士时，他就很熟悉修士入会的仪式。他将洗礼比作修士披上斗篷：这表示要一生学习修会的规则和法令，还要一生服从独特的行为方式。成为瑞士雇佣军的一名老练的随军牧师以后，他将洗礼比作缝在制服上的白十字。每年 4 月的第一个星期四，士兵都要穿上缝着白十字的衣服，聚集到乃斐尔斯（Näfels）庆祝先辈取得的军事胜利并宣布他们作为瑞士人的身份。这样，洗礼就将一个人标志出来，他是"基督的军队"（*militia Christi*）的一员，是福音的战士，在将军基督的指挥下作战。[100]

斗篷和白十字都没有赋予那些穿戴它们的人任何美德或特点。它们是识别从事某一特别事业之人的公开标志。茨温利相信洗礼不仅对那些接受的人十分重要；对那些见证这一洗礼的人来说，这更是一种保证。洗礼的目的是告诉整个教会，而不仅是告诉某个人自己，在圣灵的洗礼下信心已经内在地形成。同样，水的洗礼宣布接受洗礼的人一生要治死肉体。洗礼证明一个人现在处在悔改者的行列中。洗礼是信徒"进入基督的可见的仪式"[101]。然而，洗礼与悔改的关系在茨温利的洗礼神学中并不重要。他从来没有像路德一样清楚而全面地发展这一理论。

约的延续性

茨温利形容用水的洗礼是一种公开的誓言，这暗示着洗礼只适用于能清醒地做出这样承诺的成年人。事实上，早期他在苏黎世开展改革运动时就是这样认为的。后来他承认自己"受到了蒙骗"才相信儿童直到有判断力的年龄才能接受洗礼。持有这样观点的不止他一个人。重洗派将这个问题置于非常棘手的境地，在那之前的几年里，茨温利和其他的改教领袖都有过这些疑问，包括伊拉斯谟、法雷尔（Farel）、厄科兰帕迪乌斯。茨温利从来没有像那些"青涩的"、缺乏经验的追随者一样，支持将婴儿洗礼作为魔鬼的行为而加以废除。[102]

从 1524 年开始，茨温利发表了一系列作品，他打消了从前在婴儿洗礼上的疑问，并提出了一个新的论据来维护这一习俗：旧制度下的以色列民与新制度下的可见教会之间存在着约的连续性。我们可以看出茨温利的论证主要有三方面的内容，其中每个方面都被布林格和加尔文精心论述过，后来成为改革宗关于婴儿洗礼教义的标准。

第一，将割礼与婴儿洗礼进行类比："洗礼是基督徒的割礼"（*baptismus sit Christianorum circumcisio*）。[103] 当然，这个比较是教父与中世纪的陈词滥调；路德也曾这样说过。然而没有人像茨温利论述得这样全面。旧约中流血的仪式割礼和逾越节已经被两项"温和的"圣礼所取代，即洗礼与圣餐。从另一个方面讲，洗礼也是温和的——洗礼还扩大到了女婴，而不仅用于男孩，尽管即使在从前的制度下女孩在过红海时也接受了洗礼的象征。我们已经发现茨温利将拣选与婴儿洗礼联系在一起：基督徒父母的还处于婴儿时期就夭折的子女肯定能得救。他又说假使以扫还是婴儿时就死了，他还是能被上帝拣选的！因为基督徒的孩子显然是属于上帝的，怎么能拒绝他们接受属于上帝的记号呢？割礼不仅是亚伯拉罕信心的记号，也是上帝与他及其后裔缔结的整个约的内容的记号。水洗是新以色列即教会外在的集体的记号。

第二，基督徒的洗礼不是从《马太福音》28 章的洗礼的诫命来的，而是从施洗约翰来的。耶稣既接受了割礼又接受了约翰的洗礼（当然他两样都不需要），因此他将两种制度联合起来，并表明二者具有同等的价值。中世纪的天主教、重洗派和路德都同意——虽然出于不同的理由——耶稣的洗礼与约翰的洗礼之间存在着鲜明的区别。茨温利从前也认为这两个洗礼十分不同。茨温利相信圣经揭示的不是上帝以不同的行动拯救人类的两个约，而是**两种制度下的一个约**，基于这一点认识，茨温利产生了新想法。教会的洗礼与约翰的洗礼是完全一样的，因为约翰传讲的福音正是基督徒宣布的福音："看哪，上帝的羔羊，除去世人罪孽的！"（约 1：29，标准修订版）

第三，新约没有明确（*expressis verbis*）命令婴儿洗礼，但是婴儿洗礼可以从很多经文中推论出来，茨温利引用基督拥抱小孩子（路 18：15—17）、《使徒行传》和使徒书信中人们熟知的洗礼以及基督没有在任何地方命令说婴儿**不**应该接受洗礼的事实来说明新约时的教会实行婴儿洗礼。茨温利猜测约翰在约旦河里为婴儿洗礼或声称要求再次受洗的约翰的门徒（徒 19）所受到的只是"教诲的"洗礼而不是水的洗礼，这时他好像是在诠释学的薄冰上滑行。很久以前，乌斯特里（Usteri）在研习茨温利的洗礼教义时发现茨温利一想到成人洗礼时就大量引用新约的经文，但是当为婴儿洗礼辩护的时候，他又以割礼作为论据。他只有在约的前后统一的语境中才能保证婴儿洗礼的客观性。

洗礼与信心

我们已经看到，对茨温利来说，信心是圣灵赐给人们的礼物，与水的洗礼并没有内在的联系。新约中水的洗礼总是与信心联系在一起；所有关于婴儿洗礼的教义都必须弄明白二者之间的关系。路德玩弄概念的小把戏，他说担保人的信心对儿童来说已经足够了，继而他又放弃了信心替代人的观点发展出婴儿洗礼的教义。"如果基督在洗礼的时候通过施洗者的口对这个孩子说话，那么他就能成为信徒，因为施洗者的话是他的道、他的命令，而且他的道不会不结果子。"[104]婴儿的智力发育不完全并不妨碍将信心传递给他；如果有什么区别的话，婴儿接受信心更容易一些，因为没有可恶的理性的阻碍！

对于婴儿的信心，茨温利从来没有路德这样的想法。"洗礼不能加强婴儿的信心，因为婴儿没有能力相信。"[105]茨温利在1525年的洗礼仪式中，只提到过信心一次，就是在所谓的"洪水的祈祷"中，那时，牧师叫受洗之人的名字并祈祷上帝点亮"他心中信心的灯，那样他就能与你的子联合"。圣灵选择什么时候以什么方式将信心传递给接受洗礼的人则是仪式本身无能为力的事。

茨温利特别重视那些带着孩子来洗礼的父母个人的信心。作为上帝在历史中之目的可见的表现，约的整个概念取决于他们是**基督徒**父母的孩子这个事实。只有那些有意识地参与到约的集体中来的父母才会带他们的孩子来接受洗礼："我们不允许孩子被带去接受洗礼，除非他们的父母首先得到了指导。"[106]父母代表孩子忏悔，教会接受忏悔并根据仁慈的原则判定婴儿真的获得了拣选。对于茨温利来说，父母的信心比不上整个教会的信心。这就是他为什么不赞同私下洗礼，而坚持洗礼应该"在教会面前"由被合法任命的传道人主持进行。"接受洗礼的人要证明自己属于上帝的教会，教会当以坚定的信心和纯洁的生活崇拜主。"[107]对茨温利来说，婴儿洗礼本质上是一个教会事件。洗礼需要的信心不是婴儿或他们的父母个人的主观的信心（*fides qua creditur*），而是整个基督教信息的内容（*fides quae creditur*）。

148 洗礼与社会秩序

在《驳洗礼的骗局》（*In catabaptistarum strophas elenchus*，1527）一文中，茨温利用一句话总结了他对重洗运动的巨大恐惧："他们推翻了一切。"[108]到1524年茨温利认识到重洗派的真正危险不在于分裂和叛乱等异端思想。婴儿受洗成为教会统一和城市秩序完整的支点。1526年茨温利说服苏黎世议会在每个教区建立受洗登记。这一措施，连同驱逐那些不让婴儿受洗市民的决定，使得地方官员能够将婴儿洗礼作为政治服从的一个工具。这一政策与茨温利的改革进程密不可分，茨温利的改革就是把可见的教会和基督教城市或国家的全体人口等同起来："一个基督教城市就是一个基督教教会。"一个基督教城市（*civitas*）就是一个"混合体"（*corpus permixtum*），有绵羊也有山羊，只有上帝确切地知道谁是绵羊谁是山羊，但基督教城市却不是一个受洗之人和未受洗之人组成的共同体，以免城市秩序本身以及依靠城市秩序公布的福音遭遇危险。很讽刺的是，水的洗礼在茨温利的救恩论中作用微不足道，但是它却成了他为可见的教会辩护的基础。

茨温利洗礼神学的发展伴随着他改教工作的全过程。他似乎低估了水的洗礼作为拯救记号的价值，但他却赞成水的洗礼是教会统一必不可少的象征。我们可能会赞同后来的改革宗传统恢复了圣礼的道成肉身神学（incarnational theology），但是茨温利却用上帝恩典的先验和自由来警告任何形式的制度化偶像崇拜。

圣餐的争端

身在一个受到核战争和全球饥荒威胁的世界里，我们很难体会16世纪的改教家对圣餐神学细枝末节的争论之激烈程度。斯特拉斯堡的卡皮托（Wolfgang Capito）是争论者中比较温和的一个人，1525年他写信给朋友布劳尔（Ambrosius Blaurer）说："那本应使我们团结为一体的记号却让我们争执不休，乐此不疲。后世定会为此而嘲讽我们。"[109]宗教改革历史最大的一个悲剧就是围绕着圣餐发生了太多的争论与伤害，而耶稣设立圣餐则意在和平。更有讽刺意味的是，新教在唯独圣经（sola scriptura）的原则上与罗马分裂，但他们却从这个原则里找不到足够的统一以阻止他们在圣餐问题上的决裂。

然而我们不应该轻易谴责那些改教家。对路德和茨温利来说，在对圣餐的争论中，福音的实质已经到了危急时刻。他们不只是咬文嚼字，也不只是顽固不化，虽然他们确有这两方面的问题。他们对基督这个人、圣经的意义以及圣餐在教会生活中的地位的坚定信念让他们得出了各自的观点。我们将从中世纪背景、政治环境、诠释学和基督论层面以及圣餐仪式的结果来探讨这场争论。

中世纪背景

在早期教会中，庆祝主的圣餐是基督教崇拜的中心内容。最早的圣餐仪式表达的是人们的赞美和感激，每个星期天由全体信徒共同举行。仪式包括诵读圣经、讲道、要求与上帝和解的祷告、合宜地分享晚餐——将饼带来、接受小块的饼，还常常互相问候主内平安，然而到宗教改革时，圣餐仪式经历了巨大的变化，以致很难辨认出是同一件事了。

首先，圣餐变得"神职化"了。弥撒不再是全体会众的崇拜活动，而变成了由接受任命的神职人员执行的特殊任务了。圣餐还是在每个星期天举行，但是会众不再领圣餐，只在复活节除外。因为弥撒是神父的事而不是普通人的事，拉丁语代替了本国语言成为仪式中使用的语言。人们领圣餐机会不多，他们领受时也只能得到饼，酒仍然留给神父。甚至早在宗教改革之前，胡斯派就兴起了大规模的抗议运动（Hussite Utraquists，这个称呼来自拉丁语 utra，意思是"两个都"），他们坚持饼和酒都应该给平信徒。

与圣餐被神职人员控制密切相连的是圣餐变得商业化了。许多基督徒相信让一个"弥撒神父"代表自己举行弥撒，就能保证获得上帝的喜爱。这些弥撒被称为"许愿"弥撒（出自拉丁语的"应许的"、"奉献的"），并且由神父私下举行。16世纪一位英格兰的诗人古格

(Burnaby Googe)，曾经写了一首诗，讲的就是人们认为做许愿弥撒能获得的好处：

> 弥撒保护旅行者不遭遇危险和疾病；
> 弥撒保护船只在咆哮的海上航行；
> 弥撒储存玉米和谷物，促进农事；
> 弥撒祝福每一件事比如寻求财运亨通；
> 弥撒给男人一个讨人喜欢的妻子，给少女一个伴侣；
> 弥撒帮助战场上的上尉，并推进争辩……[110]

婚礼和葬礼上也要举行弥撒，保护人们不要遇到疾病或糟糕的天气，在偏远的地区，甚至牛、羊和马下崽都要举行弥撒。在大教堂或主教堂，无数的祭坛被立起来，祭坛常常立在富有家庭捐献的附属小教堂里，在那里一天中要举行好多次弥撒。

我们可以看到，这个习俗是多么容易被滥用，因为神父主持活动希望收到费用，有时他们甚至索取费用。像赎罪券一样，弥撒也是出售给那些愿意为想象中的个人利益付钱的人。这样，圣餐就变成了庸俗的金钱交易，而神父则成了灵性的商人。对改教家来说，这种做法就像企图购买上帝恩典的另一种徒劳。路德说出了他们的心声："我认为将弥撒作为祭祀和善工来宣讲与贩卖是最让人深恶痛绝的事。"[111]

圣餐神学一直想与圣餐中的虔诚保持一致；结果，圣餐也变得"经院化"了。1215年第四次拉特兰会议之后，中世纪的天主教神学家运用变体说来解释基督临在于圣餐中。他们借用亚里士多德的哲学范畴，说弥撒中神父在为饼和酒祝圣的时候，奇迹发生了：饼和酒的**本质**突然改变了（变体了），变成了基督的身体和血，而饼和酒的**偶然属性**并没有发生变化。换句话说，当神父将饼从祭坛上拿起来并说"这是我的身体"（*Hoc est corpus meum*）时，他手里拿的其实就是基督的身体，虽然它看起来和吃起来都像饼。

这个教义的中心点是在祝圣的那一刻。英文中有个"变戏法"（hocus-pocus）的说法，这是我们说起那些神奇或难以置信的事情时用到的一个俗语，该词就是由拉丁语的圣餐经文 *Hoc-est-corpus-meum* 合并而来的。虽然多数人一年只领一次圣餐，但是在中世纪后期做弥撒时举起圣体（Host，源于拉丁词语 *hostia*，"献祭"）成为宗教活动的焦点。祝圣时,铃声响起,聚会的人们惊奇而崇拜地看着被举起的圣体。圣体节(the feast of Corpus Christi)从法国传遍了整个欧洲。这时,祝过圣的圣体被放在庄严的队伍里到街道和公共广场游行,当圣体经过的时候,人们要很尊敬地鞠躬。

变体说为中世纪后期宏大的圣餐场面提供了支持。

> 圣餐在高大的哥特教堂壮丽的台子上举行,光从装饰着宝石的雕花玻璃的窗户里照进来,神父穿着中世纪后期华丽的祭袍,蜡烛的火苗摇曳,熏香的香气升腾,〔圣餐〕表现出的是复杂的光、色和运动,即便没有占据中世纪基督徒的大脑,也占据了他们的心灵。[112]

无怪乎改教家想要改革弥撒的努力会遇到那么多粗暴的反应。

路德和茨温利都认识到弥撒是中世纪虔诚的神经枢纽。他们也都知道如果不认真注意教会改革,就不会有教会真正的改革。既然我们要找出路德和茨温利在圣餐问题上的不同之处,在这里就应该提一提他们在反对中世纪的弥撒上有什么共同之处。

第一,他们都坚决反对以旁观者的身份来参加弥撒。他们要恢复所有会众都参加到崇拜活动中来的做法。因此他们都提倡平信徒和神职人员均应领圣餐的两个部分(饼和酒),并且他们都发展出了使用德语母语的圣餐礼仪。第二,他们都坚持庆祝圣餐应该以道为中心。到宗教改革时,颂读圣经使用的往往是拉丁语,很少有人能听懂,讲道又常常被省略掉。路德和茨温利把圣礼解释成(借用后来改革宗传统的一个词)上帝"可见的道",是作为补充,但不能与上帝文字记载的和口传的道相提并论。因此《奥格斯堡信条》(1530)给教会下的定义就是"正确地传讲上帝的道以及正确地施行圣礼"的地方(第七条)。第三,这两位改教家都否认弥撒是代表人民献给上帝的祭。圣餐不能取代基督在十字架上那独特的不可重复的献祭。最后,他们都否认经院神学的变体说,在他们看来那都是华而不实的解释,而早期教会对此完全不知晓。路德抱怨说:"平信徒从来不知道那吹毛求疵的关于本质属性与偶然属性的哲学;而且即使有人教给他们,他们也无法理解。"[113] 既然有这么多共同之处,还要看一看争论都涉及哪些问题。

政治环境

早在 1523 年，茨温利的圣餐理论还没有发展成熟之前，他已经敏锐地意识到在这个关键问题上他与路德有分歧。他指出，路德说到圣餐时最喜欢用的一个词是"遗约"（testament），而他最喜欢用的一个词是"纪念"（memorial）。同时，茨温利还称路德是"上帝的好武士，那种人在我们这个地球上已经消失一千年了"[114]。他肯定没有想到他们在圣餐神学上的细微差异却导致了永久的分裂。然而，茨温利提到的这两个词在某种程度上已经预示了以后的冲突。对路德来说，"遗约"是指主的晚餐是基督赐给教会的一个礼物——"这杯是用我血所立的新约"（路 22：20）。对茨温利来说，"纪念"意味着主的晚餐是怀念性的仪式，通过圣餐教会宣告对基督的忠诚。换句话说，路德强调圣餐经文中的"这是"（This is），而茨温利强调"这样做"（Do this）。

最初茨温利看到（或声称看出）两种对圣餐的理解没有根本的分歧。但是，很快，他开始认为路德关于圣餐的教导——"我们吃饼就是吃基督的身体"——存在严重甚至危险的问题。这种说法有罗马变体说的味道，与茨温利的进步观点截然不同。

在圣餐问题上，路德已经受到了他前同事卡尔施塔特（Andreas Bodenstein von Karlstadt）的质疑。卡尔施塔特不承认圣餐时基督真实而客观地临在，而赞成一种更属灵的理解。当路德获悉茨温利也提出了对圣餐的修订解释，他立刻（也是不公正地）将茨温利与卡尔施塔特以及其他"圣礼派"（sacramentarians）混为一谈："我看他们都是一丘之貉，不论是谁，都不愿意相信圣餐中基督的身体是他真正的、自然的身体。"[115]

茨温利认为路德退回到了罗马天主教的立场；路德则认为茨温利陷入了宗派主义。战争开始了！在 1526 年到 1529 年之间，路德、茨温利以及他们的盟友写了一篇又一篇的文章，猛烈攻击对方。1527 年春天在法兰克福的图书市场上，路德的论文《基督的话……仍然反对狂热份子》（That the Words of Christ... Still Stand Firm Against the Fanatics）与茨温利的回应文章《友好的解经……致马丁·路德》（A Friendly Exegesis... Addressed to Martin Luther，实际并不那么友好）并排放在一起出售。茨温利希望路德在这个问题上保持沉默，因为那样"我们就不必被迫吞下你那恶心的东西"[116]。路德则宣布茨温利"比他还是个天主教徒的时候要危险七倍……我在上帝和全世界面前公开声明我永远不会和茨温利的教义有任何关系"[117]。

如果不是政治对争论发生了深刻的影响，这次争论还会继续下去，就像在教会里的另一个神学上的小题大作。1521 年路德在沃尔姆斯帝国会议上被定罪，之后的几年里，因为外部事件的压力，皇帝查理五世无法再镇压德国境内的新教"异端"了。东部土耳其人正在朝维也纳开进，法国的法兰西斯一世又在西部发动了战争；甚至教皇都公开表示对查理帝国的敌意。然而，到 16 世纪 20 年代后期，情况变得非常有利于皇帝了：土耳其人被克制住，罗马被洗劫，教皇也被捕了，而且到 1529 年法国国王与哈布斯堡的对手达成了协议。查理承诺立即对新教采取行动。"帝国的君主很高兴，因为他为这个危险的瘟疫准备了合适的药物。"[118]

在这种情况下黑塞的菲利普伯爵试图与信义宗的王侯们以及德国南部和瑞士强大的城邦结成军事联盟。那时人们认为甚至能够说服法国和威尼斯加入联盟，因为它们都反对皇帝。菲利普认为，如果这个计划能够实现，一个从波罗的海到亚得里亚海的"缓冲地带"将会保护新教领土，抵挡日益迫近的来自反宗教改革方面的危险。茨温利看到这个计划有利可图。苏黎世虽然已经与巴塞尔和伯尔尼建立了重要的同盟，但是它在政治上是孤立的，而且受到那些瑞士内部没有接受宗教改革的州的威胁。

在建立这样一个泛新教联盟的过程中有一个主要障碍：关于圣餐的争论。德国南部的多数城市，尤其是斯特拉斯堡和巴塞尔支持茨温利的观点。路德坚决反对与任何"圣礼派"联合。黑塞的菲利普知道，只有路德和茨温利之间的一个高层会谈才能够打破僵局，为政治联盟建立神学上的基础。1529 年 10 月，菲利普在他的城堡所在地马尔堡召开了一次会谈。路德在他的王侯，萨克森的约翰的催促下勉强答应出席会议。与他一起前往的有梅兰希顿和其他几个同事。茨温利、厄科兰帕迪乌斯和布塞是另一方代表团的主要领导人物。在四天的时间里，这些博学的神学家讨论了他们早已修改过许多遍的所有问题。最后有些问题还是不能达成共识。在 14 个主要的问题上,他们获得了一致的意见。但是到了第 15 个问题,即主的晚餐,他们承认"基督的身体和鲜血是否真正地临在于饼和酒上,对此我们的看法并不一致"[119]。当双方分手的时候,茨温利流着泪说:"在这个世界,我最愿意与他们成为一体的人是维腾堡人。"最后既没有建立信仰联盟,也没有建立军事联盟。马尔堡会谈的失败为反对宗教改革一方之后一个半世纪里的胜利铺平了道路,至少局部上可以这么说。

诠释难题

马尔堡会谈的第一天,路德与厄科兰帕迪乌斯作为对手参加辩论;茨温利与梅兰希顿作为对手参加辩论。然而到了第二天,两位主要人物在一个火药味十足的辩论中终于面对面了。路德先来到房间里,谁也不认识他,他在自己座位前面的桌子上用粉笔写上了"这是我的身体"(Hoc est corpus meum)这句话。然后用一块缎子盖在了写的词句上。辩论中出现了下面的对话:

> 茨温利:相信、传讲和维护这样一个重要的教义,又不能或不愿意引用一句经文来证明它,这是多么令人羞耻的事。
>
> 路德:(从桌子上把盖着的布拿开)这是我的身体!这就是经上的话。你并没有把这经文从我们这里拿走,你开始是这么做的;我们不需要别的经文。我亲爱的主人们,既然我主耶稣基督的话就在这里,"这是我的身体"(Hoc est corpus meum),我实在无法视而不见,我必须承认和相信基督的身体就在那里。

当然,茨温利也承认这句话,但是他却赋予这句话完全不同的含义。他受到荷兰人文主义者霍恩(Cornelius Hoen)的影响,他提出"est"应该理解为"象征","这[饼]象征着我的身体"。这饼象征或代表了基督的身体,因为它要求基督徒记住十字架事件。茨温利在多处经文里都找到了对这一比喻性解释的支持。例如,当耶稣说"我是葡萄树",没有人把耶稣想成是一棵字面意义上的葡萄树!同样,当保罗宣布"基督是磐石"(林前 10:4),他也不是说救世主是用石头造的,他的意思是磐石代表了基督。

然而路德坚持"是"的字面意思。他承认主的晚餐是一个象征，但是这个象征包含了它所象征的事物。他给出了以下的解释：

> 我捡起一枝木制的或银制的玫瑰，问：这是什么？你回答：这是玫瑰。因为我没有问它的意思，而是问它的存在，所以你告诉我它是什么，但不是告诉我它象征什么……"是"总与它的存在有关。再没有其他的理解方式。但是你说：这不是玫瑰，这是一块木头。好，我回答，没错。但这还是玫瑰。即使这不是一枝从花园里生长出来的、自然的、生物的玫瑰，但它本质上还是玫瑰，从它本身来说。玫瑰有许多种——银的、金的、布的、纸的、石头的、木头的。然而，就它们本身以及本质来说，每一个在存在上都是玫瑰。不仅仅是一个象征。如果不是首先有一个**存在**，那么它怎么能**象征**其他事物呢？无论什么，只要**是**不存在的，它就不能**象征**。不管什么东西，要象征其他事物，必须首先存在，还要像其他事物。[120]

路德和茨温利都同意圣餐的饼是一个记号。然而对路德来说，饼的象征意义，即基督的身体，临在于记号"之中、之上和之下"。然而，对茨温利来说，记号和它所象征的事物之间有差距——那差距就像天和地之间的距离。

如果"这是我的身体"是路德最钟爱的经文，那么茨温利也有他最钟爱的，那就是《约翰福音》6：63："叫人活着的乃是灵，肉体是无益的。"这段经文让茨温利特别强调圣灵将救赎直接地、无中介地赐给人，同时也让他特别贬低"外在的皮囊"。这句经文成为他攻击路德的基督身体临在于圣餐的教义的主要依据。茨温利在马尔堡不厌其烦地引用这句经文。在一次激烈的对话中，茨温利警告路德说这句经文会折断他的脖子！路德回答说，在德国的黑塞脖子不像在瑞士那么容易折断！

"肉体是无益的。"茨温利说，在这节经文当中，基督"用一把锋利而结实的斧子"砍断了联系，所以"没有人对这两件事——身体和吃——能够再联系到一起抱有希望"[121]。这句经文成为茨温利攻击路德对圣餐经文的字面解释的重要依据。路德称吃基督的身体不是用一种粗鲁的、物质的方式，而是以一种神秘的方式，超出了人的理解能力。茨温利回答，如果采取经文的字面意思，那么就是以最粗鲁和最物质的方式吃耶稣的身体。"因为这就是那些词语所包含的意思：这饼是我的身体，为你们舍的。基督的身体以一种最物质的形式给了我们，遭遇了伤害、打击和死亡。因此，它必定是晚餐的物质。"[122]的确，如果深究经文的字面意思，就能得出当他的身体被再次掰开的时候，基督会再次受难——这次是由信徒的牙齿所致。更滑稽的是，基督的身体会被咽下、消化，甚至通过肠子排泄出去！这样的想法是茨温利无法忍受的。一方面他们有吃人的味道，另一方面又有异教神秘主义的味道。

对茨温利来说，主要的问题不在于路德观点的非理性和他对经文解释的错误，而是路德"把得救的中心放在实际地吃基督的身体一事上"，因为他将其与罪的宽恕联系起来。[123]茨温利出于同样的动机强烈反对画像、圣徒祈愿和洗礼重生，现在同样的动机也让他为圣餐而战：对偶像崇拜的恐惧。得到救恩唯独通过基督，唯独通过信心，而不是通过信心**和**饼。信心的对象是未见之事（来 11：1），因此不能被人吃掉，只能取其非字面的、比喻的意义。茨温利说："相信就是吃"（*Credere est edere*）。圣餐的时候吃基督的身体以及喝基督的血只意味着基督的身体和血出现在我们头脑里。

基督论的分裂

在马尔堡会谈上，路德与茨温利的争论很快从讨论具体经文的恰当意思变成了讨论基督的身体在哪里。从本质上说，这两位改教家的分歧在基督论上。他们二人以前都赞同卡尔西顿会议（Council of Chalcedon）的定义，即基督是"一个位格有两种属性"。然而路德强调位格的统一性（类似早期教会的基督一性论），而茨温利强调两种属性的不同（类似聂斯脱利派）。两个人都没有从基督论正统思想的钢丝上摔下来，这是由于他们一定程度上的神学敏锐性。然而，他们没有在这个问题上达成一致，这加剧了他们在圣餐上的分歧。

当路德被茨温利强迫着解释基督的身体如何临在于饼和酒"之中、之上和之下"，路德用基督人性普在或全在的教义作为回答。简单说，基督的身体能够在同一时间出现在不止一个地方。路德根据自己对早期教会的神学家"属性互通"（*communicatio idiomatum*）的理解得出了这样的说法。这种方法用来解释道成肉身的基督为何是上帝同时又是人。他的神性具有人性的特点，同样，他独特的人性又归因于神性的特点。这样，我们就能谈论神子的出生、受难和死亡。但是，路德并没有将属性互通局限在基督在地上的生活；他将这一特性扩展到永恒。基督的人性也分享了神性的普在特点，所以无论基督属灵地临在于哪里，他的身体也可以临在于同一个地方。所以圣餐的时候，基督徒吃的不仅是饼，也是基督的身体。

茨温利承认根据基督的神性，他临在于圣餐中，这对他毫无问题。然而，只有通过冥想和纪念，他的身体才能临在。基督升天了的荣耀身体在天上，坐在上帝的右边。对于路德说的基督复活后他的身体临在于任何地方，茨温利用那天天使对来到坟墓前的妇女说的话来反驳路德，"他复活了，他不在这里！"（太 28：6）基督升天是一个字面的、历史的事件。门徒没有看见他升天吗？司提反没有看见他在那里吗？现在基督的身体在天上坐在上帝的右边，这就排除了他的身体能出现在圣餐的祭桌上。

茨温利所做的一切是为了捍卫基督人性的统一。通过道成肉身，上帝的第二位格披上了人性。从此以后他的身体被限制在某些具体的地方：马槽、木匠铺、尘土飞扬的道路、十字架。复活和升天并没有剥夺基督时空中的人性。在基督升天到父那里去之前，他对门徒说："我不再在这世上"（约 17：11）。茨温利指出这句话与"*Hoc est corpus meum*"的动词是一样的。基督在父的右边的一段有限的时间保证了他会继续为信徒求，也保证了他一定会再来。"如同我们看到他离开一样，我们也能看到他再来，我们会知道他的临在。另外，根据他的人性，他会一直坐在父的右边，直到他回来审判活人和死人。"[124]

神学的结果

在《友好的解经》一文中，茨温利对路德写道："我们可以得出这样的结论：你们认定身体被吃掉了；我们不同意。因此，一定有一方是错的。"[125] 路德立即同意了他对手所说的话："一定有一方是魔鬼，是上帝的敌人。没有中间地带。"[126] 从 20 世纪的角度来看，二人的结论都下得过早，是不成熟的。我们必须承认关于圣餐的争论是教会历史上最令人伤感的一个片断。我们说这样的话是出于懊悔而非傲慢，因为路德和茨温利都有着坚定的信仰和真正的虔诚。公正地说，他们二人都没有设身处地考虑对方最深处的动机。茨温利只看到了路德带领教会回到"埃及的大蒜和洋葱"那里。路德轻视他的这位瑞士对手（轻蔑地称他是"Zwingel"），把他看作是狂热分子。但是这两位改教家均强调了对于全面理解基督教思想必不可少的福音维度。通过分析他们最终无法和解的那些潜在的信条，我们可以对我们的研究做一个概括。

道成肉身。对路德来说，在某些方面，圣餐就是道成肉身的延伸。他相信当基督升天了以后，无论从身体上说还是从灵性上说，基督仍与信徒们在一起。在马尔堡当厄科兰帕迪乌斯催促路德不要一心只想着基督的人性，而要把心思提高到基督的神性上时，路德暴跳如雷："我只知道那个成为人的上帝，我也不需要别的上帝！"对路德来说，圣餐就是能够感受到基督临在的地方，不是因为所谓的变体说的奇迹，而是因为上帝的道已经应许了基督的身体和血在饼和酒之下。正如约翰看到鸽子时就看到圣灵，所以信徒在圣餐时也能够看到和吃下基督的身体。

茨温利也非常关注道成肉身与圣餐的关系。然而，对他来说，圣餐不是道成肉身的延伸，圣餐是一个记号，指向历史上独一无二的道成肉身。因此，基督在十字架上的死才是拯救的"唯一方法"（der eynig Weg），而非在圣餐的时候那种假想的大嚼基督的身体。对茨温利来说，甚至在赎罪的时候，基督的神性而非人性才是拯救的关键。圣餐的时候，这个重要的事件被记起，被想起，因此又重现了（例如出现在信徒的信心中）。

圣餐桌前恰当的行为。在不同的圣餐神学之下还存在着一个更为敏感的想法：圣餐时正确地表达尊敬的方式。我们看到，中世纪后期对圣体的崇拜变成了圣餐虔诚的焦点，即使在会众不领圣体的时候也是如此。路德保留了中世纪对祝圣的事物表达尊敬的许多措施。他认为，在圣餐经文中，饼已不再仅仅是饼，祝过圣的饼"承载着"基督的身体。如果基督真的临在于饼中，"那饼为什么不能受到最高的尊敬和崇拜呢？"[127] 路德有一次主持圣餐的时候，将祝过圣的酒洒在了地板上。他立刻跪下身去将酒舔干净，避免脚踩到酒。[128] 路德通常跪着接受圣餐，他认为这是基督徒在圣餐时表达对基督的崇拜之情的恰当反应。

然而，他不同意将这样的崇拜规定为强制的律法。路德认为这样的做法无关紧要，并且是个人的选择，因为基督并没有给出具体的诫命。

对茨温利来说，圣餐时崇拜基督远非个人的一时之念——"教导大家要崇拜什么并不是小事"。只能崇拜上帝，不能崇拜身体和血。茨温利坚决反对路德对祝圣的饼和酒表现出来的特殊的尊敬，因为那样的尊敬看起来接近于偶像崇拜，同时也因为那样的尊敬限制了基督的神性。

> 你不是把上帝关在一个场所中了吗？如果你把他关在外面或让他在一个场所而不在另一个场所，那你明显限制了他的神性。因为你让他自由自在，或让他不与特定的场所联系在一起，那你就是把上帝局限在一个狭小的场所内……我们说基督无处不在[因为他的神性]，因此应该无处不在地受到崇拜。[129]

信心的作用。在反对罗马弥撒教义的早期作品里，路德强调信心在圣餐中的首要作用："圣礼的确是真正的食物，但是对一个不是在内心里用信心接受的人来说，圣餐是没有用处的。"他甚至引用了茨温利最钟爱的《约翰福音》6 章并宣布吃饼及喝杯"只是相信主耶稣基督"[130]。然而当圣餐争议成为主要问题时，路德越来越强调上帝在圣餐中恩典的客观性。对路德来说，所有参加圣餐的人，不论他们的灵性状况如何，都用他们的嘴接受了基督的身体——"不管是谁，用他的牙齿或舌头咬住了饼也就是咬住了基督的身体"[131]。他相信基督的临在与接受者的信心无关，虽然那些不信之人"吃的和喝的是自己的罪"（林前 11：29）。

这所谓的"不信之人的吃"对茨温利来说是没有意义的。对他来说，圣餐在本质上是人们由信心接受到了恩典以后表达出的一种感恩和赞美。虽然圣餐是加强信心的一个机会，但是对那些参加圣餐的不信之人却没有影响，对他们来说圣餐只是一个空洞的仪式。

圣餐的牧养目的。路德与茨温利都是牧师，又是神学家。他们两个人都将圣餐与教会生活联系在一起，但他们有各自的牧养关怀。1520 年路德的论调表明了他对圣礼的看法的特点："这里没有职责（*officium*）只有益处（*beneficium*），没有工作或服侍只有快乐和好处。"[132] 圣餐是基督赐予宽恕和抚慰其子民的场所。圣餐是可以听到、见到和吃到上帝之道的场所。因为这个原因，最想接受圣餐的是那些深刻感受到自己的缺陷和无助的人："饼是忧伤之人的抚慰，是生病之人的痊愈，是濒死之人的生命，是饥饿之人的食物，是贫穷困苦之人的财富。"[133] 圣餐是路德避免魔鬼攻击以及确保自己获得上帝在基督里仁慈的宽恕的手段之一。

当我们分析茨温利的时候发现，圣餐的焦点从个体和个人的焦虑变成了聚集在圣餐桌前的信仰的团体。到茨温利生命的晚期，他对圣餐的观点经历了一位学者所说的"重要的变化"[134]。他没有放弃早期对罗马和信义宗教义的警告，但是他对基督在圣餐中的真实临在有了更积极的评价。他对圣餐的纪念性给出了更全面的定义：

> 通过这个纪念，上帝在他儿子身上表现出的所有好处都浮现在人们的头脑中。并且，借着这些记号本身，即饼和杯，基督自己也来到我们眼前，如同从前的时候，这样，我们不仅能够用耳朵听到，也能用眼睛看到、用嘴巴尝到基督，灵魂承载着基督，而且又在基督里欢乐。[135]

这样一种崇高的圣餐观点不可能被看作"仅仅是纪念论"。

而且，尽管茨温利关于圣餐的观点更加积极，但圣餐的主要牧养目的——和洗礼的目的一样——还是会众的而非个人的。圣礼主要是符号，信徒通过那些符号向教会证明他是基督的战士；它们的目的是"向整个教会而不是你自己宣告你的信仰"[136]。圣餐如同同盟者结成联盟的誓言，在对过去胜利的庄严回忆中定期更新。

> 就像每一年的万名武士节那天，同盟军赞美和感谢上帝，因为他给了我们穆尔腾（Murten）的胜利，因此在这个圣礼中我们应该赞美和感谢上帝，因为他借着独生子的受死拯救了我们，把我们从敌人的手中解救出来。这就是宣告主的受死。[137]

在苏黎世，经过茨温利改革的仪式到了 1525 年 4 月 13 日的濯足节（Maundy Thursday）第一次举行。那天晚上，那些聚集在大敏斯特教堂的人们发现小教堂里没有了祭坛，取而代之的是放在会众中间的一张桌子。不再由神父用他们听不懂的语言背诵神秘的仪式，取而代之的是一位传道人用瑞士的德语方言朗诵和宣读圣经。男人和女人分别朗诵《荣耀归于主》（Gloria in Excelsis）和《尼西亚信经》作为回应，并且一起念主祷文。牧师穿着简朴的深色袍子，取代了神职人员的祭袍，并将饼和杯分给参加崇拜的人。当所有人都享用完毕之后，他们唱起了《诗篇》113 篇："你们要赞美耶和华，耶和华的仆人哪！"苏黎世的教会一年举行四次这样的圣餐，"宣告主的死亡并为他做见证，因为他们是一个身上的肢体，他们是一个饼。"[138]

茨温利的心脏

1531 年瑞士新教各州与天主教各州的冷战突然升温了。茨温利作为苏黎世军队的随军牧师奔赴战场，他全副武装，挥舞着一把双刃剑。1531 年 10 月 11 日，黑暗降临在卡佩尔修道院外面的旷野上，茨温利在战场上受伤并遇难了。当胜利的天主教发现最大的异端已经死于战场，他们将他的骨灰与粪便混合在一起，防止有人将他的骨灰收集起来作为遗物。一年以后，茨温利的第一个传记作家麦克尼尔斯（Oswald Myconius）讲述了下面这个奇异的故事：

> 第三天以后敌人撤退了，茨温利的朋友跑去看看他们能否有幸找到他的遗体，瞧！（说起来很奇怪，）他的心脏从骨灰中间显现，完好无损。善良的人们非常震惊，他们认出这是奇迹，但却不知道它包含什么意思。所以，一切归于上帝，他们高兴起来，因为这个超自然的事实更加确定了他的心灵之真诚。我比较熟悉的一个人来看望我，实际上我们很亲密，他刚来一会儿就问我想不想看茨温利心脏的一部分，他装在一个匣子里带在身上。因为太突然了，我感到十分害怕，因此我拒绝了他。否则，我也可以亲眼看到那东西了。[139]

所以茨温利的心脏和圣女贞德的一样，奇迹般地从毁灭中被保留了下来！也很有讽刺意味，至少对茨温利来说是，他最坚决地反对遗物，而自己却变成了一件遗物。

茨温利心脏的故事当然成了新教圣徒传记经典中的传奇。这表明了迷信的吸引力是多么巨大，即使对茨温利这样激进的改教家的追随者来说也是如此。关于茨温利临终遗言的描述可能更合理一些，这些话是他受了致命伤倒在地上时说的，现在还保存在卡佩尔的一块石碑上："你们或许能杀死人的身体，却杀不死人的灵魂。"

从这个意义上可以说，茨温利的心脏逃脱了他在战场上遭受的残忍的伤害。他的传说被保留下来了，尤其是在苏黎世。布林格和他的女婿格瓦尔特（Rudolf Gwalter）继承了茨温利已经开始的改革事业。很快茨温利的光辉被一位说法语的瑞士改教家，即加尔文掩盖了。1531 年加尔文仍然追随罗马教会。但是加尔文很大程度上受惠于苏黎世的改教家，而且可能比他愿意承认的更多。通过瑞士弟兄会（重洗派）以及英格兰的激进派清教徒，茨温利的影响进一步扩大了。瑞士弟兄会即便不是茨温利的法定继承者，也是他在精神上的继承者，而英格兰的激进派清教徒发现茨温利的神学正好与他们对女王伊丽莎白一世的投机行为的攻击一脉相通。

在所有主要的改教家中，茨温利是最被人误解的一个。如果他不是想借助政治活动来捍卫福音，他 47 岁就英年早逝的悲剧或许可以避免。有时他骂起对手来十分冷酷，虽然在他所生活的那个年代也许并非不寻常。1523 年写文章反对天主教对手时，他说："上帝会像惩罚伪善之人那样惩罚他们，将他们碎尸万段。"[140]当这样一种命运降临到茨温利身上时，他的反对者欢呼雀跃，认为这就是上帝反对异端的证明，这一点也不奇怪。路德活着的时候对茨温利的死没有丝毫同情，他评论道，如果上帝拯救了茨温利的话，那上帝做的实在是破例了！一位同情茨温利的传记作家曾经说道，如果茨温利愿意接受殉道（像胡斯那样），而不是双手沾满鲜血地死在战场上，那么人们可能更乐于记住他，而他多次回避了殉道。

然而，说了这么多，我们仍然不得不说一说茨温利信仰的核心。或许最好用他对人们的最后一句劝告来总结："勇敢为主！"[141]从他第一次在苏黎世讲道到他最后站在卡佩尔，茨温利事业的特点就是面对无数反对时的坚定与勇气。作为"上帝的雇佣兵"，他知道他的生命不属于自己而属于主。1530 年他写信给梅明根市议会："在基督徒的宗教和信仰事务中，我们早已用生命做赌注并决心取悦我们在天上唯一的元首，我们已经应征加入他的队伍。"[142]茨温利大胆的改革计划包括重新排列整个社群的顺序，不只是教会的。从始至终他一心一意想坚持上帝的主权并且铲除任何令人们信靠被造物的习俗。与路德比起来，他更倾向采纳"唯独圣经"（sola scriptura）中"唯独"（sola）的字面意思，尽管在这一点上重洗派比他做得更好。他非常强调信心在基督徒生活中的地位，从来不允许依靠外部的手段获得恩典，而令圣灵的工作打折扣。一位学者最近认为他研究神学的方法具有"属灵上以上帝为中心的"特点。[143] 即使他曾经对理性顶礼膜拜，他也不是一个始终如一的理性主义者，而是一位圣经神学家，基督中心主义、护理观和预定论缓和了他的人文主义冲动。

今天到苏黎世参观的人会看到一座茨温利的雕像立在利马特河边的水教堂（Wasserkirche）外，距离 1519 年他第一次担任大敏斯特教堂讲道职务的地方非常近。茨温利站立着，一手拿着圣经，一手拿着剑。这个姿势戏剧性地象征了茨温利事业的张力，这张力最后导致了他悲剧性的死，也象征了他想要使生活的各个领域，包括教会与国家、神学与伦理、行政官员与牧师、个人与集体，都符合上帝的旨意。那时和现在一样，的确需要"勇敢为主"。

注释

[1] Alfred North Whitehead, *Adventure of Ideas* (New York: Mentor Books, 1955), p.40.

[2] LW 1, pp.98—99; WA 42, p.75. 关于路德前往罗马的情形，请参阅 Heinrich Boehmer, *Martin Luther: Road to Reformation* (Cleveland: Meridian, 1957), pp.58—81.

[3] Samuel M. Jackson, ed., *The Latin Works of Huldreich Zwingli* (New York: Knickerbocker Press, 1912), Ⅰ, p.2. 麦克尼尔斯记载茨温利的生平是在 1532 年，即茨温利死后的第二年。

[4] Ibid., Ⅱ, pp.149—150; Oskar Farner, *Huldrych Zwingli: Seine Jugend, Schulzeit and Studenjahre* (Zurich: Zwingli-Verlag, 1943) p.99. 法纳（Farner）的四卷本仍然是茨温利的标准传记，虽然也要参考 Walther Köhler, *Huldrych Zwingli* (Leipzig: Koehler and Amenlang, 1943), 尤其是 G. R. Potter, *Zwingli*。另一个比较流行的作品是 Jean Rilliet, *Zwingli: Third Man*

of the Reformation (Philadelphia: Westminster Press, 1964). Ulrich Gäbler 的茨温利研究介绍很有帮助,收于 Huldrych Zwingli: His Life and Work, Ruth C. L. Gritsch trans.

[5] Jackson, ed., Ⅰ, p. 217; Z 1, p. 270.

[6] Gottfried W. Locher, Zwingli's Thought: New Perspectives (Leiden: E. J. Brill, 1981), p. 34.

[7] Ibid.; Z 13, p. 816. 以下是布林格对茨温利在战场上的活动的描述,表明他可能真的参加了战斗:"在营地他勤奋地讲道,到了战场上他勇敢作战,并以劝告、言辞和行动获得了好评。因此他在家乡人中赢得了喜爱、赞美和好名声。" J. J. Hottinger & H. H. Vogeli ed., Heinrich Bullingers Reformationsgeschichte (Frauenfeld, 1838—1840), Ⅰ, p. 8.

[8] Z 3, p. 106.

[9] "Of the Education of Youth", Zwingli and Bullinger, G. W. Bromiley ed., p. 113.

[10] Jacques Courvoisier, Zwingli: A Reformed Theologian, p. 15.

[11] Z 1, p. 394; 9, p. 454.

[12] Z 3, p. 113.

[13] Z 2, p. 217.

[14] Bulliger, Ⅰ, p. 8. 有人怀疑布林格所说这段话的真实性,请参阅 Locher, p. 239, 他指出茨温利只是按照伊拉斯谟的建议做。苏黎世的档案中保留了一份手稿,里面有茨温利手抄的希腊文圣经。参照 Philip Schaff, History of the Christian Church (New York: Charles Scribner's Sons, 1910), Ⅷ, p. 31, 2n。

[15] Bromiley, pp. 90—91; Z1, p. 379.

[16] 茨温利从未讲过《启示录》,他质疑《启示录》的正典性。参照 Potter, p. 61。

[17] Z 2, p. 149. 这句话出自茨温利的 Auslegung und Grunde der Schlussreden (1523)。本文最早的英译本收录在由 E. J. Furcha & H. W. Pipkin 编译的 Huldrych Zwingli: Writings, Ⅰ, p. 119。

[18] 关于这个颇有争议的问题的全面研究是 Arthur Rich, Die Anfänge der Theologie Huldrych Zwinglis (Zurich: Zwingli-Verlag, 1949)。

[19] Schaff, Ⅷ, pp. 44—45; 参阅 Jackson ed., Ⅰ, pp. 56—57; Z 1, pp. 67—69。

[20] Farner, p. 38.

[21] Bernd Moeller, *Imperial Cities and the Reformation*, Eric Midelfort & Mark U. Edwards trans. (Philadelphia: Fortress Press, 1972), pp. 41—42. 参阅 Steven E. Ozment, *The Reformation in the Cities* (New Haven: Yale University Press, 1975), 以及 Basil Hall, "The Reformation City", *Bulletin of the John Rylands Library* 54 (1971—1972), pp. 103—148。

[22] Z 3, p. 446.

[23] Z 1, p. 106; Jackson, Ⅰ, pp. 86—87.

[24] Jackson, pp. 213, 327, 247.

[25] Z 7, p. 582. 伊拉斯谟读了几页茨温利的文章就写了这封信——"在午夜"(*ad multam noctem*)。

[26] Jackson, Ⅰ, p. 288; Z 1, p. 324.

[27] Samuel M. Jackson, ed., *Ulrich Zwingli: Selected Works*, p. 25.

[28] Ibid., pp. 54—55.

[29] Ibid., p. 26.

[30] Ibid., p. 93.

[31] Moeller, p. 54, no. 1.

[32] Jackson, ed., *Selected Works*, pp. 55, 94, 107—108. Heiko A. Oberman 试图将第一次苏黎世辩论放在苏黎世市民传统的大背景中去解释。请参阅 *Masters of the Reformation* (Cambridge: Cambridge University Press, 1981), pp. 187—239。关于这次辩论的影响的一个相反观点，请参阅 Bernd Moeller, 'Die Ursprüng der reformierten Kirche', *Theologische Literaturzeitung* 100 (1975), pp. 642—653。

[33] Z 2, p. 733.

[34] Oskar Farner, *Zwingli the Reformer*, D. G. Sear trans. (New York: Archon Books, 1952), p. 58.

[35] Ibid., p. 56.

[36] Bengt Hägglund, *History of Theology* (St. Louis: Concordia, 1968), p. 255.

[37] Paul Tillich, *History of Christian Thought*, p. 257.

[38] 例如参阅 Christof Gestrich, *Zwingli als Theologe: Glaube und Geist beim Zürcher Reformator* (Zurich: Zwingli-Verlag, 1967); Gottfried W. Locher, *Die Theologie Huldrych Zwinglis im Lichte seiner Christologie* (Zurich: Zwingli-Verlag, 1952)。我特别得益于 Locher 对茨温利所做的翻译。他的许多突破性的研究都能在《茨温利的思想》(*Zwingli's Thought*) 这个很好的论文集中找到英文版。关于茨温利研究的评价，请参阅收于该文集的一篇文

章:"茨温利的形象在近代研究中发生的变化",pp.42—71。在罗马天主教对茨温利的讨论中,有一篇文章无法超越,J. V. M. Pollet, "Zwinglianisme", *Dictionnaire de Théologie catholique*, Paris, 1951, XV, cols. 3745—3928。另参阅其他相关文章,E. J. Furcha, ed., *Huldrych Zwingli, 1484—1531: A Legacy of Radical Reform*, Montreal: McGill University Faculty of Religious Studies, 1985。

[39] 这是《六十七条》的第三条,Z 1, p. 458。

[40] 这是《六十七条》的第四条,Z 1, p. 459。Jackson, ed., *Selected Works*, p. 111。

[41] Z 2, p. 146; Furcha and Pipkin, eds., I, p. 117.

[42] Jackson, *Latin Works*, II, p. 184: "当我钻研经院主义的时候,[托马斯的] 观点曾经让我很高兴,但是当我抛弃了以前的观点而追随上帝纯洁的话时,托马斯又让我很反感。" 有关茨温利受到的旧路派方面的训练,请参阅 Farner, *Huldrych Zwingli*, pp. 205—234。

[43] Furcha and Pipkin, eds., I, p. 171; Z 2, p. 127。

[44] Z 8, pp. 201—208. 参阅 Locher, *Zwingli's Thought*, pp. 106—161。

[45] Furcha and Pipkin, eds., I, p. 315; Z 1, p. 464。

[46] Jakson ed., *Latin Works*, I, pp. 278, 239; Z 1, pp. 286, 317.

[47] Furcha and Pipkin, eds., I, p. 148; Z 2, p. 184。

[48] Z 2, p. 219; Furcha and Pipkin, eds., I, p. 172。

[49] Furcha and Pipkin, eds., I, pp. 154—155; Z 2, pp. 192—193。

[50] Furcha and Pipkin, eds., I, p. 145; Z 2, p. 179。

[51] Jackson, ed., *Latin Works*, III, pp. 66—67; Z 3, p. 647。

[52] Jackson, ed., *Latin Works*, III, p. 70; Z 3, p. 650。

[53] Z 3, p. 842; Jackson ed., *Latin Works*, III, p. 271. 参照 Locher, *Zwingli's Thought*, p. 125, no. 16。

[54] 茨温利说他曾是阿奎那预定论教义的追随者,后来却转而追随一种更"奥古斯丁的"方式。茨温利是否正确地理解了阿奎那在《神学大全》中阐述的拣选教义有待商榷。参阅 James M. Stayer, "Zwingli and the 'Viri Multi et Excellentes': The Christian Renaissance's Repudiation of *Neoterici* and the Beginnings of Reformed Protestantism", *Prophet, Pastor, Protestant: The Work of Huldrych Zwingli after Five Hundred Years* E. J. Furcha and H. W. Pipkin eds. (Pittsburg: Pickwick Press, 1984), pp. 137—154。

[55] Furcha and Pipkin eds., *Writings*, I, p. 148; Z 2, p. 184。

[56] Jackson, ed., *Latin Works*, Ⅱ, p. 188. 艾克（John Eck）将茨温利描述成"一个不承认自由意志的傻瓜、笨蛋、蠢货"。Ibid., p. 72.

[57] Ibid., p. 272："简言之，从世界的开始到终结，没有一个好人或圣洁的心或忠诚的灵魂，你会看不到他们上天堂与上帝在一起。"

[58]《基督教要义》3. 24. 12。

[59] Jackson, ed., *Latin Works*, Ⅱ, p. 201. 参阅 Rudolf Pfister 的研究，*Die Seligkeit Erwählter Heiden bei Zwingli*（Zurich：Evangelischer Verlag, 1952）。

[60] Furcha and Pipkin, eds., *Writings*, Ⅰ, pp. 14, 17；Z 1, p. 458.

[61] Jackson, ed., *Lartin Works*, Ⅱ, p. 228.

[62] Ibid., p. 231.

[63] Bromiley, ed., pp. 90—91.

[64] Furcha and Pipkin, eds., *Writings*, Ⅰ, p. 116；Z 2, p. 145.

[65] Jackson, ed., *Latin Works*, Ⅰ, pp. 264—265；Z 1, p. 307.

[66] Bullinger, Ⅰ, p. 12.

[67] Furcha and Pipkin, eds., *Writings*, Ⅰ, p. 116；Z 2, p. 145.

[68] Z 3, p. 488.

[69] Bromiley, ed., pp. 24, 26. 参阅 Bullinger, Ⅰ, pp. 32, 38。

[70] Bromiley, ed., p. 70.

[71] Ibid., p. 86；Z 1, p. 374.

[72] Bromiley ed., pp. 75, 78；Z 1, pp. 362, 365.

[73] Z 1, p. 559.

[74] Fritz Schmidt-Clausing, "Das Prophezeigebet", *Zwingliana* 12（1964），pp. 10—34. 该段英文翻译自 Locher, *Zwingli's Thought*, p. 28。

[75] Jackson, ed., *Selected Works*, pp. 79—80.

[76] Furcha and Pipkin, eds., *Writings*, Ⅰ, pp. 156—157；Z 2, pp. 195—196.

[77] Furcha and Pipkin, eds., *Writings*, Ⅰ, pp. 70—71；Z 2, pp. 86, 90.

[78] Jackson, ed., *Latin Works*, Ⅱ, p. 66.

[79] John H. Leith, ed., *Creeds of the Churches*（Atlanta：John Knox Press, 1982），pp. 129—130.

[80] Furcha and Pipkin, eds., *Writings*, Ⅰ, p. 172；Z 2, p. 218.

[81] Jackson, ed., *Lartin Works*, Ⅲ, p. 1.

[82] Ibid., pp. 348—349.

[83] Potter, p. 314.

[84] Hans-Ulrich Delius et al, eds., *Reformatorenbriefe* (Neukirchen-Vluyn: Neukirchener Verlag, 1973), p. 270. 参阅 Z 9, p. 454。

[85] Furcha and Pipkin, eds., *Writings*, Ⅰ, p. 64; Z 2, p. 79.

[86] Bromiley, ed., p. 108; Z 2, p. 542. 关于茨温利对国家的看法请参阅 Robert C. Walton, *Zwingli's Theocracy* (Toronto: University of Toronto Press, 1967), 以及 W. P. Stephens, *The Theology of Huldrych Zwingli*, pp. 282—310。Ozment, p. 216, 71n 提出路德与茨温利对教会与国家的观点在根本上是相似的。

[87] Z 14, p. 424. Robert C. Walton 的讨论很有帮助, "Zwingli: Founding Father of the Reformed Churches", *Leaders of the Reformation*, Richard L. De Molen ed. (Selingsgrove, Penn.: Susquehanna University Press, 1984), pp. 69—98。

[88] Jackson, ed., *Lartin Works*, Ⅲ, p. 49.

[89] Z 2, p. 344; Furcha and Pipkin, eds., *Writings*, Ⅰ, p. 279.

[90] Furcha and Pipkin, eds., *Writings*, Ⅱ, p. 102; Z 3, p. 36.

[91] Furcha and Pipkin, eds., *Writings*, Ⅱ, p. 101; Z 3, p. 35.

[92] Z 3, p. 130. 参阅 Locher, *Zwingli's Thought*, p. 20, no. 61。

[93] Locher, *Zwingli's Thought*, p. 40.

[94] 转引自 Fritz Blanke, *Brothers in Christ* (Scottdale, Penn.: Herald Press, 1961), p. 11。

[95] George H. Williams, *Radical Reformation* (Philadelphia: Westminster Press, 1962), p. 122.

[96] Ibid., p. 146.

[97] Z 4, p. 308. Bromiley, ed., pp. 129—175 将 "Von der Taufe, von der Wiedertaufe und von der Kindertaufe" 翻译成英语。

[98] Jackson, ed., *Latin Works*, Ⅱ, pp. 27, 30.

[99] Ibid., Ⅲ, p. 181; Z 4, pp. 334—337. 茨温利的洗礼程序与朱得和路德的洗礼程序是一起给出的, 见 Fritz Schmidt-Clausing, *Zwingli als Liturgiker* (Göttingen: Vandenhoeck and Ruprecht, 1952), pp. 143—165。

[100] Z 4, pp. 218, 231. 意味深长的是, 伊拉斯谟也将洗礼与参军仪式进行比较: "如果一个人通过洗礼成为了基督的战士, 那么它就要在他的标准下带着好的信心战斗。" *Desiderii Erasmi Roterodami opera omnia* (Hildesheim, 1962), V, col. 943.

[101] Z 4, p. 244.

[102] Ibid., p.228. 例如胡伯迈尔回忆茨温利时说"1523 年的腓力和雅各日,我在格拉本大街（Graben Street）上与你讨论圣经关于洗礼的教导。那时那地,你说我是正确的,我认为儿童不应该接受洗礼,直到他们在信心中得到了引导。" *Balthasar Hubmaier*，*Schriften*，Gunnar Westin and Torsten Bergsten ed.，*Quellen zur Geschichte der Taufer* (Leipzig：n. p.，1930—) Ⅸ：186.

[103] Z 8，p.271. 这段话出自 1524 年 12 月一封给兰博特（Franz Lambert）和"斯特拉斯堡的其他弟兄"的信。

[104] LW 40，pp. 245—246；WA 26，p.159.

[105] Z 4，p.228。参阅 Z 5，p.649。

[106] Z 4，p.238.

[107] Jackson, ed.，*Latin Works*，Ⅱ，p.48.

[108] Z 6，p.46.

[109] 引自 Potter，p.287。波特从政治历史的立场为我们提供了一个最好的关于圣餐争论的讨论。研究的标准还是两卷本的 Walther Köhler，*Zwingli und Luther：Ihr Streit über das Abendmahl nach seinen politischen und religiosen Bezeiehungen*，vol. Ⅰ：Leipzig：M. Hensius Nachfolger，1924；vol. Ⅱ：Gutersloh：C. Bertelsmann Verlag，1953。在大量的二手研究中,我推荐以下近期的著作：H. Wayne Pipkin，"The Positive Religious Values of Zwingli's Eucharistic Writings"，Furcha ed.，pp. 107—143；Stephens，pp. 218—259；Peter Buhler，"Der Abendmahlsstreit der Reformatoren und seine aktuellen Implikationen"，*Theologische Zeitschrift* 35 (1979)，pp. 228—241；David C. Steinmetz，"Scripture and the Lord's Supper in Luther's Theology"，*Interpretation* 37 (1983)，pp. 253—265；Locher，*Zwingli's Thought*，pp. 220—228，303—339；John Stephenson，"Martin Luther and the Eucharist"，*Scottish Journal of Theology* 36 (1983)，pp. 447—461。

[110] 引自 Theodore G. Tappert，*The Lord's Supper：Past and Present Practices* (Philadelphia：Muhlenberg Press，1961)，p. 41。

[111] LW 37，pp. 370—371；WA 26，p.508.

[112] Jean Daniélou et al.，*Historical Theology* (Middlesex：Penguin Books，1969)，p.224.

[113] John Dillenberger, ed.，*Martin Luther：Selections from his Writings* (New York：Doubleday，1961)，p.267.

[114] Furcha and Pipkin, eds.，*Writings*，Ⅰ，p.117；Z 2，p.147.

[115] WA 54，p. 155.

[116] Furcha and Pipkin, eds., *Writings*，Ⅱ，p. 248；Z 5，p. 578.

[117] WA 26，p. 342；LW 37，p. 231.

[118] Potter, p. 318.

[119] Ibid., p. 330，2n.

[120] WA 26，p. 383. 译文见 H. G. Haile, *Luther：An Experiment in Biography* (New York：Doubleday, 1980)，pp. 126—127。

[121] Z 5，p. 616.

[122] Furcha and Pipkin, eds., *Writings*，Ⅱ，p. 338；Z 5，p. 704.

[123] Z V，p. 572；Furcha and Pipkin, eds., *Writings*，Ⅱ，p. 244.

[124] Jackon, ed., *Latin Writings*，Ⅱ，p. 51.

[125] Furcha and Pipkin, eds., *Writings*，Ⅱ，p. 282.

[126] WA 23，pp. 83—85；LW 37，p. 27.

[127] WA 30/1，p. 53；WA TR 5，p. 308.

[128] Stephenson, "Luther and Eucharist"，p. 448.

[129] Furcha and Pipkin, eds., *Writings*，Ⅱ，p. 305；Z 5，p. 657.

[130] WA 15，pp. 341，343. 后来茨温利引用这段话回击路德——令他十分尴尬。巴特（Karl Barth）发现早在茨温利出现很久之前路德自己说出的话就与他自己的立场相反。参阅 Karl Barth, "Luther's Doctrine of the Eucharist：Its Basis and Purpose"，*Theology and Church*，London：SCM, 1962，p. 82，no. 7。

[131] WA 26，p. 942.

[132] WA 27，p. 156.

[133] WA 10/2，pp. 52，54.

[134] Pipkin, p. 125.

[135] Ibid., p. 127. 这个说法出自茨温利死后（1536 年）出版的《信心的阐释》(*Exposition of the Faith*)。

[136] Z3，p. 761. 参阅 Locher, *Zwingli's Thought*，p. 317，no. 30。

[137] Locher, *Zwingli's Thought*，p. 216，no. 326；Z 3，p. 534.

[138] Z 3，p. 807. 参阅 Potter, p. 208；Pipkin, p. 122。

[139] Jackson, ed., *Latin Writings*，Ⅰ，p. 23.

[140] Furcha and Pipkin, eds., *Writings*，Ⅰ，pp. 50—51；Z 2，p. 66.

[141] Z 10，p. 165.

[142] Z 11，p. 186. 参阅 Locher, *Zwingli's Thought*，p. 83。

[143] H. Wayne Pipkin, "In Search of True Religion：The Spirituality of Zwingli

as Seen in Key Writings of 1523—1524", Furcha and Pipkin, eds., *Prophet, Pastor, Protestant*, p. 129, 36n.

参考书目精选

茨温利作品的标准校勘版（Z：*Hudreich Zwinglis Samtliche Werke*）收录在 *Corpus Reformatorum* 的第 88 至 101 卷，当然有些文本也可以查询较早的 Schuler and Schulthess 版（Zurich，1828—1842，8 卷）。20 世纪早期出了《茨温利拉丁作品集》（*The Latin Works of Huldreich Zwingli*）的一个三卷本的英译版，由 Samuel Macauley Jackson 主编。这部著作最近又由 Labyrinth Press 重印。Jackson 还主编了《茨温利作品选集》（*Ulrich Zwingli：Selected Works*. Philadelphia：University of Pennsylvania Press，1910；1972 年重印）。茨温利的几部重要作品都是由 G. W. Bromiley 翻译的，收录于《茨温利与布林格》（*Zwingli and Bullinger*. Philadelphia：Westminster Press，1953）。G. R. Potter 也编辑了茨温利的主要文选，收录于《茨温利》（*Huldrych Zwingli*. London：Edward Arnold，1978）。近来，E. J. Furcha 和 H. W. Pipkin 已经编辑了两卷未经翻译的茨温利作品：《茨温利文集》（*Huldrych Zwingli：Writings*. Allison Park，Pa.：Pickwick Publications，1984）。很奇怪的一个事实是现已印刷的茨温利的英语著作比德语著作要多。以下是比较重要的用英语写成的二手材料。

Baker, J. Wayne. "Huldrych Zwingli" in *German Writers of the Renaissance and Reformation 1280—1580*. Edited by James Hardin and Max Reinhart. Detroit：Gale Research，1997.

——. "Zwinglianism" in *The Oxford Encyclopedia of the Reformation*. Vol. 4. Edited by Hans J. Hillerbrand. Oxford：Oxford University Press，1996.

Christian History Magazine 4："Zwingli, Father of the Swiss Reformation"（1984）. 全文见于 http：//www. christianhistorymagazine. org.

Courvoisier, Jacques. *Zwingli：A Reformed Theologian*. Richmond：John Knox Press，1963. 这是一本简明而实用的茨温利神学研究著作。

Farner, Oskar. *Zwingli the Reformer*. D. G. Sear trans. New York：Archon Books，1952. 该书是 Farner 四卷传记的精华本，很受欢迎。

Furcha, E. J., ed. *Hydrych Zwingli，1484—1531：A Legacy of Radical Reform*. Montreal：McGill University Faculty of Religious Studies，1985. 一本

1984 年国际茨温利研讨会的论文集。

Furcha, E. J. and H. Wayne Pipkin, eds, *Prophet, Pastor, Protestant: The Work of Huldrych Zwingli After Five Hundred Years*. Allison Park, Penn.: Pickwick Press, 1984. 该书收集了欧洲和北美学者的 11 篇论文。

Gäbler, Ulrich. *Huldrych Zwingli: His Life and Work*. Translated by Ruth C. L. Gritsch. Philadelphia: Fortress Press, 1986. 对茨温利研究的状况做了非常有用的介绍。

Garside, Charles. *Zwingli and the Arts*. New Haven: Yale University Press, 1966. 一本研究茨温利美学的优秀著作。

Potter, G. R. *Zwingli*. Cambridge University Press, 1976. 一本现代创作的茨温利传记的权威著作。

Snavely, Iren L. "Huldrych Zwingli and the Preaching Office in German Switzerland." Pages 33—45 in *Fides et Historia* (September 1, 1993).

Stephens, W. P. "Huldrych Zwingli: The Swiss Reformer." Pages 27—47 in *Scottish Journal of Theology* 41, no. 1 (1988).

Stephens, W. R. *The Theology of Huldrych Zwingli*. Oxford: Clarendon Press, 1986. 一本广泛而全面的茨温利神学的文献资料研究。

——. *Zwingli: An Introduction to His Thought*. New York: Oxford University Press, 1994.

Walton, Robert C. *Zwingli's Theocracy*. Toronto: University of Toronto Press, 1967. 将茨温利的政治神学放在其城市背景中进行了全面的分析。

Wandel, Lee Palmer. "Huldrych Zwingli" in *The Oxford Encyclopedia of the Reformation*. Vol. 4. Edited by Hans J. Hillerbrand. Oxford: Oxford University Press, 1996.

5

荣耀归主： 加尔文

老师：人生的首要目的是什么？
学生：认识上帝。
老师：你为什么这样说？
学生：因为他创造了我们，把我们放在地上，为了在我们身上得荣耀。为了他的荣耀我们将生命献上是理所当然的，因为他是生命的开始。

——《日内瓦教理问答》，1541 年[1]

改教神学的危机

1921 年，巴特（Karl Barth）从一位瑞士的乡村牧师一跃变成德国哥廷根大学改教神学教授。巴特最初的任务之一就是准备改教家神学的讲稿。1922 年 6 月他写信给朋友图尔内森（Eduard Thurneysen），描述了自己与加尔文的较力：

> 加尔文是一条洪流、一片原始森林、一种巨大的力量，直接从喜马拉雅山上降临，是完全中国式的，奇异而神秘，我完全没有办法去吸收这一现象，更不要说将其充分地呈现出来。我获得

的只是一条细流，我能公之于众的只是这条细流更细的一小部分。我很愿意埋首苦读，与加尔文共同度过我的余生，那样我将受益匪浅。[2]

巴特决不会放弃加尔文！他日夜思想加尔文。"不止一次，早上七点讲课的内容我直到凌晨三点至五点才准备好。"有一次他甚至取消了课程，因为他还没有完全写好讲稿。从巴特的这些沉思中我们可以看出，加尔文研究真正复兴了（卡尔的兄弟彼得·巴特在加尔文研究的复兴中发挥了重要作用），而且人们正在寻求加尔文与我们这个困境重重的时代之间的关系。

加尔文是第二代改教家。1509 年，当加尔文在法国北部出生的时候，路德已经在爱尔福特大学讲课了，茨温利也正在格拉鲁斯担任牧师。同一年，英格兰的亨利七世（Herry Ⅶ）驾崩了，来到他灵床前的是 18 岁的儿子，强壮的"哈里"，他刚刚大婚，很快成了国王亨利八世（Herry Ⅷ）。罗马教皇宝座上坐着的是尤利乌斯二世（Julius Ⅱ），他被人称为"勇士教皇"，因为他有一个习惯，即亲自带领士兵奔赴战场作战——这使得伊拉斯谟怀疑他是否更像尤利乌斯凯撒的继承人而不是耶稣基督的继承人！他很快就为重建圣彼得大教堂而发行赎罪券。16 世纪 30 年代早期，当加尔文成为一名新教徒的时候，他继承的传统和神学已经经历了近二十年争论的磨砺。

当路德的福音公布于众的时候（也就是，通过他 1520 年的三篇檄文），他自信他的福音会赢得那个时代。他相信教皇制很快就会崩溃，皇帝将召开真正的改革议会，犹太人和土耳其人将皈依基督教，基督将再来，而魔鬼将遭受永远的失败。

然而，大约十年以后，路德启示论的乐观主义几乎变成了绝望。路德被教皇开除了教籍，又收到了皇帝的禁令，而且那位皇帝正准备发动对新教王侯的战争。犹太人也对路德向他们传福音的努力不感兴趣，几个世纪以来，犹太人对无数这样的努力都不感兴趣。土耳其人根本没有向新的福音屈服，他们对整个欧洲发动了圣战（*jihad*）。到 1525 年时，他们已经攻到了维也纳的大门。

> 这是最好的时代；这是最坏的时代。
> 这是希望的春天；这是绝望的冬天。

> 我们正径直走向天堂；我们正径直走上另一条路。[3]

对许多一路关注从 1521 年的沃尔姆斯会议（"这是我的立场"）到 1529 年的施佩耶尔会议〔新教徒（protestant）这个词就是在那里得来的〕事态发展的热情信徒来说，情况正是如此。

与外部的威胁比较起来，宗教改革内部的分崩离析更加让人不安。许多在早期斗争中团结在他周围的人现在纷纷脱离了这位"维腾堡的教皇"——这是闵采尔（Thomas Müntzer）给路德的很不友善的称呼。人文主义者将路德的《九十五条论纲》印刷出来并散布到欧洲各处，这使"路德"成为一个家喻户晓的名字。但是人文主义者中的多数人，例如伊拉斯谟，从根本上并不赞同路德内心最深处的想法。他们不会跟随他陷入分裂。属灵派、重洗派和圣礼派，路德给他们取了一个绰号叫 Schwärmer，因为他们就像一群围着蜂房嗡嗡叫的蜜蜂。马尔堡会谈之后，茨温利与路德的分歧不仅没有缩小，反而扩大了。当然，每个人都诉诸圣经。属灵派的改教家史文克斐指出，根据圣经，"天主教徒诅咒信义宗，信义宗诅咒茨温利派，茨温利派诅咒重洗派，重洗派诅咒所有其他人"。

茨温利已经战死，伊拉斯谟将不久于人世，路德陷入沉默（如果不是完全悄无声息的话！），罗马教会复辟了，激进的改革派分崩离析，并且由于闵采尔嗜血，他们遭受到更多的不信任。正在这时，加尔文以一位新运动的领导者和新神学的创造者形象出现了。

著名的路德学者霍尔（Karl Holl）曾经称加尔文是路德最伟大的门徒。这两位改教家本人并没有见过面。加尔文有一些早期的作品寄给了路德，路德十分赞赏。作为回报，加尔文称路德是"最尊敬的父亲"，后来还宣布："我们把他看作基督杰出的使徒，通过他的写作和传道，福音的纯洁性又在我们这个时代得到了恢复。"[4] 与茨温利不同，加尔文从来没有说过自己的神学与路德无关。而且，他不仅是路德的模仿者。加尔文最伟大的成就是他吸收了宗教改革的经典洞见（唯独恩典，唯独信心，唯独圣经），并赋予它们清晰而系统的解释，这是路德和茨温利从来没有做过的。他还将这些洞见应用在日内瓦社会的环境。这些思想在日内瓦获得了生命，并发展成新的国际神学，波及的范围从东部的波兰和匈牙利一直到尼德兰、苏格兰、英格兰（清教主义），最后又扩展到西部的新英格兰。因为这个原因，法国历史学家莱昂纳尔（E. G. Léonard）将他的《新教的历史》一书的最后一章命名为："加尔文：一种文明的创立者"。

神话背后的人

在基督教的历史上，很少有人像加尔文一样，获得那么崇高的评价，或者遭受那么多恶意的污蔑。多数基督徒，包括多数新教徒，只知道他的两件事：他相信预定论，以及他将塞尔维特送上了火刑柱。这两件事都是真的，基于这两个事实，人们往往把加尔文描绘成新教的大审判官，日内瓦的暴君，以及一个阴郁、刻薄而毫无人性的人。

这样一个扭曲的形象部分归因于加尔文在当时就无法得到人们的普遍爱戴。例如，1551 年，当加尔文的家乡努瓦永（Noyon）大教堂的司铎听说这位改教家去世的消息时，他们拍手称快，并感谢上帝将这位最著名的异端从他们中间带走了。然而，欢乐戛然而止，因为他们发现听到的消息是谣言。他们还要忍受加尔文 13 年！博尔塞克（Jerome Bolsec）做过一段时间的新教徒，后来又回到天主教中去了，1577 年他出版了一本书，恶毒地攻击加尔文的性格。博尔塞克声称加尔文蛮横且脾气暴躁，事实上他有时可能是这样。博尔塞克还诋毁加尔文是醉鬼、通奸者和同性恋者，事实当然并非如此。他还以一种卑鄙的口吻称加尔文的慢性病是上帝对他的惩罚；他"被全身的虱子和寄生虫啃噬着"，这是上帝对他作为异端的惩戒。那些污蔑加尔文的现代人一点也不友善。19 世纪的自由主义把加尔文看作"黑色的幽灵，冰一样的人，阴沉、麻木、急促……他说的话没有一句能打动人心"[5]。对许多当代的基督徒来说，加尔文就是一个令人尴尬的骷髅，他们宁愿将他安全地锁在历史的匣子里。有一次，有人告诉我，一些心存不满的宗教改革的继承人站在日内瓦著名的加尔文像前，朝那阴沉地注视着他们的人像扔鸡蛋。

对加尔文的恐惧症的另一极端是对他的偶像崇拜，这也同样是一种偏见。1556 年苏格兰改教家诺克斯（John Knox）描述加尔文治理下的日内瓦是"自使徒时代以来基督最完美的学校"[6]。更有甚者,他们将加尔文描述成自保罗以来基督教义最伟大的教师,以及从艺术和建筑到政治和经济等人类才能的各个领域几乎永无谬误的导师。毫无疑问,企图塑造一个"没有缺陷的加尔文"的最著名的经典传记作品是由杜梅格(Emile Doumergue)完成的,出现于世纪之交。这本传记是七开本的。杜梅格的记载到现在还是研究加尔文生平最全面和最详细的资料。尽管这部著作具有显著的价值,但它还是沿袭了圣徒传的做法。杜梅格笔下的加尔文太完美了,以致有些不真实,正如博尔塞克笔下的加尔文太妖魔化,以致不像人。把加尔文描述成天使般美好或者魔鬼般邪恶都是不正确的。正如路德对所有基督徒的描述那样,加尔文同时是罪人又是圣人。

与路德不同,加尔文可以说是生在教会中的。他的父亲热拉尔(Gérard Cauvin)是努瓦永主教的行政助理。他的母亲珍妮(Jeanne Cauvin)是旅馆老板的女儿,据说十分美丽而虔诚。珍妮在她的第四个儿子让只有五岁或六岁的时候就过世了。之后不久父亲就再婚了,年幼的加尔文必定深深感到了丧母之痛。这肯定加重了他个人的忧虑和不安。[7]但是,在与贵族蒙特马一家(Montmor family)的接触中,加尔文也感受到了社会生活的温暖,他曾与那家人一起生活了好几年。他将自己的第一本书献给那家人中的一位,他说,"我成为什么样的人以及我拥有的一切都归功于你……当我还是个孩子的时候,我在你家长大,并开始学习知识,我所受到的生活和写作方面的训练都是你高贵的家庭给予的。"[8]尽管有一次加尔文说自己"只是一个普通人",但是他在上流社会却游刃有余。从内心讲他是一个贵族,虽然从血缘上讲并非如此。有一次,在日内瓦的大街上,一位心怀感激却有点过度热情的难民称他是"加尔文弟兄",结果立刻被纠正,正确的头衔应该是"加尔文先生"。

由于父亲的精明,12岁的加尔文从努瓦永主教那里获得了俸禄。享有俸禄需要加入修会——约翰成了神职人员(*clerc*)并削了发——并履行教会职责。宗教改革之前让亲戚和朋友享有俸禄是教会中最普遍的滥用权力的现象。一个半文盲的教士常常被雇用来负责琐碎的事情(在加尔文的例子中还包括照看大教堂里的一个祭坛),同时教区牧者本人则得到俸禄的大半。实际上,这份俸禄是加尔文的奖学金,当时他已经是一名学生了，因为有了这份奖学金可以继续完成学业。

1523 年 8 月，约翰·加尔文（来自他名字的拉丁语形式 Calvinus）到了巴黎，开始在欧洲最著名的大学接受教育。同一个月，奥古斯丁修会的修士瓦利埃（Jean Vallière）因为属于"异端路德的同党"而被活活烧死了。他是法国宗教改革的第一位殉道者。我们不知道这件事给约翰留下了什么印象，那时他只有 14 岁。12 年后，当他的朋友福尔格（Etienne de la Forge）被烧死时，加尔文由于恐惧而退缩了，福尔格是一位圣人般的新教徒，加尔文曾与他一起生活过一段时间。正如他自己说的，他出版《基督教要义》第一版，部分是由于"为我朋友不应得的羞辱辩护，他的死在上帝眼中是珍贵的"[9]。什么使这个来自努瓦永的聪明而年轻的学生变成了一个为信仰辩护的人？从 1523 年到 1541 年，在他最后定居日内瓦期间，许多外力迫使加尔文成了一位改教家。我们可以从他的准备、归信和事业三个方面来分析他在这动荡岁月里的经历。

加尔文的准备

加尔文最初注册成为马尔什学院（Collège de la Marche）的学生，他在那里掌握了拉丁语法和句法。有一段时间，教他的老师是科尔迪耶（Mathurin Cordier），此人是当时最伟大的拉丁语老师，他编写的《拉丁语法》一直到 19 世纪后期还在使用。多年以后，加尔文回忆起这位令人尊敬的老师，并将《帖撒罗尼迦前书》的注释献给了他：

> 当我还是个孩子的时候，我只是粗浅地学习了一点拉丁语的初级知识，这时我父亲把我送到巴黎。在那里上帝仁慈地将你赐给我，让你在一段短暂时期里做了我的导师，你教会了我真正学习的方法，令我一直受益匪浅⋯⋯你对我的帮助太大了，我愿将我取得的一切进步归功于你。[10]

后来科尔迪耶接受加尔文的邀请前往日内瓦学院教拉丁文。他担任这个职务一直到 85 岁去世（加尔文去世的同一年）。

加尔文很快进入了蒙太古学院（Collège de Montaigu），这是一所以严格的纪律和糟糕的饭食而著称的学校。在加尔文之前，伊拉斯谟也曾在这里学习过几年，后来他抱怨不得不吃食堂的煮鸡蛋。困扰加尔文一生的消化不良和失眠等问题可能源于蒙太古糟糕的伙食和他喜欢开夜车的习惯。据后来的传说讲，在这几年里加尔文的同学赠与他一个"指控怪人"（the accusative case）的绰号。这当然不是真的，不过贝扎在他褒扬加尔文的传记中承认这位年轻的学者的确是"一个严厉的审察官，监督着在他眼里每一件邪恶的事情"[11]。当他的同学在街上嬉闹或跑去参加野外聚会时，加尔文则忙于研究唯名论逻辑的精妙或者研究经院神学问题（quaestiones）。

加尔文学习起来不由自主，他的学业非常出色，但是他也厌恶经院主义研究神学的方法。他开始进入法国人文主义的圈子，他可能赞同伊拉斯谟的观点，伊拉斯谟指责巴黎的大师是"假神学家……他们的头脑腐朽，言辞野蛮，智力贫乏，学习一塌糊涂，行为粗鲁，生活伪善，言谈充满恶毒，他们的心灵像墨水一样黑"[12]。加尔文从来没有这样说过，但是他声称为神学院的学生开设的神学课程"只是诡辩，而且那诡辩是那么曲折、纠缠不清、复杂和令人迷惑，可以说经院神学是一种隐秘的魔法。一个人把主题隐藏在黑暗里越深，他和别人对这个荒谬的谜语越困惑，他获得智慧和学问的名声越大。"[13]

1528年，加尔文将这一切都抛在身后，按照父亲的命令，离开巴黎到奥尔良（Orléans）开始了一个新的学业，即学习法律。热拉尔·加尔文不再受到努瓦永教堂全体教士的赏识，他日益衰老，也意识到他那聪明的儿子做律师比作教会的仆人能获得更优厚的收入。不论怎样，加尔文默认了他父亲的意愿。他与路德的对比十分显著：路德违背父亲的意愿，为了成为一名修士而放弃了法律事业；加尔文却服从父亲的意愿，为了成为一名律师而放弃了神学学习。

加尔文满怀热情地投入到法律学习中，先在奥尔良，后来又去了布尔日（Bourges）。很快，他的成绩优秀，已经能够讲课了，每当教授缺席的时候，他就成了"教学助手"，代替教授上课。加尔文受到的法律训练对他以后的工作产生了两个重要的影响：首先，为实际事务提供了全面的基础，使他在改造日内瓦机构的努力中受益匪浅；第二，打开了他的眼界，使他见识到了古典世界和古代文本的研究。在布尔日期间，他还在德国的新教学者沃尔马（Melchior Wolmar）的指导下开始学习希腊语。

1531 年父亲去世时，加尔文自由地放弃了法律学习，转而研究自己真正喜爱的古典文学。他返回巴黎并于 1532 年出版了第一本书，带有原文考证和长篇注释的塞涅卡的《论仁慈》。这是一部博学的伟大作品，他希望这本书能让他成为人文主义学界一位著名的学者。在前言中，加尔文感到有必要为一个事实辩护，即虽然他只有 23 岁，并且这只是他的第一本书："我宁愿生不出'孩子'，也不愿流产，而通常的情况则正是这样。"[14] 从商业上说，他的书完全是失败之作！该书只出了一版，而且加尔文还不得不自己付钱。然而这仍然是一次难忘的努力，为他以后的大量的文字工作铺平了道路。

加尔文的归信

加尔文从人文主义学者转向改教家的标志事件被人称为"突然的归信"(conversio subita)。然而，对研究加尔文的学者来说，要确定这一转折点可能的时间是非常困难的。人们猜测的时间范围从 1527 年一直到 1534 年。造成这一困难的原因有几个。第一，加尔文很少谈自己。一方面是因为他本性害羞而内向，另一方面，因为他谨遵保罗的告诫："我们原不是传自己，乃是传基督耶稣为主"（林后 4∶5）。荣耀属于上帝，不属于加尔文。

而且，归信可能是"突然的"，但是却经过了一段时间的挣扎、不安和疑惑。加尔文具备天主教的传统修养，并且一定了解中世纪后期文化特有的焦虑感和重负感，在这方面他并不比路德和茨温利少。还是一个很小的孩子时，他与母亲一起去奥斯卡普修道院（Ourscamp Abbey）朝圣，在那里他被允许亲吻神圣的遗物，即圣安妮的手指。后来他描绘了一幅生动的传道图画，他一定经常听到此类传道，旨在让人们产生灵性上的愧疚：

> 他们说凭着你的仁慈我们都是痛苦的罪人；通过行为的义才能获得和解。得到你的仁慈的方法就是为罪补偿。然后，因为你是一个严厉的法官和严格的复仇者，他们说你的出现是多么可怕。因为他们让我们先逃到圣徒那里去，借着圣徒的代求，你可能轻易答应我们的请求，并且会对我们亲切一些。[15]

我们无法确定加尔文最初是如何接触到新的福音思想的。16 世纪 20 年代早期，路德的一些作品被翻译成法语，加尔文可能看过。他还与伟大的学者勒菲弗尔（Jacques Lefèvre d'Etaples）发起的法国福音派人文主义保持着密切的联系。这些人，包括他后来的同事法雷尔（Guillaume Farel），已经在巴黎附近的莫城（Meaux）教区展开了实验性的改革，直到被强大的正统势力镇压下去。加尔文最早的传记作家贝扎和科拉顿（Colladon）认为在加尔文的归信问题上，他的表兄弟奥利维坦（Robert Olivétan）发挥了重要的作用。加尔文为奥利维坦的法语新约（1535）写了序言，题目是"致所有热爱耶稣基督和福音的人"。这是他成为新教徒之后发表的第一篇作品。有一件事我们可以确定：加尔文并没有迅速而温和地接受新福音。

> 由于对新奇事物反感，我很不情愿地听，而且我承认，开始的时候我奋力而强烈地抵抗过（这就是冥顽不化和厚颜无耻，而在一个人被说服的过程中，抵抗是十分正常的）；因为让我承认自己的一生都活在傲慢和错误中是十分困难的。[16]

1555 年，过去了 20 年以后，加尔文再次回忆起此事，并在《〈诗篇〉注释》的序言中写到了这件事。因为这是加尔文对这个关键事件最清晰的说法，我们在这里长篇引用：

> 尽管我还年轻
> 我的心灵对这些事一直十分刚硬，
> 现在我已准备好要留心关注。
> 上帝突然降服了我，
> 他改变了我的心灵，
> 并使我顺服。
> 我尝到了真虔诚的滋味，
> 我获得了真虔诚的知识，
> 我突然被渴望点燃
> 在真理的道路上前行，
> 虽然我还没有完全放弃对其他学问的学习，
> 但是对它们我已经松懈了。

> 我很惊奇
> 还不到一年的时间
> 那些寻求纯正教义的人
> 一次又一次来找我
> 学习纯正的教义。
> 尽管我很少自己学习。
> 在我这一方面，出于
> 不修边幅又离群索居的本性，
> 我总是期待安详和寂静。
> 因此我开始寻找隐蔽的地方
> 和躲避人们的方法。
> 但是，这远远没有满足我内心的愿望，
> 所有逃避的场所
> 对我来说都成了公共学校。
> 很快，尽管我一直怀着
> 隐姓埋名生活的目的，
> 上帝带领我，用很多变化
> 使我转变。
> 他从来没有让我在任何地方获得平静
> 不管我的天性如何，
> 直到他把我带到众目睽睽之下。
> 离开我的祖国法国，
> 我来到了德国
> 怀着上面说的生活目的，
> 在某个不为人知的角落，平静度日
> 这是我一直希望的。[17]

从这段回忆的文字中，我们可以发现在加尔文的虔诚和个性里有三条线索是显而易见的。第一，他将自己的归信看作上帝行动的结果："上帝改变了我的心灵。"他说这一事件是"突然的"，其真实用意可能并不是说它像闪电般出现（虽然也可能如此），而是说他感受到完全被上帝的恩典淹没。没有上帝亲自所做的"改变"，加尔文并不幻想自己能逐渐与上帝建立正确的关系。他说，"我顽固地迷恋着教皇制的迷信，所以我认为要将自己从深深的沼泽里拉出来是很困难的。我什么都没做，一切都是上帝的道做的。"[18] 加尔文的经历与路德产生了共鸣。这也是人们广泛讨论的预定论的经验根基。正如我们将看到的那样，只有放在特殊领受透过耶稣基督的救恩的语境下才能理解加尔文对拣选的看法。

加尔文获得信心的第二个主题是他关于上帝使他顺服（docility）的说法。*Docilitas* 这个词也可以翻译成能够接受教训（teachableness）。从某种意义上说，加尔文热切地希望做耶稣基督忠实的门徒，门徒（来自拉丁语 *disco*，学习）的根本意义是学习者，一个能够接受教训的人。这个主题在他写的论基督徒生活的作品中比比皆是。对加尔文来说，真正的虔诚并不在于对全能的上帝存奴隶般的恐惧，而在于"爱其如父，尊其如主的真挚感情"。这种虔诚的证据就是愿意在真正的上帝面前成为顺服的、可教的。"拥有这种虔诚的人绝对不敢出于自己的鲁莽而为自己创造出任何神，相反，他们从他那里寻求真上帝的知识，并且相信他就是他自己启示和宣告的那个样子。"[19] 更重要的是，这个定义来自加尔文 1537 年的《教理问答》，这是一本指导儿童信仰的书。后来他在《〈使徒行传〉注释》中说，没有真正的教导就不可能有虔诚（*pietas*），像门徒这个名称所表明的那样。他说，"上帝的真宗教和真崇拜是从信心中生发出的，如果一个人没有在上帝的学校里受到教育，他就不能合宜地服侍上帝。"[20]

纵观他对自己归信的全部描述，加尔文提到了自己害羞和退缩的本性，退居在学术中的愿望，"某个不为人知的角落，平静度日"。除非我们考虑到加尔文的沉默，考虑到他确实不情愿涉足争辩的战场，否则我们无法理解他这个人。在这方面，他不同于我们前面讲的两位改教家。路德适合这样的角色，他的个性是一座真正的火山，在沃尔姆斯喷发了，"这是我的立场！"茨温利也是一个实干家；毕竟，他死于战场，手里还拿着双刃剑！但是加尔文与他们不同。害羞而不善交际，在时髦的晚会上他甚至无法应付一次简短的对话。他又踢又叫，被硬拉着进入了改教家的行列。上帝让加尔文的心变得可教，上帝也稳定了他的神经，使他能够迎接摆在面前的重大任务。

加尔文的事业

1533 年的万圣节，加尔文的朋友、巴黎大学的校长科普（Nicholas Cop）在集会时发表了一篇演讲，这篇演讲震撼了所有听众，16 年前的这一天，路德将著名的反对赎罪券的论纲贴在维腾堡教堂大门上。尽管我们不能称其为热烈的福音布道，但是这篇演讲包含的福音内容却冒犯了天主教正统的卫道士。在万圣节，科普没有赞美圣徒反而称基督是上帝唯一的中保。科普被迫开始逃亡。

加尔文也被牵连。根据一个古老的传说，当警察敲门的时候，他的朋友用床单把他从窗户缒下去，他在千钧一发之际逃离了巴黎——让人想起保罗被用筐子从城墙上缒下去的场景！[21] 加尔文的文章却被搜获了；从那以后他成了巴黎不受欢迎的人。科普发表演讲大约一年后，巴黎一些更进步的新教徒决定以惊人而激进的方式表达他们的信仰。他们猛烈攻击弥撒以及做弥撒的程式——"打钟、涂油、唱诗、仪式、点蜡烛、熏香、化装以及各种各样滑稽的行为"——的言论被印在海报上在全城张贴。有一张海报甚至神秘地出现在国王法兰西斯一世卧室的门上。路德在德国以攻击赎罪券开始了改革，赎罪券是中世纪后期补赎礼的一项重要内容。法国的宗教改革也从正面攻击"可怕、巨大而无法忍受的滥用罗马天主教弥撒"（如海报的标题所写的）而开始。[22] 此时迫害法国新教徒的行动已经展开。加尔文匆忙离开这个国家，到实行宗教改革的城市巴塞尔寻求避难，巴塞尔是科普的家乡，他已经到了那里。

伊拉斯谟那时也住在巴塞尔。这位人文主义的王子，衰老而多病，回到他最钟爱的城市，度过最后的日子。1536 年 6 月，伊拉斯谟死于巴塞尔，那正是加尔文第一版《基督教要义》出版后的第三个月。和伊拉斯谟一起逝去的还有他对普世和平与学术的梦想，以及他对文艺复兴能够开创宗教改革的"黄金时代"的希望。第二年，也就是 1537 年，西班牙的宗教裁判所禁止人们阅读伊拉斯谟的书籍。几年以后的 1542 年，当局发布禁令，不允许基督徒阅读加尔文的书，包括《基督教要义》，他的书还被堆积在巴黎圣母院前烧毁。伊拉斯谟和加尔文体现的是两个时代的相交。加尔文从这位伟大的学者那里学到了许多东西，不止是怎样研究圣经。加尔文成为改教家之后仍然是人文主义者。但是他的归信以及埋首研究圣经和教父文献使他走上了一条与伊拉斯谟不同的道路。加尔文的道路和伊拉斯谟在维滕堡的老对手更接近一些，但也有区别。

加尔文到巴塞尔并没有引起轰动："可以说我是躲藏在那里，只认得几个人。"但是他没有虚度时光。他的劳动成果由出版商普拉特（Thomas Platter）于1536年3月出版发行了。该书获得了盛赞：

> 基督宗教的基本教诲包括几乎所有敬虔的总结，以及关于救恩论的一切必要知识。最近出版了一本书值得所有用心研究敬虔的人阅读。该书的序是写给法国国王的，向他献上这本信仰告白之书的是该书的作者努瓦永的约翰·加尔文。[23]

对一本注定要成为16世纪新教神学首要文献的书来说，"一本……非常值得阅读的书"（lectu dignissimum opus）是一个十分谨慎的广告语。与加尔文的第一本论塞涅卡的书不同，《基督教要义》在一夜之间成为畅销书。加尔文曾称第一版"只是一本小册子"，很小巧，可以藏在衣服下面或者悄悄藏在货物里。这样，新教的书贩和商人就能带着它走遍欧洲。

是什么原因使《基督教要义》获得了巨大的成功？通过指出该书两个独特的功能我们就可以在一定程度上回答这个问题。第一，它是一本很有力量的划时代的小册子。正如加尔文放在书的前面，写给法兰西斯一世的一封信中说的，他最初并没有打算把这本书寄给国王。加尔文原打算使这本书成为"法国的乡下人，那些我所看到的正在渴求基督的人"的入门教材。[24]对法国新教徒的迫害使加尔文想要将信徒同胞的情况告诉国王，希望他能够采取一些更适当的措施。加尔文哀伤地说："可怜的小教会要么惨遭屠杀的蹂躏，要么被流放和驱逐。"如同几年后他在给朋友的信中所说的那样，自己的家乡对他来说成了"地狱"。他试图消除人们对法国新教徒是反动和分裂的指控——他们不是妄图推翻秩序的宗派主义者，他们是诚实的公民，想要保留纯洁的福音。最重要的是——加尔文整个神学的主旨是——"怎样确保上帝荣耀在地上不受损害……怎样确保基督的国度在我们中间得到理想的修复。"[25]纵观整封信，加尔文对国王十分谦恭有礼。但是最后一句话却带着以利亚式的振聋发聩的警告：如果法兰西斯不改变他的做法，日子将到，主必定出现，"带着武器将穷人从痛苦中解救出来，还要惩罚那些藐视他们的人"。[26]加尔文并不知道，他在文字的战场上放的第一枪，最终导致了法国血腥的宗教战争。

《基督教要义》的主要目的是教理问答。从归信开始，加尔文就被迫成为那些渴望真信仰之人的老师。如今人们仍然可以看到在普瓦蒂埃附近有一个山洞，据说加尔文曾经在那里服侍一个（实际的）地下教会。他很清楚非常需要一本清晰的指导手册，阐述圣经神学的基本原理，引导年轻的基督徒更深地理解信仰。现在要完成这样一本书的时机已经成熟了。其他改教家也曾尝试过做一些这方面的事情，但是取得的成绩很有限。梅兰希顿最早在 1521 年出版了《常识》(Common Places)；茨温利也于 1525 年出版了《真宗教和假宗教的注释》(Commentary on True and False Religion)。法雷尔也曾用法语写过福音神学《总论》(Summary)，该书于 1534 年出版。所有这些书都有自己的长处，但是它们无法满足的一些需要，加尔文的《基督教要义》满足了。

我们还是回头看一看《基督教要义》怎样经过了多次修改，从 1536 年的"小册子"发展成 1559 年最后一版满是新教教义瑰宝的一大册。第一版主要由六章组成。第一章，"论律法"，详细解释了十诫。第二章，处理信心问题并对《使徒信经》做了注释。在这样的语境下，预定论教义被提出来了，是以一种粗略的非辩论的方式。第三章，论祷告，包括加尔文对"主祷文"最早的诠释。第四章讨论的是圣礼，他指的是洗礼和圣餐。第五章驳斥了"五种错误的圣礼"，而第六章关注了三个主题：基督徒的自由、教会的政策和公民政府。各题目的顺序与路德教理问答使用的顺序一致，可能是加尔文对之进行了精心的模仿。在论祷告那一部分，加尔文采纳了布塞 (Martin Bucer) 在《福音书注释》(Commentary on the Gospels, 1530) 中对"主祷文"的讨论。但是，总而言之，与之前的任何人相比，加尔文对新教神学实质的陈述更清晰和娴熟。

或许是太低调的缘故，加尔文说，当《基督教要义》在巴塞尔出版以后，竟然没有人知道他就是作者。第一次印刷的书在一年内就销售一空。作为支持改革的后起之秀,这位害羞而年轻的学者越来越为人所知。这又带来了另一次改变,这是加尔文一生中至关重要的一个事件。

1536 年夏天,加尔文和兄弟安东尼(Antoine)以及同父异母的姐妹玛丽由巴黎前往斯特拉斯堡,他希望在那里过一种一生渴求的闲适和勤学的生活。然而,法兰西斯一世与皇帝查理五世的军队正在进行演习,加尔文一行小小的车队需要向南绕行一段路程。这样他们就去到了日内瓦,这是一座坐落在法国、萨伏伊和瑞士边境上的城市。加尔文对这座城市没有什么好印象,他只打算在此留宿一夜。早先,法雷尔已经带领这座城市接受了宗教改革;同一年的 5 月 25 日,在一次市民集会上,日内瓦人通过无记名投票决定"从此以后遵循福音的律法和上帝的圣言,废除教皇的一切权力"[27]。当然,实际的改革工作几乎还没有开始。

法雷尔得知加尔文就在这座城市,便突然闯到他所在旅馆的房间,恳求他留在日内瓦,协助完成刚刚获胜的宗教改革。加尔文听到这个想法十分惊讶,推辞说他不适合做这样的事情。他可以用安静的学习和写作更好地教导教会。后来他写信给萨多雷托主教(Cardinal Sadolet),说,"我最大的愿望是享受文字的安逸,有一个自由和体面的岗位。"[28]在图书馆给我一个座位,让剩下的世界都消失吧!然而,法雷尔不为这位年轻人牵强的借口所动。法雷尔目光如炬,抖着吓人的红胡子,怒斥加尔文将遭受上帝的诅咒,法雷尔的话让加尔文终身难忘:

> 这时法雷尔
> 满怀令人惊奇的福音热忱
> 突然开始不遗余力地
> 留住我。
> 当听说
> 我已经决定追求个人学习——
> 当他意识到
> 他的请求毫无结果时——
> 他开始诅咒我:
> 如果在这样紧急的情况下
> 我却退缩并拒绝

>给予帮助
>
>让上帝诅咒我的安逸
>
>以及我所追求的
>
>安静的学习。
>
>这些话把我吓坏了
>
>我停住离开的脚步
>
>留下了。[29]

从那一刻开始，加尔文的命运就与日内瓦联系在了一起。在他蒙召之后最早的一封信中，他称自己是"在日内瓦为教会读圣经的人"。虽然多年来他还担任了其他工作，但他首要的事业还是做牧师和教师。有一点很重要，有必要指出，即加尔文对日内瓦从来没有家的感觉。市议会的记录第一次提到他的时候，他被说成是"*ille Gallus*——那个法国人"！1559 年，也就是他去世的五年前，加尔文才成为日内瓦公民。直到今天瑞士人还以他们的势利和地方主义闻名，日内瓦人尤其如此。例如 *L'Eglise protestante nationale* 指的不是瑞士的国家教会瑞士改革宗教会，而是日内瓦州教会。加尔文第一次旅居日内瓦前后不到两年。他做了一些意义重大的事情——他的第一本教理问答和信仰告白被采纳了，但是与市议会在教会礼仪方面的争执却导致了一场危机。1538 年 4 月，加尔文和法雷尔被驱逐出了这座城市。加尔文在巴塞尔稍作停留，之后他被说服前往斯特拉斯堡，在他被火爆的法雷尔拦截之前，他曾要到那里去。

加尔文在斯特拉斯堡住了三年，这无疑是他一生中最快乐的日子。这几年对他成长为一位改教家和神学家非常重要。让我们来看一看在这段关键的时期，加尔文生活的五个方面。

第一，加尔文是一位牧师。那时斯特拉斯堡不属于法国，而是神圣罗马帝国的一个自由城市。但是它很靠近法国，于是吸引了相当数量的法国难民来此寻求庇护，以躲避他们在自己国家受到的迫害。加尔文蒙召成为一位法国小教会（*ecclesiola Gallicana*）的牧师，该教会在圣尼古拉斯教堂聚会。加尔文在这里举行圣餐，并且做了许多牧养的细致工作。他认真地思考崇拜在教会中的地位，并将许多《诗篇》翻译成法国韵律诗。从那时起唱诗就成了法国改革宗崇拜活动不可或缺的组成部分之一。一个逃难者参观了加尔文的教会之后，对整个礼仪进行了如下描述：

> 每个人都在唱歌，有男人也有女人，这真是一幅可爱的景象。每个人手里都拿着乐谱……当我看到这一小群流亡中的难民，听到他们用心地歌唱，我呜咽成泣，不是因为伤心而是因为喜悦，他们唱出了对上帝的赞美，赞美他将他们带到一个可以荣耀他名的地方。[30]

后来加尔文声称："我们凭经验知道，唱歌有巨大的力量和活力，能够感动和点燃人们的内心，让他们以更加饱满和诚挚的热情去恳求和赞美上帝。"[31]此时在他头脑里必定浮现出以上这幅画面。

第二，加尔文是一位教师。斯蒂尔姆（John Sturm）是土生土长的法国人，还是巴黎大学的学者，他在斯特拉斯堡办了一所学校，加尔文被任命为这所学校的"圣经讲师"。加尔文在这里每周讲三天课，课程的内容是讲解《约翰福音》和保罗书信。他每周还在教会讲道四次。斯蒂尔姆学校的课程注重古典文献，后来成为日内瓦加尔文学院的模本。为了增加收入，他开设私人课程，收寄宿生，提供法律咨询作为兼职，最让他痛心的是不得不卖掉一部分珍贵的藏书。他抱怨在斯特拉斯堡的生活费用太高了："每一分钱我都不能说是自己的。钱像流水一样被花掉了，这真让人吃惊。"[32]

第三，加尔文是一位作家。他最重要的出版物是1539年8月出版的《基督教要义》修订本。修订本的篇幅几乎是1536年版的三倍。该书自称其目的是"帮助和训练学生学习上帝之道，以便他们能够比较容易接近和理解上帝之道"[33]。1541年，《基督教要义》的第一个法语译本出版了。该书成为法语发展的一个里程碑，其影响可与路德的德语圣经和英语的钦定本圣经比肩。也是在1539年，加尔文的《〈罗马书〉注释》出版了，该书行文纯熟，其程度并不比路德的差，对加尔文来说，《罗马书》是圣经中最重要的一卷。这是加尔文的第一本圣经注释；后来他出版了大部分旧约的注释以及除《启示录》和《约翰二书》、《约翰三书》以外所有新约的注释。[34]

我们还必须提一提加尔文这几年写的三篇短小而睿智的文章。一篇是回答主教萨多雷托的文章，此人是带有改革思想的天主教高级教士，他写信给日内瓦教会，试图游说日内瓦教会重回罗马。加尔文的《复萨多雷托书》事实上是一次文学之旅，或许是 16 世纪最出色的改革宗信仰的护教之作。他还出版了一本关于礼仪的书，《教会祈祷和唱诗的形式》，该书一直影响着改革宗的崇拜活动。在《简论主的圣餐》中，加尔文第一次表达了他在圣餐问题上持一种中间立场，介乎路德和茨温利两个极端之间。加尔文即使在 1541 年以 32 岁风华正茂的年纪去世，他仍然能够作为改教家中最伟大的神学家和最有能力的作家之一而受到今天人们的尊敬。

第四，加尔文是一位教会政治家。斯特拉斯堡的改教家布塞和卡皮托（Wolfgang Capito）竭尽全力修复德国和瑞士新教之间的裂痕。他们也参加了一系列旨在重新统一新教与天主教的会议。在 1540 年的时候统一看起来还是有可能的，因为特兰托会议还没有召开，激烈的宗教战争还没有开始。加尔文也被牵扯到许多讨论中。他前往法兰克福、哈基诺（Hagenau）和沃尔姆斯，作为新教代表的顾问参加了这些宗教对话的会议。在一次会议上他遇见了梅兰希顿，并与之建立了终生的友谊。对加尔文而言，这些会议真正的重要性在于肯定了普世视角下的教会。他痛心于基督教世界的分裂："我们这个时代最大的恶一定包括教会的分裂，以及我们缺乏人与人之间的关系。"[35]加尔文不愿意为了虚假的和平而在实质性的问题上妥协，但是他呼吁教会回到在耶稣基督里合一这一真正的基础上。

第五，加尔文在斯特拉斯堡成为一位丈夫。加尔文无疑是本城条件最优秀的单身男人。布塞是改教家们的媒人，他几次想为这位年轻的牧师寻找一位合适的新娘。有一位向加尔文求婚的年轻女子不会说法语，而加尔文不会说德语，所以他们可能在交流上有问题。在给法雷尔的一封信中加尔文说了他想找一位什么样的妻子：

> 我不是那类热烈地追求爱情的人，对一位可人儿一见钟情，能够接受所爱之人的一切缺点。吸引我的唯一的美丽就是，她要品行端庄，不要太挑剔，勤俭持家，有耐心，我还希望她关心我的健康。[36]

我的一位女学生评价说，按照这样的要求能找到一位妻子，真是奇迹！事实上他与自己教区的女子伊蒂丽（Idelette de Bure）结婚了，她是一个讲法语的重洗派信徒的遗孀,在加尔文本人的引导下归信了改革宗。婚礼由法雷尔主持,法雷尔形容她是一个"正直、诚实"而且"甚至有些漂亮"的女人。[37]

我们很想知道加尔文家庭生活方面的更多事情,但是因为他的沉默寡言,我们很难如愿。我们猜想加尔文和伊蒂丽的关系不像阿伯拉尔(Abelard)和赫洛伊斯(Heloise)那样火热,也不像路德与凯特那样充满了喧闹的家庭琐事。但是他们的关系也并不像那些诋毁加尔文的人说的那样寡欲冷淡。伊蒂丽只为加尔文生了一个名叫雅克的男孩,这个孩子出生时早产,很快便夭折了。从写给朋友维若特(Pierre Viret)的一封信中可以窥见他的丧子之痛:"我们心爱的儿子夭折了,主用这样深刻而痛苦的伤害折磨我们。但他是我们的父:他知道什么对他的儿女是好的。"[38] 1549年当伊蒂丽去世的时候,加尔文又写信给维若特:"你知道我的心是何等脆弱,甚至是软弱……我的悲痛不是一般的悲痛。我失去了最好的人生伴侣,不仅在我流亡、悲伤的时候,甚至在死亡临到的时候,她都乐于陪伴我。"[39] 伊蒂丽死后,加尔文又活了15年,但是我们不要以为加尔文从此摆脱了日常家庭生活的冲击和困扰。伊蒂丽留下了她和前夫的两个孩子,对这两个孩子加尔文还是一如既往地关心,在妻子临终前他曾经如此承诺过。而且加尔文的兄弟安东尼及家人——他有八个孩子,由两个妻子所生,他与第一个妻子离婚了,因为她和仆人通奸——还有形形色色的朋友和亲戚与这位改教家一起住在日内瓦康诺因街(Rue des Chanoines)11号。在加尔文一生的多数时候,他的家里有许多小孩子。正如一位传记作家睿智地评论的那样,"无疑女眷们保护了他和孩子们不彼此干扰"。而且我们应该很清醒地认识到,加尔文的《基督教要义》和那些注释书、他的许多论文和讲道"不是在象牙塔里写成的,而是在困难重重的情况下完成的"[40]。

日内瓦人请求加尔文回去,那里的情况已经变得越发糟糕了,他没有同意。他更喜欢斯特拉斯堡的幸福生活,而不喜欢三年前所离开的那个危险的"深渊和漩涡","在那个十字架上我每天要死上千次"。[41] 但是耶稣应许追随者的不正是十字架吗?加尔文的朋友一致认为他应该回去。这时布塞提出了上帝的审判这个主题:如果你拒绝履行你的责任,你的行为就像约拿一样企图从上帝面前逃走![42] 加尔文被完全说服了，他于 1541 年 9 月 13 日重新进入日内瓦城。他作为改教家的事业的突出表现，就是他回去之后实施了两项正式措施。一个就是提交给市议会一份关于教会秩序和管理的详细计划书。这些《教会法令》(*Ecclesiastical Ordinances*) 呼吁设立牧师、博士（教师）、长老和执事四个职分，分别负责教义、教育、纪律和社会福利等工作。[43]市议会通过了加尔文的蓝图，他职业生涯余下的所有时间都用来保证这份蓝图的实施，却从来没有取得完全的成功。

加尔文的另一项措施也至关重要。在他返回日内瓦的第一个星期日，他走上了圣皮埃尔教堂的讲坛。这座雄伟的哥特式大教堂挤满了好奇的日内瓦人，他们希望听一听兴高采烈的加尔文痛斥那些反对他的人，那些将他驱逐出日内瓦的人，还想要听一听他对全体聚会人员发表的一篇热烈的"我这样告诉你"的讲道。在给法雷尔的一封信中，他描述了他当时所做的："开场白之后，我从我停下的地方开始讲起——我的意思是说我的讲道中断了一段时间，但是我从来没有完全放弃它。"[44]没有什么比这更富戏剧性、更有效。加尔文只是从三年前他离开时的地方讲起，正是从圣经某一卷书的那一章那一节（我们不知道是圣经的哪一卷，这不重要）。加尔文用这样的方式表明他无意让自己的生命和神学成为自我实现的工具，而是要让它们成为上帝之道忠心的见证。

作为神学家的加尔文

加尔文的作品

无论是谁，要想全面研究加尔文的神学，都必须查阅他卷帙浩繁的著作中的六种不同材料。

《基督教要义》。加尔文通常被认为是"一本书的人"。人们可能也很容易将对加尔文神学的研究局限在这一卷书上，希望这卷书能成为"所有上帝的孩子的一把钥匙，使他们能够又好又准地理解圣经"[45]。我们已经提到过这本书的起因以及它早期所取得的成就。我们也概括了

1536 年版《基督教要义》六章的主要内容，共有 8 开 520 页，大小为 6.125×4 英寸。1539 年，斯特拉斯堡版的《基督教要义》扩充到 346 页，大小为 13×8 英寸，页边还留有很大空白，以便读者写下评论。加尔文一生都在扩充、修改以及重新编排《基督教要义》。他一共出版了八个拉丁文版本（1536 年、1539 年、1543 年、1545 年、1550 年、1553 年、1554 年、1559 年）和五个法语译本（1541 年、1545 年、1551 年、1553 年、1560 年）。直到 1559 年最后的版本，加尔文才对自己这一巨著的结构感到满意："虽然我并不为付出的劳动后悔，但是直到这本著作的顺序被安排成现在这个样子，我才心满意足。"[46] 1559 年的《基督教要义》是个大部头，其篇幅大约与旧约加上符类福音书相等。一共包括四卷，大致遵循了《使徒信经》的内容。我们可以用以下的图表来说明《基督教要义》的最终形式：

第一卷：认识创造天地万物的上帝
　　——对上帝的双重认识
　　——圣经
　　——三位一体
　　——创造
　　——护理

第二卷：对救赎者上帝的认识
　　——堕落，人的罪性
　　——律法
　　——旧约与新约
　　——中保基督：他的位格（先知、祭司与君王）和事工（赎罪）

第三卷：领受基督之恩的方式：其益处与结果
　　——信心与重生
　　——悔改
　　——基督徒的生活
　　——称义
　　——预定论
　　——最后的复活

第四卷：上帝邀请我们进入与基督团契的外在方式

——教会

——圣礼

——政府

圣经注释。如果我们以现代的眼光将《基督教要义》看作系统神学，那我们就错了。该书的目的是教导人们如何学习圣经，告诉读者"在圣经里应该特别追求的是什么，并将其内容与什么样的结果联系起来"。作为《基督教要义》的补充，加尔文希望读者去阅读他写的圣经注释。根据这些注释，著名的学者斯卡利杰尔（Joseph Scaliger）称加尔文是"使徒之后全世界最杰出的智者"。阿明尼乌（Jacob Arminius）曾经修改过加尔文神学的几个原则，他同样赞扬这些注释仅次于圣经，因为加尔文"在解释圣经方面是无与伦比的"[47]。依靠一流的希腊语和希伯来语知识以及人文主义哲学的全面训练，加尔文注释了除《约翰二书》、《约翰三书》和《启示录》外的所有新约书卷，以及摩西五经、《约书亚记》、《诗篇》和《以赛亚书》。加尔文的注释和旧约讲章卷帙浩繁，19世纪的加尔文翻译协会出版了45卷的英译本。加尔文的解经著作的特点，一方面是简洁，另一方面是谦虚。他的目的是尽可能准确而清楚地揭示出作者的思想，避免卖弄学问以及偏离主题论及次要的问题。他毫不含糊地承认圣经里的一些经文他并不理解。例如，论及《使徒行传》第1章的含义，他称："对我解释不出的地方我最好不要妄加判断。"他坦率地承认自己在圣经奥秘面前是很有限的。[48]

讲章。在那个年代，讲台是与整个文化进行交流的主要媒介，而加尔文可谓该时期一位大师级的讲道人。加尔文说，"当福音以上帝的名被传讲的时候，就好像上帝亲自说话了。"[49]仿照茨温利在苏黎世创建的模式，加尔文也按照圣经各卷书的顺序进行连续的讲道。他的习惯是星期天讲新约，平常讲旧约。他一整天都沉浸在经文中，之后并不用讲稿，而是直接从书房走向圣皮埃尔大教堂的讲台。他的讲道被一小群忠实的法国难民记录下来。一些讲章加尔文在世的时候就出版了，但是一些直到今天仍保持着手稿的形式；它们眼下正在被勘校编辑，等待出版。[50]

小册子与论文。加尔文有一次用奥古斯丁的话说自己，"我将自己算作一个学习的时候写作和写作的时候学习的人。"[51]加尔文一生写的文字比多数人一生读的文字还要多。除了《基督教要义》、圣经注释和讲章外，还有大量小册子和论文，这些都清楚地表明了他思想的发展。有些作品是直接反对那些神学对手的，例如激进的改教家［《灵眠》（*Psychopannychia*，1534）；《驳放任派》（*Against the Libertines*，1545）］、罗马天主教［《圣徒遗物单》（*An Inventory of Relics*，1543）；《矫正特伦托会议》（*Antidote to the Council of Trent*，1547）］，以及信义宗（Westphal，Heshusius）。还有一些是一般性的论及宗教改革主题的，例如《教会改革的必要性》（*The Necessity of Reforming the Church*，1544）、《简论主的圣餐》（*Short Treatise on the Lord's Supper*，1541），和《论上帝永恒的预定论》（*Treatise upon the Eternal Predestination of God*，1552）。

书信。加尔文是一位多产的书信作者。由博内特（Jules Bonnet）收集的加尔文书信精选集有四大卷。这些书信表明他是一位生活在实际中的神学家，十分清楚特殊的宗教问题，也非常了解当时的政治和社会事件。他通信的范围是惊人的。他写信给改教同伴（法雷尔、维若特、梅兰希顿和布林格），给国王和选侯（爱德华六世、英格兰的格雷夫人、波兰的西吉斯蒙德国王、费拉拉的蕾尼女公爵、法国的科利尼海军上将），给受迫害的教会和被囚禁的新教徒，给牧师和书贩以及即将牺牲的殉道士。从这些书信，我们就可以估量出加尔文神学的国际性和他个人影响的广度。

礼仪和教理问答作品。或许加尔文首先是一位牧师。我们已经见识了他在斯特拉斯堡为教会将《诗篇》翻译成法文韵律诗，回到日内瓦以后他继续这一工作。他敏锐地意识到要改造人们的道德和宗教生活，唯一的出路就是在"信仰的学校"指导他们。他不遗余力地创作大量的信仰告白和教理问答以补充《祈祷的形式》（*The Form of Prayers*，1542）。

浏览了加尔文神学的主题以后，我们应该运用这六种文体。然而我们关注得比较多的还是《基督教要义》和圣经注释。

加尔文的视角

"**上帝的事**"。"我们拥有的几乎所有的智慧，也即真正而深刻的智慧,都由两部分组成:对上帝的认识和对我们自己的认识。"加尔文《基督教要义》的第一章就是这样开始的。加尔文选择谈论对上帝的"认识"而不是上帝的"存在"或"实质",这表明在他的思想中启示占据着中心地位。的确,人类不可能参透上帝的本质,发现"上帝是什么"(quid Deus sit)。我们只能知道"上帝属于什么类型"(qualis Deus sit),这也是到目前为止上帝首先选择启示他自己的内容。

但是二者何为先,是对上帝的认识,还是对我们自己的认识?加尔文意识到我们不容易弄清楚"二者哪个在前并产生了另一个"。二者是同时发生的。对上帝的恰当认识都包括对自身的理解。一个人不首先看上帝的脸就无法知道自己到底是谁。我们面临的不是两个层面的知识。一个人不可能通过获得心理学博士学位而得到关于自己的全部知识,然后转学到神学院再学习关于上帝的知识。在这条道路上的每一步,以及生活的每个领域,我们都会遇到看似矛盾的问题:对我们自己的认识驱使我们去查看上帝,而它的前提是我们已经对他有所沉思。

然而,当加尔文说到对上帝的双重认识(duplex cognitio dei)时,他指的并不是始终存在的神人相遇的二元性。他指的是认识上帝是创造者——这在创造宇宙中表现出来,以及认识上帝是救赎者——这只能从基督的脸上看到。[52]

每个人在本质上都是宗教性的造物。没有一个人能避免"与上帝发生联系"(negotium cum Deo)。上帝在每个人内心深处都放置了对他自己的意识。加尔文称这种意识为"宗教的种子"、"对神性的意识"、"良心的谴责"。根据加尔文的说法,不管一个人偏离上帝多远,即使到了否认上帝存在的地步,"那种子也绝对不会被连根拔起"(《基督教要义》1.4.4)。

加尔文相信上帝不但把宗教的种子撒在人心里,而且在宇宙的奇观中启示了他自己。他将上帝看做做工的人(Opifex),把"无数证据"和"他荣耀的清楚印记"展现在他在宇宙中的工作上(《基督教要义》1.5.1)。的确,宇宙像"一面镜子,叫我们能看到那原是无形无象的上帝",或者换个比喻,宇宙是"一座炫目的剧院",上帝的荣耀在上面闪耀(《基督教要义》1.5.8)。

上帝启示在自然中的知识不可避免地引起人们的回应。对上帝的认识不会是客观的、冷漠的。认识上帝对人的存在至关重要，因此不可能有中立的反应。"宗教的种子"必然会产生两种反应：虔诚或偶像崇拜。加尔文给虔诚的定义是"从认识上帝的福祉而生的敬爱上帝之心"（《基督教要义》1.2.1）。偶像崇拜是以被造的假神代替了独一的真神上帝。

所有这些都是对奥古斯丁在《忏悔录》开篇那句著名格言的诠释："你造我们是为了你，我们的心如不安息在你怀中，便不会安宁。"然而，对加尔文来说，虔诚的终极目标不是个人得救。"因为那些虔诚之人相信，对不敬之人施以惩罚与对善人报以永生，都是归荣耀于上帝的"（《基督教要义》1.2.2）。加尔文说过一句非常引人注目的话："即使没有地狱"，真正虔诚的人一想到要冒犯上帝的荣耀也会战栗不已。

迷失在迷宫里。根据我们到目前为止所讲过的内容，人们可能会得出一个结论，即加尔文拥护纯粹的自然神学。有时他的确承认自然的秩序可能带来对上帝的正确认识——"假使亚当仍是正直的"（《基督教要义》1.2.1）。如果人类没有堕落，便可以将上帝临在于自我之中的痕迹以及世界带入与创造主的正确关系之中。然而，由于罪，这永远不可能实现。"在世上真正的虔诚之人已经荡然无存"（《基督教要义》1.4.1）。从自然领域认识上帝只能产生负面效果——使得人类的偶像崇拜无可推诿。

> 在创造宇宙的工作中，有那么多点亮的灯为我们照耀着，向我们展示其作者的荣耀，然而这一切都是枉然的。虽然它们使我们完全沐浴在光辉之中，但是它们却无法将我们引上正路。它们只能让我们无可推诿。（《基督教要义》1.5.14）

加尔文最喜欢用迷宫的比喻来描述人与上帝的疏离。作为古典文学的研究者，加尔文必定知道忒修斯（Theseus）的神话，忒修斯进了克诺索斯的迷宫，杀死了米诺托尔（Minotaur），并用艾瑞妮送他的线找到了回去的路。而人类完全迷失在混乱中了。

> 整个世界都陷入无边而肮脏的错误的泥潭里。每个人的心都宛如一座迷宫，难怪各民族都被引诱去相信各种不同的谬误，甚至各人都拜自己的神。（《基督教要义》1.5.12）

的确，人心是一座真正的"偶像工厂"，制造了一个又一个的神灵。

"世上所有错误的迷宫"都出自这一共同的来源。[53] "邪恶之人想要成为自己的主人,开始情不自禁地忘记或曲解善的来源;出于蛮横的忘恩负义的行为,他们开始抬高自我,而怠慢那无与伦比的工匠与作者。"[54] 所以尽管上帝最初的形象还保留在人身上,但已经遭到了彻底的玷污和毁坏。在他们堕落的想法中,"自然理性不能带领人到基督那里"。[55]

俯就的启示(Accommodated Revelation)。所有对上帝真正的认识都来自一个事实:上帝出于伟大的仁慈屈尊启示自己。启示是上帝自由决定的结果,这一点对加尔文来说非常重要。没有人强迫上帝启示他自己,更没有人强迫他创造宇宙。即使上帝让人类在罪的迷宫里漫无目的地徘徊,他还是公义的。出于他绝对的善,上帝决定消除"我们与他在天上的荣耀之间宏大的距离",道成肉身来到我们中间。[56]

为了描述启示的过程,加尔文使用了俯就(accommodation)这个词。[57] 他说:"上帝不能被我们理解,除非他使自己俯就我们的标准。"[58] 而且,上帝"与我们讲话时也俯就我们的能力"[59]。加尔文很可能借用了古典修辞学的俯就原则,他还是个人文主义者的时候曾学习过古典修辞学。修辞学的确切目的就是俯就、顺应、遵循和符合某人的语言,这样就能使语言适合于预期的听众。上帝在让人们知晓他的时候也是这样做的。

上帝俯就的启示包括两个步骤。第一个步骤是上帝在启示的过程中自由地决定对道不再"闭口不谈",而是要将其说出来。在创造的秩序中,道表现在"上帝的做工"(opera Dei)里,而后者是"上帝荣耀的见证人和信使"。加尔文看到了阿西西的方济各(Francis of Assisi)的一段话,他对里面表现出的"自然启示"欣喜若狂:"小鸟歌唱,歌唱上帝;野兽为他嚎叫;风雨雷电害怕他,山岳回应他,喷泉和流水眺望他,小草和花卉在他面前微笑。"[60] 然而,如我们所看到的,因为人的罪性,上帝在自然中的工作是没有拯救效果的:它们只能使人在审判台前无可推诿。而且,上帝希望"自己靠近我们,并为我们所熟悉",将他的旨意传达给我们。为了做到这一点,道降低自己俯就我们人类的罪性,道成肉身,"写在"圣经里,并且可以在圣礼和圣言中被看到和听到。只有通过这些上帝的神谕(oracula Dei),我们才能获得对救赎者上帝的认识。

从加尔文将俯就原则与圣经教义联系起来的做法中,我们可以获悉他的神学方法。加尔文用两个比喻描述圣经,第一个表现了圣经是怎样被赐予的,第二个则阐释了圣经在基督徒生活中的作用。

> 因为稍有才智的人,谁不知道上帝像乳母惯于对婴儿说儿语那样,向我们说话呢?所以"拟人论"的说法,并不能全部解释上帝的本性,只不过使对他的认识适合于我们的肤浅见识而已。(《基督教要义》1.13.1)

在这里上帝被比作一位与婴儿说话的乳母!圣经也是一种神圣的儿语。当我们发现"上帝在圣经里以一种毫不修饰的粗陋方式对我们喃喃低语",我们不应该反感,反要感激,因为只有通过上帝这样的屈尊,我们才能了解他。[61]

加尔文还将圣经比作眼镜:

> 正如你把一本好书给年老或视力不好的人看,他们只看见上面写着东西,却认不出几个字,可是,有了眼镜就可以看得明白;同样,圣经能清除我们心里对上帝混乱观念的黑暗,使我们对真神的认识更为清楚。(《基督教要义》1.6.1)

圣经被比作灵性上近视之人的眼镜。这两个形容圣经的不同比喻,默示的儿语和眼镜,指出了加尔文神学特殊的神学任务的两个方面。我们可以用积极的劝诫和消极的劝诫来形容。从积极方面说,真正的神学是对上帝在圣经中的启示的虔诚反思,上帝的启示是绝对充分的(即是信仰和行为的规范)。从消极方面说,神学不能陷入"无用的猜想",而应严格遵循那些我们能够合理地认识的事情,即在圣经里启示的内容。让我们进一步探讨这两个原则。

第一个原则引出了加尔文关于圣经的教义,我们可以用一句话总结圣经教义的本质:圣经是上帝用人的语言启示的道,并通过圣灵的内在见证让信徒相信。这个定义中的每一个要点都需要进一步说明。(1)圣经是上帝启示的道。加尔文并没有花很多时间来解释圣经是怎样被启示出来的。然而他在《提摩太后书》3:16的注释中却明确断定圣经的神圣起源:

> 所有那些想从圣经中获益的人必须接受一个确定的原则，即律法和预言并不是凭着人的意愿流传下来的，也不是凭着人的想法产生出来的，而是由圣灵记录下来……我们敬重圣经要像敬重上帝一样，因为圣经的根源在于上帝，它里面没有掺杂人的根源。[62]

加尔文相信圣经是"圣灵的学校"。其作者是圣灵的工具、器皿和抄写员。[63]如果圣经是加尔文说的"儿语"，那么上帝就是那个说儿语者。我们很容易看出圣经"远超过人的一切才能和天分，是上帝所呼出的"（《基督教要义》1.8.1）。

（2）圣经是上帝用人的语言启示出来的道。用加尔文的话说就是，上帝的道"是出于上帝自己的口，借着人的传道传给我们的"（《基督教要义》1.7.5）。作为一位训练有素的人文主义者，加尔文辨认出圣经中的各种写作手法。他总结说，圣灵有时用"雄辩"的语言，有时用"质朴而不加修饰的文字"（《基督教要义》1.8.2）。这正是柏考韦尔（G. C. Berkouwer）所说的"圣经的仆人形式"的一部分。[64]加尔文解释说，"因为我们是无知的，上帝屈尊俯就我们，用一种普通的方式对我们说话，打个比方说，有时甚至口吃。"[65]在"福音质朴而谦恭的教导中"，基督徒发现了生命本身的话语。

加尔文讨论经文时既怀着敬意，又带有批判性。他怀疑《希伯来书》是否为保罗所著，他还怀疑《彼得后书》是否出自彼得之手，后者是根据写作特点进行判断的，尽管他承认二者的正典地位。加尔文常常调和圣经符类福音里的一些明显的差别，例如出现在空坟墓中的女人是几个，但是他从来都没有无视福音书作者的人性与显著的个性。他坦率地讨论了关于基督洁净圣殿这一事件的不同时间顺序：

> 马太和路加说基督一进入圣城和圣殿就赶走了那些在圣殿里做买卖的人；马可说他先调查了现场，实际的驱赶行动发生在第二天。对此我的调整是当看到他还没有说过洁净圣殿一事的时候，他在后面加上了这一段，没有按顺序。[66]

加尔文将马可描述成一个真正的人类作者，通过筛选材料编写故事，想起有"遗漏"，又插进来，"没有按顺序"。可以肯定的是，在这个过程中马可完全受到了圣灵的默示,但他不是一台设定好程序的计算机,也不是一台自动打字机。

另一个关于加尔文解经的例子也表现出他对圣经中所具有的人的特点的尊重。在注释《使徒行传》7:14 时,他讨论了司提反和摩西在讲到陪同雅各一起下埃及的以色列人的人数时说法不一致。司提反说有 75 个人,但是《创世记》46:27 则只有 70 个。在考察了几种可能的解决方法之后,加尔文得出的结论是,这个错误可能是抄写圣经的人看错了希腊文圣经造成的。这个错误很容易发生,因为加尔文指出,希腊文的数字是用字母表示的。加尔文继续说,"但是这并没有什么关系,路加也不会让外邦人迷惑,因为那时他们都习惯阅读希腊文。"这个故事的目的是为了表明上帝有巨大的力量,他能够从一小帮人中繁衍出一个伟大的民族。"我们更应该思考圣灵传达给我们的奇迹,而不是因为一个字母表示的数字变了而感到困惑和焦虑。"不久,在同一个背景下,加尔文指出用亚伯拉罕的名字代替了雅各的名字(徒 7:16)"这显然犯了错误","因此有必要将这段经文改正过来!"[67]加尔文在处理经文的时候表现得相当自由,因为他非常自信圣经具有作为上帝的默示的权威性,且具有"彰显基础"之目的的能力(《基督教要义》1.9.3)。

(3)通过圣灵的内在见证,圣经让信徒确信。我们怎么知道圣经是上帝的道?对加尔文来说,不存在独立的认识论平台可以让信徒站在上面客观地决定相信还是不相信圣经。一个人怎么能够知道圣经就是上帝的道?要获得这样的确定性,只有默示先知和使徒的那一位圣灵出来,照亮人的心灵,让人从内心相信已经启示出来的真理。加尔文说,当人们要求提供"理性证据"证明摩西和先知是受默示而发言时,

> 我回答说:圣灵的见证高于一切理性。正如唯有上帝能为他的话作见证,同样,圣经在未经圣灵的内在见证所坚立之前,便得不着人的完全信任。因此那借先知说话的同一圣灵,必须进到我们心里,叫我们深信他们所说的是上帝付托他们的。(《基督教要义》1.7.4)

"认出"圣经就是上帝之道的能力,不是通过专业学习获得的一种技能,也不是通过教义臆测得到的一种看法;它是上帝白白赐予的礼物。对那些受到圣灵启示的人来说,在启示和光照的两个时刻之间建立起

了直接的联系。加尔文并不关注证明圣经真实性的各样证据。他坦白地说:"那些想对不信主之人证明圣经是上帝之道的人,乃是很愚笨的,因为领悟上帝的道非有信心不可。"(《基督教要义》1.8.13)当然,加尔文熟知许多证明圣经可信性的证据:它的久远历史、神迹、预言、教会和殉道者的见证。这些对信徒来说不是没有价值的,但是与"首要、至高的见证"相比,它们充其量是"对我们无能的次要辅助"。

加尔文坚持认为道与圣灵是一体的,他反对两种相反的错误。一方面,天主教使圣经从属于教会,从而降低了光照(illumination)的作用。他们采取彼得的说法,"圣经的预言不能由私人强解",防止个人强解圣经,并"妄称大公会议是解释经文的权威"。加尔文提出"私人"在此语境中并非指"个人",而是指"人的设计":

> 即使整个世界都毫无异议地达成一致,即使所有人的思想都是一个想法,其结果仍然是私人的和自我的,因为那违背了上帝的启示,忠信之人得到了圣灵的启示,并知道上帝在他的道中表达出来的旨意。[68]

加尔文和路德一样确信圣经是诞生教会的子宫,而不是相反。[69]教皇、大公会议以及加尔文常常引以为例的早期教父都可能经常犯错误。通过圣灵内在的见证,圣经证明了自身的真实性,并为那些勤奋的信徒揭示出对经文的正确解释。

另一方面,加尔文同时代的一些人沉迷于圣灵,并且认为不需要成文的道,加尔文称他们为"狂热分子"。因此,"这些混账家伙撕裂了先知用不可分割的纽带结合在一起的那些事物"(《基督教要义》1.9.1)。圣灵并没有回避圣经,正是由于其与圣经相辅相成,人们才能认出他来。"圣灵与他的真理无法分开,而且这真理记载在圣经里,因此只有当人给予圣经适当的敬畏与尊荣时,圣灵才能发挥他的权能"(《基督教要义》1.9.3)。加尔文所有的神学都是在以下范围内展开的:上帝在圣经中的启示的客观性,以及圣灵在信徒内心进行印证和光照的见证。

现在我们来看一看加尔文喜欢用的另一个比喻,即视力不好之人使用眼镜的比喻。这个比喻指出了圣经的核心功能:它是为了加强我们的理解能力,让我们看到那些不戴眼镜就无法看清的事物。加尔文一直痛斥那些"想入非非"的神学家。真正的神学是在启示的限制之内的。加尔文也想过上帝创造世界之前在干什么的问题。加尔文两眼放光，回答说，无疑，上帝正在给那些过分好奇的神学家创造地狱！（《基督教要义》1.14.1）那些"勤于学习"上帝之道的人便不会误入歧途，提出这样无聊的问题。

另一个说明圣经具有眼镜特点的好例子，是加尔文对天文学发现的讨论。在评论《创世记》1：16 的"小的管夜"时，加尔文注意到一个事实，即月亮并不是在大小上仅次于太阳的天体，因为天文学家已经通过最新发明的望远镜证明了土星比月亮大。加尔文并没有否认天文学上的发现，但是他也不允许这些发现诋毁圣经的主旨。

> 我们一定要记住，摩西并不是以哲学的敏锐性谈论不可思议的奥秘，他讲的事情都是随处可见的……那些指责摩西讲话缺乏精确性的不诚实之人应该受到谴责。因为作为一个神学家，他尊重我们而不是尊重星体……如果天文学家要问星体的实际尺寸，他会发现月亮比土星小。让天文学家拥有更高深的知识吧；但同时，那些觉察到月光下夜晚美景的人一定会因堕落而不知感激获罪，除非他们承认这是出于上帝的善行。那些研究天文学的人……让他们到别处去吧。[70]

加尔文知道圣经并不是一本自然科学方面的原始资料，旨在调和一切最先进的科学发现。的确，这怎么可能呢？"现代"（拉丁语 modus，现在）的科学世界观从《创世记》至今经历了那么多变化！而且，圣经的目的是启示对我们认识上帝和自己有益之事。加尔文说主给我们圣经"并不是要满足我们的好奇心，也不是要满足我们的虚荣心，或提供机会让我们发现奥秘或愚蠢地闲谈；他打算赐福给我们"[71]。因此，《创世记》说到创造月亮，并不是让人们去比较月亮与土星的大小；其目的是让那些沐浴在月光中的人们心怀感激，这才是真虔诚的关键因素。加尔文肯定地说，神学家的任务是"不要以胡言乱语转移人们的听觉，而是要教导真实、确定和有益的事情，以坚固人们的良知"（《基督教要义》1.14.4）。

认识上帝是人的首要目的，同时为人的存在提供了正当的理由。

加尔文说，即使一个人有一千条生命，有这一个目的足矣。[72]当我们迷失在罪的迷宫里的时候，上帝用他的道向我们启示了关于他的知识。恭敬、顺服和受教地研究圣经，圣经就成为我们认识实在的眼镜，成为我们崇拜和服侍上帝不可或缺的帮助。

行动的上帝

三位一体的上帝

路德和茨温利都没有特别关注三位一体教义。他们接受了早期大公会议确定的关于上帝的三一性的规定，认为没有必要对这一教义进行详细阐释。早年的加尔文也遵循这一原则。第一版的《基督教要义》对三位一体的解释非常少；这个词本身（*sacra trinitas*）只被提到了两次。根据这零星的论述，凯洛里（Pierre Caroli）指责加尔文是阿里乌主义。加尔文毫不费力地推翻了对他的指控，但是从那时开始他就成了三位一体教义坚定的维护者。在他零距离地接触了塞尔维特（Servetus）、真梯利（Gentile）和格利巴尔蒂（Gribaldi）等真正的反三位一体主义者之后，加尔文又强化了这一立场。格利巴尔蒂是帕多瓦的一位律师，在日内瓦说意大利语的避难者中肆意散布他对三位一体的疑问。在加尔文的建议下，格利巴尔蒂于1557年以"破坏和扭曲信仰的主要信条"的罪名被驱逐。[73]四年前，出于同样的罪名，塞尔维特遭遇的远比驱逐更糟糕。

加尔文对三位一体的阐释表明他彻底的正统立场："当我们宣称相信一位上帝时，这里的上帝是指一个单一的本质，其中包含三个位格"（《基督教要义》1.13.20）。我们必须问一问加尔文，接受对上帝的经典定义是否违背他的神学原则，即神学必须在启示的限制内。对此加尔文十分敏感，并极力直面这个问题。他意识到 *ousia*、*hypostases*、*persona* 甚至是 Trinitas 都不是圣经用语。他曾经说过，"其实我愿意不用这些新词，只要大家普遍接受这信仰：相信父、子、圣灵就是一位上帝；虽然子不是父，圣灵也不是子，他们因各自有特殊的属性而彼此不同"(《基督教要义》1.13.5)。因为某些异端分子,如阿里乌,用圣经的语言论证不符合圣经的上帝观念,所以对加尔文来说,有必要用三位一体、位格等词语来反驳他们的错误,以便使"真理清晰明了"(《基督教要义》1.13.3)。

然而,即使承认了这一点,加尔文还是警告人们不要对上帝本质的奥秘想入非非。"让我们自愿地将上帝的知识留给他自己吧。"信徒"在上帝的话语之外寻求上帝,或不在上帝的话语引导之下思想上帝,或发表没有任何圣经根据的话,都是彻头彻尾的傲慢"(《基督教要义》1.13.21)。加尔文不愿意为了证明三位一体教义而曲解圣经。有一些老生常谈的证明三位一体的经文,例如《创世记》1章上帝的复数形式(*Elohim*),《以赛亚书》6:3天使撒拉弗的三次称颂,或者耶稣说的"我与父原为一"(约10:30),加尔文认为证明这样一个重要的教义,这些证据太弱、太肤浅。

那些不承认三位一体的人击中了加尔文敏感的神经。他称他们是"狡猾的蛇"、"满口胡言乱语"、"无耻之徒"、"塞尔维特之类痴狂的人",贩卖"诡计"和"无稽之谈"。为什么三位一体对他来说如此重要?我们看到,他对形而上学的精微之处不感兴趣,他也不迷恋传统的术语。**三位一体之所以关键,因为它见证了耶稣基督的神性,它见证了通过耶稣基督获得救赎的确定性**。和阿塔那修一样,加尔文的三位一体论是关于救恩论的。他想捍卫圣经的信息,"上帝显明在肉身里",他反对错误的解释,例如塞尔维特"将子与圣灵和被造物混为一谈"(《基督教要义》1.13.22)的解释。因此从《基督教要义》第一版开始,他就把对三位一体的宣认放在了一个仪式当中,即洗礼的时候奉三位一体的上帝之名。以父、子、圣灵的名义进行的洗礼见证了上帝的统一性与三一性。我们可以从每个"位格"不同的特点中看出上帝内部的区别:我们通过子受死的牺牲获得父白白的恩慈,圣灵的洁净与重生,使我们分享子的恩赐。为了避免人们认为基督徒崇拜三个神,洗礼的唯一性指出了上帝的三个位格在本质上是同一的。

因为只有一个洗礼,以三位一体的名义祝圣了。阿里乌派和撒伯里乌派(Sabellian)该如何答复这个讨论。洗礼具有让我们成为一的能力;洗礼的时候,奉父、子和圣灵的名。他们要否认这神圣而神秘的统一的基础是一位上帝吗？我们一定要明白设立洗礼证明了三个位格统一在一位上帝的本质里。[74]

总而言之，不能将三位一体（加尔文喜欢称其为"实体"）的区别理解成分离。有一位上帝，他了解自己，并将自己启示为父、子和圣灵。三位一体是救赎的基础，因为只有是真神的那一位才能拯救那些完全迷失的人。在洗礼的仪式上，在赞美上帝的时候，承认三位一体并不是为了给上帝的存在做一个完整的定义——谁能做到那一点呢？——而是（奥古斯丁早就说过）在他临在的奥秘前不要沉默不语。

创造

加尔文从圣经中得出了上帝三位一体的性质，接下来他陈述了在创造和护理中上帝的行动与世界的关系。这些教义放在"对创造者上帝的认识"的标题之下，与之相对的是"对救赎者上帝的认识"，加尔文在《基督教要义》第二卷至第四卷里讨论了上帝是救赎者的问题。加尔文把被造的世界看做彰显上帝荣耀的"炫目的剧场"，充满了对他的力量与大能的各种见证。人类也拥有根深蒂固的"对神性的意识"，这使他们对偶像崇拜和不驯违逆无可推诿。由于堕落造成了人理智上的退化，人们对上帝的自然的认识无法产生拯救。"仅凭自然的引导，我们的心灵无法参透他。"[75]然而，一旦人们受到了圣灵的启发，并在圣经"眼镜"的帮助下，创造就能产生对上帝更加清晰且有益灵性的认识。严格说来，圣经讲述的有关上帝创造的知识不是"自然神学"（natural theology），而是"自然的神学"（theology of nature）。

加尔文区分了对作为创造者的上帝的认识和对作为救赎者的上帝的认识，但是他从不怀疑一位三位一体的上帝是这两项行动的主体。在注释《以弗所书》3：9时，他说："借着基督，父创造了万物。如果借着这同一个中保，所有的外邦人现在都回到一个整体，那也毫不奇怪。"[76]而且，加强认识上帝在自然中的启示，其目的是为了坚固信徒的信心："因此他给我们一部创造的清晰历史，作为教会信仰的根据。叫教会除了寻找摩西所启示的那位创立世界的上帝以外，不要寻找别的上帝。"（《基督教要义》1.14.1）

加尔文强烈反对上帝的创造只是重新构造已经存在的大量物质的

观念。这种思想远可追溯至柏拉图和亚里士多德,现代可在过程哲学中发现。对加尔文来说,这一观念公然否认了上帝的自在(拉丁语：*a se*,来自他自己)和主权。上帝从无中(*ex nihilo*)创造世界。和茨温利一样,对加尔文来说,肯定这一点是圣经信仰的保证。他指出,希伯来词语 *bara* 的意思是"创造",从无中创造出有,而不是将已有的构造或塑造成某物。[77] 摩尼教认为世界是由两个同等强大的神创造,善良的神创造善,邪恶的神创造恶。这样的观点不仅剥夺了上帝的全能,也(加尔文认为其害处更大)剥夺了他的荣耀。

> 虽然上帝什么也不缺,但是他创造人类的首要目的还是想要他的名得着荣耀……创造恶人是为了毁灭之日：因为如果不是上帝要荣耀他的名,他就不会创造他们；正如他在另一个地方说的,他兴起法老,为要他的名在万民中彰显。若不是这样,圣经里为什么有那么多证据告诉我们,上帝拯救我们的主要目的是彰显他的荣耀?[78]

世界创造出来是为了彰显上帝的荣耀,但是世界的创造也不是没有考虑对人类的益处。例如,上帝为什么用六天时间创造世界？他可以在一瞬间完成,但是他将自己的能力降低到人的程度,"把他的工作分配于六日,叫我们纵使以毕生的工夫来思想他的工作,也不致厌倦"(《基督教要义》1.14.2)。出于同样的理由,上帝创造了天使——不是为了他自己,而是为了我们,"抚慰我们的软弱,使我们的心不缺乏美好的盼望或安全的保证"(《基督教要义》1.14.11)。的确,所有的创造都是为了提升人的生活。

> 他使太阳和星宿为人类的福祉运行不息,又令生物充满地上、空中以及海洋,使地面产生各种丰富的果实,以满足人类需要；他像一位未雨绸缪和殷勤周到的家长一样,对我们慈爱之极。(《基督教要义》1.14.2)

加尔文与阿奎那等神学家不同,他不会提出由创造的结果追溯到第一因,即创造者,从而证明上帝的存在。对他来说,这样的证据,即使可能存在,也是多此一举的,因为所有人内心天生就有对上帝的意识。但是创造对信徒来说有重大的意义。这并不意味着信徒要去开发自然以达到他们自私的目的,或者只为满足荒唐的好奇心而去研究自然。信徒在上帝的创造物中思索他的善，这样他们的内心就被感动了。加尔文说："我们既然看到上帝为我们的利益和安全安排了万物，同时又看到他在我们身上的权能和恩典以及他所赐给我们的各种好处，我们就可以因此激发自己信靠他、呼求他、赞美他、爱慕他。"（《基督教要义》1.14.21—22）

下面这首"创世赞美诗"改编自《基督教要义》，是一个很好的例子，表现了加尔文嘱托信徒对创造应采取的恰当反应：

> 上帝安置一切为了我们得着好处
> 为了我们得着拯救；我们从内心
> 感受到他的力量和恩典，
> 他伟大、无量的祝福，
> 白白地赐予我们。
>
> 除了信靠、呼求、赞美和爱慕他
> 我们还能做什么？
> 因为上帝所做的一切工作都是为了人。
> 即使在那六天里他也表现出一个父亲
> 对未出世的孩子的关心。
>
> 不要辜负他，不要忘记他！
> 不要担心他
> 不满足我们的要求！因为他
> 保证我们什么也不缺。
>
> 无论何时我们呼求上帝，
> 天地的创造者，我们一定会知道
> 他赐予我们的一切都是在他手中
> 要赐予的；我们将信靠和盼望
> 只给与他
>
> 无论我们要什么

我们祈求他并感恩地领受
每一个降临在我们身上的恩典。
让我们尽心尽意地
爱慕他、服侍他。[79]

护理

加尔文比 16 世纪的任何改教家都更敏锐地意识到人类生活具有不确定和完全偶然性的特点。若说路德是为罪而焦虑，茨温利因为与死神擦肩而过才对福音有很深入的理解，那么加尔文则徘徊于存在的偶然性与无意义中。正如路德在获得了福音的突破之后还继续与魔鬼摔跤，加尔文也认识到信徒在寻找意义的过程中始终面临着冲突和斗争："虽然我们教导说，信心应当坚定不移，然而我们所想的并非毫无疑惑的确信，或毫无困扰的平安。"（《基督教要义》3.2.17）

焦虑的来源存在于可以想象的每一种人类处境。下面一段引人注目的文字以现代存在主义的语言表现了明显的"被掷感"（thrownness），在这一段落里加尔文描述了人类处境的脆弱：

> 人的生命受无数危险与死亡的威胁。就我们自己而论，我们的身体既然藏有无数的病源，因此无数的危难不免与生俱来，随时可以毁灭生命。比如说，冷和热对我们都有危险。那随时随地围绕你的，不但不值得你信任，而且都有陷你于死地的危险。比方说：乘船，你和死不过近在咫尺而已。骑马，只要马失前蹄，就会危及你的性命。在城里街上散步，你可能遇到的危险多如屋上的瓦片。如果你或友人手上有利器，其危险更不言而喻。一切凶猛的动物，都有伤害你的快爪利齿。就算你藏身在四面有稳固围墙的花园里，一切纵然很美丽，有时也有毒蛇潜伏。你的居所经常有失火的可能，在白天可叫你一贫如洗，在夜间可能会倒塌压死你。你的土地常受狂风、暴雨、冰雹、干旱和各种天灾的侵袭，以致一无出产，使你感受饥荒的苦痛。此外还有毒物、阴谋、抢劫和公开的凶暴，或发生于家庭里，或发生于家庭外，这一切我都从略。人在这许多患难中虽然活着，也等于死了一半；时常受

挫折和警告，好像有一把刀常挂在颈上，这岂不是人生最大的不幸吗？（《基督教要义》1.17.10）

倘若我们假装免除了这些危险，幻想能通过实施大量的保险政策，或者通过泡温泉这样的现代神龛来中和那些危险的影响，这样的做法否定了人性，或者如加尔文指出的"与我们的有限性是重叠的"[80]。加尔文的护理教义反映的并不是虔诚的乐观主义："上帝在天上，地上的一切都没问题"。他的教义来自对生活变幻莫测的真实评估以及这种人生无常所引发的忧虑。

加尔文将他的护理观点与两种流行的错误观点做了区分，即宿命论和（后来为人们所熟知的）自然神论。斯多葛派宿命论的前提是一切事件都由自然的必然性统治，其自身包含着密切相关的原因与结果的序列。有人指控加尔文的这一教义。他否认对他的指控，并指出在基督教的观念里，"万物的统治者和管理者"不是非人格的力量或因果链条，而是人格化的宇宙创造者，"他以自己的智慧，早在太初就已决定了他所要做的事，现在又以他自己的权能，执行他所预定的一切"（《基督教要义》1.16.8）。

加尔文花费了更多精力反驳另一个错误观点，即认为上帝创造了世界以后就任凭它自行运转。这种观点想象上帝悠闲地在天上看着地上发生的一切，对每日发生的事件漠不关心。那些赞同这一观点的人认为上帝预见到了将要发生的一切，但是他不干预事件实际的进展。加尔文反对"只是预知"（bare foreknowledge）的观点，他断定上帝的护理"以手统治，并不少于以眼观看"（《基督教要义》1.16.4）。上帝十分关心事件的规则，那规则都来自他设定的计划，所以"没有事情是偶然发生的"。有一种认识稍好一些，但仍有缺陷，即认为上帝允许一些事情发生，但并不是在他直接行动的参与下发生的。这种观点也限制了上帝的全能，而塑造了一位在观光塔上悠然自得的上帝。[81] "只是允许"并不比"只是预知"好。两者都没有承认圣经各处展示出的那一位上帝——他谨慎、有效、积极、不停地管理着他所创造的世界。

护理与创造不可分割地联系在一起，并且它本身就是创造的延续（creatio continuata）："上帝的权能，在宇宙间永久地向我们显现，如同在最初创造的时候一样。"(《基督教要义》1.16.1)不仅伟大的历史事件,即使自然中最微小的事情,也都有上帝的指引。"没有上帝的许可,一滴雨也不会落下。"(《基督教要义》1.16.5)雷和闪电也服从他的声音。加尔文强调上帝在世界中直接而即时的活动,这使得他反对灵魂遗传论者对灵魂起源的看法。路德就持有这样一种观点,即认为灵魂在人类繁衍过程中一代一代传递。但是加尔文相信每逢一个婴孩被赐予生命,上帝就从无中(ex nihilo)创造了一个新灵魂。这就意味着上帝每天都很忙,他每分钟要创造几千个灵魂。

然而,对加尔文来说,上帝直接干预世界并不意味着他不会使用次要原因来实现他的旨意。那些次要原因的确在完成上帝的目的时发挥了重要的作用。

> 所以基督徒若相信一切事物的发生,是由于上帝的安排,绝非出自偶然,就必定会承认他是万有终极的原因,也会循序考虑次要的原因。(《基督教要义》1.17.6)

上帝不惜借用撒旦及其众军来达到他的神圣目的。问题也就来了,上帝这样做的时候是否成了邪恶行为的帮凶?为了解决这个难题,加尔文区分了上帝的旨意和诫命。"上帝虽利用恶人成就他隐秘的旨意,但他们既因出于私欲故意违背他的教训,就无可推诿。"(《基督教要义》1.18.4)保罗"身上的刺"是受到了"撒旦使者的折磨",加尔文在评论这件事时问道,那从一开始就是谋杀者的撒旦如何因着保罗在它导致的软弱中得到了诸多属灵力量,就摇身一变成为使徒的医生了呢?

> 我的回答是,根据其本性和惯例,撒旦的唯一意图是杀戮和毁灭,保罗所说的善被蘸上了致命的毒药,因此由于主仁慈的举动,本质上致命的方法成了治愈的方法。[82]

以他伟大而无边的智慧,上帝"非常清楚怎样用恶的工具来完成善的事情"(《基督教要义》1.17.5)。当然,上帝不是简单地把控制权交给魔鬼和他的同伙,而是还约束着他们的怒火和狂躁。加尔文发现这个事实对那些受到恶人迫害的信徒来说是巨大的安慰:

> 信徒要想到，魔鬼和这一大批坏人，任何方面都受上帝的权能所约束；除非经上帝认可和吩咐，他们不能蓄意陷害我们，即令有阴谋，也不能设计完成，或动一个指头去执行这些计划。（《基督教要义》1.17.11）[83]

艾尔文（Alexander Irvine）在他的《我的炉角小姐》（*My Lady of the Chimney Corner*）一书中讲的一个故事能够解释加尔文在护理问题上独特的观点。一户挨饿的爱尔兰家庭因为赌博赢了而得到了一顿美餐。安娜，一位虔诚的母亲，感谢上帝赐给他们救济品。因邪恶行为为家人赢得美餐的博伊尔说："如果有人今晚把我们带到这里，那一定是地狱里的魔鬼。""亲爱的，你错了，"安娜甜蜜地回应说，"当上帝要将一个人送到什么地方，他总能到达那里，即使他是被魔鬼带去的。"[84]

一种常见的对加尔文的护理教义的指控是，既然上帝规定了每一件事，那人类的责任就没有了基础。为什么信徒不平静地冲到疾驰的汽车前？或者他们为什么不满怀喜悦地从高耸的摩天大楼跳下去？然而，加尔文不愿意受到这些蠢货的骚扰，他反驳说，信徒不能缺少应有的谨慎，因为人类的谨慎是上帝保护生命的手段。因此，"如果上帝吩咐我们保护自己的生命，我们就当保护它；如果他供给我们粮食，我们就当使用它；如果他将危险预先警告我们，我们就不要粗心大意，故陷危险；如果他为我们预备了补救之方，我们就不可忽视。"（《基督教要义》1.17.4）护理并不会使人的努力白费或成为多余。即使上帝通过一个恶人来完成神圣的目的，他也不会使用这个人"好像他是一块石头或一块木头，而是根据自己赋予他的能力，把他当做会思考的创造物来使用"。[85]

还有一个问题，即加尔文坚持上帝在所有事件上的神圣管辖权，这是否最终（或最初，从永恒预旨的角度看）使得上帝成为罪的始作俑者。这是个很严重的问题，加尔文无法掉以轻心。《基督教要义》第一卷的最后一章试图讲清楚上帝怎样实施审判，同时"他又不沾染任何污点"。首先加尔文提出"上帝的旨意"不是一个普通词汇，而是包含了多种意思。路德也说到上帝显明的旨意和隐藏的旨意。前者显明在他的道里，包括"你不可杀人"等十诫在内的律法。后者是隐秘的计划，借此上帝实施他的永恒计划，包括将基督钉十字架。圣经上说，将基督钉在十字架上时，希律和彼拉多做了上帝预定要发生的事（徒 4：27—28）。同时，他们又违反了上帝显明在律法中的旨意。这并不是说上帝有两个相反的旨意，或者说他的统一性受到了破坏。我们确实也不能理解上帝**怎样**让他禁止的事情发生。"但是对上帝来说，他的旨意是单一的，但是在我们看来却有多种意思，考虑到我们智力上的无能，我们无法理解上帝让或不让某些事情发生。"（《基督教要义》1.18.3）

加尔文又一次求助于神秘主义和上帝行为的不可理解性："让我们想一想我们智力上的无能，让我们想一想上帝所居住于其中的光被说成是不可靠近的，这并非毫无根据，因为它超越了黑暗。"（《基督教要义》1.18.3）恶的问题如此严重，那是因为我们不知道生命的悲剧**怎样**增加上帝的荣耀。在评论那生来就瞎眼的人的病是上帝的荣耀做工的契机（约9：1—4）时，加尔文警告人们不要过早地评判此类事件的原因："当上帝给一些人不幸时，他不是惩罚人的罪，而是另有目的。结果，当不幸的原因隐而不显的时候，我们一定要克制好奇心，这样，我们才可以既不伤害上帝，也不对我们的弟兄心存恶意。"[86]

在苦难和悲剧面前，人们会否认上帝抵抗灾难的能力，进而将他想象成一个面对极恶无能为力的神，或者更普遍的则是抱怨上帝的不作为。一位很著名的牧师在安慰一位女儿刚刚死于癌症的同工时说："上帝在天上有很多事要考虑。"面临这样的灾难时，没有一个人能否认这样的感受。的确，圣经本身，尤其是《诗篇》充满了这样的话：噢，上帝！还要多久？你的仁慈为什么离我远去？为什么邪恶得胜而义人受苦？加尔文并不否认，人出于剧烈的痛苦提出这样的问题是正当的，但是他也知道朝上帝发怒就像"朝天空吐口水"（《基督教要义》1.18.3）。他说，"想要上帝给我们一个交待"是很愚蠢的（《基督教要义》1.17.1）。真正虔诚的人会认识到，在我们所遭遇的那本身非善却恶的苦难背后，上帝仍然是公义、智慧和充满慈爱的，他是那应许永远不会抛弃和放弃我们的父亲。那些指责上帝与恶沆瀣一气的人，他们错误的根源在于相信上帝和人类应该遵守同样的审判标准。然而二者之间存在着"无限的质的差别"。以人类公义和智慧的标准来评判上帝的护理行为，如同将苹果和橘子进行比较；如同问一磅是多少英寸。"符合人类意志的事物与符合上帝意志的事物是存在巨大差异的，每个意志指向的终点也各不相同，因此这差异不能证实也不能证伪"（《基督教要义》1.18.3)。最后，对恶的问题没有答案，至少人类今生无法获得答案。加尔文称上帝管理宇宙的方法为"深渊"——我们要满怀敬意地去景仰而不是满心好奇地去思索的一个深渊(《基督教要义》1.17.2)。加尔文是一个以严密的逻辑著称的神学家，但他宁愿活在神秘和逻辑的不一致中，也不愿破坏启示的限制，或无端指责圣经所描述的无限智慧、极度仁爱和完全公义的上帝。

在《驳放任派》(*Against the Libertines*, 1545)一文中，加尔文区分了三个层次的护理。第一个层次是上帝一般或普遍的护理，这在自然秩序中显明出来。通过这种方式，上帝根据早已制定的万物的性质和倾向来管理万物。第二个层次是上帝的"特别"护理，这体现在上帝参与人类群体，上帝帮助其仆人、惩罚恶人以及试炼和责罚忠信之人。在护理的这个层次上，上帝将善的恩赐平等地分给了所有民族；他将雨水和阳光给义人也给不义之人。上帝将后来的神学家所谓的"普遍的恩典"赐予整个人类。加尔文用讽刺的幽默说："恶人又吃又喝……有时他们比忠信之人得到的供应还多。"[87]护理还有第三个层次，只与那些被拣选之人有关。这就是上帝"治理他的忠信之民，以圣灵住在他们中间、统治他们"的方法。[88]加尔文在《基督教要义》第一卷中提到了护理的这第三个层次——"因为他既选择了教会做他的居所，他在教会的管理中，无疑会特别表示他的父爱"(《基督教要义》1.17.6)——但是对此他却没有展开任何讨论，直到他首先处理了救赎(第二卷)和重生(第三卷)等庞大的主题。在此我们稍提一下，下文将对以下内容进行更深入的考察：预定论教义，逻辑上更适合在讨论护理的时候讨论它，加尔文将其放在救恩论的语境中，与他对圣灵在信徒生活中的工作的看法联系在一起。

我们对加尔文护理教义的讨论，若不包括对其教牧意义的探讨，就不完整。作为日内瓦的牧师，加尔文与形形色色的基督徒通信，他是一位有经验的"灵魂的导师"，或者我们也可以说他是属灵的顾问。他从来没有将信徒遭遇的苦难大事化小，或否认那些苦难。比代女士(Madame de Budé)刚刚成了寡妇，又要面临被家人清理和逐出的糟糕局面，加尔文写信对她说："的确，我们会不断遭遇许多困难和烦恼；但是让我们向他祈祷，从他的话里得到力量，借此我们就能战胜困难和烦恼。"[89] 在给另一位法国贵妇塞奈夫人（Comtesse de Seninghen）写信时，他对她的疾病痛惜不已：

> 我听说……你身体孱弱，受到许多疾病的折磨，我也有同样的遭遇。但是，受苦的时候我们得到了圣灵的支持，我们有理由满足，而且如果这易朽的帐篷朽坏了，我知道我们会很快恢复，这种恢复是一次性且永永远远的。[90]

作为牧师，加尔文认识到人的情感具有合理性，他不赞同斯多葛派对苦难漠然的态度。他将耶稣在拉撒路墓前哭泣的情景解释为基督与我们一起受苦的例子："当神子有了我们的身体之时，他也有了人类的情感……他证明他是我们的弟兄，因此我们可以知道我们有一位中保，他愿意原谅和帮助那些软弱之人，他自己也曾经历了软弱。"[91]而且我们是"神子的同伴"，他"进入到我们的处境，以他的榜样鼓励我们"。[92]因此发生在信徒身上的事没有一件不是以一种终极而无法理解的方式在上帝的护理下进行的，上帝不会让他的儿女独自受苦，而是与他们一起承受"厄运的打击"。

加尔文经常被请去劝慰那些因为信仰遭受囚禁的新教徒，和那些面临殉道的人。在下面的信中，我们可以很好地看出他如何将护理教义应用到实际中。1553年他对那些在法国等待死刑的"里昂囚犯"说了下面一段话。

> 可以肯定的是，上帝定会赐予你们彰显他名的强大力量，他在需要的时候显明自己，当我们软弱时给我们能力……对人类的理性来说很难理解，上帝的儿女饱受折磨，而邪恶之人却欢歌笑语；更有甚者，撒旦的奴仆将我们踩在脚下，战胜了我们。然而，我们还是在痛苦中安慰自己，寻找那些许诺给我们的快乐，他不但会让天使拯救我们，还会为我们擦去脸上的泪水。因为我们能够藐视那些可怜的无知之人，他们为了自己的得失向天发泄愤怒；虽然我们现在与你们的处境不同，但是作为同胞，我们会一直以祈祷、忧虑和同情与你们并肩作战，因为这是我们天上的父所喜悦的，他的至善让我们在他的子和我们的头之下成为一体。因为我祈求他赐予你们这恩典，也即，与他同在，你们绝不会动摇，而是力量大增；他会

保护你们，并向你们保证，你们可以藐视属世的一切。你的弟兄和其他许多人由衷祝福你们。——你们的弟兄，加尔文。[93]

其中一位囚犯回信给加尔文，讲述了他的信怎样传到监狱里，并由"一位住在我上面小囚室里的弟兄读给我听……我自己不能读，因为我的牢房里什么也看不见"。他表达了对加尔文的感激之情，"这封信让我们流泪和祈祷"。[94] 以这样一种方式，护理的教义不但没有让人们面对恶消极地退缩，而是在危机、危险和死亡的时刻支撑了无数男男女女。

救主基督

罪论：关于罪的教义

在《基督教要义》第一卷中，加尔文论述了对作为创造者的上帝的认识，到了第二卷，他的论述则转向了对作为救赎者的上帝的认识。然而，在展开救赎这个重大的问题之前，他首先讨论了人类罪性的本质与广度。这样安排有一个很重要的原因。他在注释《以赛亚书》53：6 时这样说：

> 除非我们认识到自己的痛苦是无可救药的，否则我们无法知道自己多么需要基督带来的补救，也无法带着对基督炽热的爱来到他面前……要了解基督真正的滋味，我们必须认真检讨自己，每个人都要知道他自己是有罪的，直到基督出来为他辩护。没有一个人能幸免。先知在这里将**所有人**包括在内。如果基督不来帮忙，整个人类都会灭亡。[95]

我们极其败坏（perversity）和疏离（alienation），因为只有认清我们的本来面目，才能完全体会到拯救的益处。

通常人们认为加尔文是一位对人性持悲观态度的作者。加尔文著作中的许多段落都可以证明这个立场。例如，他形容人是"五尺的虫子"（five-foot worm），还有更极端的说法，他说人还不如"虫子、虱子、跳蚤和有害生物"之类（《基督教要义》1.5.4）。[96] 如果不看上下文，这些说法容易让人觉得加尔文是——用心理学术语说——一个对自己感到极度嫌恶的厌世者。但是，这样的看法并不符合加尔文对人类在科学、医学、文学、艺术和其他学科所获成就的赞美。"我们看到某种探寻真理的欲望深深地生长在人的本性中"，而且这一欲望只能来自于上帝的普遍恩典。主赐给人性"许多礼物"，即使人性堕落和败坏了（《基督教要义》2.2.15）。像我们已经看到的，上帝在人身上的形象虽然受到了严重的损害，但是还没有——也不能——被完全抹去。而且，尽管人性被赋予了许多美德和优秀的禀赋，然而，"在上帝的审判面前，对称义来说，它们一文不值"[97]。按照人自然的禀赋来说，在与"下面的事情"有关时，人性是有创造力、洞察力的，能够获得瞩目的成绩；然而，在涉及"上面的事情"时，人性是败坏的、无能的，无法向着拯救迈出哪怕最小的一步。

我们已经看到加尔文在第一卷中讨论对上帝的认识时，有一个统领全文的假设性前提——"假使亚当仍是正直的"（《基督教要义》1.2.1）。在第二卷中我们也发现了类似的结构："……假如保存了完整的禀赋，我们的天性该是何等优良"（《基督教要义》2.1.1）。然而，这些期望的处境却与现实相反（例如，亚当没有保持正直，我们的禀赋也没有完整保存下来），因此一个人不能通过考察人类当前的失落状态来理解人类的处境。因此，哲学家的工作虽然包含了"一星半点的真理"，但他们的价值还是微乎其微的。加尔文用一个生动的比喻将他们与旷野里的行人做比较。在旷野夜行的人，看见遥远处闪过一道光，这光转瞬即逝，他还走不到一步，又重陷黑暗中摸索（《基督教要义》2.2.18）。我们想要真正理解人性，就不能询问哲学家，不能关注我们自己，甚至也不能考察亚当未堕落时的情况，因为那时他还不是一个"完成的作品"。加尔文指向了耶稣基督，真正的人，在他身上我们看到自己败坏的本性得到了完全的恢复（《基督教要义》1.15.4）。在描述基督怎样恢复我们的本性之前，加尔文首先概括了人性败坏的形式。

原罪的问题早由新约尤其是保罗提出来，但是这个问题只有在奥古斯丁和帕拉纠争论的时候才变得十分突出。加尔文承认早期教父在这个问题上的说法太模糊了，他们"对这个问题仅是轻描淡写，不愿详加论述"（《基督教要义》2.1.5）。加尔文十分同意奥古斯丁的说法，奥古斯丁说亚当的罪给整个人类造成灾难性的后果。他把原罪定义为"我们本性上一种遗传的邪恶与腐败，散布于灵魂的各部分，使我们应该承受上帝的愤怒，而且在我们里面产生了圣经所说的'情欲的事'"（《基督教要义》2.1.8）。

我们从三个方面考察加尔文的罪论。第一，亚当的堕落给整个人类播下了邪恶的种子——"亚当就是堕落的根源，以致一脉相承，永不断绝地由父母传到子女"（《基督教要义》2.1.7）——我们不能因为"由亚当应得的惩罚的恶果"而将自己获罪的处境仅仅归罪于亚当（《基督教要义》2.1.8）。亚当的罪也是我们的罪。换句话说，亚当不仅是人类的祖先，也是人性的根源。与茨温利不同，加尔文并没有将婴儿排除在该教义之外。他们获罪不是因为别人的过失，而是因为自己的过失，因为他们自身已经带着"罪的种子"，即使那邪恶的果子还没有结出来。第二，关于罪怎样从一代人传递到下一代，加尔文驳斥了灵魂遗传论者的说法，他们认为亚当败坏的灵魂以父母遗传给子女的方式一代代从身体上传递下来。加尔文在注释耶稣的"从肉身生的就是肉身"（约3：6）时说，"全人类在亚当身上遭受的败坏不是因为人类繁殖而蔓延，而是因为上帝的命令而蔓延。正如他借由一人赋予所有人恩赐，同样他也借由这同一人剥夺了我们从这人而来的恩赐。"[98] 第三，因为这个理由，加尔文不愿将原罪的范围限制在人的某一个方面（例如身体的存在或性行为），而是将其视为遍及整个生命。"整个人都被欲望充斥"。而且"人完全为罪所笼罩，如同被洪水淹没一般；所以凡出自人的都是罪"（《基督教要义》2.1.9）。

根据加尔文的想法，罪并不只是对我们所犯恶行的称呼；它更指明了人性在堕落处境中的方向和趋势。我们犯罪因为我们是罪人。罪包括原初之义的丧失（剥夺）以及造成各种具体的恶和不义行为的强烈倾向（败坏）这两方面。亚当最早的罪的本质不断在后人身上重复，即骄傲、悖逆、不信等忘恩负义的行为。尽管我们人类发现自己深陷在可怕的失落之中，我们生命的特点是"为那失落的尊贵叹息和呻吟"，亦即具有一种不忘记我们"原始的尊严"的能力（《基督教要义》2.1.3）。加尔文并不是为了让我们留在深深的败坏中才把我们拉下去，他是准备让我们得听借着主耶稣基督脱离罪的捆绑得自由的好消息："一个人只有深切认识到自己的贫乏，才能领受上帝的祝福"（《基督教要义》2.2.10）。

基督论：基督的位格

在讨论路德与茨温利的时候，我们已经指出他们的神学的共同特点，即都以基督为中心，尽管两人强调的重点有细微的差别。与其他两位主流新教神学的伟大倡导者相比，加尔文也毫不忽视基督论这一基础。在《〈歌罗西书〉注释》中，加尔文确定了他整个神学计划准确的焦点所在：

> 他感恩，从而有机会列举由基督赐给他们的祝福，因此他对基督有了全面的了解。对歌罗西人来说，要抵挡假使徒竭力捆绑他们的网罗，唯一的良方就是彻底理解基督是什么。我们为什么要奉行那么多教义，因为我们没有获得基督的能力吗？基督让其他事情突然之间都消失了。因此撒旦不遗余力地挑起迷雾混淆基督；他知道通过这种方法就打开了谬误的大门。因此，保持和恢复纯正教义的唯一途径就是把基督带到我们眼前，正如他和他的所有祝福同在，这样我们才能真正获得他的力量。[99]

这段文字的意义重大，因为加尔文明确表示，真神学的任务就是修复基督的教义，"正如他和他的所有祝福同在"。换句话说，加尔文基督论的主题不是认识基督的本质，而是认识基督作为中保的拯救作用。有一段经文可以证明更具遐想性的基督论（即"我在父里面，父在我里面"，《约翰福音》14：10），加尔文评论道："这里基督并不是说他自己是什么，他说的是对于我们他是什么，这是一个能力问题而不是本质问题。"[100] 尽管加尔文小心翼翼地停留在传统天主教基督论的范围内，实际上他很乐于同意梅兰希顿的说法。梅兰希顿说，认识基督不是要研究他的本质或属性，而是要认识他的恩惠。

上帝在基督中的启示也是上帝俯就人的能力的一个最重要的例子。我们可以从加尔文用来描述基督的一个词看出他的想法：**中保**，他比别人更经常用到这个词。即使没有罪，作为有限的被造物，我们也需要一位中保与上帝沟通。"即令人们无罪，但以处境的卑微，如无中保，实在不能接近上帝"（《基督教要义》2.12.1）。的确，即使是被拣选的天使，他们从来没有丧失最初的纯洁，也将基督视作他们的头和中保。

人类由于悲惨的堕落加倍需要中保。亚当和他的后人被致命的毁灭深陷在死亡和地狱中,被大量的瑕疵玷污,因自身的败坏而污浊不堪,又淹没在诅咒中,如果上帝不将他那"与我们相似"的子派来,他们毫无得救的希望。的确,"除非威严的上帝降临在我们当中,我们的处境将非常可怜,因为我们不能上达于上帝"(《基督教要义》2.12.1)。

加尔文毫不含糊地表示,作为中保的耶稣基督既是真神又是真人。肉身的救世主与永恒的神子是同一位。加尔文最爱用保罗的说法来称呼道成肉身的基督,"[上帝]在肉身显现"(提前3:16,标准修订版)。他否认任何形式的耶稣嗣子说或最小化基督论,他认为那都是不充分的。基督不是"突然出现的暂时的神",而是"很早以前父所孕育的上帝的永恒之道"。[101]基督一定是真神,因为

> 他的任务是要吞灭死亡,除非生命本身以外,谁能做到这一层呢?他的任务是要克服罪恶,除了那自己是义的以外,谁能做到呢?他要扫荡地上和空中的一切权势,除了那本身的权能是超过地上和空中的权势之上的以外,谁又能做到呢?所以最仁慈的上帝,当他决定要救赎我们的时候,就借着独生子的身份而亲自化身为人,来拯救我们。(《基督教要义》2.12.2)

加尔文强调基督的神性,但这绝没有削弱他对传统基督论教义其他方面的坚持:基督也是真人。在道成肉身的过程中,基督并没有放弃神性,而将其掩盖在肉体的"面纱"之下。这暗示了一种幻影说的基督论吗?基督是一位幻影般的人物吗?他只是假扮人类却没有完全进入到人类存在的凄凉中吗?加尔文坚决地否认了这一点。在一篇"耶稣基督诞生"的讲道中,加尔文描述了救世主出世时的悲惨情景:"在某种程度上说,他没有房屋和同伴。除了马厩和收留他的旅店主外,他什么也没有……他极度贫困,没有尊严,没有荣誉,饱受奴役。"[102]在客西马尼园,神子"深陷困境,如临深渊"[103]。基督绝非伪装,他"感到真实的悲伤,他急切地祈祷父来帮助他"[104]。为了成为我们的弟兄,耶稣尝过了各种艰难困苦。对于道成肉身的动机,加尔文产生了有趣的曲解。基督不需要披戴上人性的外表才能习惯于怜悯,因为只有在他被人类各种苦难试炼过后,他才能说服人们相信他是仁慈友善的。"因此,当各种邪恶压向我们的时候,我们会立刻感到安慰,因为

我们所经历的一切事情没有一件不是神子所亲身经历过的，他与我们有着相同的感受；使我们毫不怀疑他与我们一同经受不幸。"[105]

耶稣基督是真神和真人，这两种性质统一在一个人身上，但二者并不因此而发生混淆。有时人们指责加尔文倾向于聂斯脱利派（Nestorian）对基督的观点，因为他坚持拯救者的神性和人性之间存在着鲜明的区别。加尔文严厉地反驳了这一异端——"我们必须远离聂斯脱利的谬论，他想分裂而不是区分基督的神人二性，以致造出了两位基督！"（《基督教要义》2.14.4）——而且用《基督教要义》的一章来说明"中保的二性如何形成了一个人"。由此，我们再说一说另一种对加尔文基督论正统性的质疑，即所谓的"加尔文主义分外说"（extra Calvinisticum）。这个专有名词是 17 世纪信义宗的教义学家创造出来的，用来指称改革宗所宣称的神子"在肉体之上"（etiam extra carnem）还有一个存在。对此加尔文最清晰的说明可以在《基督教要义》2.13.4 中找到：

> 即使道以他无可估量的本质与人的本性联合成一个人，我们也无法想象他能被束缚在那里面。有些事情很奇异：神子以这样一种方式从天上降到地上，并没有离开天上，他情愿由童女的子宫诞生，在地上各处行走，又被挂在十字架上；他继续充满这个世界，像他从一开始所做的那样！

加尔文并没有将这一想法继续下去，或将其系统化，如果这样做将会违背他"研究神学要在启示的限制内"的原则。这如一些解释者所说的那样，暗示了他在基督论上有所保留、以一种不够严肃的态度揭示道成肉身的上帝吗？如果加尔文没有那么承认基督完全的人性，这个说法可能更有力一些。实际上，加尔文主义分外说对加尔文来说是一种强调肉身拯救的道与永恒的道之同一性的方式，永恒的道与父和圣灵一起成为创造和拯救的源泉。威利斯（David Willis）已经证明加尔文主义分外说的"作用是建立了完整的人认识上帝和自己的三一论教义"[106]。加尔文真正关心的是，在道成肉身的基督中我们不是要讨论无限抬高的人性，而是要探讨"显明在肉身中的上帝"。同时，我们也必须承认加尔文的论证使得他弱化了基督在世传道时肉身临在的重要性（没有向幻影说妥协），并且主张基督人性和神性的"工作有所区分"（没有向聂斯脱利派让步）。

基督论：基督的事工

在论证基督的位格时，加尔文严格遵守卡尔西顿正统的信条，但是他认识到奉行正确的教义并不足以防止人们滥用圣徒遗物、赎罪券、玫瑰经和弥撒。他断言："天主教徒只有基督微弱的影子，因为当他们试图抓住赤裸的本质时已经忽略了他的国，基督的国由服侍的力量组成。"他认为知道基督是什么（即他的位格）毫无用处，除非"发生第二件事，也即，认识了基督对我们是什么以及出于什么目的他被父差来（即他的工作）"。[107]

加尔文从基督的三重职分——即先知、君王和祭司——来诠释他的工作。[108]旧约中每个人被正式任命时都要涂抹圣油，预示"受膏者"，也就是弥赛亚本人的实现。在他的先知职分中，基督被圣灵膏抹，做父的恩典的使者与见证。他履行这个职分不仅仅通过在地上的传道，还通过福音的不断宣讲。认识基督是先知还意味着除他以外"没有什么东西再值得认识；凡凭信心参透基督的人，就得着全部属天福分"。（《基督教要义》2.15.2）然而，基督并不仅仅宣告了上帝具有先知的职分，他还带来了上帝作为君王的职分。在这重职分中，基督服侍上帝，作为上帝的代理，管理地上的事物。即使在他受辱和受死的时候，忏悔的强盗"在十字架上尊奉基督是君王，在可怕而不可言喻的丧命时刻庆祝他的统治，在要死的时候宣告基督是生命的创造者"。[109]加尔文劝告基督徒要体会这对比，虽然他们可能一生都活在"十字架之下"，但是上帝会成为最后的胜利者：

> 我们可以度过充满忧愁、饥寒、侮辱和各样困难的一生，因为使我们满足的是这样一件事：我们的王绝不会丢弃我们，他必将帮助我们，供给我们所需要的，直到战争结束，我们与他一同得胜；因为他的统治目的是要把他从父所领受的一切，都交给我们。（《基督教要义》2.15.4）

凭着作为纯洁无瑕的中保所具有的能力，基督履行了祭司的职分，这时他平息了上帝的忿怒，并为人的罪做了补偿。通过基督的代赎行为，上帝挪去了任何敌对的理由，与信徒完全和好了。因此，他"借着基督的死所做的补偿，免除了我们所有的罪"（《基督教要义》2.16.3）。这听起来很像安瑟伦在其著名的论文《上帝为什么变成人》（*Why God Became Man*）中所提出的法庭上的代罪论。毫无疑问，加尔文受到了安瑟伦的影响，但是加尔文的代赎论并不仅仅是对早期理论的重复。让我们来简单看一下加尔文教义的五个方面，这五个方面表现出他神学思考的独特性。

第一，安瑟伦为道成肉身假定了一个本体论上的必然性：上帝想要拯救堕落的人性；他要这么做只能自己变身成人。加尔文否认任何简单的或绝对的道成肉身的必然性。它存在的理由（*raison d'être*）是"人类所赖以得到拯救的天命"（《基督教要义》2.12.1）。在一次关于基督受难的布道上，加尔文说："上帝可以用另一种方式将我们从死亡的深渊中解救出来，但是当他不惜牺牲他的独生子时，显露出了无限善的宝藏。"[110] 如此，代赎就是上帝俯就我们的软弱和罪恶状况的一个最崇高的例子。除了上帝对我们的仁慈的意志，不存在别的必然性。

第二，安瑟伦关注的主要是证明通过代赎上帝的公正怎样得到修正，但是加尔文更注重上帝的忿怒与爱，二者都表现在基督的工作上。和保罗一样（罗5：10），加尔文断言，在与上帝和好之前，所有人都是上帝的敌人。同时，代赎的工作源自上帝的爱：上帝不是因基督为我们死而爱我们；基督是因上帝爱我们而为我们死。加尔文引用奥古斯丁的话来证明上帝的忿怒和爱是如何并行不悖的：

> 甚至在我们和他敌对，多行不义的时候，上帝也爱我们。因此他以奇妙、神圣的方法，在恨我们的时候，也同时爱我们。他恨我们，是因为我们自己变了，和被创造的时候不同；可是我们所行的不义既未完全毁灭他的工作，所以，他固然恨我们所做的事，但同时爱我们每人所得之于他的那一部分。（《基督教要义》2.16.4）

第三，在安瑟伦的理论中，基督的生命没有救赎的价值，因为基督作为人所拥有的完美而不犯罪的生命究竟是属于圣父。只有基督不应该领受的死才能为人类得救增加功绩，因为他不曾犯罪。正如乔治·威廉姆斯所证实的那样，被看成是重演基督"被动"献祭的弥撒反映出安瑟伦对基督之死所具有的独特救赎作用的强调。[111]加尔文肯定没有弱化基督之死的重要性；他甚至说，"生命的本质体现在基督的受难之上"(《基督教要义》2.16.5)。但是——这是他的独特之处——代赎的效验并不局限于基督之死。它包括了"他顺服的全过程"。因此，基督的诞生、生活、教导、神迹、受难与死亡都属于代赎的事工。"总而言之，自从他取得奴仆的身份，便开始付救赎我们的代价。"(《基督教要义》2.16.5)的确，基督在十字架上的受难与他坐在上帝的右边继续为人类求之间不存在断裂。对信徒来说，基督之死的果子永远都是新鲜而持久的，因为"他的代求熄灭了上帝对我们的怒火，他所献上的馨香之祭将我们的祈祷分别为圣，他美善的旨意成了我们的帮助"[112]。

第四，尽管代罪说的法律用语主导着加尔文对代赎的讨论，但是他并没有忽视基督是胜利者，即基督战胜了魔鬼的主题：

> 他因为忍受了这咒诅，就能够压制它，克服它，毁灭它的一切权势……所以保罗所说基督在十字架上得胜，不是没有缘由的；十字架虽充满了不名誉的污辱，却成为胜利的兵车。(《基督教要义》2.16.6)

基督的复活、升天以及再来的应许都是他战胜恶魔的证据。基督的伟大胜利不仅仅是反映其神性的一面镜子，也是"我们信心的坚固支柱"。耶稣并没有独自享受胜利的奖赏，而是同全体成员一起分享。这可以从信徒请求脱离那恶者的主祷文中清楚地表达出来：

> 要铭记：
> 我们没有能力与强大的勇士魔鬼争战
> 我们也无法承受他的攻击。
> 询问上帝我们自己有什么
> 那是毫无意义的。
> 那些自负的人，
> 准备独自去战斗，他们不了解
> 那凶狠而全副武装的对手。
> 我们要像逃脱发狂而忿怒的狮子一样

逃脱他的权势。
如果主没有将我们
从死亡中夺回来，
我们会立即被他的尖牙和利爪撕碎，
然后被吞食。
而且我们知道
如果主与我们同在，
如果他为我们争战而我们静止不动，
在他的大能里，我们也将大有能力。
让别人去相信他们的自由选择，
他们的能力——
因为在上帝的大能里，我们足以站立。[113]

第五，加尔文的确属于那些强调基督赎罪事工的"客观性"的神学家。但是他从来没有忽视基督代表我们做工或者我们对他的牺牲的回应等主观方面。因着参与到了基督的拯救工作中，我们被要求过一种极端顺服的生活。基督之死的效力"要显明在所有基督徒身上，除非他们把他的受死变成毫无益处和果效"（《基督教要义》2.16.7）。赞赏基督在基督徒生活中的工作成了《基督教要义》第三卷的主题，加尔文拟的题目是"领受基督之恩的方式：其益处与结果"。

在圣灵中的生活

很少有研究人员写关于"加尔文的属灵观"方面的文章。[114]当我们考虑到加尔文本人在这个题目上花了多少注意力的时候，就显得更加奇怪了。加尔文一生的工作都可以看做是在努力形成一种真实的属灵观，也就是一种在圣灵里的生活方式（modus vivendi），根据上帝启示的道，生活在上帝的教会中，并指向上帝的赞美和荣耀：唯独上帝的荣耀（soli deo gloria）！我们已经知道加尔文的看法是每个人都被播下了"宗教的种子"，即一种"对神圣的意识"，它所引发的不是热爱上帝和敬畏上帝的虔诚，就是制造假神和敬拜假神的偶像崇拜。根据加尔文的观点，人从本性上说是一种崇拜的存在，也即，宗教的人（homo religiosus）。人类存在的问题就是对神圣的迫切要求被引向了错误的方向，转向自身，满足于暂时的好处。为了引导和拯救堕落的人性，上帝在他的子耶稣基督里面变成人。而且"只要我们和基督分离，基督那为拯救人类所受的一切苦难就是无效的"（《基督教要义》3.1.1）。这也是加尔文《基督教要义》论证信徒怎样领受基督之恩的方式及其益处时所持的观点。整个第三卷是一篇论述基督徒生活的奇文，在这卷书中加尔文详细阐释了以下问题：圣灵的工作、信心与重生（regeneration）、忏悔、舍己、背负十字架、默想永世、称义、成圣、基督徒的自由、祷告、拣选和最后的复活。鉴于篇幅有限，无法论述所有这些重要的教义，因此我们将重点关注其中的三个问题，信心、祷告和预定论。人们常常不将这三个问题放在一起来对观，这是公认的；而每一个问题都十分接近加尔文属灵观的核心。

信心

在1536年的《基督教要义》中，加尔文用了简短的一章来论述信心的问题；到了1559年则变成了有43节内容的长篇。这反映出加尔文终其一生都在为伟大的福音主题而努力。在给出加尔文对信心的肯定性定义之前，让我们先来梳理一下他所驳斥的几种当时比较流行的错误看法。首先，一些人的信心只是"一般地赞同福音的历史"便浅尝辄止。（《基督教要义》3.2.1）加尔文和路德一样，否认纯粹的历史性信心，即对圣经宣告为真的事实点头称是，就足以使人得救。显然，即使魔鬼也能有这样的信心（参照《雅各书》2：19）。加尔文也不赞同使用**默从的信心**这一说法，罗马神学家用这个词来指称一种对教会整体判断的虔诚服从。真信心不是建立在无知而是建立在知识的基础上。承认其他人说的为真还不够；我们必须从子基督身上深入理解父上帝。最后，加尔文也没有采纳经院神学对"形成的信心"和"未形成的信心"所做的区分，后者是一种信心的初级阶段，要想在称义的过程中发挥效力，还需要与爱的习惯结合。[115] 在信心的整体性概念问题上，加尔文与路德的观点一致："信仰的开始本身已经包含了和解，人借此靠近上帝"。（《基督教要义》3.2.8）

那么什么是信心？加尔文给出的定义是："对上帝的仁爱的一种坚定而确实的认识，这认识基于上帝在基督里白白赐下的应许，而且这认识不仅启示在我们的头脑中，也借着圣灵刻印在我们心中。"（《基督教要义》3.2.7）从这个定义我们可以看出，对加尔文来说，信心远非败坏的人性所固有的一种能力。在上帝拯救活动的轨道之外，不可能有信或不信。加尔文一再重申信心是圣灵独特的恩赐。的确，信心是"圣灵的主要工作"，信心是那些原本不信之人借着恩典获得的奖赏。（《基督教要义》3.1.4）"上帝意欲从死亡中夺回来的任何人，在重生之圣灵的帮助下很快就复原了。"（《基督教要义》3.3.21）加尔文将信心称为知识，他是不是把拯救简化成了一种理智活动？绝非如此，因为思想包含在信心的行动中，思想"更多与心灵而非大脑有关，更多与性情而非理解有关"（《基督教要义》3.2.8）。之所以称其为"知识"，加尔文认为信心是"一种生动的意识"，通过这种意识我们可以领悟成为上帝嗣子的恩典，理解新生命的样式以及圣灵的其他恩赐。信心也有两面性。一方面，它是圣灵的工作；另一方面，它也是蒙上帝拣选、进入在基督里的新生命的那些人的真实反应。

进入基督（*insitio in Christo*）发生在重生时，加尔文谨慎地指出，重生是信心产生的结果：信心接纳基督，这让我们拥有了他所有的益处。悔改是重生的一部分，也是信心的结果。"悔改和赦罪——即新生命和白白施与的复和——都得之于基督，而且是我们凭信心得来的。"（《基督教要义》3.3.1）什么是悔改？"悔改是我们真正改变，出于对上帝诚恳的敬畏，归向上帝，也在于克制自己的肉体与旧人，在圣灵里重做新人。"（《基督教要义》3.3.5）对加尔文来说，悔改几乎与归信是同义词；他解释说，希伯来语和希腊语的**悔改**都有悔改之人的急剧改变之意，是脱离和转向："我们脱离自己，转向上帝，抛弃从前的想法，换上新的想法。"有些人传福音是在宣扬一种简单的相信主义，他们呼吁人决志信主，却不要求彻底的生命改变。加尔文对这些人一定会感到不满。悔改的两个方面，克制旧人和重做新人，不仅仅限于归信的最初时刻，而应贯穿基督徒的一生。加尔文将重洗派和耶稣会相提并论，他在评价二者的属灵观时斥责他们"如此妄信，以致把悔改限于短短的几天以内，而一个基督徒理当终身不断悔改"（《基督教要义》3.3.2）。这话听起来很像路德《九十五条论纲》的第一条。与这位德国的改教家相比，加尔文更强调人生需要持续不断的悔改，也需要不断寻求恩典和成圣。尽管我们能够也应该在基督徒的生活中不断进步，越来越符合基督的形象，但是我们永无可能做得如此完善以致不再需要悔改。即使是重生之人，只要还在可朽的身体里，"仍然有罪恶的根源，继续产生不正当的欲望，驱使他犯罪"（《基督教要义》3.3.10）。因此我们永远都需要舍己和背负十字架。

加尔文还论述了信心的其他许多方面，其中有两点我们要提一下：即信心与试探和怀疑的关系，以及信心是没有缺陷的。加尔文称信心是圣灵的恩赐，通过它我们得到重生，并进入一种悔改和更新的生命。信心不是"浮于脑海表面"的臆想，而是"在心灵里根深蒂固"的确切知识（《基督教要义》3.2.36）。那么为什么信徒，或者说尤其是信徒，经常受到怀疑的迷惑，乃至坚定的信心被动摇呢？在我们前面引用过的一段文字里，加尔文对这样的经验给出了一种现实主义的评价：

> 虽然我们教导说，信心应当坚定不移，然而我们所想的并非毫无疑惑的确信或毫无困扰的平安……我们却要承认，信徒的内心不断与自己的不信发生冲突，他们的良心绝非平稳宁静，不受风暴所侵扰。（《基督教要义》3.2.17）

有时怀疑来自信徒的灵与肉之间不断的冲突，有时怀疑来自撒旦的直接攻击，有时怀疑还来自那些侵袭我们的看似偶然的事件。没有经历怀疑与困惑之火的信心是微弱而飘忽的。但是——这是加尔文想指出的第二点——真正的信心最终会战胜那些围困和危及它的难题。因此加尔文相信圣徒能够永蒙保守（perseverance）。加尔文在注释《约翰福音》10：28时说：

> 这是信心无与伦比的果子，基督吩咐我们，当信心把我们带到他的羊圈里时，要确信不疑……这是一段引人注目的经文，告诉我们拣选之人的得救如同上帝的力量是不可见的一样确定无疑……我们被强大的敌人包围着，我们是如此软弱，因此每时每刻都面临着死亡。但是我们委身于他的那一位却比所有人都更强大更有力量；所以当生命遇到危险的时候，我们没有什么可恐惧的。[116]

这是一个丰富而微妙的教义,不能简化为一个简单的公式,"一次得救,永远得救"。加尔文并没有削弱背教的罪,背教是完全失落,彻底抛弃福音。但是,只有那些没有在新生中获得圣灵的"永不败坏的种子"的人才能犯这样的罪。这样的不信之人可能表现出基督徒生命的特点,甚至具有加尔文所说的"暂时的信心",但是最终他们被证明是假圣徒,因为"上帝只赐予那些蒙拣选之人重生的圣灵"。另一方面,真信徒也可能陷入罪中,甚至是很大的罪,但是有圣灵的保守,他们不会完全或最终沉沦。那些想借这一教导有所放纵的人冒犯了上帝的恩典,有受到神圣审判的危险。《希伯来书》6章常常被用来**反驳**圣徒永蒙保守的教义,加尔文在注释这章经文时,对在生活的风暴中信心是没有缺陷的教义进行了最清晰、最雄辩的阐释:

"我们有这指望,如同灵魂的锚,又坚固、又牢靠"(来6:19)。

这是一个很有说服力的比较,将锚与依赖上帝之道的信心进行了对比。很显然,当我们在世上徘徊的时候,我们站立的根基并不稳固;相反,我们在海上的时候,被巨浪抛来抛去。如果我们不把锚深深地投在海底,魔鬼就不断掀起无数浪头,几乎使我们的船沉没。我们的双眼看不到港口。不管朝哪个方向看,我们看到的只是海水,海浪向上扑打,我们有丧命的危险。当锚被投到海水中间某个黑暗而神秘的地方时,锚就固定在那里,保护船只不被周围的巨浪摧毁——我们的盼望也需要这样牢牢地抓住上帝。但是锚和我们的盼望之间还有不同之处;前者被抛到海里,因为大地是海的底;而后者却要被升起飞到高处,因为在地上没有任何可以依附的。因此我们的盼望不能依附于被造物,而只能安稳在上帝那里。正如绑住锚的缆绳在黑暗的大海里经过一段漫长的距离将船只与大地连接在一起,上帝的真理也是一条绳子,将我们与他自己连接在一起;任何距离或迷雾般的黑暗都不能阻止我们抓住他。当我们被绑到上帝那里时,即使与风暴斗争,我们也绝没有翻船的危险。这就是为什么他说锚又坚固又牢靠。当然,海水的冲击可能将锚拔出,将缆绳打断,将船拍成碎片。这样的事情可能在海上发生。但是上帝保守我们的力量不会这样;

盼望的坚韧性不会这样，道的确定性也不会这样。[117]

祷告

在1559年的《基督教要义》中，加尔文用最长的一章来论述祷告，他命名为"信心的主要操练，以及我们每日接受上帝祝福的途径"。在文章一开始，加尔文就遇到了他自己的神学假设所提出的一个问题：如果整个基督徒的生活，从第一步到最后一步的保守（perseverance），都是上帝的恩赐，那么为什么要祷告呢？难道我们不能确信没有我们的祷告上帝也会小心照看一切事物吗？加尔文说，如此推理的人并没有理解上帝让我们祷告的目的——祷告"不是为了他而是为了我们"。加尔文谴责那些"认为震破上帝的耳膜……就能说服他满足他们提出的要求"的伪君子。[118]

> 信徒祷告不是告诉上帝他所不知道的事，或者敦促他履行职责，或者当他延误的时候催他，而是提醒自己寻找他，默想他的应许、放下担忧以操练信心……铭记以下两点：他在自由中已经预先知道了我们的祷告，然而，我们所求的是通过祷告获得。[119]

加尔文提出了四项祷告的原则，以引导基督徒"与上帝交往"。第一项原则是接近上帝时要态度恭敬，即祷告要"本分而恰当"。这就是说我们要避免轻浮，不要把上帝当做在天上的密友，"楼上的家伙"。真正进入上帝的同在就是"被上帝的威严所动"（《基督教要义》3.20.5）。我们不该使用空虚而浮夸的词汇。"当我们带着严肃的意图祷告时，舌头不要快于心灵，空洞的语言不能保证上帝的喜悦，从热切的心灵发出的渴望像离弦的箭一样直射上天。"[120]这一项规则也意味着我们不能傲慢地命令上帝做他不愿意的事情，我们的祷告要像圣经上教导的那样，符合他的旨意。

第二项原则是我们的祷告必须来自热切的祈求，并带着悔意。祷告远不止是虔诚的喋喋不休。它必须发自内心，正如《诗篇》作者所说的那样，"出自深处"。加尔文描写真祈祷所使用的动词突出了这一规则：祈祷时我们渴求、热望、饥饿、口渴、寻找、祈求、恳请、哭喊。我们的祷告不能缺少悔改。

> 上帝创造祷告
> 不是让我们到他面前吹嘘自己
> 也不是让我们赞美自己拥有的东西。
> 祷告是忏悔，
> 为我们悲惨的境遇而饮泣，
> 好像孩子把困扰卸下
> 给父母，
> 我们在上帝面前也一样。
> 罪恶感激励、刺激、
> 激发我们去祷告。[121]

第三项原则紧接着第二项：我们必须抛弃自以为是的想法，谦卑地乞求原谅。祷告的全部目的，即基督徒生活的全部目的乃是荣耀上帝。这就意味着任何来到上帝跟前祷告的人，必须真正谦卑地"抛弃一切夸耀自己和自以为义的念头；总之，不存依靠自己的心"（《基督教要义》3.20.8）。我们在祷告一开始的时候就为罪悔过并要求获得宽恕，这是很合宜的。

第四项原则是我们要怀着确信的盼望进行祷告："虽然我们是这样卑微，然而我们在祷告时须确实相信将获得所祈求的"（《基督教要义》3.20.11）。加尔文继续说，上帝只接受那些由"信心的推测"产生的祷告。我们盼望的真正基础当然是祷告所指向的对象：我们向天上的父、仁慈的父、抚慰我们的上帝祷告；我们通过耶稣基督祷告，他是上帝之子和我们的主，在他身上上帝的所有应许都得到实现；我们通过圣灵祷告，他是我们祷告的教师，"他在我们里面激发坦然无惧的心，和种种思念与叹息，远非我们原有能力所能达到的"（《基督教要义》3.20.5）。

这四项原则是为了指导每个信徒在私下里祷告，但是它们也可以运用到教会公共的祷告上。加尔文的确认为"崇拜活动的主要部分在于祷告"（《基督教要义》3.20.29）。他对那些声称自己在家里崇拜和在教会崇拜一样的人没有耐心。公共的祷告应当简单、直接，而不是伪君子式的"浮夸祷告"。唱歌也属于祷告，尽管他告诫我们不要只关注韵律而忘记了歌词的属灵含义。而且，祷告应该用本国语言进行，拉丁人不要用希腊语，法国人和英国人不要用拉丁语，要用全体会众都能明白的日常语言。1536 年加尔文陈述了祷告在崇拜上帝时的作用：

> 思想在思考上帝时
> 诡诈、奸猾、怠慢
> 除非是祷告式的讲话和唱歌。
> 上帝的荣光应当
> 在我们身体的各个部分闪耀，
> 尤其是舌头，
> 舌头生来就是为了歌唱、诉说、
> 传讲、宣告
> 赞美上帝的。
> 舌头的主要任务是
> 在信徒的集会上
> 公开祷告时，
> 用一个声音，
> 用一张嘴巴，
> 共同荣耀上帝，
> 在一个圣灵、一个信心里
> 共同崇拜他。[122]

预定论

奈利（Pietro Nelli）是 16 世纪意大利一位讽刺作家，他这样描述人们对拣选教义的普遍看法：

> 搬运工、女仆、男仆
> 都在议论自由意志
> 探讨预定论。[123]

教会历史上经常出现轻视该教义的情况。18 世纪的卫斯理（John Wesley）写了下面一首赞美诗，对加尔文派的教义大加嘲弄，而他受惠于加尔文的远比他自己承认的要多：

> 你逼迫那些迷失的人去死；
> 将他们从你面前抛弃；
> 别人得救，他们却失落了；
> 或者用该死的恩典嘲笑他们。
> 你这忌邪的上帝啊，
> 要多久才能证明那不虔诚的虫子是错的，
> 你的义被玷污，你的仁慈出了错误，
> 拒绝那些信靠和爱戴你的人。
> 恶毒的教义还能成立吗？
> 你是那教义的作者吗？
> 不——你命令它沉陷吧
> 回到它来的地方。

  我们这部分的目的是简要地说明加尔文关于预定论有哪些说法以及预定论在他的神学中起了什么作用。1844 年施威策尔（Alexander Schweizer）写了一本书，他在书中称预定论是加尔文神学的"核心教义"（Zentraldogmen）。这一观点被无数学者一再重复，用来描述这位日内瓦改教家。然而，有人却质疑这一假设。预定论这个名词第一次被加尔文采用是在 1539 年的《基督教要义》里。他肯定不打算围绕这一思想组织他的整个神学著作。经过进一步考察人们会发现，并非加尔文最先提出拣选的教义。在这个问题上，他的观点与我们前面讲到的路德和茨温利本质上是一致的，可以说与布塞也是如出一辙。和这些人一样，他经常引用自己最喜爱的教父奥古斯丁的观点，并与中世纪奥古斯丁的激进派传统，包括阿奎那（后期的作品）、利米尼的格列高利（Gregory of Rimini）、布雷德沃丁（Thomas Bradwardine）等人，有相似之处。加尔文的独创之处在于他在神学体系中为预定论安排的位置与别人不同。通常情况下，也是最符合逻辑的，预定论要放在上帝教义的语境中讨论，作为护理教义的一个具体应用。例如，阿奎那、茨温利和后来的改革宗神学家贝扎和柏金斯（William Perkins）等都是这样安排的。加尔文早期的《基督教要义》也是一先一后论述护理和预定论的。但是到 1559 年的最后一版时，他将二者分开了，

241

将护理放在第一卷父上帝的教义下,而将预定论放在第三卷接近结尾的标题圣灵的工作下。从某种意义上讲,护理是创造者上帝的教义的完成,而预定论则是救赎者上帝的教义的拱石。

加尔文并不是由预定论开始,然后进入赎罪、重生、称义和其他教义。预定论成了救赎历史中的一个论题。加尔文实际上将其看作由福音的宣讲而引发的一个问题。他问道,当宣讲福音的时候,为什么有人心有感应而有人却麻木不仁呢?从这不同的表现我们可以知道上帝的判断渊深奇妙,难以测度。对加尔文来说,预定论自始至终都是一个教牧问题。对信徒来说,拣选的事实只是对上帝的恩典如何冲破罪的重重黑暗与死亡的反思。拣选并不是为了让人们炫耀他被选中了,也不是让人们玩"我在里面,你在外面"的游戏。这样一种态度的确常常与那些追随加尔文拣选教义的人联系在一起。这导致了装腔作势和丑陋的排他主义,正如一首古老的特别浸信会(Particular Baptist)圣诗所写的那样:

> 我们是被主选中的少数人,
> 让其余人都死去吧;
> 地狱里有足够的空间留给你们,
> 我们不想天堂太拥挤!

牛顿表达出的情绪与加尔文的观点更加一致,他本人就是一名伟大的加尔文主义者:

> 奇异恩典,何等甘甜,
> 我罪已得赦免;
> 前我失丧,今被寻回,
> 瞎眼今得看见。

我们可以用三个词来概括加尔文的预定论教义:**绝对**、**特殊**和**双重**。从一定程度上说,预定论不取决于任何有限的偶发事件,而仅仅取决于上帝永恒的意志。加尔文不同意经院神学提出的拣选依赖上帝对人类功德的预知(ante praevisa merita)。"上帝的预知不是我们得救的原因,因为当上帝〔察看未来并〕鉴察全人类时,他会发现,他们从第一个到最后一个,都遭受着同一个诅咒。所以我们可以看出那些轻浮之人絮絮叨叨，仅仅将预定归因于纯粹的预知而不是上帝自己的意愿，这是多么愚蠢。"[124] 第二，预定论是特别的，因为它与个人有关，而与群体无关。当然，加尔文意识到上帝拣选以色列做他特殊的立约子民。但是正如保罗指出的那样（罗 9：1—16），并非该民族的每一个成员都能被拣选并获得拯救。恩典的约是单个地临到每个人身上。说到赎罪，这意味着基督并不是毫无差别地为每个人牺牲，他的牺牲只是为了那些被拣选之人。这一教义成为加尔文主义者正统性的标志之一，后来被 17 世纪英国的浸信会信徒接受了，结果他们被称为特别浸信会信徒，以区别于一般浸信会信徒，一般浸信会信徒相信基督赎罪工作面向的对象是没有限制的。最后，预定论是双重的；即上帝预定一些人得永生，为了使他的慈爱得着称赞；又预定另一些人受永刑，为了使他的公义得着称赞。加尔文说得很直白："若没有弃绝，拣选本身是不可能的。"（《基督教要义》3.23.31）既然所有人都因为抛弃上帝而应当遭毁灭，那么上帝的决定仍然是完全公义的。上帝不"需要给我们什么交待"，我们凡人也不能"凭着自己的理解来判断这件事"（《基督教要义》3.23.2）。二者都是正确的：被弃绝之人被上帝永恒的命令拣选出来遭受诅咒，然而，恶人招致公正的毁灭，这是注定的。如果问上帝为什么选择了这个人而抛弃了那个人，加尔文回答说，提出这个问题的人是在追究一种比上帝的意旨更伟大、更高的东西，这种东西我们无法找到。

加尔文讲这个教义并不是因为他是"严厉的暴君"或一个刻薄的人，乃是因为不管对或错他认为该教义可以在圣经中清楚地找到。他警告人们，不要在那些新入教之人跟前讲太多关于这"可怕的预旨"（horrible decree）的信息，也不要谈论预定论超出圣经所传达的："我们对于主所隐藏的事，不得追究探索，同时对于主所显明的事，也不可疏忽，否则我们将陷入好奇或不知感恩的罪中。"（《基督教要义》3.21.4）后来的加尔文主义者常常忘记这些话，漫无休止地争论上帝预旨的确切顺序、一个人在此世被拣选的证据，等等。加尔文的教义仍然以基督为中心："在教会元首基督身上，我们看到白白拣选的明证。"（《基督教要义》3.22.1）他也不允许人们使预定论教义成为不向每个人传福音的借口：既然只有上帝自己知道他拣选了谁得救谁不得救，那么我们就一概地传福音，相信圣灵把福音当做外在的手段，呼召那些早在世界创造之前就已经被拣选进入基督里的人。整个教会历史上不乏最有影响力的传道人和宣教士坚定地维护严格的预定论教义。例如，18 世纪的大觉醒时期，加尔文主义者怀特菲尔德（George Whitefield）比他的朋友阿明尼乌派的卫斯理（John Wesley）为基督赢得了更多的信众。正像加尔文理解的那样，预定论不是一座教会尖塔，从里面能看到人类的情景；预定论也不是一个供睡觉用的枕头。它是遭遇诱惑和试探以及赞美上帝的恩典和荣耀时的一个坚强堡垒。

获得恩典的外部途径

加尔文教会论的前提

路德考虑的主要问题是教会应当以福音为中心；后来的改教家接过了这项重要而艰巨的任务，以确定它的范围。茨温利、布塞和厄科兰帕迪乌斯都竭力处理过这个问题；充分发挥新教的理论和实践的责任还是落在了自称是"穷乏而害羞的学者"的加尔文身上。

由于受到复辟的天主教和激增的小教派两方面的围攻，加尔文发展出了一种更正规的理论，以阐述不可见的教会与可以从某些鲜明的记号辨别出来的具有外在体制的教会之间的关系。《基督教要义》第四卷一开始，加尔文就阐明了"记号"的作用："为防止被教会的名义所欺骗，我们要考验每一个被称为'教会'的群体，就如以试金石检验黄金一样。"（《基督教要义》4.1.11）加尔文将记号与试验和证实的行动直接联系在一起，他已经超越了路德仅仅将记号作为可见教会的指示物的观念。因此，改革宗告白的说法不同于传统的尼西亚式属性（唯一的、神圣的、大公的、使徒的），因为它们不只是描述性的，也是动态化的：他们提出质疑说，每一个被称为教会的群体所应具备的统一性、神圣性、大公性和使徒性都要经受外在的、经验的考察。"这样，我们的眼睛才能看到教会的面目。"（《基督教要义》4.1.9）

值得注意的是，加尔文并没有像改革宗传统那样一味追随布塞，将教会的纪律抬高到一个"标记"（nota）的技术高度。[125]加尔文和路德一样，他认为更确定的（certeoribus）的记号在于纯正地传福音及合宜地实施圣礼。然而，他并不因此而贬低教会纪律的重要性。如果基督救赎的教义是教会的灵魂，那么纪律就是教会的肌腱（pro nervis），借此身体的各部分连接在一起，各得其所。如果说法令与真教会的定义无关的话，那么它就与教会的构成和组织有关。作为试验的标准，既包括个人的自我检视又包括集体的劝告、谴责和开除教籍等公众活动，教会法律属于可见的范围。

加尔文对会众秩序和形式的关注来自他强调成圣既是基督徒生活的过程又是基督徒生活的目标。与信义宗一味强调称义不同，加尔文在"基督的益处"体系中首先讨论的是成圣。二者是既有区别又相互联系的"时刻"，共同经受恩典的双重清洗，因此"生命实际的圣洁，可以说与白白归于的义是分不开的"（《基督教要义》3.11.1）。在今生，成圣的场所是教堂会众，即可见的教会，在这里，被拣选之人享用基督的益处，不是作为单独的个体，而是作为整体的成员，在这个整体里"上帝赐予他们的祝福由人们共同分享"（《基督教要义》4.1.3）。这样，可见的教会就成为一个"神圣的群体"，可被上帝使用，帮助更广阔的社会成为圣洁，使整个社会生活的每个方面都被带到基督徒目标和基督徒规范的轨道上。

在分析了加尔文地方教会的教义之后，我们将转向他对该教义的具体阐释，这部分内容包含在他对三封教牧书信（即《提摩太前书》、《提摩太后书》和《提多书》）的注释里。三封教牧书信讨论的正是教会的秩序和组织，因此我们要选取加尔文的这段注释。而且，这些注释完成于16世纪40年代后期，也就是加尔文从斯特拉斯堡返回七到八年后，也是1555年他恢复权力六到七年前，这一事件被称为第二次日内瓦改革。加尔文承认他在日内瓦的教会改革没有取得预期的进步："凭经验我们知道，要将一个堕落的教会恢复到勉强可接受的程度不是一两年就能完成的工作。"[126]这些在艰苦的斗争中写成的文字反映出加尔文殚精竭虑，希望在内忧外患的情况下建立一个敬虔的教会。

加尔文两极的教会论

胡弗尔（Harro Höpfl）在《加尔文的基督教体制》(*The Christian Polity of John Calvin*) 一书中提出加尔文的神学"起初和路德一样是不关心政治的"，1536 年版的《基督教要义》几乎没有涉及可见的教会。但后来，实际上，他的思想越来越关注可见的教会，直至最后他"教会是圣徒组成的集体"的早期观点完全不见踪影了。[127] 在《基督教要义》后来的版本中，加尔文的确对可见教会的讨论越来越多，最终占据了整整一卷书。然而，他并没有因此而不强调不可见的教会。加尔文教会论的两极——神圣的拣选和地方教会——之间存在着密切的联系，二者经常出现在一个句子里。教会被称为上帝的家，加尔文解释说这是因为"他不仅以悦纳的恩典（拣选）接受我们做他的儿女，而且他自己也住在我们中间（教会）"。上帝建立教会是为了那些被拣选之人。[128]

只有当我们认识到加尔文从来没有放松可见/不可见教会的张力，我们才能明白他所赋予教会的多种特点。一方面，教会陷入了致命的危险。如果允许假教义流传，它们就会"彻底摧毁教会"。的确，加尔文说有理由担心刚刚点燃的宗教改革之火很快会被扑灭。[129] 同时，从永恒的角度看 (*sub specie aeternitatis*)，人类的轻浮与不信"不会阻挡上帝保守他的教会直到末日"。[130]

对加尔文来说，可见的教会并非不断地接近不可见的教会。前者是"混合体"(*corpus permixtum*)，麦子和稗子在同一块田里生长；而后者包括被拣选的天使、旧约时的杰出人物以及那些发现自己在"主用高墙围起来的果园"外面的各类被预定的灵魂。拣选是不可思议的，道与圣礼是客观的（但教会纪律不是），这使得加尔文认为那些仍然服从罗马的被拣选的会众也属于"教会"——"教会的一些记号还存在着，因此我们不否认他们中还存在着教会"（《基督教要义》4.2.1.2）。我们再加上一句，这为不必为改信新教的天主教徒重新施洗提供了一个方便的理由。

可见教会是母亲和学校

在《基督教要义》的第四卷，加尔文用母亲和学校（Mater and Schola）这一老生常谈的比喻开始了他对可见教会的讨论。我们在教会母亲的腹中被孕育，吮吸她的乳汁，并进入她的学校成为一生的学生（《基督教要义》4.1.4）。在给教牧书信做注释时，加尔文常常交错使用教会是母亲和学校的比喻。教会是所有信徒的母亲，"因为借着上帝的道，她给了他们新生命，终生教育和抚养他们，给他们力量并最终带领他们到达完满"[131]。教会又是"上帝的学校"——如经上说的，是"真理的柱石和根基"，教导它的学生"学习圣洁而完美的生活"[132]。

教会母亲的特性尤其表现在它施行洗礼和圣餐等圣礼上。加尔文称洗礼是"我们进入教会的入口和与基督联合的象征"。他称《提多书》3：5所说的"重生的洗"就是用水洗礼，他说："上帝不会用空洞的比喻和我们玩游戏〔或许他是在批评茨温利？〕，他是以自己的权能内在地成就那以外在的印记向我们显明的事。"[133]对加尔文来说，洗礼是用来坚定那些被拣选之人的信心的，这一观点被巴特称之为"认知的圣礼主义"[134]。而且，加尔文还要求将洗礼不加区别地赐予可见教会的每一个人。

教牧书信很少提到圣餐，作为解经家的加尔文对此也闭口不谈。但是，有一个地方提到了圣餐，指出给桌上普通食物的祝福和给圣餐食物的祝福是不同的。"我们祝福那吃了以后能滋养身体的食物，以便恰当地食用且避免不洁，但是我们用一种庄严的方式为圣餐的饼和杯祝圣，这样它们就能成为我们享用基督身体和宝血的保证。"[135]

在加尔文的著作中，圣餐教义与预定论教义一样，所引发的争议要远远超过任何其他主题。在基督临在于饼和杯这个问题上，加尔文选择了茨温利和路德之间的中间立场，他认为茨温利太过贬低外在的记号，而路德则过分强调外在的记号以致掩盖了圣餐的奥秘。加尔文认为，基督在天上上帝的右边，不应把他想成"依附在饼上"，可以用手触摸，用牙齿咀嚼，又从嘴里咽下，在这一点上他与茨温利的看法一致（《基督教要义》4.17.12）。但是他与路德一样认为圣餐不是空洞的符号——"象征之物所代表的真理确实在那里"——而是"真正分享"基督的一种途径（《基督教要义》4.17.10—11）。基督如何能够同时既在父的右边又在圣餐的"灵性盛宴"上？"我们要用信心来领受那不能了解的，圣灵诚然将那为空间所隔绝的事物联络了起来。"（《基督教要义》4.17.10）作为灵性的滋养，圣餐对教会来说十分重要，因此加尔文主张每周都要举行圣餐。

对加尔文来说，教会不仅是母亲，还是学校。他确实常常将这两个比喻结合起来。论及提摩太所受的教导，他说："从孩提时就在信心里接受正确的教育，像吮吸母亲的奶水一样学习博大的教义，并取得不断的进步，费尽心思传道，以证明你仍然持守真道。"[136]当然，教会是一个永远也不能毕业的学校（天国实现以后或许能！），因此需要不断有人指导。教会还是一所"改造学校"，有指定的着装标准、审查过的读物，要求到礼拜堂聚会，还有严厉的长官对付那些顽劣的学生！实际上加尔文坚持认为应该给予那些叛逆之人特别的指导："既然一个人的皈依由上帝掌管，谁知道那些今天看起来不可教化之人会不会在上帝的大能下突然变成一个完全不同的人呢？"[137]——这个说法与他对自己"突然归信"的描述十分接近，那时上帝制伏了他的心，让他变得驯良可教了。

秩序和职分

1541 年，加尔文回到日内瓦之后所进行的最关键的教会事务，是设置了四种职分，分别为牧师、教师、长老和执事。卡诺奇（Alexandre Ganoczy）和其他一些人提出加尔文的这个构想是从布塞那里借用来的，布塞在 1536 年的《〈马太福音〉注释》中已经提出了这样的安排。[138]不管怎样，到 1541 年加尔文已经相信这一形式是圣经所设立的；实际上这也是日内瓦《教会法令》（*Ecclesiastical Ordinances*）提出的新体制的基石。

人们容易认为，对"均衡的"教会如此重要的架构，新约尤其是使徒书信一定会详加陈述，使徒书信本来就是指导教会秩序的手册。（加尔文毫不怀疑保罗就是使徒书信的作者；然而他认为这些信是论述教会秩序的公开信，而非私人通信，在这一点上他与现代圣经学者观点一致。）事实证明并非如此。在这四种职分中，加尔文最关注的是牧师。加尔文根本没有提到教师的职责，他将其与牧师合在一起。另一方面，加尔文似乎对保罗长篇大论提及执事作为区别于长老的独立职分感到有些尴尬，因为在他自己建立的体制下，这两种平信徒职分的重要性发生了逆转。

实际上加尔文对执事职分的评价很高。执事是教会中的公众长官，受委任照料穷人。他敦促他们应该熟悉基督徒的信仰，因为在牧养的过程中,"他们要经常给与信徒劝勉和安慰"。加尔文时代那些执事事实上就是今天的社会工作和教会牧养方面的专家。加尔文承认有时执事就是"婴儿房〔又是母亲的主题〕,长老就是从那里推选出来的"。他还反对罗马将执事作为朝向圣职阶层第一步的做法。这一做法贬低了"崇高而光荣的职分"。[139]

说起长老,加尔文说"长老"(presbyteros)这个词指的不是年龄而是职分。保罗书信的受信人提摩太就十分年轻;当加尔文蒙召前往日内瓦的时候只有 27 岁。当将长老用到他本人和提摩太身上的时候,这个词就与"主教"(episcopus)或牧师是一个意思。加尔文发现新约中其实有两种长老。这一"发现"所根据的经文是:"那善于管理教会的长老,当以为配受加倍的敬奉"(提前 5:17)。对此他解释道:

> 这段话的意思很明白,即是说有些人善于管理又受到敬奉,但却没有担任教师的职分。人们拣选那些热心又经过考验的人,让他们与宗教议会中的牧师以及教会当局一起实施教会纪律并担任道德整治的监督员。[140]

这段话听起来与日内瓦教会法庭的设置出奇的相似,我们必须承认,甚至加尔文也无法避免将他所遇到的紧急情况读进新约。

改革宗的牧师

加尔文认为先知、使徒和福音传教士等职责在新约中的作用十分重大,但是这些职分在本质上是暂时的,并且到使徒时代的末期就已经不存在了。在现有的职分安排中,牧师显然是最尊贵的一个,同时也是教会秩序与福祉所必不可少的。[141]

在教会的属灵建造中,任命牧师的重要性是第二位的,仅次于接受纯正的教义。在加尔文的想法中这两个目标的确是紧密相连的,几乎不能分离。新约中的**主教**、**长老**、**传道人**、**牧师**,有时还有**教师**(博士)等词语所指的都是一个职分。牧师有什么作用?——代表神子〔加尔文在别处从词源学的意义上使用"中尉"一词(lieutenant, tenant lieu de,"代替"之意)〕,建立和扩展上帝的国,关心灵魂的拯救,管理上帝的教会。[142]加尔文认为每个城市至少要有一位牧师,当然像日内瓦这样的城市则需要好几位牧师——适当的时候日内瓦人甚至可以自夸他们有一个牧师"团"。

怎样推选牧师？加尔文考虑的问题是一个人是否应该处心积虑地去得到这个职分。可以肯定的是，一个人不应该出于个人自我追求的野心"向前冲"；羡慕善工而为牧师职分做准备则是比较合适的。"如果神学院不是培养牧师的婴儿室，那是什么呢？"[143]根据教会规定的程序，一个人要公开地蒙召。在日内瓦，这首先需要经过一班牧师的考核和推选（有点吓人！），向市议会做汇报，并经过会众的一致同意。

这一过程结束之后就是按立，加尔文称之为担任牧师职务的一项"庄严的仪式"。加尔文在别处说按立是一项圣礼，并且承认恩典通过这外在的记号传递出来。他所使用的语言与对洗礼的描述惊人地相似。按立不是一个空虚而无用的象征，而是从上帝手中得到恩典的信心的记号。而且，这是"在上帝面前祝圣的合法行动，只有借着圣灵的力量才能完成"。[144]然而，我们要小心，不要指责加尔文坚持的教会体制是一种绝对论的观点。他为法兰克福的难民教会企图处置普兰（Valérand Poullain）牧师的做法而斥责他们，因为普兰没有接受合适的按立。提到普兰，他说："应该承认那些第一次播种福音的人为牧师，而不要拘泥形式。"[145]加尔文允许在推举牧师的方法上有所变通。牧师职分本身是无害的，但是任命的细节可能有害。正是这样的灵活性使得加尔文能够对各种政治背景下的国际宗教改革运动产生影响（即便不是直接影响），如法国、波兰、苏格兰、英格兰和巴拉丁（Palatinate）等。

但是为什么牧师对教会如此重要？"每个人不是都能够自己阅读圣经吗？"加尔文问。

是的，但是牧师必须将道解开，"像父亲将饼分成小块，然后再喂给孩子一样"。[146]牧师必须接受充分的圣经教育，这样他们才能将属天的教义**正确地**指导会众。

在加尔文的思想中，讲道的重要性怎么强调也不为过。加尔文坚决不理会那些为主教头衔洋洋自得的人，他们穿着戏服招摇过市，实际是"从不讲道的哑巴"——这个绰号与清教徒痛斥那些"照本宣科"传道的安立甘宗牧师是"哑巴狗"有异曲同工之妙。对于一个牧师来说，深入的学习还要伴之以教导的天赋。

有许多人，或者因为表达不清、智力不够，或者因为与普通人交流不足，使得他们的知识只能埋在心里。这样的人应该像俗话说的那样对着自己唱歌——然后去干点别的……单有健谈的舌头也是不够的，我们看到有些人喋喋不休，但说的话却一点内容也没有。保罗赞扬那能让上帝的子民从上帝之道中获益的智慧。[147]

讲道的目的是启迪人心。牧师不应"徘徊于轻率的好奇心所关注的那些细枝末节上"；用加尔文有趣的话说，他一定不要成了一个"划问号的人"。讲道不仅要在教义上纯正，还必须寻求教会"实在的益处"，即讲道必须注重实践，应用性强，入木三分。

牧师担负着讲道和管理的责任。"一个牧师需要两种声音，"加尔文说，"一种将绵羊聚集到一起，一种将狼和小偷赶跑。"[148]牧师所担负的惩戒性的角色要求他自己的行为必须无可指摘。加尔文毫不犹豫地支持神职人员/平信徒的双重标准。在讨论保罗禁止牧师多妻时（他对"只作一个妇人的丈夫"这一要求的解释），加尔文说："在某种程度上，有些事他可以容忍其他人做，却不能容忍主教这样做。"[149]加尔文并没有陷入中世纪基督教的双重道德标准。他考虑的是教会的可见性，和教会的"脸面"。那些不称职的牧师可能会对教会造成无可挽回的损害。因此他认为应该更严格地要求牧师。

教会与世界

加尔文否定了重洗派认为教会是脱离周围环境的秘密集会的观点，将其改教事业扎根在从中世纪"基督的身体"（*corpus christianum*）这一概念而来的有处所的基督教（placed christianity）。奥伯曼的"加尔文神学'超出的'维度"（The 'Extra' Dimension in the Theology of Calvin）是一篇很深刻的文章，在这篇文章里，奥伯曼提出改革宗的国家观念中比较进步的因素，是加尔文认为上帝是立法者和君王，上帝的统治不局限于教会[150]，而是"甚至超出了教会"（*etiam extra ecclesiam*）。加尔文给教牧书信做的注释揭示了一种教会和世界既相关又存在张力的模式。

有时加尔文说起可见教会的排他性，完全是一副宗派主义的口吻。与上帝建立正确的关系甚至是享有自然祝福的先决条件。我们接触到的每一个赏赐都被我们的罪和不洁玷污了，"唯有上帝仁慈地帮助我们，使我们与子的身体联合，使我们成为地上新的主人，这样我们才能合法地享有他赐予我们的财富。"[151]实际上，那不信之人则是强盗和小偷！他们享用的每一件东西都被视为"从他人那抢夺和偷盗来的财产"[152]。这样的言论更像出自一个共产主义者，而不是出自一位像加尔文这样的提倡私有的神学家！然而他的本意不是排斥所有非基督徒，他是要强调救赎与创造的统一性，并声明基督统管整个被造界。

加尔文不赞成在现实世界面前退缩，他催促基督徒到世界中去。他们的祷告在范围上是普世的；他们的"祷告要包括所有人，而不仅仅限于教会的肢体"[153]。基督徒不要在别人面前妄自尊大，而是要同情那些还在教会之外的人，希望明天他们就能加入到教会中来。[154]

基督的统治在建立神圣的世俗权力体系（magistracy）上完美地体现出来。加尔文列举了秩序井然的政府具有三个优点：安宁（tranquility）、庄重或适度以及虔诚。加尔文用以赛亚的话来敦促那些世俗权力要做宗教改革"慈爱的父亲"。他们不仅要维护社会秩序，还要维护宗教的统一。但"改革的法则"（*ius reformandi*）不是一种世俗权力可以独自施加给教会的力量。顽固的异端分子的例子可以说明这二者之间的恰当关系。在进行了彻底检查——加尔文告诫基督徒不要仓促地给那些与他们意见不一致的人贴上异端的标签——和耐心的劝告之后，那些顽固的异端分子可以而且必须被从教会驱逐出去，否则教会就会停滞不前。但是世俗权力要进一步施行——用加尔文有些含蓄的说法——"更严厉的措施"，他们一定不能超越职责的本分。加尔文提出，主教和世俗权力的职责是有分别的。

当加尔文写这些话的时候，欧洲的多数世俗权力都坚决反对宗教改革，而加尔文认为他们应当支持宗教改革。但是加尔文还是建议服从统治者，正如保罗顺服他那时的世俗统治者，他们都是"基督势不两立的敌人"。加尔文呼吁人们在面临反对和迫害的时候要坚忍和祷告。不管世俗权力被特殊的掌权者怎样滥用，它还是由上帝设立的。"因此，任何国家的信徒不仅要服从世俗权力的法律和命令，还要在祷告中将他们的福祉交托给上帝。"[155]

在教牧书信注释里，加尔文从来没有提到下级地方官员可以反抗上级，更没有提到后来的加尔文主义者所坚持的诛杀暴君。在这些注释完成之后的第十年，法国发生了一次严重的迫害新教徒的行动。加尔文的被动服从说被推到了极限。直到1561年，他劝告海军上将科利尼（Admiral de Coligny）镇压那些暴乱武装："我们死上一千次也强于令福音蒙受耻辱。"[156]然而，日内瓦的牧师团越来越公开地支持法国的新教。加尔文的沉默纵容了胡格诺派发动战争，他们的理由是，有亲王血统的孔代（Louis de Condé）代表合法的世俗权力。

尽管日内瓦的改革已经取得了长足的发展，加尔文还是写信给信徒，让他们提防那些身体和灵魂上的敌人。这些注释给人印象最深刻的是教会要战斗，它的存续取决于艰苦的斗争。

> 撒旦……要把我们从正确的道路上拖下来，这样的事情一天就要发生一千次。我不说火、剑、流放以及对敌人的愤怒攻击。我不说诽谤和其他一些令人烦心的事情。有许多事情比那些都恶劣得多！野心勃勃之人公开攻击我们，伊壁鸠鲁派和卢奇安派（Lucianist）嘲笑我们，轻浮之人侮辱我们，伪善之人对我们发怒，那些按照肉体来说有智慧的人伤害我们，我们经受了各种各样的折磨。战胜这一切困难的唯一良方就是期待基督的出现，并确信不疑。[157]

教会的完满，法律、秩序和改革的最终确立还需要那些有信心的人耐心等待，那是上帝在末世的行动。

黑暗过后是光明！

当还在巴黎做学生的时候，加尔文就特别体弱多病。他人生最后的几年更是病痛不断。1564年早期，他写信给法国的一位医生——这位医生曾寄药给他——在信中他列举了令他痛苦不已的身体不适。加尔文提到的病有：关节炎、肾结石、痔疮、发热、肾炎、严重的消化不良（不管我吃下什么，它们都像浆糊一样粘在我的胃上）、胆囊炎、溃疡、小便出血。"所有这些疾病成群结队地向我扑来。"[158]在他写下这些话的两天前，他做了人生最后一次讲道，他是躺在床上被抬到圣皮埃尔教堂的讲台上的。当最后的时刻越来越近的时候，日内瓦的牧师们都涌进他的家里，聆听他的告别演说。他回忆了自己动荡的一生，并尽量做出一个正确的评价。

当我第一次来到这里的时候，几乎一切都是杂乱无章的。有人传福音，仅仅如此。时局动荡不安，我历经磨难，却大难不死。有一天晚上我在自家门前遭人嘲弄，被射了五六十发子弹。你可以想象这对一个像我这样穷乏而胆怯的学者造成了多大的影响，我承认我一直都是穷乏而胆怯的。后来我被赶出了这座城市，当我从斯特拉斯堡回来的时候，改革工作所遭遇的困难和从前一样。人们放狗咬我，那狗咬住我的袍子和小腿不松口……当我前往200人议会平息骚乱的时候，他们朝我大喊，让我出去。"我绝不会那样做，"我回答说，"你们这些恶棍，如果愿意就杀了我吧。我的鲜血会做见证抵抗你们，这些长椅也将向你们索债。"它也将如此待你们，我的弟兄，因为你们身处在任性而不幸的人们中间，不管其中有多少善意的人，他们还是一个邪恶而任性的群体，当我走了以后，你们就能体会他们的任性了。但是，鼓足勇气，坚定立场；因为上帝将利用这教会，并维护和保守它。我有许多事情失败了，你们要从头再来，并且我所做的一切不值一提。邪恶之人可能抓住这个说法不放。但是我还是要说一遍，我所做的一切不值一提，我是一个可怜的被造物。但是我要说，我曾希望把事情做好，那些失败也总是令我沮丧，而且对上帝的恐惧深深扎根在我心里。因此你们可以说我的本意是好的，我祈祷恶被宽恕，我祈祷若还有什么良善，你们便要遵行。

说到我的教义，我忠实地教导，上帝也赐给我写作的恩典。我所做的这些忠实于圣经，尽可能不败坏圣经的每一段经文，也不刻意曲解。我总是抵挡细枝末节的、精妙的诱惑，学习那最朴素的东西。我写作从来不是出于对他人的仇恨，我所写的都是我认为能够荣耀上帝的。[159]

5月2日，他写了最后一封信，与老朋友法雷尔做最后的告别："你在此世将活得比我久，既然这是上帝的旨意，那么请记得我们之间的亲密关系，这对上帝的教会是有用的，因此那果子也在天上等着我们……我为基督活为基督死,这已经足够了,生和死都是基督给信徒的巨大收获。"[160] 5 月 27 日,他的痛苦结束了。贝扎陪伴他直到最后,贝扎写道:"那一天,太阳落山了,引导上帝教会的那颗最亮的星被带回到天上了。"[161]

贝扎悲痛的悼词好像把日内瓦改革的格言"黑暗过后是光明"(*post tenebras lux*)颠倒成了"光明过后是黑暗"(*post lucem tenebrae*)。今天你要去日内瓦就能看到宗教改革纪念碑,加尔文的石像就耸立在那里,石像比真人大。两侧分别是著名的改教家和政治家的雕像。(路德和茨温利受到了很高的赞誉,但是他们并没有雕像!)这个纪念碑虽然给人的印象十分深刻,但是看起来并不符合那个要纪念之人的特点。加尔文并不谋求自己的荣耀,而且临终前说:"我所做的一切不值一提……我是一个可怜的被造物。"加尔文被埋在一个公墓里。应他本人的要求,在安葬他的地方没有竖石碑。巴特在 80 岁生日时将自己的神学作品比作驮耶稣进入耶路撒冷的那头驴子。

> 如果我这一生做过什么事,那么我做的事就与那驮着重物赶路的驴子相似。使徒对驴子的主人说:"主需要它。"同样,尽管我自身有诸多讨人厌的地方,别人对我的不赞同也有道理,但上帝仍乐意使用我,按着我的本相使用我……我正好在那恰当的地点。我们这个时代需要一些不同的神学,我被允许做一头驴子,驮着较好的神学行一段路程,我将尽力去做。[162]

加尔文也是那驴子,正好在那恰当的时间出现在"恰当的地点"。他一生的目标就是做一个忠实于上帝之道的仆人。从他的见证发出的光还在闪烁——黑暗过后是光明!——确切地说,这并不是他个人的智慧反光,而是指引男男女女崇拜真神的火光,而这位真神上帝的荣耀是在耶稣基督的面上显现出来的。

现在我们与 16 世纪的日内瓦之间隔了五百年时间和一片海洋。我们不能将加尔文从他所处的环境中剥离出来,而把他当做一个完美的神学家和教会人士。他强调的许多问题在今天仍然有意义。他强调上帝在救赎工作中的主权,这能够很好地纠正当代美国基督教流行的新帕拉纠主义。我们还要谨记,教会不是一个仅比扶轮社(Rotary Club)稍多一点属灵化命令的社会组织。在我们的世俗文化中,我们需要借用加尔文所提出的教会是圣灵的特殊创造的观点，这个团体能为男男女女指明超越生活和生命本身的先验来源。另一方面，我们只能为加尔文的强制性社会观感到悲哀，他不容忍与自己意见不一致的人，他在塞尔维特的死上沉默不语，尽管他请求用一种更宽大的刑罚处死他。但即便如此，我们也不能自义地谴责加尔文，因为我们所处社会的动机一点不比加尔文高尚，它以国家生存为名，于 1945 年摧毁了日本两座城市的人口。约翰·罗宾逊（John Robinson）是移民美国的清教徒先驱中的一位牧师，他也是一位热心的加尔文主义者，坚决维护多特会议（Synod of Dort）。大概我们都赞同他的说法，他对那些即将出发的移民者说，他对加尔文的服从不会超过对基督的服从，因为他相信主的圣道能迸发出更多的真理和亮光。[163]

注释

[1] 译自 Thomas Torrance, *The School of Faith*（New York：Harper and Bros.，1959），pp. 5—6。

[2] Karl Barth, *Revolutionary Theology in the Making*, James D. Smart trans. (Richmond：John Knox Press, 1964)，p. 101.

[3] Charles Dickens, *A Tale of Two Cities*（New York：Merill and Baker, 1962），p. 1.

[4] CO, 6, col. 250。我引用的这段文字出自 B. A. Gerrish "John Calvin on Luther", *Interpreters of Luther*, Jaroslav Pelikan, ed. (Philadelphia：Fortress Press, 1968)，p. 79。

[5] 转引自 Richard Stauffer, *The Humanity of John Calvin*, George A. Shriver, trans. (Nashville：Abingdon Press, 1971), p. 20。关于博尔塞克各种说法的虚假性，请参阅 Frank Pfeilschifter, *Das Calvinbild bei Bolsec*（Augsburg：F. D. L. Verlag, 1983）, pp. 123—177。

[6] John T. McNeill, *The History and Character of Calvinism*（New York：Oxford University Press, 1954），p. 178.

[7] Suzanne Selinger 在她很有见地的著作中提出了这个说法，*Calvin Against Himself*（Hamden, Conn.：Archon Books, 1984），pp. 85—88。但是，她有点太过了，她认为加尔文对性别的偏见以及对妻子的冷淡都是因为这一受伤的经历。

[8] *Calvin's Commentary on Seneca's De Clementia*, eds, Ford L. Battles and André M. Hugo (Leiden: E. J. Brill, 1969), pp. 12—13.

[9] John Calvin, *Commentary on the Book of Psalms*, James Anderson trans. (Edinburgh: Calvin Translation Society, 1845), Ⅰ, p. 42.

[10] CO 13, cols. 525—526; CNTC, 8, p. 331.

[11] *Calvin's Tracts and Treatises*, Henry Beveridge trans. (Grand Rapids: Eerdmans, 1958), Ⅰ, p. 110.

[12] EE 1, pp. 87—88 (no. 64); CEW 1, p. 138.

[13] *Calvin's Tracts and Treatises*, Ⅰ, p. 40.

[14] Battles and Hugo, p. 4.

[15] *Calvin's Tracts and Treatises*, Ⅰ, p. 62; OS 1, pp. 484—485.

[16] *Calvin's Tracts and Treatises*, Ⅰ, p. 62; OS 1, p. 485.

[17] 这段诗是由 Ford L. Battles 翻译的，印在他于 1536 年翻译的 *Institution of the Christian Religion* (Atlanta: John Knox Press, 1975), pp. 23—24。Battles 的译本又被 Eerdmans (1986) 重印为《基督教要义：1536 年版》。后面的引用出自后一次的印刷。

[18] CO 31, col. 22. 在他给塞涅卡的《论仁慈》做的注释中，加尔文提出"*subita* 不仅是'突然'的意思，还有'始料不及'的意思"。参阅 Battles and Hugo, *Commentary on De Clementia*, pp. 56 f.

[19] OS 1, p. 379, 参阅 *Instruction in Faith*, Paul T. Fuhrmann trans. (Philadelphia: Westminster Press, 1949), p. 19。

[20] CO 32, col. 249; CNTC 7, p. 142. 参阅 Ford L. Battles, *The Piety of John Calvin* (Grand Rapids: Baker Book House, 1978), pp. 13—26。

[21] 这个故事很可信，Emanuel Stickelberger, *Calvin: A Life*, David Gelzer trans. (Richmond: John Knox Press, 1954), p. 22。

[22] 1534 年海报的正文已经由 Ford L. Battles 译出，参阅他编辑的 1536 年版《基督教要义》附录一，pp. 339—342。

[23] OS 1, p. 19. 译文出自 T. H. L. Parker, *John Calvin: A Biography* (London: Dent and Sons, 1975), p. 34。

[24] 1536 *Institutes*, p. 1; OS 1, p. 21.

[25] 1536 *Institutes*, p. 3; OS 1, p. 23.

[26] 1536 *Institutes*, p. 19; OS 1, p. 36.

[27] 转引自 William Monter, *Calvin's Geneva* (New York: John Wiley and Sons, 1967), p. 56。

[28] *Calvin：Theological Treatises*，p. 225. OS 1，p. 461.

[29] Battles，p. 33；CO 31，col. 26.

[30] Parker，p. 69.

[31] 这段话出自加尔文 1542 年诗歌集的序。参阅 McNeill，*History and Character*，p. 148。

[32] Parker，p. 69.

[33] Ibid.，p. 72；OS 1，pp. 25—256.

[34] 最近出的《〈罗马书〉注释》的批判版是 T. H. L. Parker, ed.，*Iohannes Calvini Commentarius in Epistolam Pauli ad Romanos* (Leiden：E. J. Brill，1981). 还可参阅 T. H. L. Parker, *Calvin's New Testament Commentaries* (London：SCM Press, 1971)；以及 *Calvin's Old Testament Commentaries* (Edinburgh：T. and T. Clark, 1986)。

[35] 加尔文致克兰麦主教：CO 14, col. 313. 参阅 Jean Cadier, "Calvin and the Union of the Church", *John Calvin：A Collection of Essays*, G. E. Duffield, ed. (Grand Rapids：Eerdmans, 1966), pp. 118—130。

[36] Jules Bonnet, ed., *Letters of John Calvin* (New York：Burt Franklin, 1972；original ed., 1858), Ⅰ, p. 141.

[37] A. L. Herminjard, ed., *Correspondence des Réformateurs dans les pays de langue francaise* (Gneneva and Paris：1866—1897), Ⅵ, p. 285.

[38] Ibid., Ⅷ, p. 109.

[39] CO 13, col. 230. 有一部分引自 Stauffer, p. 45。

[40] T. H. L. Parker, *Calvin：A Portrait* (London：SCM, 1954), p. 72.

[41] Herminjard, Ⅵ, pp. 199, 325—326.

[42] 贝扎在"加尔文生平"中是这样记载的。*Tracts and Treatises*, Ⅰ, p. 125。

[43] Karl Holl, *Johannes Calvin* (Tübingen：J. C. B. Mohr, 1909), p. 12.

[44] CO 3, p. 33.

[45] "Subject Matter of the Present Work", *Calvin：Institutes of the Christian Religion*, John T. McNeill & Ford Lewis Battles, eds., Philadelphia：Westminster Press, 1960, p. 3. 以后对《基督教要义》的引用除非注明，则都出自 McNeill Battles 的译文。这段引文出自 1560 年法语版的前言，*L'Institution Chretiene*, Jean Cadier, ed. (Geneva：Labor et Fides, 1955), p. 19。

[46] "John Calvin to the Reader", *Institutes*, p. 3；OS 3, p. 5.

[47] 引自 A. M. Hunter, *The Teaching of Calvin* (London：James Clarke, 1950), p. 20。

[48] CNTC 6，p. 36；CO 48, col. 14.

[49] 加尔文论雅各和以扫的第三次讲道。参阅 John H. Leith, "Calvin's Doctrine of the Proclamation of the word and Its Significance for Today in the Light of Recent Research", *Calvin Studies Ⅱ*：*Presented at a Colloquium on Calvin Studies at Davidson College* (January 1984)，p. 62, 31n。

[50] 五卷加尔文的讲道出现在 *Supplements Calviniana*；872 篇讲道发表在 *Corpus Reformatorum*（CO）。讲道的手稿命运离奇。44 卷对开本的讲道集存放在日内瓦的 *Bibliothèque publique et universitaire*。1805 年，除其中一卷之外，其余的全被按重量卖了，因为这些手稿不是加尔文亲自写的，而且很难辨识。幸运的是，图书馆又收回了 13 卷原文。包括关于《创世记》、《诗篇》、《以赛亚书》、《耶利米书》、《弥迦书》、《以西结书》、《马太福音》、《使徒行传》和《哥林多前书》等的讲道辞。

[51] "John Calvin to the Reader", *Institutes*, p. 5；OS 3, p. 7.

[52] 《基督教要义》，1.2.1。E. A. Dowey 提出的这一结构为理解加尔文的整个神学提供了一个模型："The Structure of Calvin's Thought as Influenced by the Two-fold Knowledge of God", *Calvinus Ecclesiae Genevensis Custos*, Wilhelm Neuser, ed. (Frankfort：Peter Lang, 1984), pp. 135—148。

[53] *Calvin*：*Commentaries*, Joseph Haroutunian, ed. (London：SCM Press, 1958), p. 131.

[54] Ibid., p. 58.

[55] Ibid., p. 132.

[56] Ibid., p. 131.

[57] 对加尔文这一问题讨论最出色的是 Ford L. Battles, "God Was Accommodating Himself to Human Capacity", *Interpretation* 31 (1977), pp. 19—38。还可参阅 E. A. Dowey, *The Knowledge of God in Calvin's Theology* (New York：Columbia University Press, 1952), pp. 3—18。

[58] 《〈以西结书〉注释》9：3, 4；CO 40, col. 196。

[59] 《〈哥林多前书〉注释》2：7；CO 49, col. 337；CNTC 9, pp. 53—54。

[60] *Calvin*：*Commentaries*, p. 60.

[61] Ibid., p. 90；CNTC 4, pp. 70—71.

[62] CNTC 10, p. 330；CO 52, col. 383.

[63] 《基督教要义》，4.8.9；OS 5, p. 141。

[64] G. C. Berkouwer, *Holy Scripture* (Grand Papids：Eerdmans, 1975), pp. 195—212.

[65] CNTC 5，p. 226；CO 47，col. 458.

[66] CNTC 3，pp. 2—3.

[67] CNTC 6，pp. 181—182. 论述加尔文圣经教义的作品很多，通常都没有什么启发性。最近的两项专著是 Jack Rogers & Donald McKim, *The Authority and Interpretation of the Bible* (San Francisco：Harper and Row，1979)，pp. 89—119；John Woodbridge, *Biblical Authority：A Critique of the Rogers/McKim Proposal* (Grand Rapids：Zondervan，1982)，pp. 56—67。Woodbridge 指出 Rogers 和 McKim 的书中存在许多缺点，他很遗憾地发现他的对手也提出了这样冒昧的建议。有两项较早的研究值得我们注意，Brian A. Gerrish, "Biblical Authority and the Continental Reformation", *Scottish Journal of Theology* 10 (1957)，pp. 337—360；John T. McNeill, "The Significance of the Word for Calvin", *Chrch History* 28 (1959)，pp. 131—146。关于《使徒行传》7：16，参阅 W. Robert Godfrey, "Biblical Authority in the Sixteenth and Seventeenth Centuries：A Question of Transition", *Scrpture and Truth*, D. A. Carson and John Woodbridge, eds. (Grand Rapids：Zondervan，1983)。Godfrey 指出加尔文没有将这段经文中的"错误"归于圣经的作者，而是认为它是在文本传播的过程中产生的。

[68] CNTC 12，p. 343.

[69]《基督教要义》1.7.2. 参阅 WA 3，p. 454。

[70] John Calvin, *The First Book of Moses Called Genesis*, John King trans. (Edinburgh：Calvin Translation Society，1847)，I，pp. 79—80，86—87.

[71] CNTC 10，p. 330.

[72] *Commentaries*, p. 125.

[73] Rudolf Schwarz ed., *Johannes Calvins Lebenswerk in seinen Briefen* (Neukirchen：Neukirchener Verlag，1962)，III，p. 888.

[74] CNTC 11，p. 173；CO 51，col. 191.

[75] CNTC 7，p. 9；CO 48，col. 416.

[76] CNTC 11，p. 162；CO 51，col. 182.

[77] *Commentairies de Jean Calvin sur l'Ancien Testament*, André Malet, ed. (Geneva：Labor et Fides，1961)，I，pp. 24—25.

[78] CO 8，col. 293 f. 引自 François Wendel, *Calvin：The Origin and Development of His Religious Thought* (London：Collins，1963)，p. 171。

[79] Battles, *Piety*, pp. 169—170.

[80]《〈马太福音〉注释》6：27；CNTC，I，p. 221。

[81]《基督教要义》1.16.8；CO 34, col. 302。

[82]《〈哥林多后书〉注释》12:7；CNTC, 10, p.160。

[83] 参阅 CO 34, col. 15。

[84] 引自 Hunter, p.144, no. 100。

[85] John Calvin, *Treatises Against the Anabaptists and Against the Libertines*, Benjamin W. Farley, ed. (Grand Rapids: Baker Book House, 1982), p.245; CO 7, col. 188。

[86]《〈约翰福音〉注释》9:3；CNTC, 4, p.239; CO 47, col. 218。

[87] *Supplementa Calviniana*, Ⅰ, p.709. Richard Stauffer 证明了加尔文的讲道是怎样处理护理的，而这都反映和深化了他在《基督教要义》中的解释。参阅他的 *Dieu, la création et la Providence dans la prédication de Calvin* (Bern: Peter Lang, 1978), 尤其是 pp.261—302。还可参阅 Charles Partes 对加尔文的普遍的护理和特殊的护理的精彩讨论，*Calvin and Classical Philosophy* (Leiden: E. J. Brill, 1977), pp.126—145。

[88]《驳重洗派论文集》, p.247; CO 7, col. 190。

[89] Bonnet, ed., Ⅱ, p.92.

[90] Ibid., Ⅳ, p.333.

[91]《〈约翰福音〉注释》11:33；CNTC 5, p.12; CO 47, col. 265。

[92]《〈希伯来书〉注释》12:3；CNTC 12, p.189。

[93] Bonnet, ed., Ⅱ, pp.412—413.

[94] Ibid., p.411, no. 1.

[95] *Commentaries*, p.154; CO 37, col. 259.

[96] 参阅 David Cairns, *The Image of God in Man* (London: SCM Press, 1953), p.139。

[97] Wendel, p.1921.

[98]《〈约翰福音〉注释》3:6；CNTC 4, p.66; CO 47, col. 57。

[99]《〈歌罗西书〉注释》1:12；CNTC 11, p.306; CO 52, col. 82—83。

[100] *Commentaries*, p.160. 参阅他对《希伯来书》13:8"耶稣基督昨日、今日一直到永远，是一样的"的注释："使徒所说的并不是基督属于永恒，他说的是我们对基督的认识……他所说的并不是基督的存在，而是基督的品质，或者是他怎样向我们行动。" Ibid., p.142。

[101] Ibid., pp.158—159.

[102] John Calvin, *Sermons on the Saving Works of Christ*, Leroy Nixon trans. (Grand Rapids: Baker Book House, 1950), pp.36—37. 参阅 CO 46, cols.

955—956。

[103] Calvin, *Saving Work*, p. 54.

[104]《〈希伯来书〉注释》5：7；CNTC 12，p. 64。

[105]《〈希伯来书〉注释》2：17；CNTC 12，p. 33。

[106] E. David Willis, *Calvin's Catholic Christology：The Function of the So-Called Extra Calvinisticum in Calvin's Theology* (Leiden：E. J. Brill，1966)，p. 153. 近期对加尔文主义分外说的评判请参阅 Selinger, pp. 62—64。另参阅巴特的论证，Karl Barth, *Church Dogmatics*，Ⅰ/2, pp. 168—169；Ⅳ/1, pp. 180—181。

[107]《〈约翰福音〉注释》1：49；CO 47，col. 36。

[108] 加尔文的这一解释形式可能采纳了布塞的说法，在1536年版的《基督教要义》中并没有出现。参阅 Wendel, *Calvin*, p. 225，125n。另参阅 John F. Jansen, *Calvin's Doctrine of the Work of Christ* (London：James Clarke，1956)。

[109]《〈路加福音〉注释》23：42；CNTC 3, pp. 202—203；CO 45，col. 774。

[110] CO 46, col. 833。

[111] George H. Williams, *Anselm：Communion and Atonement* (St. Louis：Concordia，1962)。

[112]《〈约翰福音〉注释》2：2；CNTC 5, p. 244。有时人们说加尔文否认有限救赎的教义，这段文字以及其他一些文字都表明情况不是这样："'所有'这个词不包括那些被弃绝的人"。

[113] Battles, *Piety*, pp. 109—110。

[114] 专门论述这一题目的书有两本比较出色，Wilhelm Kolfhaus：*Die Seelsorge Johannes Calvins* (Neukirchen：Moers，1941)；*Vom Christlichen Leben nach Johannes Calvin* (Neukirchen：Moers，1949)。英语方面，请参阅 Ronald S. Wallace, *Calvin's Doctrine of the Christian Life* (London：Oliver and Boyd，1959)；Lucien Richard, *The Spirituality of John Calvin* (Atlanta：John Knox Press，1974)。另参阅 John H. Leith, "A Study of John Calvin's Doctrine of the Christian Life"（Yale University, Ph. D., 1949）。

[115]《基督教要义》3. 2. 8. 另参阅加尔文在他的《〈雅各书〉注释》2：14—17对这一区分的讨论：CNTC 3, pp. 282—285。关于路德、茨温利和加尔文在这一段经文上的比较研究，请参阅 Timothy George, "'A Right Strawy Epistle'：Reformation Perspectives on James", *Review and Expositor* 83 (1986), pp. 369—382。

[116]《〈约翰福音〉注释》10:28;CNTC 4,p. 273;CO 47,cols. 249—250。

[117]《〈希伯来书〉注释》6:19;CNTC 12,p. 86;CO 55,cols. 80—81。

[118] Calvin, *Saving Work*, p. 68.

[119]《〈马太福音〉注释》6:8;CNTC 1,p. 203;CO 45,cols. 193—194。

[120]《〈马太福音〉注释》6:7;CNTC 1,p. 203;CO 45,cols. 193。

[121] Battles, *Piety*, p. 93.

[122] Ibid., p. 99.

[123] 转引自 Garlo Ginzburg, *The Cheese and the Worms*:*The Cosmos of a Sixteenth-Century Miller* (London:Routledge and Kegan Paul,1980),p. 20。

[124] *Commentaries*, p. 294.

[125] 然而在第一版的《基督教要义》里,加尔文将"生命的榜样"包括在"某些确定的记号"中。参阅 CO 1, col. 89。关于布塞,请参阅 P. D. L. Avis, *The Church in the Theology of the Reformers* (Atlanta:John Knox Press, 1981), pp. 48—50。

[126]《〈提多书〉注释》1:5;CNTC 10,p. 356。对《提摩太前后书》的注释于 1548 年出版,前言是致萨默塞特公爵的一封信,此人是英格兰的摄政大臣和国王亨利六世的老师,当时的国王还是一个孩子。加尔文向这位宗教改革的高贵支持者盛赞《提摩太前后书》,他认为该书信提供了一幅"管理教会的生动图景"。他催促他遵循保罗提出的模式,因为"建立教会所需要的东西没有一件不能从那里引申出来"。我们看到作为日内瓦主教(*episcopus*)的加尔文,其视野超出了国界和当地的特殊情况而扩大至全教会改革的利益。对《提多书》的注释于次年 1549 年出版,该书是献给法雷尔和维若特的,这两人在日内瓦教会改革上是加尔文的前辈——加尔文说他来日内瓦是做他们的"助手"的。法雷尔和维若特当时正在纳沙泰尔和洛桑操劳,加尔文表示他与这些同事的立场一致,正如提多继承了保罗:他是他们的后继者,接过他们未完成的事业继续前进(Ibid., p. 347)。

[127] Harro Höpfl, *The Christian Polity of John Calvin* (Cambridge:University of Cambridge Press, 1982), pp. 34, 84—85。参照下列说法:"普世的教会是圣徒联合的观点正逐渐退去,到最后成了讨论信经所说的教会的独一性的手段,以便从罗马信徒手里夺回这项武器。"Ibid., p. 84。

[128]《〈提摩太前书〉注释》3:15;CNTC 10,p. 231。

[129]《〈提摩太前书〉注释》2:17;CNTC 10,pp. 314—315。

[130]《〈提摩太后书〉注释》2:19;CNTC 10,p. 316。

[131]《〈提摩太前书〉注释》3:15;CNTC 10,p. 231;CO 52,col. 288。

[132]《〈提摩太前书〉注释》5：7；CNTC 10，p. 254；CO 52, col. 308。

[133]《〈提多书〉注释》3：5；CNTC 10，p. 382。

[134] Barth, *Church Dogmatics*, IV/4, p. 130.

[135]《〈提摩太前书〉注释》4：5；CNTC 10, pp. 241—242；CO 52, col. 296。

[136]《〈提摩太前书〉注释》4：6；CNTC 10, pp. 242—243；CO 52, col. 298。

[137]《〈提摩太后书〉注释》2：25；CNTC 10，p. 321；CO 52, col. 374。

[138] Alexandre Ganoczy, *Calvin: Théologien de l' Eglise et du Ministère*, Paris: Editions due Cerf, 1694, pp. 298—299.

[139]《〈提摩太前书〉注释》3：9；3：13；CNTC 10, pp. 229—230。

[140]《〈提摩太前书〉注释》5：17；CNTC 10，p. 262；CO 52, col. 315。加尔文证明应当设立长老的其他经文是《罗马书》12：8。参阅《基督教要义》4.3.8。参照 Höpfl, pp. 94—95, 137—139。

[141] 参阅 Ganoczy 的评论，p. 300。

[142]《基督教要义》4.3.1。参阅 Jacques Courvoisier, *De La Réforme au Protestantisme: Essai d' Ecclesiologie Réformée*（Paris: Beauchesne, 1977）, pp. 66—71。

[143]《〈提摩太前书〉注释》3：1；CNTC 10，p. 222；CO 52, col. 280。

[144]《〈提摩太后书〉注释》1：6；CNTC 10，p. 293；CO 52, col. 350。

[145] Hunter, p. 203.

[146]《〈提摩太后书〉注释》2：15；CNTC 10，p. 313；CO 52, col. 367。

[147]《〈提摩太前书〉注释》3：2；CNTC 10，p. 225；CO 52, col. 282。

[148]《〈提多书〉注释》1：9；CNTC 10，p. 313；CO 52, col. 412。

[149]《〈提摩太前书〉注释》3：2；CNTC 10，p. 224；CO 52, col. 282。

[150] Heiko A. Oberman, "The 'Extra' Dimension in the Theology of Calvin", *Journal of Ecclesiastical History*, 21 (1970), pp. 43—64.

[151]《〈提摩太前书〉注释》4：5；CNTC 10，p. 241；CO 52, col. 297。

[152]《〈提摩太前书〉注释》4：3；CNTC 10，p. 240；CO 52, col. 294。

[153]《〈提摩太前书〉注释》2：1；CNTC 10，p. 205；CO 52, col. 265。

[154]《〈提多书〉注释》3：3；CNTC 10, pp. 278—379；CO 52, col. 427。

[155]《〈提摩太前书〉注释》2：2；CNTC 10，p. 207；CO 52, col. 266。

[156] Jules Bonnet ed., *Les Lettres de Jean Calvin*（Paris: 1884）, II, p. 382。

[157]《〈提摩太前书〉注释》6：14；CNTC 10，p. 279；CO 52, col. 330。

[158] Bonnet, ed., IV, pp. 358—360.

[159] CO 9, cols. 891—892. 参阅 Monter, pp. 94—97。

［160］Bonnet, ed., Ⅳ, p. 364.

［161］McNeill, *History and Character*, p. 227.

［162］Karl Barth, *Fragments Grave and Gay*, Martin Rumscheidt, ed. (London: Collins, 1971), pp. 116—117.

［163］有关对罗宾逊神学的评价及他在哪些地方获益于加尔文，请参阅 Timothy George, *John Robinson and the English Separatist Tradition*（Macon, Ga.: Mercer University Press，1982）。

参考书目精选

加尔文著作的标准校勘本是由 G. Baum、E. Cunitz、E. Reuss 等编的 59 卷系列，收录在 *Corpus Reformatorum*: *Ioannis Calvini Opera quae supersunt omnia*。*Barth-Niesel* 的选集 *Opera Selecta* 包括了《基督教要义》和其他作品的校勘本。*Supplementa Calviniana* 丛书收录了许多加尔文生前未出版的讲道辞。McNeill-Battles 版的《基督教要义》（威斯敏斯特出版社"基督教经典文库"的第 20 至 21 卷）远远超越了早期的英语版本。其中又为加尔文增加的两卷，分别是 Joseph Haroutunian 编的《加尔文注释集》（*Calvin*: *Commentaries*）和 J. K. S. Reid 编的《加尔文神学论文集》（*Calvin*: *Theological Treatises*）。David 和 Thomas F. Torrance 还主编了一部出色的译著，12 卷的《加尔文新约注释》（*Calvin's New Testament Commentaries*. Grand Rapids, Eerdmans, 1957—1970）。Baker 图书出版公司重印了全部的加尔文著作合集（注释、论文和书信），该书的第一版是在 19 世纪，由加尔文翻译协会（Calvin Translation Society）出版。加尔文的选集是由 G. R. Potter 和 M. Greengrass 主编的《约翰·加尔文》（*John Calvin*. New York: St. Martin's Press, 1983）。1536 年版的《基督教要义》由 Ford Lewis Battles 翻译，Meeter Center for Calvin Studies 和 Eerdmans Publishing Company 联合出版，作为 *Bibliotheca Calviniana* 的第一卷，*Bibliotheca Calviniana* 是为了将那些未翻译的加尔文的著作译成英语，并概括欧洲对加尔文的主要研究。Benjamin W. Farley 翻译了加尔文的《论十诫的讲道》（*Sermons on the Ten Commandments*. Grand Rapids: Baker Book House, 1980) 和《驳重洗派和放任派》（*Treaties Against the Anabaptists and Against the Libertines*. Grand Rapids: Baker Book House, 1982）。Peter De Klerk 在《加尔文神学期刊》（*Calvin Theological Journal*）上发表了一篇加尔文研究年度综合书目。

Balke, Willem. *Calvin and the Anabaptist Radicals*. Grand Rapids: Eerdmans.

1981. 该书全面研究了加尔文与重洗派的关系，既包括对各个时期观点的回顾，又包括对这一问题的系统分析。

Barth, Karl. *The Theology of John Calvin*. Translated by Geoffrey W. Bromiley. Grand Rapids: Eerdmans, 1995.

Billings, J. Todd, and I. John Hesselink, eds. *Calvin's Theology and Its Reception: Disputes, Developments, and New Possibilities*. Louisville: WJK, 2012.

Boer, Roland. "John Calvin and the Paradox of Grace." *Colloquium* 41, no. 1 (May 2009): 22—40.

Botha, Nico. "John Calvin in Missiological Perspective: On Church Unity and Social Justice." *Studia Historiae Ecclesiasticae* 35, no. 2 (October 2009): 1—16.

Bouwsma, William J. *John Calvin: A Sixteenth-Century Portrait*. New York: Oxford University Press, 1987. 这是文艺复兴和宗教改革领域的一位主要历史学家对加尔文进行充满同情的细致讨论。

Calvin, John. *John Calvin: Writings on Pastoral Piety* (Classics of Western Spirituality). Mahwah, NJ: Paulist Press, 2002.

Christian History Magazine 12: "John Calvin: Reformer, Pastor, Theologian" (1986). 全文见于 http://www.christianhistorymagazine.org.

Chung, Paul. *Spirituality and Social Ethics in John Calvin: A Pneumatological Perspective*. Lanham: University Press of America, 2000.

Compier, Don H. *John Calvin's Rhetorical Doctrine of Sin*. Lewiston: Edwin Mellen Press, 2001.

Cottret, Bernard. *Calvin: A Biography*. Translated by M. Wallace McDonald. Grand Rapids: Eerdmans, 2000.

Crouzet, Denis. *Jean Calvin*. Paris: Fayard, 2000.

Douglas, Richard M. "Jacopo Sadoleto" in *The Oxford Encyclopedia of the Reformation*. Vol. 3. Edited by Hans J. Hillerbrand. Oxford: Oxford University Press, 1996.

Douglass, Jane Dempsey. *Women, Freedom, and Calvin*. Philadephia: Westminster Press, 1985. 该书讨论了加尔文神学对妇女及妇女争取平等权的意义。

Doyle, Robert C. "Basic Expectations, Strategies and Consequences: Towards Understanding the Triune God in the Company of John Calvin." *Reformed Theological Review* 68, no. 3 (December 2009): 151—74.

Ganoczy, Alexandre. "John Calvin" in *The Oxford Encyclopedia of the Reformation*. Vol. 1. Edited by Hans J. Hillerbrand. Oxford: Oxford University

Press, 1996.

George, Timothy, ed. *John Calvin and the Church: A Prism of Reform*. Louisville: WJK, 1990.

Gerrish, B. A. *Grace and Gratitude: The Eucharistic Theology of John Calvin*. Minneapolis: Fortress, 1993.

Gilmont, Jean François. *John Calvin and the Printed Book*. Translated by Karin Maag. Kirksville, MO: Truman State University Press, 2005.

Godfrey, W. Robert. *John Calvin: Pilgrim and Pastor*. Wheaton, IL: Crossway, 2009.

Gordon, Bruce F. *Calvin*. New Haven: Yale University Press, 2009.

Greef, Wulfert de. *The Writings of John Calvin: An Introductory Guide*. Translated by Lyle D. Bierma. Louisville: WJK, 2008.

Grell, Ole Peter, and A. I. C. Heron. "Calvinism" in *The Oxford Encyclopedia of the Reformation*. Vol. 1. Edited by Hans J. Hillerbrand. Oxford: Oxford University Press, 1996.

Haas, Guenther H. *The Concept of Equity in Calvin's Ethics*. Waterloo, Ontario: Wilfrid Laurier University Press, 1997.

Hall, Charles A. M. *With the Spirit's Sword*. Richmond: John Knox Press, 1968. 考察了加尔文神学中的属灵争战。

Hall, David W. *Calvin in the Public Square: Liberal Democracies, Rights, and Civil Liberties*. Phillipsburg, NJ: P&R, 2009.

Helm, Paul. *John Calvin's Ideas*. Oxford; New York: Oxford University Press, 2004.

Johnson, William Stacy. *John Calvin: Reformer for the 21st Century*. Louisville: WJK, 2009.

Kroon, Marijn de. *The Honour of God and Human Salvation: Calvin's Theology According to His Institutes*. Edinburgh: T&T Clark, 2001.

Lane, Anthony, N. S. *John Calvin: Student of the Church Fathers*. Grand Rapids: Baker, 1999.

Leith, John H. *An Introduction to the Reformed Tradition*. Atlanta: John Knox Press, 1977. 出色地论述了新教的主要传统。

McDonnel, Kilian. *John Calvin, the Church, and the Eucharist*. Princeton: Princeton University Press, 1967. 该书是一位本笃修会的修士所写的一部深刻地从普世教会的角度论述加尔文圣餐神学的著作。

McGoldrick, James Edward. "John Calvin: Theologian of Head, Heart, and Hands." *Scottish Bulletin of Evangelical Theology* 29, no. 2 (Autumn 2011): 177—95.

McGrath, Alister. *A Life of John Calvin*. Oxford: Blackwell, 1990.

McKee, Elsie A. "Church Offices: Calvinist Office." In *The Oxford Encyclopedia of the Reformation*. Vol. 1. Edited by Hans J. Hillerbrand. Oxford: Oxford University Press, 1996.

McKee, Elsie A. *John Calvin on the Diaconate and Liturgical Almsgiving*. Geneva: Droz, 1984. 该书详细考察了加尔文教会论中常常被忽视的一些方面。

McKim, Donald K., ed. *Calvin and the Bible*. Cambridge, UK; New York: Cambridge University Press, 2006.

——. *The Cambridge Companion to John Calvin*. Cambridge, UK; New York: Cambridge University Press, 2004.

——. *Readings in Calvin's Theology*. Grand Rapids: Baker, 1984. 一些研究加尔文的优秀学者撰写的文章合集。

McNeill, John T. *The History and Character of Calvinism*. London: Oxford University Press, 1954. 虽然有些过时，但那些美国加尔文研究界的资深神学家所做的研究还是可靠的。

Muller, Richard A. *After Calvin*. New York: Oxford University Press, 2003.

——. *The Unaccommodated Calvin*. New York: Oxford University Press, 1999.

Mullett, Michael A. *John Calvin*. London: Routledge, 2011.

Murr, Barry. "Treasure in Plain Sight: Prayer in John Calvin's Theology." *Vision* 7, no. 2 (Fall 2006): 20—28.

Naphy, William G. *Calvin and the Consolidation of the Genevan Reformation*. Manchester: Manchester University Press, 1997.

Oberman, Heiko A. *Initia Calvini: The Matrix of Calvin's Reformation*. Amsterdam: Noord-Hollandsche, 1991.

——. *The Two Reformations: The Journey from the Last Days to the New World*. New Haven: Yale University Press, 2003.

Pak Boyer, Sujin. "A Break with Anti-Judaic Exegesis: John Calvin and the Unity of Testaments." *Calvin Theological Journal* 46, no. 1 (April 2011): 7—28.

Parker, T. H. L. *Calvin's New Testament Commentaries*. Grand Rapids: Eerdmans, 1971. 对加尔文新约注释研究的一本必不可少的介绍性著作。

Parker, T. H. L. *Calvin's Old Testament Commentaries*. Edingburgh: T. and T.

Clark，1986. 与上面提到的研究属于同一类。

Parker，T. H. L. *John Calvin：A Biography*. Philadelphia：Westminster Press，1975. 最近一本描述加尔文漫长一生的英语著作。这本书很有名，虽然也不是没有缺点。应该与早期的加尔文传记如 Walker（1906）、Reyburn（1914）、Hunt（1933）和 MacKinnon（1936）等人所写的比较阅读。

Parsons，Michael. "John Calvin on the Strength of our Weak Praying." *Evangelical Review of Theology* 36，no. 1（January 2012）：48—60.

Partee，Charles. *The Theology of John Calvin*. Louisville：WJK，2008.

Pattison，Bonnie L. *Poverty in the Theology of John Calvin*. Eugene，OR：Wipf & Stock，2006.

Pitkin，Barbara. "John Calvin and the Interpretation of the Bible." In *History of Biblical Interpretation，The Medieval Through the Reformation Periods*. Vol. 2. Grand Rapids；Cambridge，UK：Eerdmans，2009.

——. *What Pure Eyes Could See：Calvin's Doctrine of Faith in Its Exegetical Context*. New York：Oxford University Press，1999.

Richard，Lucien J. *The Spirituality of John Calvin*. Atlanta：John Knox Press，1974. 这本书是一位杰出的天主教神学家对加尔文独特的属灵生活方法的研究。

Schreiner，Susan E. *The Theater of His Glory：Nature and the Natural Order in the Thought of John Calvin*. Studies in Historical Theology，III. Durham，NC：Labyrinth Press，1990.

Selinger，Suzanne. *Calvin Against Himself*. Hamdon，Conn.：Archon Books，1984. 该书研究了加尔文的宗教、他与路德的关系以及对历史思想的影响。这是一本很有创造性的著作，虽然最后的结论超出了所给出的证据。

Shepherd，Victor A. *The Nature and Function of Faith in the Theology of John Calvin*. Macon，Ga.：Mercer University Press，1983. 该书最初是多伦多大学的博士论文，这篇才华横溢的研究运用加尔文的注释和《基督教要义》来论述他的信心教义。

Sibley，Laurence C.，Jr. "The Church as Eucharistic Community：Observations on John Calvin's Early Eucharistic Theology（1536—45）." *Worship* 81，no. 3（May 2007）：249—67.

Slotemaker，John Thomas. "John Calvin's Trinitarian Theology in the 1536 Institutes：The Distinction of Persons as a Key to His Theological Sources." In *Philosophy and Theology in the Long Middle Ages*. Leiden；Boston：E. J.

Brill，2011.

Steinmetz，David C. *Calvin in Context*. New York：Oxford University Press，1995.

Tavard，George H. *The Starting Point of Calvin's Theology*. Grand Rapids：Eerdmans，2000.

Thompson，Mark D.，ed. *Engaging with Calvin*. Nottingham：IVP—UK，2009.

Van Buren，Paul. *Christ in Our Place：The Substitutionary Character of Calvin's Doctrine of Reconciliation*. Grand Rapids：Eerdmans，1957. 该书出色地分析了加尔文的赎罪教义。原本是由巴特指导的一篇学位论文。

Walchenbach，John. *John Calvin as Biblical Commentator：An Investigation into Calvin's Use of John Chrysostom as an Exegetical Tutor*. Eugene，OR：Wipf & Stock，2010.

Waugh，Barry G. "Reason Within the Limits of Revelation Alone：John Calvin's Understanding of Human Reason." *Westminster Theological Journal* 72，no. 1（Spring 2010）：1—21.

Wendel，François. *Calvin：The Origins and Development of His Religious Thought*. Durham：Ladyrinth Press，1987. 该书最早是 1950 年用法语发表的，这可能是论述加尔文的最好的一本著作。

Willis，E. David. *Calvin's Catholic Christology*. Leiden：E. J. Brill，1966；该书很小心地考证了加尔文思想中所谓的"加尔文主义分外说"（*extra Calvinisticum*）。

Zachman，Randall C. *The Assurance of Faith：Conscience in the Theology of Martin Luther and John Calvin*. Minneapolis：Fortress，1993.

——. *Image and Word in the Theology of John Calvin*. South Bend，IN：University of Notre Dame Press，2007.

——. *John Calvin as Teacher，Pastor，and Theologian：The Shape of His Writings and Thought*. Grand Rapids：Baker Academic，2006.

——. *Reconsidering John Calvin*. Cambridge，UK：Cambridge University Press，2012.

6

别无根基：门诺·西门

> 可以说［重洗派的］实践的价值不是根据他们对历史所作出的贡献来评价。他们站在永恒的立场，而不管历史可能发生或不可能发生什么事情。
>
> ——罗兰·培登（Roland H. Bainton）[1]

激进的宗教改革

激进的宗教改革出现于16世纪巨大的宗教动荡中，是一场剧烈的灵性和教会层面的复新运动，发生在主要地方教会（包括天主教和新教教会）的边缘。然而，就其根本的动力和灵性上的活力来说，这次运动既不处在边缘，也不处于外围。激进的宗教改革既包括普世性的，也包括宗派性的；既包括暴力反抗又包括非暴力不合作；既包括禁欲主义和神秘主义，又包括中世纪后期的理性主义萌动。作为一个整体，它对包括新教主流和特兰托会议之后的天主教在内的基督教整体（corpus christianum）提出了全面的批判。

宗教改革激进派从16世纪的对手留给他们的骂名中走出来，还是最近几年的事情。例如，布林格称他们是"可怕的敌人和摧毁上帝教会的人"。[2] 路德给他们的名称是"狂热分子"（*Schwärmer*），这让人们想起蜂房周围乱哄哄的蜜蜂的嗡嗡声，这位德国的改教家还将这个名称不加区分地应用到所有反对者身上。加尔文用词的贬损程度也毫不逊色："狂热分子"、"骗子"、"没脑子"、"驴子"、"恶棍"、"疯狗"。[3] 用不赞同的否定说法解释激进派，使人无法理解他们自己的灵性动机。当代一位著名的英国历史学家在反思他为什么没有描述出重洗派的"真正本质"时说，这是"一种非理性和心理失衡之梦境的暴力现象，它依赖于否定理性和直接启示之信仰的升华，那启示能让人们随心所欲"[4]。

有时激进的宗教改革者统统被归为"宗教改革的左翼"。从这个称呼中我们可以听到对路德的微弱回应，路德本人曾指责天主教徒和狂热分子犯了"左倾和右倾"的错误，他们没有一方坚持真自由的道路。然而，与现代的定位相反，路德把天主教说成是左倾，把激进分子说成是右倾。

乔治·威廉姆斯（George H. Williams）认识到用"左翼"来形容16世纪持不同意见的人是过时的，他提出"激进的宗教改革"，这是一个集合名词，用来描述那些既不属于罗马天主教又不属于新教主流教会的宗教革新者的群体。威廉姆斯对激进派的界定是最宽泛和历久弥新的，尽管这一说法早在30年前就提出来了。[5] 威廉姆斯将激进派分为三类：重洗派、属灵派和福音理性派。这并非一成不变的分类，而是用一般的称号来描述那众多不同的基督徒所具有的共同特征。尽管他们有许多不同之处，但是他们都想剪除教会传统的赘生物，离开胡伯迈尔所说的"人类教条的泥坑和臭水沟"，回到信仰和秩序的真正"根源"（*radix*）。激进的宗教改革的每一个分支都有自己独特的"根源"。重洗派的根源是圣经，尤其是新约。他们不仅期待改革教会，还期望回到原始的、使徒的纯洁。另一方面，属灵派比较不关心外在的、可见的教会，他们更关心的是从里面体验圣灵。他们中有些人，如史文克斐，认为所有的外在事物（*externalia*），甚至包括洗礼和圣餐都可以废除，只要利于从里面见证圣灵，"内在的道"。福音理性派则借助理性。那并非后来启蒙运动意义上的自主的理性，而是由圣灵光照和由圣经获得的理性。强调理性使得许多人开始质疑古代教会那些传统的三位一体和基督论教义。

激进的宗教改革并不只是一"翼"，仅仅暴露较极端的宗教改革形式的副作用；这是一场运动，孕育了基督教信仰和生活的新形式。正如一位学者说的，它是"对宗教改革的改革"，或"对天主教纠正的纠正"。[6]这种说法很正确，大多数激进派被迫在官方教会之外发展他们的基督教生活方式，这给他们的灵性和教会生活带来了独有的特点。激进的改教家生活在已有的秩序之外。许多人宁愿接受流放、折磨和罚款，也不否定那呼召他们背起十字架跟随他的那位主。

门诺与重洗派

门诺是激进的宗教改革的分支——重洗派的最杰出领袖，但他既不是第一个阐释该传统的人，也不是该传统的开创者。我们已经知道瑞士的重洗派是怎样从茨温利改革的摇篮中诞生的。重洗派早期的领袖是格列伯（Conrad Grebel）和曼茨（Felix Mantz），作为茨温利激进的追随者，他们感到自己只是将从茨温利老师那里学来的观念推论下去，并获得符合逻辑的结果。通过研究圣经，他们确信自己在婴儿时期所受的洗礼是无效的，因为茨温利无法被说服，他们就不再服从于他，而不得不重建只针对信徒的真正洗礼。我们也了解到1525年的1月21日，一小群人聚集到曼茨在诺伊施塔特加塞（Neustadtgasse）的家里，他家正好在大敏斯特教堂附近。该事件过去几年之后出现了一封信，信中描述了那次聚会时发生的事情："他们偶然聚到一起。一开始他们很恐惧，后来呼求天上的上帝，祈求他对他们仁慈些。然后乔治站起来要求格列伯看在上帝的分上给他施洗；格列伯照样做了。之后，他又给其他人施洗。"[7]这里说的"乔治"正是乔治·布劳若克（George Blaurock），他原来是罗马的一位神父，后来成了热情的福音派，他是佐利空重洗派复兴的核心人物。佐利空是距离苏黎世五英里的一个湖边村庄。有一次，他拦住正式任命的牧师，不让其上台讲道，他说，"不是你而是我蒙召来讲道。"[8]苏黎世的世俗政权毫不迟疑地镇压了这次骚乱。布劳若克被关进监狱，格列伯遭流放并死于饥荒，曼茨被投进利马特河（Limmat River）溺水而亡。尽管遭受迫害，但是这次运动还是传播到了瑞士的其他州，以及德国南部和奥地利。

重洗派的特点既不是教义的一致性，也不是组织的效率。不同的领袖都赋予这次运动不同的特色。汉斯·胡特（Hans Hut）有一段时间曾做过闵采尔（Thomas Mützer）的门徒，他预言基督将在1528年的圣灵降临节（Pentecost Sunday）回到地上。他打算召集144,000名被拣选的圣徒（启7：4），他要以十字符号在他们前额上施洗，以此作为"封印"。他死于1528年之前。他那烧焦的尸体（他放火烧了牢房，企图逃跑，结果失败了）后来被定了罪。他的运动很快夭折了，尽管他那末世的预言又被其他先知捡起，如霍夫曼（Melchior Hofmann），他又为基督的第二次降临设定了一个不同的时间（1534年）和不同的地点（斯特拉斯堡）——结果还是一样。尽管胡特和霍夫曼都劝告追随者只能挥舞"入鞘的剑"，也就是忍受暴力而不使用暴力，但是他们散布的激动人心的预言，还有对皇帝、教皇以及"吸血的反基督教的路德派和茨温利派牧师"的中伤漫骂则为明斯特（Münster）王国的公然起义制造了气氛。[9]

通过霍夫曼不懈传讲的努力，重洗派运动传到了尼德兰。1530年他在埃姆登城（Emden）为大约三百名皈依者施洗，他又委托其他的平信徒传道人将他的信息带到低地国家的每个角落。由于相信他是以利亚，就是耶稣说的要为他的再临铺平道路的那位先知，霍夫曼回到斯特拉斯堡，自动入狱，他要在那里等待"基督的第二次降临"（Parousia）。他一直待在监狱里，直到十年后去世，他仍可怜地等待着新耶路撒冷的降临。

1533年当霍夫曼被关押在斯特拉斯堡监狱里的时候，他的一个门徒，来自哈勒姆（Haarlem）的面包师，名叫马提伊斯（Jan Mathijs），宣布他本人是圣灵派来的先知：霍夫曼是以利亚，他是以诺，《启示录》11章预言的两位见证人中的第二位。他又任命了12位使徒，其中就有莱顿的扬（Jan Beuckels of Leyden）。在霍夫曼末世即将到来的催促下，他们把新耶路撒冷的地点从斯特拉斯堡转移到了明斯特，在那里他们发动了一场暴动。所有"不信之人"（即那些拒绝接受洗礼的人）都要被杀死。当1534年的复活节马提伊斯本人被杀死以后，莱顿的扬担当起了领袖的责任。他自立为"超越一切的正义之王",并照搬旧约传统引进了多妻制。国王扬每周三次穿着皇袍出现在市场上,接受臣民的敬礼。后来明斯特遭到了新教和天主教的围攻,二者联合起来镇压了暴力的重洗派,这次神权政治终于在血腥的屠杀中落下帷幕。当大屠杀过去之后,莱顿的扬和他的两名助手被逮捕,并于1536年1月22日被炽热的钳子折磨致死。他们的尸体被装进铁笼子里放在位于明斯特主街道的圣兰伯特教堂(Saint Lambert's Church)的塔楼里展览。这些笼子今天还能看到,幽幽地提醒着人们1534—1535年的悲剧。

到这时门诺·西门的故事才与荷兰的重洗派联系到一起。门诺生于1496年,即哥伦布发现美洲四年后,路德诞生13年后,加尔文诞生13年前。他是韦马森镇(Witmarsum)一位奶农的儿子,该镇距离北海不足十英里。对门诺早期的教育情况,我们知之甚少。他可能在离家不远的博尔斯瓦德(Bolsward)的一所修道院学校学习过。他精通拉丁语,能够看懂一些希腊语,但是不懂希伯来语。他也熟知某些教父,例如德尔图良、西普里安和优西比乌。他称自己从来没有读过圣经,直到他被任命为神父的两年以后,当然通过罗马的仪式,他可能熟悉某些经文。

门诺于1524年3月被任命为天主教的神父,当时他28岁。最初他被任命为平朱姆(Pingjum)教区的教士,平朱姆是他父亲的祖籍。他在那里服侍了七年,之后于1531年被召回家乡韦马森。这期间,他例行公事完成作为乡村教士的职责,并做得很好;调到韦马森是晋升了。同时,他也花时间在一些无聊的事情上,例如喝酒和打牌。他后来承认说,即使在开始阅读圣经以后,"我想在不洁的、放荡的、无益的生活中通过年轻的欲望获得知识,并且除了利益、舒适、人的喜爱、光辉、名誉以外别无所求,就像所有驾驶这艘船的人做的一样。"[10] 显然他天生是一位领袖,尽管如他说的,他是"巴比伦的一个领主和王侯"。"每个人都来找我,渴望与我在一起。世界爱我,我也爱这世界……我在人们中间十分出众,即使在年纪大的人中间也是如此。每个人都敬重我。当我说话的时候,他们都默不作声。当我招手他们就来,我摇手他们就离开。我想要什么他们都照做。"看了《传道书》以后,门诺明白,所有的引诱都是"虚空"。那些爱好锦衣玉食的人成为基督徒以后，便失去了原来的朋友。"从前我受人尊敬，现在却受屈辱……从前我是朋友，现在被看成敌人。"[11]

和路德、茨温利与加尔文一样，门诺也必须历经苦难才能得到福音。门诺的传记作家很困惑，为什么他过了那么久才与罗马教会决裂，并最终接受重洗派的事业。如果我们仔细考察过导致他做出这个决定的过程之后，或许能更好地理解门诺后来的事业。在门诺逐渐认识真教会和他在真教会中的作用时，有三个事件和观念十分重要。

我们看到圣餐在加尔文与罗马决裂的过程中起了十分重大的作用，在路德与茨温利的争论中，圣餐的作用也十分关键。在门诺还是天主教的司铎时，他就遇到了这个难题。1525 年，也正是格列伯和曼茨组织瑞士第一个重洗派教会的时候，门诺开始质疑变体说的教义。

> 对我来说，我经常在举行弥撒时接触到饼和杯，那些并不是基督的身体和血。我想这是魔鬼的说法，他要把我和我的信仰分开。为此我常常忏悔、叹息和祷告；但是我还是不能明了这种想法。[12]

门诺产生这样"异端"的想法并非不同寻常，在尼德兰许多人都怀疑圣餐时基督是否真正临在。早在 1521 年荷兰圣礼派的霍恩（Cornelius Hoen）就教导人们，圣餐时的饼和杯只是象征基督受难和受死的符号。我们不知道门诺是否听过霍恩的教导，但是可以肯定他读过路德的一些小册子。在《教会被掳巴比伦》一文中，路德称变体说是人类头脑的臆造，因为它没有圣经根据，也不符合深刻的理性。后来门诺说路德的作品帮助他认识到，"人类的法令不常具效力，直到永恒的死亡"[13]。他并没有采纳路德对圣餐的解释，他的看法与茨温利更接近。门诺最初对变体说教义的质疑仍然是他抛弃早期对弥撒的热情的重要一步，后来他是这样描述的：

> 是的，那软弱又可怜的被造物，来自泥土，在磨坊里被磨碎，用火焙烤，被我的牙齿咀嚼又被我的胃消化，我对那被造物即一口饼说，你救我吧……哦，上帝呀，我这可悲的罪人，与那巴比伦的妓女厮混了好多年。[14]

最后一句话"与巴比伦……厮混了好多年"表明门诺的强烈质疑产生之后很久，他还在举行弥撒。

如果不是对已有传统的另一个支柱的婴儿洗礼产生疑问，门诺或许还会继续静静地待在罗马教会之中。早在 1529 年，门诺读了德国南部一位牧师比利卡奴斯（Theobald Billicanus）写的一本书，在书中作者引用西普里安的话来支持成人洗礼。但是，在他家附近发生的一件事成了催化剂，刺激门诺去思考这个问题。1531 年 3 月 20 日，在荷兰弗里斯兰省（Friesland）首府吕伐登城（Leeuwarden），一个名叫弗雷尔克斯（Sicke Freerks）的走街串巷的裁缝被斩首了，因为他接受了重洗。后来门诺评论说，"当我听说一个人接受重洗，我感到十分怪异。"[15] 弗雷尔克斯在埃姆登接受了霍夫曼门徒的重洗。门诺称他是一位"忠实而虔诚的英雄"。弗雷尔克斯被处以残酷的死刑，这件事给门诺留下了持久的印象。不管怎样，他开始研究婴儿受洗的基础。他考察了路德、布塞、茨温利和布林格的论述，但他们都没有提到这个问题。他咨询了平朱姆的牧师同工；他阅读教父的书籍。最后，"他辛勤地查阅圣经，并严肃地思考这个问题，但是他没有发现任何关于婴儿受洗的内容。"于是他得出一个结论，"在婴儿受洗这个问题上，所有人都被骗了。"[16] 门诺求助于圣经，这是他朝圣之旅的重要一步。他开始将圣经作为传道的内容，并因此被人们称为"福音传道人"，尽管后来他说他并不配受那个称号，因为他那时的传道"没有圣灵和爱"，也没有结出积极的果子。

尽管对圣餐和洗礼产生了新的想法，但是门诺还是没有与罗马教会决裂，直到明斯特的惨案发生，他才被深深触动了。早在 1532 年韦马森附近地区有些人就已经接受了重洗。其中一些人，包括门诺的亲兄弟彼得·西门，还被卷入了暴力漩涡，即明斯特两位扬的革命王国。1535 年 3 月 30 日，一伙三百人左右的重洗派分子占领了博尔斯瓦德附近的老修道院（Old Cloister）。他们抵抗当局的进攻达八天之久，但是到了 4 月 7 日修道院被收复了，而激进派则被残酷地杀害。其中有门诺的兄弟。这件事在门诺的生命中引发了一场危机。

> 发生了这样的事，那些人虽然被蒙骗，但他们的血滚烫地落在我的心上，我承受不住了，我的灵魂也得不到安宁。我反思自

己不洁、放荡的生活，我每日看似敬虔实际上奉行的却是伪善的教义和偶像崇拜，并对此毫无知觉。我看到这些热情的孩子们，虽然有错误，却甘愿为教义和信仰付出他们的生命和一切。我向他们揭露了教皇体制的邪恶之处。但我自己却继续过着舒适的日子，了解教皇的邪恶只是为了享受身体的安逸和逃避基督的十字架。

一想到这些，良心就开始折磨我，使我忍无可忍。我对自己说——我这个可怜的人在做什么？如果继续这样下去，不按照对真理的了解遵行上帝的道；如果我不尽自己的微薄能力谴责伪善之人、顽固之人、放荡的生活、错误的洗礼、照有学问之人的教导错误地施行圣餐；如果我不克服身体的恐惧，揭示真理的根基，如果我不以自己的能力带领那徘徊的羊群找到基督真正的牧场，而他们一旦了解真理就甘愿服从——当全能的上帝审判的时候，他们那由于犯罪而流出的鲜血必定起来控诉我，还要定我那可怜而可悲的灵魂的罪！

门诺认识到，他没有践行他所了解的真理。他请求上帝宽恕他，并赐给他在基督里的新生命：

我的心在颤抖。我叹息又流泪，向上帝祷告，请他赐给我这个可悲的罪人恩典，为我造一颗清洁的心，并借着基督的血宽恕我那不洁的行为和轻浮的生活，且赐给我智慧、圣灵、勇气和刚强的精神，这样我就能清心传讲他那高尚而可敬的名和神圣的道，并让人得知他的真理，使他得荣耀。[17]

从1535年4月到1536年1月，作为韦马森的神父，门诺竭力实施福音改革。从前他掩饰自己又不断妥协；现在他清晰地说出来，并毫不迟疑。门诺的第一本著作，《莱顿的扬亵渎上帝》（*The Blasphemy of Jan van Leyden*），就是在这一时期完成的。在这本轰动一时的小册子里，门诺反对将基督的王位误用到"约翰王"身上。门诺指出，那些"拥护刀剑之哲学的人"没有基督的性情，他还呼吁一种非抵抗的生活：

我们不能以身体为武器去斗争……从这一点我可以知道你是在剑上受洗还是在十字架上受洗。你们所有人都要抵制刀剑和反抗的陌生教义，还要抵制那些像鲜花一样的事物，那鲜花下面藏着邪恶的毒蛇，向众人喷射毒液。[18]

就在这个月，莱顿的扬被折磨致死，门诺与罗马教会彻底决裂了。他特别同情那些四处游荡、没有牧人的"被误导的可怜绵羊"。大约一年后，他离开了舒适的韦马森教区，成为一名在地下巡回传福音的人士，格罗宁根（Groningen）的七八名重洗派弟兄恳请他担任兄弟会的长老或牧长的职务。经过一段时间的斗争之后，他答应了这一恳求，从此开始"教导、洗礼，以我有限的能力在主丰收的田地里耕耘，协助建立其他的圣城与圣殿，并修补那倒塌的城墙"。之前门诺已经受过洗了，现在他正式接受按立，按立他的人可能是奥博·菲利普（Obbe Phillips）。奥博与他的兄弟迪尔克（Dirk）成为荷兰非明斯特重洗派的早期领袖。正如乔治·威廉姆斯指出的那样，门诺和许多从前做过罗马神父的人一样，不仅接受了重洗，还接受了再按立。[19]在按立门诺几年以后，奥博·菲利普因内部的分歧对重洗派运动失去信心，并离开了兄弟会。如果他一直担任重洗派的领袖，那么荷兰的重洗派有可能被称为"奥博派"，而不是后来的门诺主义或门诺派。迪尔克·菲利普并没有背离信仰，他和门诺共同耕耘。他也是一位伟大的神学家，他的影响不如门诺，但其神学的创造性则超过了门诺。

从1537年被任命到1561年去世，门诺对荷兰和德国北部的重洗派产生了巨大的影响。这些年的多数时间里，他一直作为异端分子被通缉，晚上他向秘密聚会的兄弟姊妹讲道，在乡村小溪和偏僻的湖边为新信徒施洗，从阿姆斯特丹到科隆到但泽（Danzig）建立教会和按立牧师。当我们想到门诺所面临的危险时，我们就会惊奇他居然能在66岁的时候自然离世。一封1541年5月19日写给荷兰摄政大臣玛丽的信向我们揭示了门诺所遭遇的危难：

> 最仁慈的女士，过去的五六年间那该死的重洗小教派在弗里斯兰省大为泛滥，其错误无疑要被彻底根除，门诺·西门是该教派的主要领袖之一，三四年前开始流亡，从那以后他每年流窜到这些地区一到两次，迷惑那些单纯而无知的人们。为了逮捕此人，我们花了很多钱，但是还未能如愿以偿。因此我们想宽恕少数受迷惑的人……只要他们能逮住这位门诺·西门。[20]

无论门诺走到哪里,这样的阴谋和骚扰如影随形般地跟着他。1542年皇帝查理五世发布斥责他的谕令,并派出 100 名黄金侍卫逮捕他。门诺说自己是一个"无家可归的人"。但是他要考虑的还不止自己。他的妻子格特鲁德(Gertrude)和三个孩子也遭受着同样的命运。1544 年,他悲伤地说,他"在各个国家都找不到一间小木屋或草屋,让我那可怜的妻子和幼小的孩子安全地住上一年甚至半年"[21]。门诺的妻子和两个孩子死在他前面。门诺最早的画像画着他手拄拐杖,他最后几年的确成了一个瘸子。从一开始,门诺就知道真正的基督徒无法逃避十字架。"如果头要遭受这样的折磨、悲惨、不幸和痛苦,那么他的仆人、儿女和成员怎能期望肉体上的和平与自由?"[22]在脱离罗马教会 25 周年之际,门诺去世了,并被葬在乌斯顿费尔德(Wüstenfeld)的花园里。

和我们研究过的其他改教家一样,门诺的神学也是为了应对实际情况,产生于他积极参与的教会生活的活动中。他的作品反映了他事业不断变动的过程。他从来没有空闲时间去创作渊博的鸿篇巨制或系统化的神学阐释。但是他写的东西有活力又有洞见,既吸收了早期重洗派的遗产又采纳了更博大的基督教传统,但最主要的还是依靠他自己对圣经的殷勤研读。他写了大约 25 本书和小册子,还有大量书信、默想笔记和赞美诗。在所有著作的标题页,他都引用《哥林多前书》3:11 的经文,"那已经立好的根基就是耶稣基督,此外没有人能立别的根基"。这节经文成为他生活和神学的座右铭。

1540 年门诺出版了他最有影响力的一部著作,*Dat Fundament des Christelycken Leers*,或者《基督教教义的根基》(*The Foundation of Chritian Doctrine*)。从某些方面说,这本书能够与加尔文四年前发表的《基督教要义》的第一版相媲美。该书一度是一本小册子,是为新教徒写的教义问答入门。加尔文《基督教要义》的序是写给国王法兰西斯一世的一封信,请求他宽容那些在法国遭迫害的新教徒。门诺也写信给那些王侯和世俗官员,他们的下属正在追捕和迫害重洗派信徒。他请求他们不要再做义的迫害者,而要做义的保护人。"不要做耶罗波安、亚哈和玛拿西,而要做大卫、希西家和约西亚,这样你就不必因为你的职分而在那伟大而可怕的主的日子里被定罪。"[23]他请求依据共同的人性宽容重洗派:重洗派也拥有共同的本性;他们也渴望休息和安宁，也渴望妻子和孩子；他们的本性也同别人一样恐惧死亡。他们每日还要忍受领主和王侯们暴虐的刀剑。门诺说得很清楚，他支持和平而不抵抗的重洗派；他明确地批判了明斯特派的特立独行："刀剑、多妻、外在的国和王以及其他类似的错误，使得无知之人受累颇多。"[24]《基督教教义的根基》是一篇护教文章，支持那些选择十字架之路而非刀剑之路的重洗派。门诺认识到国家权威的合法性，并宣誓完全服从他们，只要不违背信仰的要求。门诺的书对统治者几乎没有产生任何影响，他们仍然不遗余力地攻击重洗派。该书对信徒产生了真正的影响，信徒们发现这本书言简意赅地总结了重洗派神学和牧师职分。《基督教教义的根基》在 16 世纪被多次翻译和重印。

《基督教教义的根基》是门诺最杰出的作品，但是以前他还发表过几篇文章阐述重洗派的教义。这些文章包括：《灵性的复活》（*The Spiritual Resurrection*，1536），在这本小书里，门诺比较了世界末日身体的复活与从罪到"新生命和心灵的改变"的灵性的复活；《默想〈诗篇〉第 25 篇》（*Meditation on the Twenty-Fifth Psalm*，1537）是门诺仿照奥古斯丁《忏悔录》的形式对《诗篇》第 25 篇所做的个人诠释；在《新生》（*The New Birth*，1537）中，他严厉地谴责那些"人的命令、规定和解释是丑陋的、恶心的粪便"，并催促人们悔改和重生。门诺后期的作品写得越来越辩证，为了抵制形形色色的敌人，他被迫界定自己的看法。其中一些作品是直接反对重洗派的同工的，如约里斯（David Joris），约里斯将自己看做末世的"大卫"，他吸引了许多失望的明斯特派。帕斯托尔（Adam Pastor）从前是一名由门诺按立的牧师，他开始怀疑耶稣基督的神性。门诺的《三一上帝的告白》（*Confession of the Triune God*，1550）就是针对他写的。门诺也参与了与三位改革宗牧师的广泛对话，他们分别是拉斯高（John à Lasco）、米克朗（Martin Micron）和法布尔（Gellius Faber）。这些讨论记载在几篇长篇论文里。门诺其他的文章多属于教牧劝诫，涉及教会纪律（这个主题有三篇）、灵修（例如，《子女的养育》，1557；《用餐时的默想与祷告》，1557）以及受苦（例如，《痛苦的基督徒的忏悔》，1552；《圣徒的十字架》，1554）。我们将根据这些作品展开对门诺神学主题的研究。

新生活

激进的宗教改革的所有分支都强调拯救内在化的过程。对激进派来说，真正的基督教实际上是自身的、经验的和个人的。的确，作为激进的宗教改革的一支，重洗派最近被认为具有"灵恩运动"的特征[25]。坚持成人洗礼的做法使得他们获得了**重洗派**的称呼，但新生的**经验**却是水洗必不可少的前提条件。有时洗礼是归信的高潮，通常是一个带有深深的情感挣扎的过程。早期佐利空的重洗派教会所举行的洗礼看起来的确如此。

> 祖明根的布鲁格巴赫（Hans Bruggbach of Zumingen）站起来又哭又喊，说他是一个罪人并要他们代他向上帝祷告。随即布劳若克问他是否愿意接受上帝的恩典，他说愿意。然后曼茨站起来问，"谁反对我为他施洗？"布劳若克回答说，"没有人。"这样他舀起一舀水，以圣父、圣子和圣灵的名义为他施洗。[26]

我们看到，门诺本人在受洗之前也经过了一段苦苦挣扎、叹息、哭喊和祷告的时期，直到"上帝的仁慈……触动了我的心，给我一个新心灵，令我在他的恐惧中谦卑，教我了解自己，让我离开死亡之路，并把我带上生命的窄路"。[27] 早在 1848 年，历史学家格贝尔（Max Göbel）就认识到"［重洗派］教会本质和独有的特点乃是它特别强调每个基督徒由圣灵带来的个人实际的归信和重生"。[28]

尽管路德称自己是"再生"，茨温利和加尔文都注释了耶稣对尼哥底母说的那段话，但是门诺却特别强调新生的必要性。"如果你想洁净你那邪恶的本性，想要摆脱永恒的死亡和诅咒……那么你必须再生。"[29] 归信的过程包括了信心和悔改两个相互关联的时刻。信心是内心对福音的赞美，对此门诺的定义是"带着祝福宣布上帝对我们的喜爱和恩典，以及借着耶稣基督赐给我们的宽恕"。当罪人全心全意地将自己摆在上帝的恩典和应许之上的时候，"心灵就会更新、改变和称义，变得虔诚、宁静和喜悦，生为上帝的孩子，满怀信心地靠近恩典的宝座，并成为基督共同的继承人和永恒生命的享有者。"[30]门诺并没有给出每个信徒都必须遵循的确切的归信形式。但是他将新生描述成一种经验，借着这种经验，"心灵被圣灵那非同寻常的再生、更新、活跃的力量刺穿和打动，首先产生的就是对上帝的敬畏"[31]。信心没有止于敬畏，而是导向了爱。在获得上帝在基督里的丰富的恩典以后，那被毫无掩饰的信心打动的信徒便能够爱上帝，以爱来回报爱。这里门诺十分接近加尔文对真虔诚的定义，加尔文认为真正的虔诚就是认识上帝的福祉，并由此产生对上帝的敬畏和爱（《基督教要义》1.2.1）。

信心是对上帝恩典的积极反应，但如果没有前面悔改的行为，即门诺称之为真正的悔罪（ware penitencie），信心是不完全的。他痛斥那些坚持"只有历史的信心"的人，那样的信心不能证明革新的生命。他断言，只要信徒没有真正从邪恶、有罪的生命中彻底改过，信心"不会帮助无花果"被称为基督徒或夸耀主的鲜血、死亡、美德、恩赐和福音。悔改含有生命的改变；它与"做作的禁食、朝圣、祷告和阅读大量主祷文（Pater Nosters）和圣母颂、常常听弥撒、去忏悔室"等外在的宗教活动没有关系。这些都是人徒劳而空洞的命令。真正的悔罪"具有力量且产生德行"[32]。

在《基督徒真正的信心》（The True Christian Faith，1541）一文中，门诺从圣经中找到了十个真正信心的"学习榜样"，其中五个来自旧约，五个来自新约。门诺的榜样是挪亚、亚伯拉罕、摩西、约书亚和迦勒、约西亚、迦百农的百夫长、撒该、十字架上的强盗、《路加福音》7章有罪的妇人、《马太福音》15章的迦南妇人。这些人都有活的信心，从而引发了他们关键的行为和对上帝的服侍：亚伯拉罕离开祖先的土地，并甘愿献上儿子以撒；为了带领人民摆脱奴役，摩西放弃了埃及的富贵；十字架上的强盗在所有人面前承认耶稣就是基督，并斥责他那犯罪的同伴亵渎了耶稣。撒该是门诺最喜欢的一个例子。撒该是一位富有的税吏，他让门诺想起了他接触过的许多人——不道德的商人和金融家、利欲熏心的法官和律师、醉醺醺的旅馆店主和腐败的教士。然而，一旦撒该欢喜地将基督迎接进他的家，他的人生彻底改变了。"他相信并获得新生；他改造了自己的生命；他不再沿着罪恶的道路走下去。"门诺说，如果信徒有撒该悔罪以后的信心，没有君主会继续过暴力而奢侈的生活，没有法官和律师会继续待在法院大楼里，没有商人会继续做不公平的交易，没有传道人、神父和修士会继续享用俸禄、收入和留在修道院。"情形将大为改观，并变得更好，因为义必须活出他的信心。"[33]

为了更完全地了解门诺的救赎教义，我们简单地回顾一下他关于罪的看法。门诺区分了四种或四层罪。第一种是所有败坏的、有罪的亚当的后裔出生时就继承了的败坏的、有罪的本性。门诺接受传统神学关于**原罪**的说法，认为原罪是对败坏本性的贴切称呼。他还引用传统上用来证明原罪的经文，《诗篇》51：5，"我是在罪孽里生的，在我母亲怀胎的时候就有了罪。"门诺相信亚当和夏娃在伊甸园里被毒蛇撒旦咬了，因此变成了罪恶本性的载体，将要遭受永恒的死亡，"我们是他们的后裔，因此我们生来就带着罪恶的本性，被撒旦毒害，倾向犯罪，我们在本性上是地狱之子、魔鬼之子，要承受永远的死亡。"[34]的确，小孩子"成长的时候表现出亚当罪恶的种子"，越长大就越明显！因为这个理由，门诺劝告基督徒父母管教孩子的时候要不吝惜棍棒，因为"不受管束的孩子会像脱缰的烈马一样顽劣"[35]。孩子的本性违背上帝的道、吵闹、顽固而任性。所有这些听起来都很传统，但是在一个关键问题上，门诺与正统的原罪教义分道扬镳了。所有人都继承了败坏的本性，这不可避免地导致了实际的犯罪，基督在十字架上的死却消除了每个人原罪的罪过！这是门诺不同意婴儿受洗的最主要的论据之一。尽管婴儿还没有能力相信或受洗，但是他们却普遍处在"一种恩典的状态"中，直到有了"羞耻"或"能分别善恶"的年龄。

> 看在基督的分上，原罪（人们这样称呼它）不是上帝对（孩子）的惩罚，从某个方面说，他们如同亚当和夏娃堕落前的样子，即他们是清白无罪的，既不知道善也不知道恶。但是他们一旦知道了善与恶，便不再清白无罪，并且对上帝也违逆起来。[36]

没有人因为原罪而遭受谴责，尽管原罪的破坏性极大，且影响久远。只有那些能够为道德和伦理负责的人才能招致罪。

根据门诺的第二个分类，原罪是本罪之"母"。本罪是肉体的果子（加5章）。本罪包括奸淫、私通、贪婪、仇恨、嫉妒、偷盗、谋杀和偶像崇拜。这些都是自愿犯的罪，并将遭受上帝公义的惩罚，除非一个人为此向上帝忏悔。信徒只有在借信心重生之后才能"抵制"原罪并消除本罪。一个经历新生的人"从亚当变成了基督"。重生之人不是"按照旧的地上的亚当的败坏本性活着,而是按照新的天上的亚当,耶稣基督的正直的本性活着"[37]。这表示真正的信徒不会犯罪吗?门诺并不这样认为,因为即使皈依之后,遗传的罪性还在,虽然它已经不再占据统治地位。这促使门诺引出他对罪的第三个分类:人的软弱、错误和跌倒,即使在圣徒和重生之人的日常生活中也能找到。信徒还会犯罪,但是与非信徒犯罪的方式已经不同(即"兴致勃勃而胆大妄为",或许是对路德"大胆地犯罪"的建议的回击)。[38]基督徒的生活就是持续不断地努力更加成圣的生活:"他们那可怜又软弱的生命每日更新,是按照那造他们的上帝的形象……他们披戴基督,所有的行为都显明了基督的本性、精神和力量。"[39]圣徒不会因为犯的小过错而被上帝抛弃,只要他们为自己的过错叹息和哀伤,又日日乞求上帝的宽恕。然而还有第四类罪,这种罪令信徒"因任性和邪恶而失去恩典"。这就是背教之罪,违背圣灵的罪。这类罪包括公开为恶以及藐视基督,犯这种罪的人将受到他们应得的惩罚,永远的沉沦。

门诺一再重申其救赎论的基础:真正的、福音的信心结出真正的、福音的果子;真正的福音信心并不会是徒然的——它改变、更新、洁净、圣化和称义越来越多的人;所有那些通过新生嫁接到基督上的人都是"真葡萄树上的果子"[40]。门诺不但陈述了这一肯定性的原则,还详细阐明了其否定性的含义:如果你不遵守基督的命令,就足以证明你并没有真正相信基督,尽管你声称相信基督。信心与果子是不可分的。门诺以及一般的重洗派都不赞同路德法庭意义上的因信称义教义,因为他们认为路德的教义妨碍了真正的"活泼的"信心教义的发展。霍夫曼痛斥那些口口声声喊着"相信,相信;恩典,恩典"的人,他们的信心是死的和不结果子的。门诺明确地反对路德将《雅各书》贬低为一封"毫无价值的书信"的做法。

> 路德派教导和相信唯独信心可以让人得救,不需要行为的辅助。他们如此强调这条教义,看起来好像行为毫无必要;是的,信心就是有这样一种本性,它不能容忍任何行为与它相提并论。因此那篇最重要最热心的雅各书信被看做一篇"毫无价值的书

信"。多么愚蠢！如果这教义毫无价值，那么写作和教导该教义的那位被拣选的使徒、忠实的仆人和基督的见证人也是毫无价值的人了；这如同昭昭白日一样明显。因为这教义表明了人的特点。

门诺对路德因信称义教义中所潜藏的反律主义感到非常不安，至少他接触的许多路德派信徒都十分欣赏路德的这个教义。

> 他们唱起一首赞美诗"绳索断了，我们自由了，赞美上帝"（Der Strick ist entzwei und wir sind frei），啤酒和红酒从他们酒气冲天的嘴巴和鼻子里流出来。任何人只要能流畅地背诵这首赞美诗，不论他的生活多么淫荡，他都是一位好信徒和一位可贵的弟兄。[41]

重洗派认为作主的门徒（Nachfolge）就是要刻意弃绝旧的生命，并且彻底委身于主耶稣基督，他们无法忍受如此散漫地滥用上帝的恩典。

同时门诺也坚持拯救是由于恩典而非行为。"我们能安慰自己的只有那上帝通过耶稣基督赐下的恩典。"[42] 门诺将整个"拯救的秩序"（ordo salutis），从创造到永恒的生命，都归功于恩典的工作。因为恩典，人类在还不存在的时候被创造出来；因为恩典，人类在失落的时候借着基督被再次接纳；因为恩典，基督被派到地上；因为恩典，我们学会了悔改；因为恩典，我们相信基督；因为恩典，我们得到了圣灵；因为恩典，我们获得了永生。

这样的语言同样可以来自本书讨论过的任何一位主流的改教家。然而，仔细分析之后，我们发现在恩典的最终来源和发挥作用的方式上门诺与宪制改教家有着很重要的分歧。门诺从创世开始列举救赎历史的"时刻"，而不是从上帝永恒的命令或神秘的设计开始，这意义十分重大。门诺和所有激进的宗教改革的追随者一样，都对预定论和意志的捆绑这对孪生教义十分反感，我们看到这两个教义将主流的改教家与罗马天主教传统严格的奥古斯丁派联系在一起（参照 17 世纪的詹森派运动）。门诺常常称他的追随者是"被拣选之人"和"上帝的选民"；他还将耶稣基督说成是预定论的对象，他道成肉身"那时那刻就在拿撒勒城，根据上帝的预定论，根据上帝的命令"。[43] 但是他很不满那假定的宿命论，他认为路德和茨温利的预定论神学中都暗含了宿命论。德国（即信义宗）教会称"［上帝］在我们里面既做好事又做坏事",而茨温利则说,"小偷偷窃,或杀人犯杀人,都是上帝逼迫他们做的"。门诺认为茨温利的教义是"可恶中的可恶"。[44] 如果他熟悉加尔文的教义,也必然一样反感。他强烈反对双重预定论:

> 我像一些人那样说你命令恶人为恶吗?上帝不允许这样……你使水、火、生命和死亡任由我们选择……噢,亲爱的主啊,他们亵渎你在这些事情上无法形容的善性、永恒的仁慈和大能的权力,多么可悲啊!

门诺反对严格的预定论主要是出于两方面的考虑:第一,让上帝成为恶的创造者,他感到这损害了上帝的善;第二,信义宗的因信称义为放荡的思想提供了一个方便的借口,让它能够"沿着宽路继续走下去,并遮盖了他们的罪"[45]。

总而言之,我们可以说门诺竭力在中世纪天主教救赎论的"因行为称义"和主流新教的神学决定论之间寻求平衡。救赎是根据恩典而非行为,然而救赎是"出于我自己的选择",我接受神圣恩典提供的途径。如果门诺的观点还未能让我们感到满意,那我们必须说他讨论这个问题时,既不像加尔文和路德那样细致老练,也不像胡伯迈尔那样精于经院神学。胡伯迈尔写过一篇繁杂的文章《论自由意志》(*On Free Will*)。我们也要记住,他所竭力论证的问题既不是开始于16世纪也没有结束于16世纪。17世纪英国重洗派的主体对救赎的理解与门诺的观点相去不远,而荷兰加尔文主义的阿明尼乌(Arminian)一支——更别说后来的循道会了——发展出了一种"可抗拒的恩典"和"无限的救赎"的观点,这些观点让人们想起重洗派的神学。

无谬的道

弗里德曼(Robert Friedmann)在《重洗派神学》(*The Theology of Anabaptism*)一书中并没有用单独的一章来论述关于圣经的教义。考虑到门诺从来没有清楚地论证他对圣经的权威、属性和含义的观点,从表面看,这样安排也是情有可原的。如果一个人认识不到门诺完全浸透在圣经的语言和主题中，那他也不可能深入理解门诺的作品。如果仅从引用、参考和间接提到圣经的次数上来说，门诺可能是激进的改教家中最圣经化的一位了。

我们首先来回顾一下圣经在门诺本人皈依新教和与罗马决裂过程中所起的决定性作用。他查阅圣经，从而消除了对变体说和婴儿洗的疑问。这使得一切人类权威和传统都成为相对的了：

> 看，我可敬的弟兄，与教义、圣礼和生命相比，帝国法令、教皇谕令、有学问之人召开的会议、由来已久的习俗、人的哲学、奥利金、奥古斯丁、路德、布塞、监禁、流放或杀戮都不值一提；因为它是永恒而不朽的上帝之道；我再说一遍，它是永恒的上帝之道，永远长存。[46]

在门诺的神学中，圣经最首要的重要性就是它在一个人归信时所起的关键作用。在撒种的比喻里，耶稣将道与种子进行比较。门诺借用这个比喻，将圣经比作属灵的种子，通过它新生命就萌发出来。圣灵撒下种子并结出信心和悔改的果子。有时候门诺用律法和福音之间的区别来说明道的种子带来重生的途径有很多种。律法的功能是让人们了解和承认罪，而福音的功能则是借着耶稣基督找到拯救的良方。在重洗派运动的早期，**讲道**多过阅读上帝的道，于是产生了这样的结果："在真诚传福音的地方，福音便能渗透到听众的心底，一个人能在那里找到一颗归信的、改变的、新生的心灵。"[47]许多聆听和回应重洗派信息的人是贫苦的农夫、没有技能的工人以及流离失所之人。他们几乎完全是文盲。然而，一旦归信，他们就开始"把道藏在心里"。当聚集到政府当局前的时候，这些没有文化之人引用圣经说理的能力令那些法官困惑不已。

门诺整个改革计划的基础都是坚持诉诸圣经的权威。他劝告读者不要相信古代传统、教皇法令、皇帝命令或"有学问者的智慧与解释"，只相信"上帝无谬的道"。[48]对于圣经没有明确吩咐的礼仪要严格禁止，根据这一条原则，门诺对教会的礼仪传统进行大刀阔斧的删减。门诺称，"圣经里找不到一个字是讲他们的抹油、十字架、帽子、袍子、洁净不洁之物、修道院、小教堂、钟、风琴、唱诗音乐、弥撒、献祭和古老的习惯等等。"[49]因此，所有这些事物都要从真正的基督教崇拜中剔除。

许多重洗派信徒在解释圣经的时候采取简单的字面意义。这导致了许多极端的做法，例如明斯特的多妻制，以及阿姆斯特丹街道上的裸奔事件（根据《以赛亚书》20：2—3）。比利时改革宗领袖布雷斯（Guy de Brès）说，某些重洗派信徒在屋顶上讲道，因为耶稣说过，"你们耳中所听的，要从房上宣扬出来"（太 10：27）；还有一些人则装扮成小孩子的模样，因为耶稣说过一个人必须变成小孩子才能进入天国（太 10：2—4）。[50]门诺并不赞同这些极端分子，他坚持认为耶稣禁止发誓，他还劝告人们不要墨守字面意思。他解经的基本原则（与路德相似）是以基督为中心的。"根据基督和使徒的意图来解释和理解旧约与新约的所有教义是有益于教义和劝诫的。"[51]

在与主要改教家和激进的属灵派的对话中，门诺逐渐确立了他对圣经的理解。在一致遵行唯独圣经原则的背景下，门诺使用圣经时，至少在三个方面与主流的新教不同。第一，**他指责改教家运用圣经的时候常常诉诸人的传统和无用的学问**。我们想起门诺早期在自我挣扎脱离罗马背景的时候曾得到过路德著作的"帮助"。门诺很喜欢引用路德和梅兰希顿关于圣经之外的传统没有约束力的说法，但是他又说："根据圣经的意思，路德和梅兰希顿说得很对，但是他们却没有按照自己说的去做！"[52]与改革宗牧师争论时，门诺常常指控他们的立场缺乏足够的圣经根据。例如门诺写信给法布尔，吩咐他"完整地读一遍圣经——不论是摩西和先知的书卷，还是基督和使徒的话"。他声称法布尔不能"只用圣经的一个字"证明他的观点。[53]

我们已经知道关于基督的神性问题在荷兰门诺派中掀起了轩然大波，前门诺派的门徒帕斯托尔又加剧了这一争论。在《三一上帝的告白》一文中，门诺竭力通过圣经来证明传统的、正统的三一论教义。他没有提到尼西亚会议或君士坦丁堡会议，以及任何困扰教会最初四个世纪的教父争议。"这些明白的经文、见证和说法"已经足够了！门诺称，15 年来，他一直很厌恶"人的诡辩和解释"。在诸如此类的问题上不顾圣经简单明了的教导而试图进行洋洋洒洒的诡辩，这"就像试图把莱茵河或默兹河的水倒在一个一夸脱的瓶子里一样"。同时我们也不得不承认，门诺并没有严格遵守他自己定下的规矩。在引用传统的经文证明基督和圣灵的神性之后，门诺也借用在神学历史中发展出来的术语。基督被教父们称为"一个位格"；圣灵"通过子来自父，尽管他自始至终与上帝同在并在上帝里"，等等。门诺借用更广泛的教会传统的例子并非只此一个。例如，他发现"可敬的殉道者西普里安"和重洗派一样拥护信心的洗礼。当然，门诺认为要在圣经讲话的地方讲话，在圣经沉默的地方沉默，以上这些是**例外**的情况。

我们还记得，路德在获得**圣经学博士**之后才担任了在大学讲课的职务；茨温利和加尔文在研究圣经之前已经对人文主义学科了如指掌。门诺与他们都不一样。他从前做过神父，因此懂得拉丁文，实际上他还能为自己的作品写拉丁文的摘要。然而，他承认自己对拉丁语从来没有达到炉火纯青的地步，尽管从年轻时候他就对拉丁语"情有独钟"。事实上，门诺更喜欢用本国语言写作，因为他的目标读者是普通人，他们读不懂高深的拉丁语文章。门诺反对繁琐的哲学，罗马天主教的和新教的他都反对；在《基督教教义的根基》中，他声称我们所教的智慧"不是来自遥远的地方，也不是在大学里教授的。智慧必须来自上面，并通过圣灵学习"[54]。

第二，**门诺在解释圣经的时候先解释新约，后解释旧约。**在前面讨论茨温利与瑞士兄弟会的争论时，我们已经遇到这个问题了。门诺引用新约远超过旧约，其比例是三比一。即使在他的《默想〈诗篇〉25篇》一书中，引用新约的次数也多于旧约。可以肯定的是，对门诺来说，圣经是作为整体而具有权威性的。整个圣经的要旨是将我们引向基督。旧约是准备与应许的时期，这些应许指向弥赛亚的到来。根据门诺的说法，耶稣基督带来了一些新东西。旧约被全新的基督的国取代了。主流改教家强调两约之间的延续性；对他们来说**在两个时期里**只有**一个约**。这一原则使得他们能够通过与旧约的割礼做比较，从而证明婴儿受洗是正当的。他们也在旧约里找到了一种教会—国家关系的模式。重洗派指明新约的规范地位，从而否认从旧约寻求证明的合法性。对门诺来说，这不仅是他与主流改教家争论的一个问题，也是他与莱顿的扬等崇尚启示论的好战分子争论的一个问题。扬声称他是上帝委任的以武力开创上帝国的第三个大卫，他想以此证明使用刀剑是正当的；门诺坚持认为基督徒要将大卫的甲胄留给真正的以色列人。

我们不能想象旧约里的人物这样被用到新约的真理上,即以肉体对肉体的方式理解;因为那人物必须反映现实;比喻必须反映存在;字句必须反映灵意。如果这样看的话,我们就能很容易地理解基督徒应当以什么武器战斗,基督徒应当以上帝的道为武器,上帝的道是一把双刃剑。[55]

这样,门诺认为新约的实在性超过了旧约。从门诺神学的整体看,这个原则是他以基督为中心解经的必然结果,即他常常提起的"那已经立好的根基是耶稣基督,此外没有人能立别的根基"。

第三,**门诺承认次经也是正典**。宗教改革唯独圣经的原则对圣经的正典性提出了一个新的问题。我们看到门诺强烈反对路德将《雅各书》贬低为"毫无价值的书信"。主流改教家与激进派之间的另一个不同之处在于对次经的使用上。多数主要新教神学家不承认次经,他们认为次经是伪造的,其价值是次要的和微不足道的。天主教的许多教导,例如炼狱,都可以用次经来证明,因此新教极力贬低次经的权威性。英国国教坚持其中间派立场(via media),认为次经是具有启发性的文学作品,可以在崇拜时阅读,但是却不能与无可争议的正典作品相提并论。在特兰托会议上,罗马教会承认次经具有完全的正典地位。纵观激进的宗教改革在这个问题上的说法,其观点更接近于天主教的立场。门诺自如地引用次经的内容,并不认为次经的权威性与那些无可争议的作品有任何不同。有一次,他在同一个句子里同时提到了使徒保罗和次经人物苏撒拿(Susanna):"我们认为根据圣保罗,我们应该服从上帝而不是服从人,根据亲爱而贞洁的苏撒拿,落在人手里要好过落在上帝手里。"[56]中世纪,次经以不同版本流传,在讲道和绘画中非常流行。从多种中世纪虔诚运动汲取资源的激进宗教改革是一个大众化的运动,认为次经完全是上帝所默示的,是上帝口传之道的一部分,"不能弯曲也不能中断"[57]。直到今天阿米什派的婚礼仪式还是根据《多比传》举行的,从这里可以看出这一传统的影响连绵不绝。

为了抵制主流的新教和莱顿的扬等崇尚启示论的好战分子,门诺不得不强调旧约的比喻意义和属灵特点。为了抵制激进的属灵派,他还要维护整个圣经的客观性和权威性。明斯特王国崩溃之后,那些追随国王莱顿的扬的失望之人走上了不同的道路。他们中的一些人在巴滕堡的约翰（John of Batenburg）带领下仍然相信只有通过对"不信之人"（即非巴滕堡派）的武力攻击才能带来基督的第二次降临。这些恐怖分子以"铁石心肠"（Zwaardgeesten）著称，他们在广大的低地国家抢掠教堂，屠杀无辜百姓。虽然巴滕堡的约翰于1538年被处死了，但是他的追随者继续对他人肆意报复。直到1552年莱顿城还担心遭到巴滕派的攻击。

门诺用他在加入兄弟会之前批判莱顿的扬的说法来反对那些暴力的极端派。然而和门诺同样厌恶暴力的人却在一些细微之处不同意他的观点，他们既不承认他积极的圣经主义（biblicism），也不承认他以和平的重洗派组建可见的教会的计划。

1540年奥博离开重洗派，对门诺个人来说是一个很大的打击，正是奥博为他施洗并按立他为牧师。奥博在他晚年写的《忏悔录》中描述了他对由门诺和他的亲兄弟迪尔克领导的重洗派运动感到深深的失望。他写道，当预言一次又一次地欺骗了他们——这里是指霍夫曼、马提伊斯、莱顿的扬等人的预言都没有实现，然后"圣经的字句将我们变成囚犯"——此处暗指门诺坚持按照字面意义奉行新约里的教会模式。[58]通过奥博描述1534年发生在哈勒姆的一桩"十五六名教师和兄弟"死刑案，我们能够对他的心灵剧变获得一个生动的印象。

> 有人被窒息而死，然后戳到长矛上；有些被砍掉脑袋挂在轮子上。后来我站在受害人中间观看，和我一起去的还有一些兄弟，因为我很想找到那三个为我们施洗又呼召并向我们许诺的人。但是我们分辨不出他们来，因为他们已经被火和烟大大改变了面容，那些挂在轮子上的人我们也认不出来，分不清楚。[59]

这件事一定时时刻刻煎熬着奥博的良心。他为自己在荷兰重洗派崛起过程中扮演的角色懊悔不已，最终他成了一位孤独的属灵派，直到去世。

在约里斯那里，门诺遇到了重洗派的属灵派发出的更严峻的挑战，约里斯和门诺一样，都是由奥博按立为牧师的。1538年，约里斯收到一位崇拜他的追随者写的信，此人是一个名叫安纳肯·扬斯的有钱妇人，她称约里斯是上帝的先知，耶和华手中的"簸箕"，要扬去糠秕，"为他准备合适的百姓，很快他要来到殿中"。[60]不久约里斯认为自己就是"真正的"大卫三世,莱顿的扬是假冒的。从 1539 年到 1544 年约里斯一直住在安特卫普(Antwerp),在那里他建立了一套完整的获得基督教信心的属灵主义途径(spiritualistic approach)。门诺强调文字的道,而约里斯强调内在的道。最终,他发展成反对所有的"外在事物",包括成人洗礼。圣灵的引导先于信心客观的、历史的方面:

> 信心是在圣灵的力量和真理的力量中揭示的,不是在讲圣经故事里揭示的,不是在使徒和先知行神迹的故事里揭示的,不是在对基督外在十字架的证明里揭示的,不是在他的道成肉身、死亡和复活里揭示的,也不是在他的第二次降临里揭示的。[61]

约里斯在低地国家遭到了迫害,于是他在 1544 年与妻子和 11 个孩子迁往巴塞尔。他为自己取了一个化名,"约翰·凡·布鲁格"(Johann van Brugge),表面上服从改革宗教会,过着相对悠闲和舒适的生活。通过多产的著作,他继续引导着那些追随者,他的追随者被称为大卫约里斯派(Davidjorists)。许多信徒效仿他的样子,假装服从建制教会的要求,以此隐藏真正的信仰。

早在门诺写第一版的《基督教教义的根基》时,他就觉察到了"败坏的小教派"所带来的危险。他哀伤地说,许多人已经"可悲地被从一个不洁的教派错误地引上了另一个不洁的教派:首先是明斯特派,后来是巴滕堡派,现在是大卫派"。他也抨击假教师的说法:

> 你的意思是说基督和使徒的教义还不完全,所以你们的教义要给出完美的教导吗?我告诉你们,教导和相信这一点是最可怕的亵渎……上当的孩子们,基督和使徒的所有教义中哪里有一个字……可以证明和建立一个你们提出的错误教条?[62]

遭到门诺的猛烈抨击之后,约里斯给门诺写了一封信,提醒他准备迎接一场大战。门诺写了一篇文章"尖锐地答约里斯"(Sharp Reply to David Joris, 1542)。只要听一听他称约里斯为"人的一堆大便、灰烬和水蒸气",我们就能感受到门诺的答复是多么"尖锐"。他批评大卫约里斯派表里不一的权宜之计以及屈服于周围的宗教文化是懦弱的行为。门诺称,约里斯反动思想的根源在于他以自己的话取代了基督的话:"你认为基督的教义已经过时了,而你自己的教义却是完美而恒久的。"[63] 说了这些话以后,门诺又嘱咐约里斯不要再给他写信了,除非他已经悔改,并愿意放弃自己的想法,而服从主在圣经中启示的道。1556 年约里斯死后不久,巴塞尔当局发现他们认识的这位名叫约翰·布鲁格的著名商人就是那个臭名昭著的异端。他们命人将他的尸首掘出,然后加以焚烧。然而,他的思想还活着,门诺一生都致力于应付荷兰重洗派中一再出现的属灵派潮流。在早期著作《为什么我不停止教导和写作》(*Why I Do Not Cease Teaching and Writing*,1539)中,门诺提出了检验传道工作的原则。

> 弟兄,我告诉你事实,我不撒谎。我不是以诺,我不是以利亚,我也不是那能看到异象的人,我不是先知,能够预言上帝没有写出的道以及圣灵没有启示的事情……再说一次,我看不到异象,也接受不到天使的启示。我也没有那样的期望以免被骗。对我来说,基督的道已经足够了。[64]

道成肉身的主

我们已经看到门诺怎样避免教父争论时所使用的推理性的、哲学化的沉重语言,而竭力以纯粹的圣经语言来重新诠释古典的三一教义。在诠释基督位格时他也遇见了相似的问题,确切地说,是在诠释基督道成肉身的方式时。卡尔西顿会议(451)声明,道成肉身的基督是"一个位格有两种属性"。这是一个折中的说法,一方面是为了反驳一性论的错误(坚持一性论的人认为基督只具有一种属性),另一方面是为了反驳聂斯托利派的错误(聂斯托利派将基督的人性与神性分开)。卡尔西顿会议之后,在基督论上的分歧继续分裂着教会,这种情况在东方尤其突出。当激进的宗教改革想要剪除教会在基督论上添加的教条,回到基督教的根源时,它给这个经久不衰的神学两难问题带来了更多的争议,对此我们并不感到惊奇。

在某些属灵派、重洗派以及福音派的激进分子中产生了许多种说法,他们说,当基督道成肉身的时候,他把自己的身体从天上带了下来。属灵派史文克斐自称是他为宗教改革引进了这一教义，他说，他是在阅读圣经和教父著作时发现的这一教义。史文克斐坚持他所宣称的"天上肉体"的基督论，而反对弗兰克（Sebastian Franck）和霍夫曼等其他改教家的说法，他认为他们是"从我们的真理上犯错误，就像蜘蛛从美丽的花朵里吸取毒汁"[65]。将这一教义传播到尼德兰重洗派，后来又传给门诺的，是霍夫曼，而不是史文克斐。借用中世纪神秘主义的比喻，霍夫曼将基督在马利亚腹中成孕的过程比作一滴露珠从天上落到牡蛎中，并在那里结晶成一颗珍珠。霍夫曼说，基督从马利亚那里没有获得任何本质，他只是通过她的身体"如同水流过水管"。霍夫曼的这个说法与诺斯替派早期领袖瓦伦廷（Valentinus）的观点遥相呼应。门诺用了另一个比喻来解释道成肉身，他说神圣的基督通过马利亚的子宫，就如同一缕阳光穿过玻璃杯，没有承受有罪的肉体。

在道成肉身教义上，门诺好像是迫不得已才卷入与改革宗对手的争论。门诺在应拉斯高（John à Lasco）之约写的《简要而清晰的告白》（*Brief and Clear Confession*，1544）一文中提到了在埃姆登召开的一次会议，在这次会议上他们讨论了道成肉身的问题，"你知道参加和讨论这个问题是违背我的意愿的"。在同一篇文章里，他又说，当时他很怀疑，"那［霍夫曼派？］弟兄第一次提到这一教义，我担心自己会犯错误。"他花了很多天时间，一直禁食祷告并听取其他基督徒的意见。

> 最后，经过禁食、哭泣、祷告、痛苦和焦虑之后，因着上帝的恩典，我的心得到了抚慰和重振，我坚定地承认和相信，因着圣经无谬的见证我确信，我在圣灵里明白了永受祝福的耶稣基督是从天上来的主；是上帝应许的新的属灵的夏娃的属灵后裔。[66]

尽管门诺在道成肉身的教义上从来没有动摇过，但他也没有公开地教导过这一教义，他认为，"没有几个人能理解道成肉身的事情，即使给他们解释了以后，他们也无法理解！"[67] 门诺显然感到有必要创作大量的文章来为他的道成肉身教义辩护，他在这个教义上花费的精力超过了其他任何教义。

既然门诺对道成肉身的论述与霍夫曼稍有差别，我们还是要听一听他本人对这一教义的解释：

297 　　　　　　天上的种子，即上帝的道，被播种在马利亚身体里，借着她的信，由圣灵受孕，成为肉身，又在她身体里成长；因为这种子被叫做她腹中的果子，正如那普通母亲的普通果子或后代。耶稣基督的起源，不是地上的人，即有血有肉的亚当的果子。他是天上的果子或人。因为他的起因或起源是父，如同第一个亚当，他是没有罪的。[68]

门诺常常引用一段经文来证明，"道成了肉身"（约1：14）。门诺不赞同他那些对手们的说法，"道拥有了人的肉身"，他更喜欢对约翰的说法进行字面意义的解释。门诺也不同意基督从马利亚那里获得人的属性，那样的话他将沾染上亚当的罪，亚当的后裔都沾染了他的罪。罗马天主教的解决方法是借用无沾成胎说（Immaculate Conception）：马利亚在其母亲安娜的腹中以超自然的方式成胎，没有沾染原罪，因此能够生下无罪的基督。改教传统一般认为圣灵神奇地洁净了亚当那败坏的种子，因此基督没有继承原罪，尽管他有完全的人性。这两种解释门诺都不接受：前者将马利亚抬高到了女神的地位，后者将基督分成两部分，破坏了他统一的位格。门诺想通过指出基督整个存在的起源在天上来解决这个难题："整个的耶稣基督，既是神又是人，既是人又是神，他的起源在天上，而不在地上。"[69]

门诺尽可能小心地界定道成肉身的过程，以便耶稣既能自然出生，又有超自然的起源。他有意识地选择一些介词短语来说明这个问题：耶稣基督通过或来自圣灵，在马利亚腹中成胎，他的出生是出自马利亚而不是来自马利亚。该论述的一个简写版是，耶稣的出生来自上帝而出自马利亚。[70]与霍夫曼不同，门诺清楚地表明耶稣吸收养分，并在马利亚的腹中经历正常的胎儿发育过程。永恒的道是"来自圣灵并因圣灵感孕；在马利亚腹中受滋养，正如一个正常的孩子由他的母亲孕育成长"。同时，门诺坚持认为马利亚在耶稣的人性起源上没有起任何作用。门诺的理论得到了当时生理学（起源于亚里士多德）的证实，当时的生理学理论认为女性在繁衍后代的过程中是被动的。当然现代生物学证明这样的观点是错误的；我们知道在繁衍后代的过程中男性与女性的地位是平等的。然而在门诺那个时代，他的观点属于主流的科学理论，许多医生和哲学家都坚持那样的观点。人们相信男性的精子是新生儿属性的来源,而新生儿只是由母亲滋养和生育。门诺相信圣经中亚伯拉罕和撒拉的例子证明了这种模式,这个例子表明,"孩子的来源在于父亲而不在母亲,二者无法可比"[71]。

门诺相信他的解释既保证了基督是无罪的,又保证了他具有人性的事实。然而,其对手却指责他传播基督论的幻影说,这是古代的一个异端邪说,认为基督只不过看起来好像是人。加尔文从来没有见过门诺,只是从对手米克朗那里听说了门诺的观点,他指责这位重洗派信徒说,他想象不出任何东西"比这头驴子更傲慢,比这条狗更鲁莽"[72]。他还批评门诺将对道成肉身的理解建立在生物学理论的基础上:"为了掩盖他们的错误——证明基督从无中获得了身体——新马西昂派如此傲慢地表示女人'没有精子'。由此他们推翻了自然界的原则。"(《基督教要义》2.13.3)回顾前文,关于女性在繁殖后代问题上的角色,加尔文的论证更出色一些。然而我们看到,门诺并无意否认基督具有真正的人性。门诺反对诺斯替主义(包括米克朗派),他说基督"是真正的人,而不是幻影……他痛苦、挨饿、口渴、受难和死亡,这些都是肉体上的感受。"[73]门诺关心的问题是基督如何不沾染原罪,又能在十字架上为全世界的罪人献上完美的祭。因此他强调神—人位格的统一性,而不强调耶稣属性的差异性。因此门诺毫不犹豫地说,神子的神性和人性都遭受痛苦并死去了,这样的观点是改革宗的神学家所不愿意接受的。门诺解释说,改革宗强调两种属性具有彼此差异的特性,这就产生了"两个子,一个是神子,没有母亲,也不会遭受任何痛苦,另一个是马利亚之子,没有父亲,并要遭受痛苦。"门诺反对这样一个分裂的基督,他称"主耶稣基督不是一位不洁的、分裂的基督,他不是两个位格或两个子,他是不可分的、洁净的基督,只有一个位格,是上帝的头生子和独生子。"[74]和所有神学家一样,门诺被迫用类比的方法来解释他的观点——例如查理五世皇帝,从父亲方面说他是奥地利之子,从母亲方面说他是西班牙之子,但他不是两个儿子,而是独一的、不可分割的儿子;同样,耶稣基督从父亲方面说是神子,从母亲方面说是人子。而且,基督"不是出自两个儿子的一个儿子(one son out of two sons)——而是唯一的、不可分割的儿子,神之子与马利亚之子。"[75]

瑞士兄弟会和胡特尔派都不接受门诺独特的道成肉身教义，因此也不再追随荷兰的重洗派，而后来的门诺派也抛弃了这一教义。门诺作品集英译本的编辑也承认，"门诺在这个问题上的古怪观点让现代门诺派也感到十分为难"[76]。然而，在16和17世纪，门诺的教义对荷兰重洗派产生了重要的救恩论和教会论影响。至关重要的一点是，新生依赖于道成肉身，而通过新生信徒得以分享神圣的属性。门诺给教会的定义是一群没有污点和褶皱的人，共同享有天上的"吗哪"，耶稣将自己的身体等同于"吗哪"（约6：51及以下）。门诺关于教会的定义也与道成肉身的奇迹有关。关于基督论与圣餐的虔诚之间的密切关系，迪尔克有这样的说法："耶稣基督是生命的饼，如同露珠或吗哪一样从天上落下，天使的食物也成了人的食物。但是那饼，也就是他自己，他赐给人——即信徒——让他们吃的，乃是他的身体，是他为世人的生命所赐的。"[77]

真教会

会众

据说门诺在病床上曾说过——病床后来成了灵床——对他来说世上没有什么东西同教会一样宝贵。25年来，他在尼德兰和德国北部辛勤耕耘，努力将信徒组建成一个有组织的教会，使他们献身于彼此以及在此世的使命。通过门诺及其同工的传教，荷兰的重洗派已经从对明斯特的失望中恢复过来，成为激进的宗教改革最持久的表现形式。

门诺写了许多作品来阐明真教会的特点，以此抵制那些组织合法又有国家支持的敌基督的假教会。

> 那些只是夸耀基督之名的人肯定不是基督的真教会。那些真正归信的人，那些从上帝出生的人则是基督的真教会，还有那些通过聆听上帝的道而使圣灵做工并使他们获得重生心灵的人，他们成为上帝的儿女，服从他，不以他的命令为羞耻，终日或自蒙召的那一日起就遵从上帝的旨意。[78]

真教会是由一群重生之人组成的,他们甘愿过门徒的生活,并决心彼此相爱且互相依靠。门诺称罗马天主教、路德派和茨温利派是"庞大和舒服的教派"。他将这些教派与阿里乌派、激进多纳徒派（Circumcellions）和明斯特派相提并论。他们有一个共同的特点:"所有在基督和他的道之外的教派都习惯于用剑来证明他们的立场、信仰和行为是合法的。"[79] 门诺重洗派不承认"基督教整体"（corpus christianum）的合法性,凭借"基督教整体"教会和社会形成一个有机整体,宗教也在国家强制力的支持下得到巩固。在 16 世纪这个观点是相当革命性的,并导致了对那些不合群的重洗派的报复。往往是教会官员怂恿政府去迫害激进的改革家。难怪门诺精挑细选了许多绰号送给那些宗教领袖们:"伪善的骗子……一无是处、只会诬陷人的嘴巴……希律的家族……魔鬼的传道人"[80]。

重洗派并不否认维护法律和秩序的世俗权力是由上帝任命的。他们决心服从一切领域的世俗权威,只要不违背信仰的要求。1550 年,一个名叫奥维丹（Hans van Overdam）的荷兰重洗派信徒解释了他的同胞对世俗权威的立场:

> 尊敬的君主、议员、市长和法官,你们知道我们承认你们的职责是正确而妥当的;是的,世俗的剑由上帝任命和设立,用来惩罚作恶之人并保护好人,我们愿意服从你们,甘愿纳税、缴纳贡品、遵守法令,只要不违背上帝的命令。如果你们发现我们在这些事情上违逆不从,我们愿意像恶人那样接受惩罚。那了解每个人心灵的上帝知道这才是我们的本意。
>
> 但是尊敬的君主,你们要明白,我们并不承认那滥用国家职权的行为来自上帝,我们认为那是来自魔鬼,敌基督用魔鬼的伎俩蛊惑和蒙住了你们的眼睛……醒醒吧,睁开眼睛,看一看你们正在攻击的是谁,你们攻击的是……上帝。
>
> 因此我们不会向你们屈服;因为我们遭试炼是上帝的旨意。因上帝的恩典,我们宁愿身体遭受火刑、水淹、砍头、肢解、酷刑,或者遭受鞭笞、开除教籍、流放并剥夺财产,也绝不违背上帝的道向你们低头屈服,我们会忍耐,因申冤在上帝。[81]

路德、茨温利和加尔文等人要根据上帝的道来改革教会;与这些人不同，激进的改教家更关心的是重建原始教会，他们认为教会已经"堕落"或变体了。主流改教家所使用的 Volkskirche（字面意思是"人民的教会"）这个词本身就表明了教会的堕落。新酒不能装在旧皮袋里。新约教会也必须"根据真的使徒的规则和标准"重建。在《痛苦的基督徒的忏悔》(Confession of the Distressed Christians, 1552) 一文中，门诺描述了他在那个时代所见证的真教会的复兴：

> 多年以来，阳光不再普照；天和地变成了铜与铁；小溪和泉水不再流淌，露珠也不再从天而降；美丽的树木和青葱的田野干涸枯萎了——我指的是属灵意义上的。然而，后来的日子，仁慈而伟大的上帝以他丰富的爱的宝藏重新开启了天窗，让圣言的露珠飘落，于是地上再次长出了义的枝子和树木，那枝子和树木结出果子，荣耀主伟大而可敬的名。主的圣言与圣礼从灰烬里复兴，借此那博学之人的欺诈和可恶一览无遗。因此，阴间的大门向他们敞开，他们又喊又叫，人们欺诈、亵渎又嗜血，如果强大的上帝没有表现出他仁慈的力量，没有一个人能得救。但是他们无法夺去那属于他的东西。[82]

门诺描述教会最喜欢用的一个词就是 Gemeente（参照 Gemeinde），他用这个词来指称充满生气的信徒团契或团体，由圣徒组成的集体。在《答法布尔》(Reply to Gellius Faber) 一文中，门诺列出了教会的六个特点：(1) 不掺假的、纯正的教义；(2) 根据圣经的含义使用圣礼作为记号；(3) 服从道；(4) 无伪的、兄弟般的爱；(5) 无畏地承认上帝和基督；(6) 为了主的道遭受压迫和磨难。非常重要的一点是，教会的六个特点里有四个关乎基督徒生活的伦理和道德纬度。

洗礼

洗礼对门诺的追随者具有重要意义，这可以从重洗派 (Wiedertäufer) 一词表现出来，这是重洗派的反对者赋予他们的称呼。门诺声称，"为了洗礼的缘故，我们被所有人谩骂、杀戮和迫害"[83]。1529 年，皇帝查理五世颁布了一项帝国法令，下令对所有接受重洗的人处以死刑：

> 因此**普通法**（即法典）规定所有根据基督教法令受过一次洗的人都不能重新受洗，一个人也不能为想重洗的人施洗，这些都是**帝国法律**所禁止的，如此做的人将被判死刑。[84]

该法律根据的是反对多纳徒派和早期教会其他分裂分子的古代法典，其目标是针对"最近兴起的新的谬误和重洗教派"。当然，重洗派信徒坚决不承认他们是重洗，因为他们根本不承认婴儿时受的洗是有效的。

我们可以用三句话来概括门诺的洗礼教义：（1）**信心不是来自洗礼，但是洗礼来自信心**。门诺反对将洗礼理解成圣礼，那是天主教和多数新教所教导的观点。他认为水洗是一个人的内心经历了信心之后在外部所做的记号。新生不在于没入水中，也不在于由圣职人员主持的洗礼仪式。

> 新生不在于水或语言；新生是来自天上的、活泼的、使人复苏的上帝的力量，它发生在我们心中，从上帝涌出，由圣言传播。如果我们以信心接受了它，它便激发、更新、洞穿和改变我们的心灵，这样我们就从不信变为相信……这些重生之人，上帝将神圣的、基督的洗礼教导和吩咐他们，使那洗礼成为他们信心的印记。[85]

门诺声明，即使皇帝或国王来到他面前要求受洗，他也不会给他们施洗，除非有证据表明他们的生命已经被改变了。"因为在没有带来服从、更新和重生的信心的地方，就没有洗礼。"

（2）**婴儿没有信仰和悔改的能力，因此不能受洗**。门诺坚决服从大使命的顺序，耶稣指示给门徒的大使命是先教训再施洗。"幼小的无理性的婴儿"无法接受教训，因此不能给他们施洗。"既然婴儿没有聆听的能力，他们无法相信，而且也不相信重生。"[86]我们前面也提到，路德和茨温利解决这个问题的方法不同。对茨温利来说，受洗婴儿的信心不是要考虑的问题，婴儿父母或教会的信心才是要考虑的问题。路德认为，受洗的人与信心之间存在着固有的联系，所以他在婴儿身上安放了一个沉睡的、潜伏的信心。门诺反对茨温利的观点，他坚持受洗之人必须有自己的信心。他也不同意路德的观点，说："我们在圣经里没有见过使徒为一个睡着的信徒施洗。他们施洗的那些人都是醒着的，没有一个是睡着的。"[87]重洗派的救恩论强调基督之死对所有没有达到可以负责任的年龄的儿童也具有普遍的救赎功效，这样就解决了传统的关于婴儿洗礼是免除原罪的圣礼的争论。门诺却坚持认为：

> 根据上帝的道，小孩子一定要等到能够理解恩典的福音并真诚地承认福音；然后，不论他们是年少还是年长，只有那时他们才能接受基督的洗礼……如果他们在童年还不能辨别事物的时候，即还没有理解能力且获得信心之前就夭折了，那么他们是带着上帝的应许离世的，且此等福分来自上帝借着基督耶稣赐下的恩典之应许，别无他途。《路加福音》18：16。[88]

关于婴儿受洗还有一个争论是我们很熟悉的，即将婴儿受洗与旧约的割礼进行类比。门诺反对这一说法，他指出，如果按照字面意思，那么只有男性才能受洗。他的主要论据当然是耶稣或使徒都没有给出过关于婴儿洗礼的正面吩咐，因此他只能把婴儿洗礼看做人发明出来的一项仪式，是"上帝跟前一件令人讨厌的东西"[89]。

（3）**洗礼是信徒开始过一种彻底的门徒生活时所举行的公开仪式。**门诺花在反驳对手错误上的时间要超过他提出自己的关于信徒受洗的肯定性神学的时间。和茨温利一样，他想将记号及其所代表的事物分开。"如果我们认为赦罪的是洗礼而不是基督的鲜血，那么我们就造了一头金牛犊，并用它取代基督。"[90]同时，对门诺来说，洗礼是一个意义重大的仪式，这与属灵派正好相反，例如约里斯完全废除了洗礼，霍夫曼则要求暂时中止外在的礼仪。对门诺来说，洗礼是服从福音的象征，是新信徒对加入修道会时进行的入会仪式的简单模仿，这一誓愿表明与过去生活的彻底决裂，并在团契里获得新的身份，其标志就是有了新名字和新服装。重洗派认为洗礼标志着身份和生活方式都发生了根本的改变。这包括"远离"旧我和"进入崭新的生命"。在当代的美国文化中，洗礼很少涉及个人的牺牲或困苦。对16世纪的重洗派来说，洗礼往往意味着失去生计，失去家园、土地、家人，以及流落异国他乡。接受洗礼不仅表示分享基督复活的大能，还表示要分担他的苦难。1554年，门诺用写实的语言描绘了洗礼带给他的众多追随者的后果：

在这几年里，有多少我们不曾见过的上帝的虔诚儿女，只是因为他们见证了上帝和自己的良知，便被剥夺了家园和财产；他们的财产和生活必需品被没收，进了皇帝的金库。多少人遭背叛，被赶出城市和国家，送上火刑柱备受折磨？逼迫者们赶走了多少孤儿和孩童，而不给他们一分钱？他们将一些人绞死，残暴地惩罚另一些人，又把他们用绳子勒死，绑到木桩上。他们将一些人活活烧死。有些人用手捧着自己的肠子，仍然坚信上帝的道。他们把一些人斩首，又扔给飞禽啄食。他们又把一些人扔给鱼。他们推倒一些人的房子。他们又把一些人丢给浑身泥污的狗。他们砍断一些人的脚，其中一个我还见过并和他说过话。其他一些受逼迫的重洗派信徒则漫无目的地在山野、荒漠、石洞和地面的裂缝里游荡，贫困、痛苦而不安，如保罗说的那样。他们马不停蹄地带着妻儿逃亡，从一个国家到另一个国家，从一个城市到另一个城市——所有人都恨他们，谩骂、杀戮、嘲笑、诋毁和踩躏他们，称他们是"异端"。他们的名字不断在讲台和市政厅里被宣读；他们被夺去了生计，被赶进寒冷的冬季，他们被抢走了面包，又被人指指戳戳……[91]

圣餐

1549年，一位名叫伊丽莎白·迪尔克斯（Elizabeth Dirks）的年轻女子在吕伐登被捕了，并在市礼堂受到了议会成员的审问。下面是这位重洗派姊妹与审判官之间的一段对话：

> 审判官：对最可敬、最神圣的圣礼，你有什么看法？
> 伊丽莎白：除了圣餐，我在圣经里没有看到别的圣礼……
> 审判官：闭嘴，魔鬼在借你的嘴说话。
> 伊丽莎白：是的，我主，这［指控］是小事一桩，因为仆人不会高过他的主人。
> 审判官：你说话太傲慢。
> 伊丽莎白：不，我主，我只是说话坦率。
> 审判官：当主赐给使徒圣餐的时候，他说了什么？

> 伊丽莎白：他给他们的是什么，身体还是饼？
>
> 审判官：他给他们的是饼。
>
> 伊丽莎白：主不是还坐在那里吗？那么谁能吃到主的身体呢？[92]

对那些将重洗派看作国家—教会体系的威胁的人，除了洗礼以外，圣餐也是一个令他们头疼的问题。伊丽莎白后来被以溺水的方式执行了死刑，和她一样，重洗派的殉道士常常被问到他们的圣餐神学。一位来自西弗里斯兰（Friesland）的重洗派信徒被问道："对圣餐你有什么看法？"他答道："关于你们那被烘烤的上帝，我一无所知。"一位来自海牙的名叫魏肯（Weynken）的寡妇被判绞刑，因为她顽固地否认圣餐有圣礼的功用。在她被执行死刑的那个早晨，多明我会修士来为她主持圣餐仪式。她说："上帝你将赐给我什么？一件要腐朽的并且只卖一分钱的东西吗？"对那一天举行弥撒的圣职人员，她说他"又一次钉死了上帝"。[93]

在探讨门诺的圣餐神学之前，让我们先来看一看 16 世纪后期莱茵河下游地区的重洗派是怎样举行圣餐的。

> 当分发主的圣餐的时候，牧师拿起饼，给每个人掰一块，当饼分完了，每个人手中都有了一块的时候，牧师也为自己拿了一块，放到嘴里吃掉；教友们看到了，立即照着做。牧师不说话，不行仪式，也没有祝福。吃完饼，牧师马上拿起一瓶或一杯酒，喝了，又分给教会的每一位成员。他们正是如此掰饼的。[94]

仪式十分简单，这让我们想起了早期的瑞士兄弟会是如何举行圣餐的，他们不允许圣职人员穿祭袍，不允许唱歌或其他任何可能制造"虚假尊敬"的事物。同时吃饼和从一个公用杯子里喝酒是一些团契共同奉行的做法。没有线索表明早期的重洗派在圣餐中不使用真正的酒而使用别的东西，尽管某些诺斯替派（以及今天的摩门教）更喜欢用水代替。因为现代的禁酒运动，19 世纪的美国新教徒一般使用葡萄汁。

尽管重洗派不再沿袭弥撒所使用的礼仪性的繁文缛节，但是他们所举行的圣餐并非浅薄而随意的仪式，而是重演耶稣最后的晚餐，以及参加弥赛亚的末世盛宴。对于圣餐，门诺在《基督教教义的根基》

一书中提出了四个基本原理，他将圣餐称为"神圣的圣礼"。第一，他否认了圣礼的字面主义，即认为饼和酒等可朽物质是基督真正的身体与血。他与茨温利和加尔文的看法一致，坚持认为主升天以后的身体在天上父的右边。圣餐是对基督在十字架上献上自己拯救世人以及他将我们带进恩典的国的"劝诫性的记号和纪念"。第二，圣餐是基督爱我们的证据或保证。在圣餐桌旁，信徒不仅纪念基督的死是一个过去的事件，而且还想起"圣爱荣耀的果子在基督里向我们显现"。这爱活跃在参加团契的人里面，"渐渐更新"他们的信心。门诺描述了那深深的属灵热情，那热情将信徒聚集在圣餐桌旁：

> 他们的心激荡着欢乐与宁静；他们满心欢喜，在感恩中爆发；他们全心全意赞美和荣耀上帝，因为他们确信已经在圣灵里理解、相信并知道父爱我们，将他永恒的子并他的一切好处作为礼物以及永恒的救赎，赐给我们这些可怜又邪恶的罪人。[95]

第三，圣餐是基督徒合一、友爱与和平的纽带。门诺借用了《十二使徒遗训》（*Didache*）中的一个古代基督教比喻，将聚集在餐桌周围的信徒比作一块面包：

> 普通的面包是由谷物做的，谷物被石磨研碎，加水揉搓，又用火烘烤，基督的教会锻炼真正的信徒也是如此，用圣言的石磨在他们心里研磨，用圣灵的水为他们施洗，又用纯洁的真爱之火使他们成为一个整体。[96]

共同分享圣餐的基督徒必须抛弃怨言与争论。他们一定要原谅对方，服侍他人，互相批判与劝诫。而在火里烘烤则表示，他们要准备为彼此受苦和牺牲，必要的话，也要为他们的主受苦和牺牲。

第四，圣餐就是分享基督的身体和血。门诺的这一思想直接来自保罗在《哥林多前书》10：16 的说法，保罗将酒杯和面饼等同于 *koinonia*（分享、分有、参与）基督的身体和血。我们已经提到，圣餐的目的是带给信徒内在的更新。门诺称，基督在天上的身体所隐含的意思是，参加圣餐仪式的基督徒是"他肉中的肉，骨中的骨"。不论在什么地方以爱、和平与合一举行圣餐，"耶稣基督便带着恩典、圣灵和应许临在，并带着他受难、痛苦、身体、血、十字架与死亡的益处"。在描述这样一顿圣餐带来的祝福时，门诺兴奋地说："噢，这愉快的集会与基督徒婚礼的盛宴……在这里，饥饿的良心饱食了圣言的饼，以及圣灵的酒，在这里欢乐的灵魂在主面前唱歌玩耍。"[97]

与圣餐有关的还有一件事，许多重洗派信徒还遵守着洗脚的规定。对这一习俗，门诺讲得很少。他只是吩咐教会要为那些远道而来的兄弟姊妹洗脚。然而，迪尔克·菲利普却将"圣徒洗脚"列为耶稣希望教会实行的七项规定之一。他提出三个理由来证明洗脚的重要性。第一，洗脚是基督命令的，因此不应该忽视。从这里我们可以看到恢复使徒教会的意图，使徒教会被理解成教会的模型，应该尽可能按照字面意义重建。第二，外在的洗脚意味着内在的净化。洗礼（与修道誓愿一样）是一劳永逸的入会仪式，洗脚则像圣餐，需要不断重复，象征持续的更新和赎罪。第三，洗脚为信徒们提供了一个机会，以仪式的方式重演圣餐所唤起和包含的真正的谦卑。迪尔克嘲笑那些蔑视洗脚而喜欢别人称他们"博士、老师和先生"的人。那样的骄傲自大恰好与基督徒谦卑和爱的品质相反。

开除教籍

虽然彼此之间有分歧，但是说到真教会的两个本质性的标志或特点（notae），路德、茨温利和加尔文的看法却是一致的：正确地传讲圣言以及合宜地施行圣礼。的确，加尔文强调教会纪律在管理基督徒生活方面有重要作用，但是他不同意将教会纪律提高到圣言与圣礼的高度。而重洗派却坚持，教会纪律是真教会不可或缺的标志，那教会纪律要根据耶稣在《马太福音》18：15—18 的吩咐实行。重要的是，在禁止对基督徒使用剑的背景之下，《施莱塞穆信条》提出的此世的目标却与教众内部教会纪律的目标相反："在基督的典范里，开除教籍只是作为对那些犯罪之人的警告，并将其驱逐出教会，但并不从身体上消灭他。"重洗派认为，教会的内部管理在某种意义上是与世俗权力并列的。如同君士坦丁之前的教会与罗马帝国并行不悖，16 世纪的激进教派拒绝服从他们所在的文化，他们认为教会是一个"独立的社会"，可以运用福音作为工具，裁决法令和纪律。

开除教籍，或者门诺通常称之为福音隔离，是用来将那些卑鄙而败坏的信徒逐出教会的方法。开除教籍在荷兰重洗派传统中扮演着重要的角色，以致有一位历史学家给这次运动起了一个绰号，"再驱逐派"（Anabanism）。[98]我们一定要记住，荷兰福音的或和平的重洗运动出现在革命骚乱的大环境中。门诺晚年将严格遵守纪律看做区分和平的重洗派与具有暴力倾向的对手的标志之一："很明显，今天如果我们在这件事上不热心表现，那么我们就要被人们看做明斯特派和所有败坏教派的同党。"[99]

门诺强调教会的纯洁性，这与他的基督论中"天上的身体"的观点以及他认为圣餐是与无罪的基督进行的一个婚姻盛宴或共享美餐的观点直接相关。正如亚当只有一个夏娃，以撒只有一个利百加，基督也只有一个身体：

> 它是天国的又从天上来，它的成员又公义又神圣，所以他在圣灵里只有一个夏娃，只有一个新的利百加，她是他属灵的身体、配偶、教会、新娘，即那些信徒，那些在他和平的国和家里的重生的、谦恭的、仁爱的、克制的、正义的、和平的、可爱的和服从的儿女；他们在属灵上是纯朴而贞洁的童女、神圣的灵魂，属于他的家，是他肉中的肉，骨中的骨。[100]

那些在教义或生活上犯了错误的人，以及那些顽固不化的人，"不允许在基督神圣的家、帐、城、殿和身体里占有一席之地"。对待犯错误的成员应该像对待传染病一样，将赘物从活的肌体上剔除下来。实施隔离的主要原因在于，已建立的教会无法维持恰当的纪律，以及他们错误的教义和"偶像崇拜的"圣礼。

除了要维护教会的纯洁性，实施开除教籍这一做法的另一个目的是要拯救那些任性的弟兄或姊妹。门诺希望那些遭驱逐的人"可能畏惧被开除教籍，因此悔改，寻求合一与和平，以致脱离撒旦的网罗或罪恶的生活，从主和教会面前被释放"[101]。在实施严厉的驱逐行动之前，一定要耐心完成《马太福音》18章吩咐的友善规劝的三个阶段。而且，至少从理论上说，正式的开除教籍只是对那些不知悔改的信徒的一个社会性确认，实际上，他们的内心早已经与基督分离了：

> 除了那些由于错误的教义或不恰当的行为已经把自己从基督

的团契中分离或驱逐出去的人，没有人会被我们从兄弟的团契中开除或驱逐出去。我们不想驱逐任何人，我们想接受他们；我们不要截肢，我们要痊愈；我们不要抛弃，我们要赢回；我们不要让人痛苦，我们要给人安慰；我们不要诅咒，我们要解救。[102]

这个带有牧养口吻的声明出自门诺的《关于教会纪律的劝告》（*Admonition on Church Discipline*，1541），其中惩罚性而严厉的指责却透露了不同的意思，那些指责往往包括要避免与被驱逐之人接触。这一策略要求人们不要同那些不知悔改的人发生任何社会接触。根据门诺的说法，这并不是指一个人不能与堕落分子互相说"早上好"、"你好"等问候的话，这也不是要人们在困难的时候吝惜仁慈或友善。这一策略的意思是，不要与犯错之人有任何社会交流或商业交往。"很显然，一个虔诚的、畏惧上帝的基督徒不会像普通的买卖人那样背叛信仰。正如我每天都需要衣服、面包、玉米、盐等，又要用谷物、黄油等交换，这是不可避免的，交往就从这里产生了。"[103]家庭成员之间也要执行禁令，包括丈夫和妻子以及父母和孩子，尽管门诺同意宽大处理被开除教籍的配偶。1550 年，埃姆登教会发生了一场关于一位叫斯瓦恩·吕特赫斯（Swaen Rutgers）姊妹的争论，她拒绝避免与堕落的丈夫发生性关系。教会里有人提出将她一并驱逐出教会，但门诺不同意这样做。然而，严格的重洗派坚持认为配偶要回避堕落的另一方。有些人甚至要求新郎和新娘在婚礼那一天许愿，如果他们中有一方被开除教籍，另一方必须遵守回避法令。

面临开除教籍惩罚的过失包括酗酒、奸淫、发誓、与非信徒通婚、传播假教义、无休止地与配偶吵架，以及挪用教友的钱财。这些事情多数涉及个人圣洁和教友利益。但是，也不能忽视为世界做见证。例如，一位裁缝被教会开除了，因为他做"一套紧身上衣和裤子"收了七先令，而当时的价格是五先令！繁琐的纪律必将沦落为律法主义。这些纪律还包含着社会抗议的因素，有时超过了单个教会的范围。

面对着外部的迫害和敌意，重洗派教会特别注意防止内部的败坏与放纵。重洗派教会里的成员身份并不是随意的或装装样子；加入教会必须诚心而热情。一个真正的、可见的教会是由接受重洗的圣徒聚集在一起的团体，与世界隔离，有自治的政策并避免与暴力发生联系；

他们也是一小群属灵上受到震撼的人,他们用教会的纪律将那些背叛宣言的成员**赶回到**世界中去。

血腥的剧院

受难在激进的宗教改革殉道士的榜样中得到了具体的阐释,他们的故事经过文字印刷和口头传诵,成为重洗派信徒灵修著作的主要形式。苏黎世第一个重洗仪式(1525年1月25日)是为了反对市议会的指令。从一开始,重洗派就被看成是骚乱和异端。1527年茨温利用一句话总结了他对重洗派的恐惧:"他们颠覆了一切。"[104] 前面我们提到,在施佩耶尔举行的帝国会议(1529年4月)恢复了查士丁尼法典,特别说明要判处那些实行重洗的人死刑。激进的改教家受到了新教和天主教的联合镇压。例如,塞尔维特既是重洗派又是反三一论者,他的肖像被法国的天主教烧毁,而他本人则被日内瓦的新教烧死,两者之间的差别令人怀疑。

1528年,席默(Leonhard Schiemer)在被砍头之前对迫害带来的后果悲痛不已:"我们不过是很少的一群人,他们却羞辱和诋毁我们,把我们赶到各个国家……他们把世界变小了,甚至容不下我们。"[105] 胡特尔(Jakob Hutter)是摩拉维亚重洗派的领袖,他代表那些被驱逐出家园的兄弟姐妹,给摩拉维亚(Moravia)的统治者写了下面这封信:

> 现在我们发现自己身处旷野,头顶是没有遮蔽的天空。我们耐心地接受这一切,赞美上帝,因为他使我们配为他的名受苦……但我们中间还有许多寡妇和孤儿、许多病人和无助的儿童,他们不能走路或继续前行。他们的父母被那残暴的斐迪南杀害了,斐迪南是神圣正义的敌人![106]

在经受了长期的折磨之后,1536年,胡特尔本人也被杀害了。

随着迫害而来的还有有关殉道的大量文献。许多文章和布道都是规劝人们殉道的。其中一个极好的例子就是门诺写给那些被逼迫的追随者的小册子,《圣徒的十字架》(*The Cross of the Saints*,1554)。这本小册子的主题就是祝福，"为义受逼迫的人有福了"，门诺提醒读者，他们不是第一个遭受"那愤怒的、豺狼般的撕咬、可怕的禽兽般的折磨和流血的人，不敬神的世界常常打击义人"[107]。他回顾了圣经从亚伯开始的殉道的例子，并借用了凯撒利亚的优西比乌所写的《教会史》(Ecclesiastical History)，以建立起早期教会的殉道士与他自己的同胞之间的联系。他还反驳了指控他们是暴徒的说法，以及将他们和暴力的明斯特派联系在一起的做法。文章的结尾，他呼吁追随者要做"基督里的战士和征服者"，坚定而勇敢地面对最高的牺牲：

> 因此，上帝的民，你们要严阵以待，随时准备战斗；不要像嗜血而疯狂的世界惯常所行的那样，使用外在的武器和盔甲，而是要用坚定的信心、安静的忍耐和热心的祷告……荆棘的冠冕将刺破你的额头，钉子将刺穿你的手和脚。你的身体要被鞭打，你的脸上要被人吐口水。在各各他，你必须死去，献上你自己的祭……但是不要悲伤，因为上帝是你的首领。[108]

在16世纪的激进派中兴起了一股与早期教会相似的"殉道士膜拜"之风。胡特的骨灰被他的门徒收集起来并作为遗物保留下来。但是没有证据表明重洗派信徒像早期基督教的殉道士那样，处心积虑地希望被处死，或者欢喜地奔向火堆。如果不是被殉道的贪欲所控制，他们在最后那痛苦的时刻是很有英雄气概的。当胡伯迈尔被人在头发和长长的胡子上抹上硫磺和火药，准备投入火堆的时候，他大喊道："腌得好，腌得好！"当柴堆被点燃，他用拉丁语重复了耶稣在十字架上说的话："父啊，我将我的灵魂交在你手里"（"In manus tuas, Domine, commendo spiritum meum"。)[109] 胡伯迈尔的妻子脖子上挂了石头，被沉入多瑙河淹死，胡伯迈尔与他的妻子都被人们追认为殉道士。这样的故事被人一遍遍传颂着。许多歌颂殉道士的歌谣被收入了著名的《奥斯本赞美诗集》(Ausbund)，这本瑞士兄弟会的赞美诗集直到今天还被北美的阿米什派使用。其中的一首赞美诗，"谁将跟随耶稣基督"（"Wer Christo jetzt will folgen nach"），是为了纪念乔治·瓦格纳（George Wagner）的殉道，尽管他不是重洗派信徒，却被指控否认牧师有权赦罪，以及不承认水洗具有救赎的功效。下面是18节诗歌中的4节：

那追随基督的新生之人，
不要被世界的污蔑动摇，
要由衷地背负十字架；
通向天堂没有别的方法，
我们从小被这样教育。

这也是乔治·瓦格纳的希望，
他在烟与火里升天，
经过十字架的试炼，
证明他是经熔炉冶炼的金子，
他的愿望实现了。

两个赤脚的修士走来，
乔治·瓦格纳的悲伤减轻了，
他们要使他改变信仰；
他把他们送回修道院老家，
他不听他们所说的话。
人们把他牢牢绑在梯子上
木头和柴火燃烧起来，
笑声变得恐怖；
耶稣！耶稣！他从火里
喊了四声。[110]

对于重洗派的敬虔生活来说，重要性仅次于圣经的一份文献是《那些毫无防御的基督徒的血腥的剧场或殉道者的镜子，他们根据信心受洗，他们为见证救主耶稣而受苦和牺牲》（*The Bloody Theater or Martyrs' Mirror of the Defenseless Christians Who Baptized Only Upon Confession of Faith, and Who Suffered and Died for the Testimony of Jesus their Saviour*）。这部优秀的著作，第一次出版是在 1660 年的荷兰，长达 1290 页，根据荷兰早期殉道士的故事写成，包括各种备忘录、证词、法庭笔录以及重洗派信条和编年史的摘录。在对重洗派灵性生活的影响上，《殉道者的镜子》可以与清教传统中约翰·

福克斯（John Foxe）的《殉道史》(Acts and Monuments of the Christian Martyrs) 相媲美。

《殉道者的镜子》的第一部分回顾了 16 世纪以前英勇的基督教殉道者的故事。根据该书的想法，第一个"重洗派的"殉道者是施洗约翰，他被希律王砍去了头颅，因为他所举行的是"真正悔改的洗礼"，也因为他谴责了皇室散漫的道德。血腥的审判开始于早期教父，多纳徒派——"他们并不是奇怪的、不为人知的、犯错误的幽灵，今天那些另类的重洗派中也有那样的人"——形形色色的中世纪小教派，直到 1498 年萨伏那罗拉（Savonarola）牺牲。[111]

《殉道者的镜子》用前半部分概括了血腥的 15 个世纪，接下来开始讲那些"自伟大的宗教改革以来献出生命"的人。目的显然是"将第一个殉道者与最后一个殉道者贯穿起来"，这就使得各个时代受苦的教会都连接起来了。[112]

1552 年，一位名叫科尼利乌（Cornelius Aertsz de Man）的 17 岁年轻男子在执行死刑前接受了审讯。法官断言，门诺派将只存在大约 30 年时间。科尼利乌回答，基督应许将与他的教会同在，直到世界终结，"我毫不怀疑，他会保护他的身体……尽管在一些国家教会因为流血和迫害已经被消灭了，但它还没有在全世界彻底消失"。[113]

殉道者牺牲的情景被描述得极为详细：曼茨被沉入苏黎世的利马特河，他的母亲和兄弟站在河边，鼓励他要坚强；奥蒂莉娅（Ottilia Goldschmidt）行刑时，一位年轻男子三次向她求婚，因为他认为这样可以拯救奥蒂莉娅；奥古斯丁，一位荷兰的面包师被带到火堆前，他对那位判他死刑的市长说："我传唤你三天内出现在上帝的审判席前。"死刑一结束，这位市长就得了重病，三天内就死了。这样的故事在忠贞的人们中间广为流传，并鼓舞着那些可能面临相同命运的人。

《殉道者的镜子》一书中收录的许多书信都是因犯从监狱里写给朋友或家人的。这些信表现了殉道者的人性，他们即使在困苦的时候，也不轻视将他们与所爱之人联系在一起的亲密纽带。他们将他们的身后之人托付给同胞照顾。这些信常常提到要离开亲人是多么不舍。其中最感人的是珍妮肯·芒斯特道尔普（Janneken Munstdorp）写给小女儿的一封信，她的女儿也叫珍妮肯。那孩子出生在监狱里，妈妈正在等待死刑。这是一封遗书,"给珍妮肯,我最亲爱的女儿,我现在(并不配)为了主的缘故被囚禁在监狱里,于安特卫普,公元1573年。"

我亲爱的孩子,我把你托付给全能、伟大而令人敬畏的上帝,只有他有智慧,他会保护你,让你在对他的敬畏中长大,或者他会在你小的时候带你回家,那是我真心请求主的:你还这么小,我却必须把你留在这个卑鄙、邪恶、悖逆的世界上。

既然主已经命定了,我要在此刻离开你,你被夺去了爸爸妈妈,那么我要把你委托给我主;让他根据他的神圣意志来对待你吧。他要管教你,做你的父亲,如果你只敬畏上帝,那么你什么也不缺了;因为他会成为孤儿的父亲以及寡妇的庇护者。

我亲爱的小羊羔,我为了主的缘故被囚禁和束缚在这里,我什么也不能为你做;为了主的缘故,我离开了你的父亲,我只照顾了他很短的时间。我们只被允许生活在一起半年,之后,因为寻求灵魂的得救,我们都被捕了。他们把他从我身边带走,他不知道我的情况,我被关押着,看到他从我面前离开;我被关在监狱里,这让他十分痛苦。我很悲伤,苦挨时间,怀了你九个月,然后我忍受了巨大的疼痛在监狱里把你生下来,他们又把你从我身边带走。我躺在这里,每天早晨都盼望着死亡的到来,可以马上跟随你的父亲而去。我最亲爱的女儿,你亲爱的母亲写信告诉你这些事情,你要记得你的爸爸和妈妈。

现在,我亲爱的小羊羔,你还那么小那么年幼,我把这封信留给你,还有一枚金戒指,我与你做永久的告别,这也是我留给你的遗物;看到这个金戒指和这封信,你就会记起我。当你懂事的时候,你要看看这封信,只要你活着就一直保留着它,纪念我和你的爸爸。再见了,我亲爱的珍妮肯,深情地亲吻你,我亲爱的小羊羔,那是永远宁静的吻。追随我和你的父亲,不要为在世界面前承认我们而感到羞耻,因为我们没有为在世界面前、在淫乱的世人面前承认我们的信仰而感到羞耻。

让它荣耀你,我们不是因为做坏事才死的,你也要努力像我们一样,尽管他们也想杀死你。没有理由让你停止爱上帝,因为没有人能阻止你敬畏上帝。如果你追随善，追求和平，并坚持下去，那么你将得到永生的冠冕；我希望你能得到这顶冠冕，并希望那被钉十字架的、流血的、赤裸的、被鄙视的、被抛弃的和被杀戮的耶稣基督做你的新郎。[114]

我们对小珍妮肯的情况不得而知，但从她母亲美好的遗嘱和遗物中，我们心酸地见证了殉道神学，殉道神学支撑着激进的宗教改革派的男男女女不顾一切追随"苦涩的基督"。

重洗派的异象

在《基督教教义的根基》一书中，门诺用下面一段话表达了他一生事业所追求的目标和目的：

> 我唯一的喜悦和真心的希望就是：扩展上帝的国度，揭示真理，抨击罪恶，传扬公义，以主的道喂养饥饿的灵魂，带领迷途的羊羔走上正道，借着主的圣灵、力量和恩典为他收获许多灵魂。尽管软弱，我还是要继续努力，他正是这样教导我，他以鲜血解救了我这可怜的罪人，并以他福音的恩典赐予我这样的想法，那福音的恩典即耶稣基督。[115]

在长期而艰难的岁月里，门诺经受了艰苦的斗争和迫害，为照顾背井离乡的家人而时时感到困窘，还要忍受不断发作的身体疾病，但是他的理想从来没有动摇过。今天，一座庄严的纪念碑耸立在荷尔斯泰因（Holstein）的伍斯登费尔德（Wüstenfeld），人们相信门诺的坟墓就在那里。他的名字和理想还存在于世界各地的门诺派教徒中，也存在于众多门诺属灵的后裔中，他们敬重他，也为他的虔诚、勇气和希望而感动。

在我们所描述的改教家中，门诺好像是一个"另类"。他没有路德的神学天赋，没有茨温利的政治敏锐性，也没有加尔文知识上的广度。他也缺乏路德的专业解经以及茨温利和加尔文闻名于世的讲道口才等方面的优势。如果非要把门诺跟谁比较，他的生活方式与丁道尔有更多相似之处。从 1535 至 1561 年，他都没有闲暇和心情安稳地服侍，因为被教会和国家的势力追捕，他不得不东躲西藏。他下面的话并没有夸大其词，他

> 放弃了姓名和声望，荣誉和安逸以及其他一切，自愿地背负起主耶稣基督沉重的十字架，那十字架有时击打我可怜而孱弱的身体，令我痛苦万分。我追求的不是金银（主知道），我愿意忍受折磨，与忠诚的摩西同在，与上帝的子民同在，而不愿享受罪恶带来的一时之乐。[116]

胡伯迈尔、马尔派克（Pilgrim Marpeck）、迪尔克·菲利普等其他重洗派的领袖，或许在神学深度和原创性方面超过了门诺。但是他们都无法如此忠实地展现本德（Harold Bender）所说的"重洗派的异象"。也没有任何重洗派领袖像门诺这么成功地把这种异象转变成一个经久不衰的传统。什么是重洗派的异象？本德认为有三个重点：（1）对基督教本质，也即做基督的门徒的新理解；（2）对教会作为兄弟般的团契的新理解；（3）博爱和不抵抗的新伦理。

对门诺来说，跟随而非信心才是基督徒生活的关键词。或者更确切的说法是，不产生跟随的信心实际上是贫乏而虚假的。门诺和其他激进的改教家都否认路德法律式的称义教义，唯独信心，以及加尔文绝对的双重预定论。他认为这两种说法都是抽象的，脱离了"活的"信心的实在性。门诺可能同意黑策尔（Ludwig Haetzer）对新教立场的经典描述：

> 是的，全世界都说，
> 我不需要与基督一同受苦，
> 因为基督为我而死
> 我可以随意犯罪，
> 他为我祷告，我相信了这一点，
> 问题就解决了。
> 噢，我的弟兄，真是奇耻大辱，
> 这是魔鬼的阴谋。[117]

字面上效仿基督反映在施行成人的、信徒的洗礼，举行洗脚仪式，拒

绝起誓和从军，以及甘愿受苦和殉道。1553 年，门诺收到布旺（Leonard Bouwen）的妻子写给他的一封信，布旺刚刚被任命为教会长老。她请求门诺以他的影响力劝说她的丈夫不要接受这份工作，重洗派正遭受严厉的迫害，她为他的生命安全担忧。门诺在回信里拒绝了她的请求，尽管他承认，"一想起你所经受的哀愁与忧伤，我的心就被刺痛了рен"他提醒她，她的丈夫——还有她本人——洗礼之后已经将自己托付给了十字架。既然生与死都掌控在主的手中，她就应该为丈夫鼓劲，而不是拖他的后腿。他建议，"向你的邻人证明你自己，做基督已经向你证明了的事情，因为这是所有基督徒被衡量和审判的唯一恒久不变的原则"[118]。

对教会的新看法，其目的并非创新，而是要重建"原始教会光荣的老面孔"。为严格实行这一包括开除教籍在内的计划，重洗派情愿将自己隔离在帝国、民族、国土、城邦以及所有与世俗权力结盟的官方教会之外。重洗派现象不仅仅是新教抗议罗马教会的最激进的一种形式，也是一种在关键问题上与新教和天主教模式不尽相同的基督教团契的探索。与其他基督教团体相比，重洗派更加不容易将教会学与伦理学分开。门诺感到真正地同情穷人是他的运动与主流改教家们的显著不同之处。他批评那些教士"悠闲的福音和贫乏的掰饼"，他们生活奢侈而贫穷的教友却乞讨度日，老人、腿脚不便之人、盲人和受苦之人则流离失所。相反，真正的基督徒

> 不能容忍他们中间有一个乞丐。他们同情圣徒的需要。他们接待可怜之人。他们带陌生人回家。他们安慰悲伤之人。他们借钱给拮据之人。他们给赤身之人穿上衣服。他们把面包分给饥饿之人。他们不会转脸不理会穷人，也不会忽视他们衰老的四肢和身体。这就是我们提倡的兄弟般的友爱。……[119]

胡特尔派的做法更甚于此，他们坚持遵循新约教会的模式，所有的财产都要公有，用来满足整个群体的福利。

博爱和不抵抗是福音的重洗派所独有的特点。即使是厌恶战争、致力于和平的伊拉斯谟也同意组建十字军对抗土耳其人。门诺拒绝所有出自真正基督徒的对强力的诉诸："基督是我们的堡垒；忍耐是我们的武器；上帝的道是我们手中的剑；我们的胜利是对耶稣基督勇敢、

坚定、真诚的信仰。我们要把钢铁和金属的矛与剑留给那些认为人的血和猪的血一样的人。"[120]

门诺的著作一再呼吁宗教宽容。他相信基督的真教会的一个特点就是它遭受和忍耐迫害,但是却从不迫害他人。福音要传给每个人,但是没有人被武力胁迫着接受福音。这些原则是现代社会大多数人所接受的不证自明的真理。然而我们不应该忘记早期重洗派提出这些原则的时候是冒了很大风险的。现在我们不能把它们当做宗教自由理所当然的结果。哲学家布洛赫(Ernst Bloch)写了一篇贴切的墓志铭给门诺和所有为了良心不随波逐流的激进的改教家,他们留下的东西是我们基督教共同的遗产:

> 尽管他们痛苦,
> 恐惧和战栗,
> 这些灵魂里
> 发出的火光
> 点亮了停滞不前的国。[121]

注释

[1] Roland H. Bainton, *Studies on the Reformation* (Boston: Beacon Press, 1963), p. 206.

[2] Heinrich Bullinger, *Von dem unverschampten fräfel* (Zurich, 1531), fol. 75r.

[3] John Calvin, *Treatises Against the Anabaptists and Against the Libertines*, Benjamin W. Farley, ed. (Grand Rapids: Baker Book House, 1982), p. 30. 另参阅 Willem Balke, *Calvin and the Anabaptist Radicals* (Grand Rapids: Eerdmans, 1981)。

[4] G. R. Elton, *Reformation Europe*, 1515—1559 (New York: Harper and Row, 1963), p. 103.

[5] George H. Williams & Angel Mergal, eds., *Spiritual and Anabaptist Writers* (Philadelphia: Westminster Press, 1957), pp. 19—38. 在《激进的宗教改革》(*The Radical Reformation*)一书中威廉姆斯用了将近1000页来详细阐述他的分类。该经典著作经扩写,现又出版了西班牙语译本: *La Reforma Radical*

(Mexico City, 1982)。另可参阅他回应自己的著作引发的学术讨论的一篇文章,"The Radical Reformation Revisited" *Union Seminary Quarterly Review* 39 (1984), pp.1—28。关于"激进的宗教改革"这个词语的可行性,请参阅 Roland Crahay, "Le non-conformisme religieux du XVIe siècle entre l'humanisme et les Eglises", in *Les Dissidents du XVIe siècle entre l'Humanisme et le Catholicisme*, Marc Lienhard, ed. (Baden-Baden: Valentin Koerner, 1983), pp. 15—34。

[6] J. A. Oosterbaan, "The Reformation of the Reformation: Fundamentals of Anabaptist Theology", *QMR* 51 (1977), p.176。还可参阅 Walter Klaasen, *Anabaptism: Neither Catholic nor Protestant* (Waterloo, Ont.: Conrad Press, 1973)。

[7] *Bibliotheca Reformatoria Neerlandica* ('s-Gravenhage: Martinus Nijhoff, 1910), Ⅶ, p.516;译自 C. J. Dyck ed., *An Introduction to Mennonite History* (Scottdale, Penn.: Herald Press, 1981)。对 1 月 21 日的洗礼的更为人们所熟悉的一个叙述出自 *Hutterite Chronicle*,写于该事件发生许多年后。此处引用的书信写于 1530 年左右,作者是克莱特高(Klettgau)的瑞士兄弟会,是为了回应科隆一个团体的质询。

[8] Williams, *The Radical Reformation*, p.124。

[9] Hans-Jürgen Goertz, ed., *Radikale Reformatoren* (München: C. H. Beck, 1978), p.163。霍夫曼称皇帝、教皇和假教师是"hällische Dreieinigkeit"。关于霍夫曼与门诺的关系,请参阅 Klaus Deppermann, *Melchior Hofmann: Soziale Unruhen and apokalyptische Visionen im Zeitalter der Reformation* (Göttingen: Vandenhoeck and Ruprecht, 1979)。

[10] CWMS, p.669。本卷包括了本德(Harold S. Bender)写的门诺传记。其他的传记作品还有 Cornelius Krahn 写的"门诺·西门"词条,*Mennonite Encyclopedia*,Ⅲ, pp.577—584;Christoph Bornhauster, *Leben und Lehre Menno Simons* (Neukirchen: Neukirchener Verlag, 1973);Jan A. Brandsma, "The Transition of Menno Simons from Roman Catholicism to Anabaptism as Reflected in His Writings" (Baptist Theological Seminary, Rüschlikon-Zurich: B. D., 1955)。

[11] CWMS, p.71。

[12] Ibid., p.668。

[13] Cornelius Krahn, *Dutch Anabaptism: Origin, Spread, Life and Thought*, p.171。

[14] CWMS, p. 76.
[15] Ibid., p. 7.
[16] Ibid., p. 8.
[17] Ibid., pp. 670—671.
[18] Ibid., pp. 45, 49.
[19] Williams, *The Radical Reformation*, pp. 392—393.
[20] CWMS, p. 17.
[21] Ibid., p. 424.
[22] Ibid., pp. 109—110.
[23] Ibid., p. 106.
[24] Ibid., p. 107.
[25] Kenneth R. Davis, "Anabaptism as a Charismatic Movement", *MQR* 53 (1979), pp. 219—234.
[26] Leonard von Muralt & Walter Schmid ed., *Quellen zur Geschichte der Täufer in der Schweiz* (Zurich: S. Hirzel Verlag, 1952), pp. 42—43. Fritz Blanke 将重洗派的早期阶段解释为"复兴运动"。参阅他的 *Bruder in Christo* (Zurich: Zwingli-Verlag, 1955)。
[27] CWMS, p. 671.
[28] Max Göbel, *Geschichte des Christlichen Leben* (Coblenz, 1848), p. 37.
[29] CWMS, p. 92.
[30] Ibid., p. 115.
[31] Ibid., p. 329.
[32] Ibid., p. 111.
[33] Ibid., p. 369.
[34] Ibid., p. 504.
[35] Ibid., p. 951.
[36] 转引自 William Keeney, *The Development of Dutch Anabaptist Thought and Practice from 1539—1564*, pp. 68—69。
[37] CWMS, pp. 93, 507.
[38] Ibid., p. 564.
[39] Ibid., p. 93.
[40] Ibid., p. 99.
[41] Ibid., pp. 333—334. Timothy George 回顾了门诺、路德、茨温利和加尔文对《雅各书》的态度, "'A Right Strawy Epistle': Reformation Perspectives

on James",*Review and Expositor* 83（1986），pp.369—383。

[42] XWMS, p.506.

[43] Ibid., p.832.

[44] Ibid., pp.301, 760.

[45] Ibid., p.75. 迄今为止，对重洗派的救恩论最详细的研究是 Alvin J. Beachy, *The Concept of Grace in the Radical Reformation*（Nieuwkoop：B. de Graaf, 1977）。另参照 Robert Friedmann, *The Theology of Anabaptism*；J. A. Oosterbaan,"Grace in Dutch Mennonite Theology", *A Legacy of Faith：A Sixtieth Anniversary Tribute to Cornelius Krahn*, C. J. Dyck, ed., pp.69—85。

[46] Henry Poettcker,"Menno Simons' View of the Bible as Authority", Dyck, p.32.

[47] Ibid., p.45.

[48] CWMS, pp.100, 102. 下面这段方济各会宗教裁判官科尼利斯（Friar Cornelis）和比利时重洗派信徒雅各·鲁尔（Jacob de Roore）的对话，揭示了圣经如何在普通人手中成为一件有力的武器。当雅各引用《启示录》的说法，将罗马教会等同于巴比伦的娼妇时，科尼利斯打断了他：

"啊，哼！对圣约翰的《启示录》你能理解多少？你在哪个大学学习过？我猜想你什么也不懂；因为我知道你在四处传道和重洗之前，不过是一个织工和小贩。我在鲁汶大学学过很长时间的神学，然而对圣约翰的《启示录》还是一无所知；这是事实。"

雅各回答他说："这就是为什么基督要感谢那天上的父，因为他向小孩子显明，却向世上的聪明人隐藏，正如《马太福音》11：25写的那样。"科尼利斯对雅各大加嘲讽，暴露出他对这位神学新贵的恼怒：

"确实，上帝向织布机前的织工显现，向工作台前的鞋匠显现，向风箱修理工、灯笼焊接工、磨剪工、制作扫帚之人以及各种下等人还有可怜、肮脏、糟糕的乞丐显现。而对于我们这样从年轻时就日夜学习的教士，他却隐藏起来。看看我们是多么苦恼。你们重洗派信徒的确能很好地理解圣经；在接受重洗之前，你们分不清 A 和 B，而一旦接受了重洗，你们变得又能读又能写。如果魔鬼和魔鬼之母没有插手，我实在不能理解你们这些人。"

[49] CWMS, p.172.

[50] 引自 Keeney, p.33。

[51] CWMS, p.312.

[52] Ibid., p.514.

[53] Poettcker, p. 33.
[54] CWMS, p. 42.
[55] Ibid., p. 42.
[56] Ibid., p. 177.
[57] Ibid., p. 341.
[58] SAW, p. 223.
[59] Ibid., p. 219.
[60] Williams, *The Radical Reformation*, p. 383.
[61] 转引自 Roland Bainton, *David Joris: Wiedertäufer and Kämpfer für Toleranz im 16. Jahrhundert* (Leipzig, 1937), p. 80。另可参阅 James M. Stayer, "David Joris: A Prolegomenon to Further Research", *MQR* 59 (1985), pp. 350—361。
[62] CWMS, pp. 215—217.
[63] Ibid., pp. 1019—1020.
[64] Ibid., p. 310.
[65] Williams, *The Radical Reformation*, p. 332.
[66] CWMS, pp. 422, 427.
[67] Ibid., p. 430.
[68] Ibid., p. 437.
[69] Ibid., pp. 797—798.
[70] 参阅 Keeney 的出色论证, pp. 91—92, 207—209。
[71] CWMS, p. 793.
[72] CO 10, p. 167; Williams, *The Radical Reformation*, p. 487, 31n.
[73] CWMS, pp. 428, 794.
[74] Ibid., pp. 792—793.
[75] Ibid., p. 808.
[76] Ibid., p. 784.
[77] SAW, p. 243, 16n.
[78] CWMS, p. 300.
[79] Ibid., p. 175.
[80] Ibid., p. 180.
[81] 转引自 John C. Wenger, *Even unto Death* (Richmond: John Knox Press, 1961), p. 71。
[82] CWMS, pp. 502—503.

[83] Ibid., p. 236.

[84] 转引自，Williams, *The Radical Reformation*, p. 238。

[85] CWMS, p. 265.

[86] Ibid., p. 134.

[87] Ibid., p. 126.

[88] Ibid.

[89] Ibid., p. 272.

[90] Ibid., p. 243.

[91] Ibid., pp. 599—600. 一个生活在现代世俗文化中的人很难理解对那些质疑婴儿受洗的人的反感为什么会那么根深蒂固。巴特曾说婴儿受洗是"风景画的一部分，比柏林墙和科隆大教堂或其他你愿意设想的任何东西都更强大"。"Gespräch mit Karl Barth", *Stimme*, Dec. 15, 1963, p. 753.

[92] Wenger, p. 76.

[93] Thielman J. van Braght, *The Bloody Theater or Martyrs' Mirror*, pp. 484, 423.

[94] Cornelius Krahn, "Communion", *Mennonite Encyclopedia*, Ⅰ, p. 652.

[95] CWMS, p. 144.

[96] Ibid., p. 145.

[97] Ibid., p. 148. 这首荷兰重洗派的赞美诗反映出灵性上的欢乐和以基督为中心的热忱，体现了早期门诺派庆祝圣餐时的特点。Pudolk Wolkan, *Die Lieder der Wierdertäufer* (Nieuwkoop: B. de Graaf, 1965, originally published, 1903), p. 85.

[98] Williams, *The Radical Reformation*, p. 485.

[99] CWMS, p. 962.

[100] Ibid., pp. 967—968.

[101] Ibid., p. 969.

[102] Ibid., p. 413.

[103] SAW, p. 269.

[104] Z 6, p. 46.

[105] A. Orley Swartzentruber, "The Piety and Theology of the Anabaptist Martyrs", *MQR* 28 (1954), p. 25.

[106] Jacob Hutter, *Brotherly Faithfulness: Epistles from a Time of Persecution* (Rifton, N. Y.: Plough Publishing House, 1979), pp. 67—68.

[107] CWMS, p. 595.

［108］ Ibid., p. 621.

［109］ Williams，*The Radical Reformation*，p. 229.

［110］ 这首诗出现在《奥斯本赞美诗集》的第 11 首。完整的版本连同德语文本可见 *The Christian Hymnary*（Uniontown, Ohio：The Christian Hymnary Publishers, 1972)。

［111］ Van Braght，p. 198.

［112］ Ibid., p. 411.

［113］ Myron S. Augsburger, *Faithful Unto Death*（Waco：Word Books, 1978), pp. 13—14.

［114］ Van Braght, pp. 984—987. 这封信重印在 Hans Hillerbrand，*The Protestant Reformation*（New York：Harper and Row, 1968), pp. 146—152。

［115］ CWMS, p. 189.

［116］ Ibid.

［117］ *Lieder der Hutterischen Bruder*（Scottdale, Penn.：Herald Press, 1914), p. 29. 此处译文出自 Friedmann, p. 69。

［118］ CWMS, p. 1040.

［119］ Robert Friedmann, "Community of Goods", *Mennonite Encyclopedia* I, p. 659.

［120］ CWMS, p. 198.

［121］ 我所使用的译文出自 Hans Jürgen Goertz, ed., *Profiles of Radical Reformers*, Walter Klaassen trans.（Kitchener, Ontario：Herald Press), 1982, p. 9.

参考书目精选

收录门诺作品最全的是 Leonard Verduin 的英文译本：*The Complete Writings of Menno Simons*, John C. Wenger, ed. Scottdale：Herald Press, 1956。H. W. Meihuizen 主编了门诺第一版的 *magnum opus* 的校勘本：*Menno Simons, Dat Fundament des Christelycken Leers 1539—1540*. The Hague：Martinus Nijhoff, 1967。*Documenta Anabaptistica Neerlandica* 系列已经出了八卷。它们中的大部分都是与荷兰重洗派有关的档案资料。该系列还计划出版门诺作品的新校勘本。Irvin B. Horst, *Bibliography of Menno Simons, ca. 1496—1561, Dutch Reformer*. Nieuwkoop, B. de Graaf, 1962, 这本书很有帮助。门诺论开除教籍以及其他与荷兰重洗派有关的文献的译文收录在 *Spiritual and Anabaptist Writers*, George H. Williams & Angel M. Mergal, eds. Philadelphia: Westminster Press, 1957。

Altepeter, Lawrence J. "The Asceticism of Menno Simons." Pages 69—83 in *Mennonite Quarterly Review* 72, no. 1 (January 1998).

Augsburger, Myron S. *The Fugitive: Menno Simons, Spiritual Leader in the Free Church Movement*. Foreword by Timothy George. Scottdale, PA: Herald Press, 2008.

Braght, Thieleman J. van. *The Bloody Theater or Martyrs' Mirror*. Scottdale: Mennonite Publishing House, 1951. 该书第一次出版是在1660年的荷兰，是叙述16世纪重洗派殉道者戏剧性故事的经典之作。

Brunk, Gerald R. *Menno Simons: A Reappraisal*. Harrisonburg, VA: Eastern Mennonite College, 1992.

Christian History Magazine 5: "Radical Reformation: The Anabaptists" (1985). 全文见于 http://www.christianhistorymagazine.org.

Doornkaat Koolman, J. ten. *Dirk Philips: Friend and Colleague of Menno Simons, 1504—1568*. Translated by William E. Keeney. Edited by C. Arnold Snyder. Kitchener, Ontario: Pandora Press; Scottdale, PA: Herald Press, 1998.

Dyck, C. J., ed. *A Legacy of Faith: A Sixtieth Anniversary Tribute to Cornelius Krahn*. Newton, Kansas: Faith and Life Press, 1962. 包括几篇关于门诺的有用论文。

Erb, Betti. "Reading the Source: Menno Simons on Women, Marriage, Children, and Family." Pages 301—19 in *Conrad Grebel Review* 8, no. 3 (Fall 1990).

Estep, William R. *The Anabaptist Story*. Grand Rapids: Eerdmans, 1963. 这是一部很受欢迎的研究重洗派的著作。

Friedmann, Robert. *The Theology of Anabaptism*. Scottdale, Penn.: Herald Press, 1973. 较高的评价了重洗派神学的影响。

Friesen, Abraham. *Erasmus, the Anabaptists, and the Great Commission*. Grand Rapids: Eerdmans, 1998.

———. "Mennonites" in *The Oxford Encyclopedia of the Reformation*. Vol. 3. Edited by Hans J. Hillerbrand. Oxford: Oxford University Press, 1996.

———. "Present at the Inception: Menno Simons and the Beginnings of Dutch Anabaptism." Pages 351—88 in *Mennonite Quarterly Review* 72, no. 3 (July 1998).

George, Timothy. "The Spirituality of the Radical Reformation," *Christian Spirit-*

uality, II : *Late Middle Ages and Reformation*, ed. Jill Raitt et al. New York: Crossroad, 1987. 根据一手材料，研究了激进的宗教改革中发生的属灵事件。

Girolimon, Michael T. "John Calvin and Menno Simons on Religious Discipline: A Difference in Degree and Kind." Pages 5—29 in *Fides et Historia* 27, no. 1 (Winter—Spring 1995).

Graber Miller, Keith. "Innocence, Nurture and Vigilance: The Child in the Work of Menno Simons." Pages 173—98 in *Mennonite Quarterly Review* 75, no. 2 (April 2001).

Grislis, Egil. "Menno Simons on Sanctification." Pages 226—46 in *Mennonite Quarterly Review* 69, no. 2 (April 1995).

Hatch, Derek C. "Autobiography as Theology: Menno Simons's 'Confession of My Enlightenment, Conversion and Calling.'" Pages 515—29 in *Mennonite Quarterly Review* 81, no. 4 (October 2007).

Horst, Irvin B., ed. *The Dutch Dissenters: A Critical Companion to Their History and Ideas*. Leiden: E. J. Brill, 1986. 包括了关于早期荷兰重洗派的12篇论文，以及该领域近期研究的参考书目。

Isaak, Helmut. *Menno Simons and the New Jerusalem*. Kitchener, Ontario: Pandora Press, 2006.

Keeney, William E. *The Development of Dutch Anabaptist Thought and Practice from 1539—1564*. Nieuwkoop: B. de Graaf, 1968. 系统地陈述了荷兰重洗派神学的主要主题。

Krahn, Cornelius. *Dutch Anabaptism: Origin, Spread, Life and Thought (1450—1600)*. The Hague: Martinus Nijhoff, 1968. 以标准的历史学方法研究重洗派在低地国家的背景与发展。

Kreitzer, Beth. "Menno Simons and the Bride of Christ." Pages 299—318 in *Mennonite Quarterly Review* 70, no. 3 (July 1996).

Loeschen, J. R. *The Divine Community: Trinity, Church, and Ethics in Reformation Theologies*, Kirksville, Mo.: Sixteenth Century Journal Publishers, 1981. 该书大部分篇幅是论述门诺的。

Packull, Werner O. "Some Reflections on Menno Simons' and Martin Luther's Hermeneutics." Pages 33—48 in *Consensus* 22, no. 2 (1996).

Pipkin, H. Wayne, ed. *Essays in Anabaptist Theology*. Elkhart, IN: Institute of Mennonite Studies, 1994.

Schmidt, Joél Z. "The Challenge of Menno Simons' Symbolic View of the Lord's Supper." Pages 6—26 in *Conrad Grebel Review* 24, no. 3 (Autumn 2006).

Stayer, James M. *Anabaptists and the Sword*. Lawrence, Kan.: Coronado Press, 1976. 一个修正主义者研究重洗派在暴力与和平问题上的立场。该书有一部分是论述荷兰的。

——. "Anabaptists" in *The Oxford Encyclopedia of the Reformation*. Vol. 1. Edited by Hans J. Hillerbrand. Oxford: Oxford University Press, 1996.

Voolstra, S. *Menno Simons: His Image and Message*. North Newton, KS: Bethel College, 1997.

Waite, Gary K. "Menno Simons" in *The Oxford Encyclopedia of the Reformation*. Vol. 3. Edited by Hans J. Hillerbrand. Oxford: Oxford University Press, 1996.

Williams, George H. *The Radical Reformation*, Philadelphia: Westminster Press, 1962. 全面研究了16世纪不同的宗教意见。一些细节过于琐碎，但仍是该领域的模范之作。

——. *The Radical Reformation*. 3rd edition. Kirksville, MO: Sixteenth Century Journal Publishers, 1992.

——. "Radical Reformation" in *The Oxford Encyclopedia of the Reformation*. Vol. 3. Edited by Hans J. Hillerbrand. Oxford: Oxford University Press, 1996.

7

我只做这一件事：威廉·丁道尔

> *Scrutamini Scripturas*（查考圣经），这两个词翻转了整个世界。基督曾吩咐他的门徒查考圣经，因而我们这些人也必须读圣经并加以解释，无论男女老少。
>
> ——约翰·赛尔顿[1]

专心致志

丹麦哲学家索伦·克尔凯郭尔曾说："清心就是志于一事。"在漫长的教会历史上，最重要、带来最持久影响的往往都是那些志于一事的信心伟人。保罗在写给腓立比人的信中写道："我只有一件事，就是忘记背后，努力面前的，向着标杆直跑，要得上帝在基督耶稣里从上面召我来得的奖赏"（腓 3：13—14）。我只做这一件事，不左顾右盼，无论是赞赏者的喝彩还是贬损者的嘲讽都不能让我分心——我只做这一件事。

尼希米就是这样一个人。他的仇敌说："从城墙上下来吧，我们想要和你开个会。"尼希米却回答说："我不能下来，因为我在做一件大事。我只做这一件事。"（参尼 6：1—4）本书所描述的五位改教家也是这样的人。路德在沃尔姆斯受审时站在教会和国家的权贵面前宣布说他的良心听从上帝之道。他不能撤回他所写的东西。这是他的立场。这就是他所做的那件事。茨温利凭着圣灵的能力定意"放胆为上帝做些事"，于是他在他的教会和小城里推动完全以圣经为中心的改革。而在加尔文的生命中，那种如火的热情就是要看到上帝不断得着更大的荣耀。结果，他把日内瓦变成国际宗教改革的阵地。重洗派的带领人门诺虽屡受攻击，却定意按新约圣经严谨而单纯地跟随基督。他所传讲的是重生，是新生命，也是十字架的道路。

本书要论及的最后一位改教家威廉·丁道尔也不例外，在他的一生中，他也是专心致志地做好了一件事。早在他二十几岁的时候，他就确信上帝呼召他把圣经翻译成自己的母语英语。他毫无保留地献上自己来完成这份工作，不顾个人安危，乃至最终为之献出了生命。我们如今有英文本圣经，是上帝的恩典，也多亏有了威廉·丁道尔，这样说毫不为过。丁道尔当年把圣经翻译成英文的大背景是怎样的？他是否有着独特的神学思想？我们为什么要把他看成是改教家？我们若不简略回顾他风云跌宕的一生和他的殉道之路，就无从回答这些问题。

丁道尔之前

圣经是可以翻译的。这是基督信仰的本质所决定的。基督教在这方面同其他宗教的传统——尤其是伊斯兰教——不一样。在伊斯兰教中，只有阿拉伯语配作启示的语言。而基督信仰却依照其自身的原则教导说，上帝的书面真道可以、也应该被翻译成人们所讲的任何语言。而这正是改教家对五旬节圣灵降临的理解：上帝之道已打破了语言上的阻隔。圣经是可以翻译的。这一事实意味着福音是启示给普罗大众的，是上帝的大能，要救一切相信的，是给世界各处每个人的。它可以渗透进人类的文化，并转变文化。的确，间或有某些基督徒无视这个原则，声称只有某个特别的圣经译本是有效的，比如拉丁文武加大译本、希腊文七十士译本，或在英文中，只有英王钦定本是有效的。但这样在语言上分门别类有悖道成肉身的事实，因道成肉身就是上帝最高超的翻译行为；也有悖五旬节的神迹，因为在五旬节，福音已石破天惊地打碎了语言间的障碍。

在早期教会，哲罗姆把圣经翻译成拉丁文，这就是人们所熟知的武加大译本，在此后长达一千年的时间里，这是西方基督教界所知的唯一圣经译本。拉丁文是哲罗姆的母语。然而随着时间的推移，拉丁文渐渐变成只有博学的神职人员和受过大学教育的学者才通晓的语言。早在宗教改革之前，也曾有人付出努力想把圣经翻译成英文，那是受了约翰·威克里夫的激励。他是在牛津大学颇受欢迎的教师和神学家，曾质疑当时教会的几项教义，包括圣餐变体说和教皇职分的至高地位。

我们在前文曾讨论过，威克里夫并不仅仅影响了英国，他的影响还通过约翰·胡斯等人的工作扩散到欧洲大陆。他的追随者被称作罗拉德派。罗拉德一词是从荷兰语 lollen 派生来的，原意为"喃喃低语"。罗拉德派会在山洞、谷仓、船舱或夜间的野外等偏远地方聚会读圣经。他们形成了一场以圣经为基础的地下不从国教运动，为宗教改革预备了土壤，以至于遭到教会当权者的强烈压制。1408年，坎特伯雷大主教托马斯·阿伦德尔（Thomas Arundel）在牛津大学召集高级教士开了一次会。他们讨论决定禁止将圣经翻译成本国语言。这一行动巩固了1401年颁布的一项《关于将异端分子处以火刑》的法律，把翻译圣经的活动当作死刑罪来看待。

威克里夫死后被安葬在路德沃斯。在1428年去世已经四十多年后，他的棺木被挖出来，遗骨被丢进火堆，骨灰被撒入附近的斯威夫特河。由此可见，教会当权者视罗拉德运动为何等严重的威胁。对罗拉德派的逼迫一直持续到16世纪。将圣经译为英文不仅仅被看作异端做法，也被视为颇有煽动性的行为，因而异常危险。依照1408年颁布的《牛津宪章》，无论何人，只要阅读、抄写、售卖，甚至持有英文圣经的任何一段，就会被判有罪，并被从重惩处。这样的人会被革除教籍、监禁、按异端罪论处，甚至会被判死刑。据约翰·福克斯记载，曾有七人于1519年4月4日在考文垂被缚于火刑柱上活活烧死。据推测这七人属于地下罗拉德派,而他们的罪名只不过是把主祷文用英文教导给自己的孩子和家人。在这七人中,有一位名叫史密斯夫人的女士。她本来已得到豁免,不受火刑。可当主教的差役押解她离开刑场时,听到她的衣袖里有嗦嗦作响的声音,一搜身,竟搜出一份皱巴巴的主祷文、《使徒信经》和十诫英文本。她随即被带回到主教那里。主教判他与另外六人同罪,于是她也被活活烧死。[2]

教会当权者为何如此激烈地反对把圣经翻译成英文呢?首先,罗拉德派大多是普通百姓——织布工、鞋匠、裁缝等等。正如约翰·福克斯所描绘的那样,他们是"单纯的劳工和手工业者,他们当中很少有人是有学问的……他们从某些角落找到几本英文书来读,主也乐意借此赐给他们知识和悟性"。[3]把圣经给这等人是有风险的。的确,在掌控教会和国家的人看来,让这些普通的男男女女有思想和信仰上的独立会引致异端或反叛,或者两者同时出现。当权者已经怀疑追随威克里夫的罗拉德派偏离正统信仰了,因为他们反对神职人员,质疑罗马天主教的圣餐变体说和炼狱的教义,更不必说他们质疑教宗的至高无上的地位了。一旦这些人的手里有了母语圣经,他们就会在这些方面更加偏离国教。在当权者看来,这就是对国民秩序和官方教会的威胁。

丁道尔的工作建基于威克里夫和罗拉德派的传统。但他也致力于在两个极为重要的方面推进本族语圣经的翻译工作。首先,威克里夫是以拉丁文武加大译本为底本来翻译圣经,而丁道尔则是从希伯来文和希腊文的圣经原文来翻译。当时的新学是与伊拉斯谟分不开的,丁道尔所师承的就是这新学。1516年,伊拉斯谟在巴塞尔首次出版了极为重要的新约希腊文本。路德和丁道尔在分别为德国和英国的普通百姓——农夫、商贩、店主、挤奶女工、耕童和妓女——把圣经翻译成德文和英文时手头就有伊拉斯谟编纂的希腊文新约圣经(1519年出版的第二版)。其次,丁道尔想要采用刚刚出现的印刷新技术批量印制圣经,为的是让圣经在讲英语的人群中间广泛传播。印刷术的出现引发了一场知识传播的革命,只有我们这个时代计算机和互联网的出现可以与之相比。1455年,古藤堡圣经在梅因兹(Mainz)出版。这个版本采用哥特黑体,双栏排印,堪称印刷革命的杰作。印刷机也像魔法一样令人称奇。从前文士或修士要花几个月或几年的时间才能做完的工作，如今只要几小时或几天就做好了。印刷厂在欧洲各地如雨后春笋般发展起来。到 1500 年，从伦敦到君士坦丁堡，有 250 家印刷厂在运作。1522 年年底，路德翻译的德文版圣经第一版印刷完毕，旋即成为世界上第一本畅销书。全本新旧约德文本于 1534 年出版。1536 年，丁道尔殉道，十年后，即 1546 年，路德去世。据估计，到这时候为止，有大约五十万本圣经在流通，其中就包括丁道尔在翻译圣经时所参照的那一本。

流亡中的学者

路德、伊拉斯谟、加尔文、克兰麦等人在宗教改革史上可谓大名鼎鼎，可丁道尔却不是这样，他属于那种令人怜爱的默默无闻者。这部分是因为他是流亡中的改革者，无论他到哪里，总有教皇、皇帝和亨利八世的爪牙骚扰。他四处游走，一件披风，一把短剑，是他全部的家当。他有时甚至用不同的方式来拼写自己的名字，以便隐瞒身份，比如他曾把自己的名字拼写成海钦斯（Hychyns）。有一次，他把他姓氏的两个音节颠倒过来，变成道尔丁（Daltin）。这个策略很奏效，竟然骗过了所有人，直到 20 世纪才有历史考据学家弄清楚道尔丁究竟是谁。

他没有妻子，没有家人，居无定所。他学富五车，通晓七种语言，包括希伯来文和希腊文，但他没有给自己搞到神学博士的头衔，也没有什么令人欣羡的学术席位。实际上，在他的一生中，还算稳定的一段时间，就是他在自己的家乡格洛斯特郡度过的两年时光。那时他在朋友约翰·沃尔什爵士和安娜·沃尔什夫人家的小索德伯里（Little Sodbury）私人庄园里为他们的孩子作家庭教师。若路德说他是在试探的牵引下学到神学的，那丁道尔就可说他是在追捕者的追捕当中发展出他的神学的。

当时，伊拉斯谟、约翰·科利特和托马斯·莫尔等人塑造了基督教人文主义，而丁道尔早年的事业轨迹也遵循了他们开创的模式。他先是在牛津大学获得了两个学位（1512年获得文学学士学位，1515年获得文学硕士学位），随后去了剑桥大学。而此前不久，伊拉斯谟曾在剑桥大学的女王学院待过一阵子，他就是在那里编纂了希腊文新约圣经的第一版。[4] 如今，剑桥大学国王学院附近有一处匾额，标明了白马客栈——都铎王朝的一处酒吧——的大致位置。伊拉斯谟曾抱怨剑桥郡的啤酒难以下咽，而白马客栈的啤酒还好一些。比起它的啤酒，那里的思想氛围更诱人。早在1518年，路德的作品就被带到英国。到1521年，他的作品在伦敦和剑桥被公开焚烧。当时有一些学者——大多为年轻人——常在白马客栈聚集，路德的思想是他们经常讨论的话题，以至于白马客栈被人们戏称为"小德国"。就像列宁和他的同志在20世纪早期的苏黎世咖啡屋策划俄国革命一样，剑桥旁边的那个小酒吧也有人讨论危险的思想。丁道尔很有可能是在这里与英国宗教改革中的另几位殉道士见过面，包括才华横溢的约翰·弗里斯（John Frith），奥古斯丁学派的修士罗伯特·巴恩斯（Robert Barnes），伟大的传道人（后来也是主教）休·拉蒂默（Hugh Latimer）。这个圈子也包括托马斯·比尔尼（Thomas Bilney），他也是一位学者，来自诺福克郡，是圣三一学院的研究员。后来，除丁道尔之外，有二十五位来自剑桥大学的新教徒先后殉道，比尔尼是其中第一个殉道的。

比尔尼喜爱古典语言，也喜爱典雅的文学风格，所以他总是随身携带着一本伊拉斯谟编纂的希腊文新约圣经。这个版本把希腊文和伊拉斯谟自己翻译的拉丁文并列排印，伊拉斯谟的拉丁文翻译要比传统的武加大译本在文体上更胜一筹，因而让比尔尼更为爱不释手。他第一次翻开这本书，就"碰巧"看到《提摩太前书》1：15中保罗的话。比尔尼当时读到的是这样子："Certus sermo et dingus, quem modis omnibus amplectamur, quod Christus Iesus venit in mundum, ut peccatores salvos faceret, quorum primus sum ego."（丁道尔后来在他的新约译本中把这段话翻译成："This is a true saying and by all means worthy to be received, that Christ Jesus came into the world to save sinners, of whom I am chief."[5] Certus 这个词——意为确实、一定、真实、可信——使一切变得大不一样了。比尔尼后来回忆道：

> 我的心曾因负罪而受伤，几近绝望。这句话让我的心振奋，

以至于内里似乎马上就感受到安慰和宁静,"我被压伤的骨头因喜乐而雀跃。"此后,圣经在我就变得更为可喜爱,比蜂房下滴的蜜更可喜爱。[6]

丁道尔是否也曾经历过这样归信福音的过程?即便经历过,他也没有留下任何记载。但他在给《罗马书》写的序言中有这样的话,颇有自传色彩,可供我们参考:"我们一旦相信那传讲给我们的大喜消息,圣灵就马上进入我们每个人的内心,松开魔鬼的捆绑,那魔鬼从前迷住我们的心,抓住不放。"[7]像使徒保罗一样,他的归信和呼召是连在一起的。我们确乎知道丁道尔研读圣经,这给他带来转变的效果。福克斯说他离开剑桥的时候"对上帝之道的认识更加成熟了"。[8]他的内心里生发出如火的愿望,要把圣经翻译成英文。从那时开始,用司提反·格林布莱特(Stephan Greenblatt)的话来说:"丁道尔就一直在为一个具体目标而活。"[9]

丁道尔离开牛津大学和剑桥大学不久,发生了一件小事,让我们看到他对一生要从事的工作有着何等大的热情。根据福克斯的记载,那时,丁道尔还客居在格洛斯特郡的沃尔什家中。

有一次,丁道尔恰好遇到一位博学之人,与他谈话,甚至争论起来。那位博学之人说:"没有教宗的律法很好,没有上帝的律法岂不更好?"这一下把丁道尔推到了问题的核心。丁道尔闻听至此,回答说:"我蔑视教宗和他的一切律法,"他接着说:"假如上帝让我存活下去,过不了多少年,我会让扶犁的小伙子比你更懂圣经。"[10]

说这种话不可能赢得朋友,也不可能影响别人,丁道尔也是一样。果然,没过多久,本地教会的神职人员来找他麻烦了,本地政府官员也指控他犯了异端罪。可他们没有找到确凿证据来给他定罪。此后不久他便无事一身轻地离开了这个地方。

值得一提的是,丁道尔说出扶犁的小伙子云云的话,令人恼怒,可在此之前几年,伊拉斯谟也曾写过一段话,与丁道尔所说的如出一辙:

我愿最卑微的女人也能读福音书和保罗书信。我愿它们被译成世界上的所有语言，以至于不仅苏格兰人和爱尔兰人可以读懂，突厥人和萨拉森人[11]也可以读懂……。我愿看到这样的结果，就是农人在犁田的时候可以把它们当中的一些段落唱出来，织布工随着梭子的穿梭哼唱出的词句都来自福音书和保罗书信，旅人可以用福音书中的故事来解除旅途劳顿。[12]

伊拉斯谟写过的这段话，想必丁道尔是熟悉的。他与那位博学之人对话时或许也想到了这段话。可有意思的是，伊拉斯谟表达出他渴望看到普罗大众能读到圣经，可他自己却从未尝试过把圣经翻译成任何其他语言。（他的英语不好，但他也可以尝试把圣经译成他的本国语荷兰语啊。）他们二位在表达紧迫感时的调子也不一样。伊拉斯谟是在用虚拟语气说话，说："我愿，我愿，我愿"——用拉丁文来说是 uti-nam，而丁道尔却肯定地宣告说："我将要！"正如安娜·理查森所写的那样，两者间的差别在于，"一个是出于大师之口的令人高兴的愿望，另一个是出于门徒之口的斗志昂扬的行动目的宣言。"[13]这个目的构成了丁道尔的生存理由，是他生命的壮丽美景和催促他前行的热情。另一方面，伊拉斯谟曾于 1520 年宣布说，他更愿在宗教改革中作观众，而不是作演员。[14]

一开始，丁道尔想要通过业已建立起的教会的官方渠道来完成使命。他来到伦敦，想求得卡思伯特·汤斯托尔（Cuthbert Tunstall）主教的支持。汤斯托尔主教本人也是一位杰出学者，而且是伊拉斯谟的朋友。1408 年发布的法令禁止把圣经翻译成英文，但同时也给出一个例外情况，那就是只要有一位主教的许可和监督，这样的项目还是可以进行的。丁道尔为了证明他的语言学功底可以胜任圣经翻译工作，还特意把古雅典演说家伊索克拉底的一份艰深文字译成英文，并把它提交给主教。可汤斯托尔是一个见风使舵的人，他可不想庇护一位改教家学者，不论他的希腊文功底有多好。这位主教也像伊拉斯谟一样不想喝殉道这杯苦酒。

丁道尔至此意识到，他若留在故国，就不可能完成他毕生要做的工作。在伦敦的几位对改教怀有好感的商人的支持下，他得以渡过英吉利海峡，去到欧洲大陆。在支持他的商人中，有一位名叫哈姆弗雷·孟茅斯（Humphrey Monmouth），对他尤为支持，孟茅斯与德国有着商业上的联系。丁道尔离开故国时三十岁,从此再也没有回过他的出生地。在接下去的十二年时间里,他过着一种躲躲藏藏的生活,不时地要躲避托马斯·沃尔西枢机主教和托马斯·莫尔的调查员和间谍的眼线。丁道尔把沃尔西称作"狼眼"[15]。在他流亡异国期间,他遭受了诽谤、船坏、背叛等苦难,最终被监禁乃至殉道。在这一切患难中,他矢志不渝地做着"那一件事",他知道这是他要做的。他同时也表现出基督徒生命当有的美德,以至于他的对手都对他尊敬有加。后来成为他死对头的莫尔曾评价丁道尔是"生活公义良善、勤奋、熟读圣经之人。他样貌圣洁,讲道也圣洁"。[16] 后来,莫尔被丁道尔的所谓"异端思想"所困扰,就不再有那么好听的话可说了。但他早年的评价更中肯。

丁道尔先来到欧洲大陆的汉堡。不久他就径直奔维腾堡而去。关于他的这段行程,托马斯·莫尔曾给出一些证据,因为他在德国当地布设了一个间谍网。他们汇报说丁道尔"径直到路德那里"。他们在大学的记录中也找到了一个名字,可能是把丁道尔名字的拉丁文颠倒过来形成的。在标注为1524年5月24日的条目中,记载着有一位名叫 Guillelmus Daltici ex Anglia[17] 的学生前来维腾堡大学登记就读。J. F. 莫兹里(J. F. Mozley)曾于1937年出版了一部丁道尔的传记。他推测这个人就是刚从伦敦来到维腾堡的英格兰翻译家威廉·丁道尔,否则就不知为谁。"把 Tindal[18] 的两个音节倒过来,我们就可得到 Daltin 这个词。这个词与 Daltici 只差一个字母。现有的记录是原本的抄本,抄写员若看错最后一个字母,谜团就解开了。"[19] 难道丁道尔可能来向路德的"公会"学习希伯来文吗?或者来就近希腊文大腕菲利普·梅兰希顿,为的是使自己的希腊文更流畅?丁道尔在这样的环境里不用真名,这也符合他的形象,他是来暗中做短暂停留的,旅居至此,不想让人知道他是谁,完全合情合理。关于丁道尔是否曾在维腾堡寄居,或许后人只能猜测了。但要拼凑起这位流亡中的圣经翻译家的生活谜团,这一环倒极为合适。丁道尔在伦敦时曾混迹于孟茅斯的商人圈,可能从讲德语的商人那里学了德语。等到他去到德国,他的德语该是很流利的了。他在维腾堡时,或许亲自聆听路德的讲演和讲道。也可能参观过圣经是如何批量印刷出来的,见证了刚刚出版的德文本新约给本市居民带来何等大的影响。

到1525年早期，丁道尔的英文本新约可能已译竣，准备付印。在科隆有一位印刷商，名叫彼得·昆泰尔（Peter Quentell），他开始了印刷工作。可《马太福音》尚未印完（只印到22章），他就遭到当局的突袭。印刷工作半途而废，丁道尔颇感气馁，但并未就此罢手。他尽其所能抓住一些排印稿，沿莱茵河溯流而上，来到沃尔姆斯市。这是一座自由的帝国城市，当时已经因路德于1521年在那里与当局发生的那场著名交锋而广为人知。在那里，一位名叫彼得·叔菲尔（Peter Schoeffer）的印刷商成功地印刷出几千本丁道尔译出的全本新约。这次印出的圣经如今只有三本存世。有一本前不久刚刚在德国斯图加特的图书馆发现，还有一本是大英图书馆于1994年花一百多万英镑从布里斯托浸会学院购得的。

从1526年3月开始，有人秘密策划把被禁的新约偷运到英国。印好的新约散页被藏在布匹包中，或秘密地装入防水箱中，然后再把防水箱藏进酒桶或油桶中。这些布匹、油桶或酒桶沿莱茵河顺流而下被运出境，越过北海被偷运进亨利八世的领地。在英国，有信徒秘密地组成圣经传递网络。他们等在诺里奇、布里斯托和伦敦等港口（当时从德国来的商品都从这几个主要港口入境），一有轮船进港，他们就从走私书页的人员手中接过这些宝贵的材料。丁道尔的新约散页随后被装订成册，在黑市出卖，或者送给想要迫切得到圣经的信徒。根据约翰·福克斯的记载，有个农民用一整车的干草换了一本《雅各书》！[20]

丁道尔的1526年版新约是作为黑货进入英国的，也是作为黑货流通的。当时识字的人越来越多，但还不普遍。不识字的人围在识字的人周围，要听他们用英文大声读新约上的话语，这是他们人生中的第一次。在这片土地上的黑暗角落，在这里，在那里，普通人秘密聚集到一起，来读丁道尔的新约圣经。想象一下吧！他们在这样的聚会中，第一次听见用英文读出的圣经上的如下话语，会是一种怎样的情景："上帝爱世人，甚至将他的独生子赐给他们，叫一切信他的，不至灭亡，反得永生。因为上帝差他的儿子降世，不是要定世人的罪，乃是要叫世人因他得救。"（约3：16—17）"我若能说万人的方言，并天使的话语，却没有爱，我就成了鸣的锣、响的钹一般。……我如今所知道的有限，到那时就全知道，如同主知道我一样。如今常存的有信、有望、有爱这三样，其中最大的是爱"（林前13：1，12—13）。丁道尔译为"love"（爱）的那个词，1611年出版的英王钦定本译为"charity"（仁爱），晚近的译本又明智地改回丁道尔原来的译法。

国王亨利八世发布了一道谕令，禁止国人购买和阅读丁道尔的新约。1526年10月24日，丁道尔的老对头卡思伯特·汤斯托尔讲了一场道，反对圣经翻译，并下令在圣保罗大教堂的庭院里当众焚毁丁道尔的新约。尽管焚烧圣经的火光熊熊燃烧，还是有人继续读丁道尔的新约。在欧洲又有圣经被印制出来，并被千方百计地运到英国。与此同时，丁道尔本人继续过着居无定所的生活，他从沃尔姆斯市流亡到安特卫普，随后又流亡到汉堡，总是隐姓埋名，为的是完成上帝呼召他去做的那一件事。

丁道尔相信，上帝要在他那个时代带来真正的改革和属灵上的复兴，而上帝所定的方法就是翻译圣经，并把它分发到普通百姓的手中。在他所写的简短书信《致读者》中，丁道尔这样向读者推荐他的新约译本："亲爱的读者，（我劝你）要勤奋，带着单纯的心意来，一心仰望圣经所说的话语，这话语能给你帮助，给你永生。凭着这话语（我们若悔改并相信的话），我们就会得到新生，成为新造的人，并且享受基督的爱的果子。"[21]丁道尔翻译的摩西五经于1530年在安特卫普出版。把旧约的这一部分由希伯来文翻译成英文，这还是旷古未有的事。丁道尔在为《申命记》所写的序言中宣告说："这卷经书配得我们手不释卷，日夜研读。因它是摩西所作的书卷中最优秀的一卷。它也易懂，并且散发着纯正福音的光芒。它传讲的是信心和爱的信息；从信心中生发出对上帝的爱，从对上帝的爱中生发出对邻舍的爱。"[22]

托马斯·莫尔爵士很快就意识到，威廉·丁道尔已然成了他所代表的教会体制的仇敌，并且颇难对付。他称丁道尔为"英国异端分子的罪魁"，"魔鬼所豢养的地狱猎犬"。丁道尔越多翻译圣经，越多解释圣经，莫尔对这位流亡中的同乡的言辞就越恶毒。但要承认，丁道尔也易于被激怒，他的言辞也颇为粗暴。他有在高位的仇敌，也有支持他的人。最支持他的莫过于约翰·福克斯了。福克斯在他所著的《殉道史》(Acts and Monuments)一书中称丁道尔"就其所受的诸多苦和辛劳而言,堪称我们这个末后时代的英国使徒"。[23] 福克斯邀请人把丁道尔看成是他那个时代的使徒,就像保罗一样。实际上,丁道尔和保罗之间的相似之处令人称奇。两个人都未曾结婚,都是单身,没有自己的家庭;都为了完成使命与危险擦肩而过;都被不可信赖的同伴背叛过;都在监狱中度过一段时间,在监禁中写过信;都遭遇过海难,最后都被帝国势力置于死地。保罗曾列举他自己受过的苦,而使徒丁道尔在16世纪也重复了这一切:

> 遇着船坏三次,一昼一夜在深海里。又屡次行远路,遭江河的危险、盗贼的危险、同族的危险、外邦人的危险、城里的危险、旷野的危险、海中的危险、假弟兄的危险。受劳碌、受困苦,多次不得睡,又饥又渴,多次不得食,受寒冷,赤身露体。(林后 11:25—27)

丁道尔清楚地知道,他的生命处于危险当中。总有一天,他的命运也会像他所写的那些被禁的书一样。1528 年,他的第一部主要神学作品《邪恶玛门的比喻》(The Parable of the Wicked Mammon)出版了,值此之际,他坦率谈到了他可能遭遇的命运:

> 有人或许会问,我为何要付出这么大的辛劳来做这份工作呢?他们反正要把它付之一炬,他们要看到福音被烧掉。我就会回答说,他们烧掉新约,他们所做的并不比我所预期的更多,他们也不会做得更多。他们若把我也烧掉,若这是上帝的旨意,那就让他们烧吧!无论如何,把新约翻译成英文是我的责任,所以我现在才这样做。我还会做得更多,只要是上帝命定我去做的。[24]

16 世纪 20 年代,丁道尔的新约在英国各处流传,带来了极大影响。威廉·玛尔顿的故事就说明了这一点。玛尔顿还是一个十五岁的孩子,他和家人住在一个叫切尔姆斯福德的镇子上。当时,教区教堂里的礼拜仪式仍是用拉丁文进行的。然而根据玛尔顿后来的追忆,"切尔姆斯福德镇上的一些穷人……买了耶稣基督的新约,他们在主日坐在教堂的后面读新约,有许多人涌到他们那里要听他们读圣经。"[25] 玛尔顿也参加了这类读圣经的活动，后来被他父亲知道了。父亲就告诫他说不要再参加了。父亲坚持说他若需要学习圣经，可以去参加拉丁文的早课。年轻的威廉不顾父亲的反对，还是去参加。他还学会了读书识字，这样一来，他就不必等别人把圣经读给他，他自己就可以读了。这故事的另一个版本说，威廉最后得到一本属于他自己的新约，夜里藏在床铺的草垫子下，白天独自一人的时候就拿出来如饥似渴地读。他父亲因为他这么不听话狠狠地打了他一顿。诸如此类的例子在在说明当时圣经给那些渴望读到圣经，或第一次听到别人读圣经给他们听的人带来多大的转变功效。

圣经是一剂良药

牛津大学历史学家克里斯托夫·希尔（Christopher Hill）曾说：丁道尔想要改变世界。至于了解世界，他倒不那么在乎。这一点有点像卡尔·马克思。[26]丁道尔改变世界的策略就是通过让人们与那位永活的上帝相遇来改变他们。他极为关注平信徒，并且总是说"你到上帝的话那里去吧"[27]，其背后的根源就在这里。当然，想要这样做的并不独有丁道尔一人，但他与其他人不一样。众所周知，丁道尔主要是因翻译圣经而殉道，但并不是很多人都能认识到他独特的神学思想。我们容易把他看成是罗拉德运动的余脉，或者完全是承继路德而来。这两个观点有待商榷。的确，丁道尔的作品中有许多罗拉德运动的主题，比如反对天主教的圣职，拒绝崇拜圣物，否认炼狱说、圣餐变体说和圣徒崇拜等等。在宗教改革的厅堂中，路德是头面人物，丁道尔当然会从他那里学到很多东西。可丁道尔不会模仿别人，也不是别人的翻版。罗万·威廉姆斯（Rowan Williams）说得好，丁道尔是独立的基督教思想家，他有着"严肃、有创意的才智，他所遵循的愿景是有系统的，是他自己的，不是路德宗、加尔文宗或茨温利宗的，然而却是独特的、广泛的、深深根植于圣经的"。[28]

宗教改革的释经学宣称，圣经以其自身的光芒发光，清晰明透。圣经本身即清晰晓畅，一言以蔽之，即 *sacra scriptura sui ipsius in-*

terpres，意为"圣经即是它本身的解释"，无论是丁道尔，还是克兰麦，都给这个新教普遍接受的原则加上了独特的英国色彩。但这个观念却不是改教家的新发明。我们可以回溯至早期教会的传统，尤其是奥古斯丁。他建立了这样的原则，即在解读圣经时，应根据更清楚确定之部分来解读其他部分。[29]然而，圣经本身即清晰晓畅，这样宣称还不只涉及使用完备的语言学规则来解读圣经文本。只是把圣经作为古代传下来的文学作品来分析和掌握还不合适，读圣经就是与超然的他者相遇。圣经是它本身的解释，这个说法的意思是圣经做它自己的解释工作，即圣经也解读它的读者。[30]

约翰·罗杰斯（John Rogers）是丁道尔的门徒。他是玛丽·都铎作王期间第一位在火刑柱上被烧死的殉道者。即便有他妻子和十一个孩子在场，他依然在火焰逼近自己的时候拒绝放弃信仰。在行刑之前，斯蒂芬·迦迪纳（Stephen Gardiner）主教曾和他有过一段对话。迦迪纳主教对罗杰斯说："你凭圣经什么也不能证明，圣经是死的，必须有人解释它才行。"罗杰斯反驳说："不对，圣经是活的！"[31]不错，圣经是活的，因为圣灵通过它让人知罪，把信仰赐给人，把它原本的意思传达给以谦卑和祷告来就近它的人。圣灵不仅仅在信靠基督的人心中营造出相信圣经为真的信心，还营造出丁道尔所谓"感性的信仰"。这样的信仰是"活泼的东西，在工作上有大能，勇猛、强健，一直工作，一直有果效"。[32]若非如此，用丁道尔喜欢的比喻来说，它就是苦树皮，而不是"甜树芯"。

丁道尔尚未把整本圣经翻译成英文就殉道了，可他的圣经翻译工作却谁也不能停止，正如大卫·赖特所说的那样：圣经"一旦可得，就不可遏制"。1535年，他的朋友迈尔斯·科弗代尔（Miles Coverdale）完成了丁道尔未竟的事业，把整本圣经翻译成英文，并在欧洲大陆出版。（科弗代尔把包括《诗篇》在内的那些丁道尔没有翻译的旧约书卷从拉丁文译成英文）。1537年，约翰·罗杰斯把丁道尔和科弗代尔的翻译合并到一起，并且在英国印刷出版。这是历史上第一版全本英文圣经。罗杰斯按耶稣两个门徒的名字称这个版本为"多马马太"圣经，但到底谁是这个版本的幕后主使者，人们大概没有疑议。1539年，这个版本又成了托马斯·克兰麦大主教监督印行的大圣经的底本。在国王的命令下,这一版的大本圣经被放在英国的每一座教堂内。克兰麦为这个版本写了序言。他在序言中清楚地说圣经是写给每个人的。丁道尔若尚未殉道,克兰麦在序言中所写的一定会让他大感宽慰。克兰麦写道:

> 在这里,无论是男是女、是老是少、是有学问的还是没学问的、是穷人还是富人、是神父还是平信徒、是爵士还是夫人、是官员还是平民、是少女还是为人妻者、是律师还是店主、是手工业者还是农夫,所有人都可以从这本书中学到关乎他们该相信的、他们该做的、他们不该做的一切,也可学到关乎全能上帝、关乎他们自己和别人的一切,无论他们处于何种地位,何种境遇。简单说来,除了讳疾忌医之人或不知道圣经是最有助益的良药的无知之人之外,谁也不会敌视读圣经。[33]

圣经是良药,这个形象的比喻直接来自丁道尔。他在论及圣经的真正本质和应用时写道:

> 单单读圣经、谈论圣经还不够,我们还必须日夜渴望上帝马上打开我们的眼睛,让我们明白并感受得到上帝为何要赐圣经给我们,这样我们每个人就可以把圣经这副良药敷在我们的伤口上,除非我们想要成为懒散的争辩者,为空洞的言辞争吵不休,总是在那里啃啮着苦树皮,却总也吃不到里面的甜树芯,为我们自己发明的低级的想象和幻影辩来辩去,彼此倾轧。[34]

丁道尔所说的树芯是指圣经的属灵核心,它本来的功效是为解除罪的毒素。而树皮只不过是外表的形式、质地和样子。后者也是必要的(要不然丁道尔也不会付出惊人的努力来尽量准确地翻译圣经),但光有树皮是不够的。

那么还有什么是必须的呢?有两件事:首先也是最重要的,就是圣灵在里面的见证。许多现代的历史批评学者想当然地以为我们可以"像研读其他书籍"一样来研读圣经。但丁道尔的信念却不是这样。这是因为圣经的源头和目的与其他书籍不一样。圣经必须成为"心中活泼的东西"[35],既给我们安慰,也给我们学识。比如,《哥林多前书》2:14:"然而,属血气的人不领会上帝圣灵的事,反倒以为愚拙,并且不能知道,因为这些事唯有属灵的人才能看透。"丁道尔在对这节经文的解释中指出了默示与光照之间的关系。圣灵首先在很久以前把圣经的字句默示给先知和使徒,我们今天在读圣经的时候也必须要有这同一位圣灵到场来光照我们的心和思想。我们若以开启的心来读圣经,就领受到"对上帝的东西的理解和感受,也理解和感受到了上帝的圣灵所说的话"[36]。因而,我们若单单把圣经当作历史论述或学术文字来对待,就不能从圣经中获得属灵的益处。我们必须通过祷告、默想和沉思来就近圣经。

其次,有了这些预设,丁道尔就要面对一个问题,这也是所有改教家要共同面对的问题:圣经若是它自己的解释者,圣灵若光照读者,让他们清楚地明白圣经,那么口头或书面讲解圣经还有何必要呢?当时有人指责丁道尔,他把指责的话概括如下:"这样说来,就不需要任何人来教导别人了,每个人只要拿起圣经,自己学不就行了吗?"丁道尔回应说:"不是啊,我说的绝不是这个意思!"[37]丁道尔不仅是翻译圣经的,还是在教会里作教师的。

他在《约翰一书》释经前言中这样陈说他写圣经注释及其他关于圣经著作的原因:"是为了启发普通信徒,教他如何读圣经,以及要从圣经中寻求什么。"[38]丁道尔把圣经的一大部分从希伯来文和希腊文翻译成英文,他所做的可谓前无古人,后无来者。这一工作量已经很大了,但除此以外,他还写了大量的神学作品:序言、导论、阐述文字、释经文字,还有辩论文字和教义论述。不必说还有讲章、书信和有关教会敬拜的文字。他的作品只有一小部分留存下来。下面列出他的主要作品的题目和日期:

1525年,《新约圣经》。即人们所知的科隆残本。这个版本只有《马太福音》的前二十一章,附有序言和解释。仅有一册存世。

1526年,《新约圣经》。这是在沃尔姆斯市首次出版的全本英译本新约。没有序言或注释,也没有注明译者是丁道尔。但有一扼要的引言,《罗马书》序言,有一部分是根据路德的德文本《罗马书》序言转译而成。这篇序言也见于他此后出版的《新约圣经》的各个版本。

1528年,《邪恶玛门的比喻》。这本小书是根据记载于《路加福音》16:1—13的不义的管家的比喻写成的,是捍卫单单因信称义的第一份英文本宣言。

《基督徒的顺服》(The Obedience of a Christian Man)。是在安特卫普与《玛门》一书共同出版的。这本小书的全名是《论基督徒的顺服以及基督徒统治者当如何执政，（你若殷勤查考），你将发现有眼光来洞察一切耍把戏之人的诡诈言辞》。

1530年，《摩西五经》。这是直接从希伯来文译成英文的全译本，五卷书的每一卷前面都附有序言。

《高级教士的言行》(The Practice of Prelates)。这是丁道尔所著反教阶制的最为尖锐的作品。这本书也包含一段反对亨利八世与阿拉贡的凯瑟琳离婚的辩论文字。

1531年，《圣经指津》(A Pathway into the Holy Scripture)。这是在科隆残本的序言基础上扩充篇幅写成的。这本书有丁道尔对释经原则的简短声明，也有一份重要圣经词汇汇编，解释了旧约、新约、律法、福音、摩西、基督、自然界、恩典、善行、信心等词语。

《约翰一书阐释》。此书可能是在丁道尔对这封书信的阐释性讲道的基础上汇编而成

《约拿书》。这是丁道尔所译的唯一一本先知书，前面附有一份序言。序言的篇幅是经文本身的五倍。丁道尔谈到耶稣对约拿的评述。他也提出，当时的英国人和古代尼尼微人有相似之处。

《与托马斯·莫尔爵士的对话录》(An Answer to Sir Thomas More's Dialogue) 莫尔曾写《关于异端的对话录》(Dialogue Concerning Heresies, 1529)来攻击丁道尔，丁道尔在此书中一一予以回应。此后，莫尔继续写文章批驳丁道尔，丁道尔没有再回应。

1533年，《马太福音5—7章阐释》。可能原本是为研读登山宝训而写的系列资料。

《基督精兵手册》(Enchiridion Militis Christiani)。原为伊拉斯谟所写的名著，这是丁道尔翻译的英译本，于1533年在伦敦出版。有可能是丁道尔在16世纪20年代早期为沃尔什一家翻译的。

1534年，《新约圣经》。出版于安特卫普。是对1526年出版的新约译本的全面修订本。

《摩西的第一卷书创世记》。也出版于安特卫普。是1530年出版的

《摩西五经》中的《创世记》修订版。

1535 年，《威廉·特莱西骑士先生遗嘱》（*The Testament of Master William Tracie Esquire*）。出版于安特卫普。这部简短的作品含有一份格洛斯特郡的乡绅威廉·特莱西的遗嘱。特莱西在遗嘱中承认他单单信靠基督的功德。此外，这本书还包含两份圣经评注。一部出自丁道尔之手，另一部出自约翰·弗里斯之手。

1532—1535 年，《约书亚记至历代志下》。这是丁道尔翻译的旧约中的历史书卷，一直到他殉道时都处于手稿形态。后约翰·罗杰斯把它并入马太版圣经。

1548 年，《圣礼宣言》（*A Brief Declaration of the Sacraments*）。这是在丁道尔殉道后出版的，这部未经润饰的作品论及洗礼和圣餐礼。

丁道尔的作品放到一起可谓蔚为大观，19 世纪的帕克公会出版的三卷本《丁道尔著作集》共有 1200 页。他从来没有像加尔文写《基督教要义》那样写出一本神学纲要，也没有像路德写两份要理问答那样写出简洁的教导性文本。丁道尔的作品自始至终都是纯神学的。他的目的是"恢复圣经本来的意义"，正如他自己曾说的："再次把非利士人所塞住的亚伯拉罕的井挖开，清除世俗智慧的泥土。"[39]

塞住井的是谁呢？丁道尔致力于清除掩盖在圣经启示泉源上的荆棘，他在这个工作中与一些"非利士人"抗争，这些"非利士人"是些什么人呢？到底有哪些拦阻和芜蔓需要清除呢？丁道尔指出，有几项解经传统需要大幅度的更正。首先要打破的是对异教哲学——尤其是亚里士多德的哲学——的依赖。丁道尔反对亚里士多德，他的看法和路德相似。路德曾写过："一个人若不摆脱亚里士多德就不能成为神学家，因为亚里士多德是神学研究的仇敌，一如黑暗是光明的仇敌。"[40] 这两位改教家都相信，亚里士多德的乐观人类学高估了堕落之人类的道德能力，导致了虚假的信心，极大减弱了人们需要恩典的迫切和深切程度。学术圈子的神学有着太多的亚里士多德的定义，已成重负。这种神学使追随它的人不能倾听上帝在圣经中以其独特方式所说的话。此外，丁道尔指出，亚里士多德的哲学与基督教信仰的基本信条相矛盾。

依亚里士多德的教义，世界无始无终；第一人不存，最后一人也将不存。上帝做一切,是出于需要,他并不在意我们做什么,也不要求我们为我们所做的一切负责。若没有以下这个教义(负责的教义),我们怎能明白圣经?———上帝从虚无中创造了世界,上帝是凭他的自由意志为着一个奥秘的目的创造万有,我们将会复活,上帝会要求我们为着我们在今生所做的一切负责。[41]

其实,早在1277年,巴黎的主教埃蒂安·坦普埃尔(Etienne Tempier)就曾批驳过亚里士多德的教导,其中有些是丁道尔后来在219条主张中提到过的。

教父的作品为丁道尔和像托马斯·莫尔之流的天主教护教学家之间提供了另一个交锋点。关于早期基督教教师的教父地位,丁道尔不愿向他的天主教对手让步,但他也指出,那些口口声声喊着"教父、教父、教父"的人,却胡乱地根据个人的喜好选择一些教父的作品,摈弃其他教父的作品,真是言不由衷。与其他主流改教家一样,丁道尔本人也常常引用教父的作品,但他从来不高举教父的观点超过圣经的真正试金石之上。他说,我们不用布匹来量尺子,而是用尺子来量布匹。

> 我们到底因何缘由谴责奥利金的作品,而不谴责其他人的作品呢?我们怎么知道哪些是异端,哪些不是呢?我相信是凭着圣经。圣奥古斯丁算是最好的基于圣经写作的人了,或者是最好的之一,但我们怎么知道他也像许多其他神学家一样一开始写了许多错谬的东西呢?也确乎是凭着圣经。正如奥古斯丁自己后来所看到的那样。当奥古斯丁仔细审视他前期写的作品时,他又撤销了许多东西。当他刚刚归信的时候,他还没有全面研读圣经,他写了许多他自己都不明白的东西。他追随柏拉图的观点,也追随当时著名人物的常见说法。[42]

丁道尔写了一封给读者的公开信,并把它作为1530年版《摩西五经》英译本的序言。在这封公开信中,丁道尔解释了他五年前把新约译成英文的动机:"实在是因为我凭经验看出,若不把圣经用母语摆在平信徒眼前,让他们看到文本的铺陈过程、顺序和意思,就不可能在他们生命中建立任何真理。"[43]依丁道尔看来,反对这一事业的人是瞎眼的，他们瞎眼的程度堪比"疯人院中的疯子"，竟反对给黑暗中的人送去光明。[44]但若要真的抓住圣经文本的"铺陈过程、顺序和意思"，单单让他们手头有母语的圣经还不够，尽管这个工作仍很重要。他们还需要有人指点迷津，才能懂得圣经。丁道尔像他之前的路德和茨温利以及之后的加尔文和门诺一样，开始与他们继承于前人的释经传统相对抗。能接触到圣经是必要的，但那些经院派解经家会"把圣经的光芒变成……让人不知所云的谜团"，并且"篡改"圣经中圣灵意欲传达的意思，来为他们自己的异端和迷信辩护。[45]为了与这等人抗争，还有必要让信徒知道如何正确地解释并理解圣经。

那么，圣灵在圣经中意欲传达的意思是什么呢？丁道尔的回答既简洁又复杂。他说得很清楚："圣经只有一个意思，那就是它的字面意思。字面意思是其他一切的根基，是不会失去效用的锚。你若信守它，你就永远不会错，也不会走入歧途。你若离开字面意思，你就非走入歧途不可。"[46]丁道尔所说的字面意思到底是什么意思呢？这还需要进一步说明一下。比如，字面意思不等于拘泥于字句的意思。丁道尔是优秀的学者，断不至于不知道圣经里满是修辞手法这个事实。这些修辞手法包括格言、谜语、比喻和寓言。按照丁道尔所说的字面意思，这些修辞手法该怎样解释呢？我们在这里要指出三点。

首先，丁道尔强烈批驳了中世纪解经家定下的一个模式，即试图从圣经的每一段文本中找出四个可能的意思，我们可以用下面这首小诗来总结圣经的这四个意思：

> 字面意思表明上帝和先祖所做何事；
> 寓意表明我们的信心藏在哪里；
> 道德意思给我们日常生活的准则；
> 隐秘的意思表明我们在哪里才结束劳作。[47]

在这个解经系统里，圣经文本除了字面意思之外，还有三个"属灵的"意思，分别对应三个神学上的美德：信（寓意）、望（隐义）、爱（应用，或道德的意思）。这个方法也有其圣经基础。使徒保罗曾用预表和寓言这样的措辞来把旧约的事件应用到基督的信徒身上（林前10：1—11；加4：21—31）。在丁道尔看来，这种解经法的问题是，如何知道四个意思之间是怎样彼此相关的？如何避免使圣经成为一团泥，由不同的解经者捏来捏去？他的看法很中肯。[48]解经家可以依其设想从文本的最微小的细节解读出各种各样的意思来。伊文斯（G. R. Evans）也曾解释说："对文本的任何解读，若与信仰和生命建造相一致，就有上帝自己的保证，因为作为人的读者没有那样的独创性，使他可以发现比上帝放在文本中的意思更多的意思来。"[49]丁道尔也敏锐地意识到，所谓奥秘的和伦理的（tropological）意思——他戏称为"砍出来的"（chopological）[50]意思——都只不过是从寓意扩展出的意思而已，因而传统上所说的经文有四个意思实际上是说有两个意思：一个是字面的，另一个是寓意的。

其次，早在宗教改革之前，对经文字面意思的关注就已经复兴了。到 16 世纪的时候，这一解经原则的转变还在进行当中，而丁道尔和其他改教家也都继承了字面解经的原则。这个转变的两个关键人物是托马斯·阿奎那和莱拉的尼古拉斯（Nicholas of Lyra）。阿奎那并不否认经文有着多重意思，但他同时也声明，经文的所有意思都是以一个意思——即字面意思——为基础。这个意思是一切神圣教义的根基，相形之下，经文的寓意则不堪作根基。阿奎那以后，最坚定捍卫圣经字面意思、历史意思的要属莱拉的尼古拉斯，他认为字面意思和历史意思是神学论证的主要基础。莱拉的尼古拉斯也是出自高级经院哲学传统的解经家，但他和他的作品却得到早期改教者的珍视。

丁道尔主张"寓意什么也不能证明"，他把寓意定义为"借用奇异之事或其他事"[51]的比喻或实例，这样看来，丁道尔符合这种看重字面意思的解经思路。丁道尔指的是把旧约中的割礼和新约中的洗礼相类比。谁也不能简单地把前者作为后者的基础，但因为在新约中，洗礼显然是作为"共同的标志"而施行的，表明我们是上帝的百姓，所以我们还可以提出这样的类比。[52]（丁道尔绝不是重洗派信徒！）然而，这样的类比或寓意一定要限制在信仰的界限内，并且一定要与基督相关，否则它们就成为"狂野的猎奇"，或"开玩笑的谈资，不比罗宾汉的故事更有价值"[53]。

第三，丁道尔和早期改教家发展出一套扩展的经文"字面意思"，既保留了传统上对经文的灵意解读的某些方面，又把它们和文本的历史字面意思紧密地联系起来，同时根据耶稣基督以及他在时空中所完成的救恩来予以判断。经文可以有不止一个层次的意思，但各层次的意思也已经包含在文本的真正字面意思里了，而且总是止于耶稣基督，满足了上帝的圣约之爱和救赎的目的，正如丁道尔翻译的《约翰福音》5：39所记载的耶稣的话所说的那样："你们查考圣经，因你们以为内中有永生；给我作见证的就是这经。"这种做法允许丁道尔强调圣经是一个整体，并且在解释圣经时追求一种符合权威的做法。在他看来，圣经的每一部分不只是默示的，而且对基督徒生活都有益处，都有重大意义。

> （在圣经里）没有什么故事和叙事诗不是看似简单、微不足道，却让你从它的字面意思找到灵、找到生命、得到启发；因它是上帝的圣经，为着使你学习、使你得安慰而写的。也没有什么破布和褴褛的衣衫不是其中包裹着珍贵的圣物：信、望、耐心、坚韧以及上帝的真理和他的公义。[54]

上帝默示圣经的目的是为传福音，这是丁道尔在这一切当中一直坚持的信念。简单说来，圣经就是这样一个地方，在这里"上帝吸引我们到他面前……圣经发端于上帝，流入基督，并被赐给我们，为的是带领我们到基督那里。因而，你必须依凭圣经前行，就像沿着一条准绳前行一样，直至到达基督面前。基督是长路的终点，也是你得安息的地方"。[55]丁道尔的文字总是有些论辩的味道，反映出他曾被拖进一些争议当中，但他写作的整体基调是为了牧养。丁道尔在他翻译的《约拿书》序言中如是写道："如今，你可以读《约拿书》了，你定会大有收获，不是把它作为诗人的杜撰，而是作为上帝和你灵魂之间的契约，作为上帝急切要给你的一枚金币。你若转向它，把它作为你灵魂唯一的粮食和生命，它就在你需要时帮助你。[56]"这话不仅适用于《约拿书》，也适用于整本圣经。这是树芯、谷粒、骨髓，乃是圣灵为信基督之人预备的甜美之物，凡信基督之人都是上帝所拣选的。

罪与拯救

威廉·丁道尔站在英国宗教改革的上游。说到英国的宗教改革，人们通常用主教制的治理模式和圣公会的崇拜礼仪来定义它。然而英国改教运动的核心仍是宗教改革的基本教导，即"单单"因信称义——正如《三十九条信纲》（1563）的第十一和十二条所正式表述的：

> 第十一条：我们在上帝面前被算为义，只是因着信而有的主耶稣基督的功德，不是因我们自己的善行，不是我们配称为义。因而，我们是因信称义，这是最有益处的教义，满富安慰。
>
> 第十二条：善行是我们被称义以后信心的果子，但善行不能去除我们的罪，并且也要在上帝严厉的审判之下。它们是上帝在基督里所悦纳的。只有真正活泼的信心才能产生善行，因而，我们可以凭善行清楚地看出活泼的信心，正如可以从果子认出树一样。

在16世纪，英国宗教改革的伟大改教家都对这个教义进行了阐释，从拉蒂默和克兰麦到胡克和柏金斯。1546年，克兰麦出版了他的《救恩论讲道》（*Homily of Salvation*）。此时，丁道尔殉道已有十年，而克兰麦自己也于七年后在玛丽·都铎治下在牛津被当众烧死。他在这本书中针对那"关乎教会兴衰"的条目给出了用英语写出的最明确的说明。

> 因为世人都是罪人，都得罪了上帝，都干犯了他的律法和诫命，因而谁也不能凭自己的表现、善行、事迹得以在上帝面前被称义，因为它们似乎总不够好。然而，每个人都需要寻求另一个义或通过另一个途径称义，才能蒙上帝亲手接纳他，才能在他得罪冒犯上帝的事上得蒙宽恕、原谅和赦免。这就是因着上帝的恩慈和基督的功德而有的，是我们可以凭信心接受的义或称义，是上帝为了使我们被圆满地称义所采纳、接受、允许的。[57]

单单因信称义是宗教改革救恩论的核心，而在讲英语的神学家中，威廉·丁道尔是第一位给它适当关注的。丁道尔在解释救恩论的时候，常常使用三个关键词：圣约（covenant）、约（testament）和应许，而且这些词是可以互换的。丁道尔自己是这么说的："是啊，明白圣经以得救的唯一正确方式就是热切追寻上帝与人立的约，并且把它当作重中之重。"[58]

　　D. B. 诺克斯、J. G. 莫勒和威廉·A. 克勒布什等人在他们的研究中对丁道尔的圣约概念有相当大的争议。[59]从那时起，争议一直不断。这些学者提出的一般论调大概是这个样子：丁道尔一开始的时候捍卫单单因信称义的教义，具有强烈的路德宗色彩，但后来他开始强调善行和律法过于强调信心和恩典。他这样做，就表明他对圣约的理解发生了变化。他开始把圣约看成是上帝与人订立的双边合同，是我们可以和上帝讨价还价的代用品。这又进而削弱了路德所发现的福音基本要点，那个福音是说上帝白白地赐下恩典。丁道尔强调圣约是有条件的（是"如果……那么"而不是"既如此……因而"），因而他的观点不经意间离"教皇追随者的立场"不太远了。其效果是颠覆了"宗教改革的整个基础"，当然他不是刻意为之![60]这样的论调能站住脚吗？若能站住脚，我们就必须承认，丁道尔的殉道毫无意义。

　　然而，丁道尔的圣约神学要比那些学者所解读到的更加精微，更加深邃。拉尔夫·韦瑞尔（Ralph S. Werrell）指出，救恩的约不是上帝和罪人之间达成的契约，而是上帝在创世以先与他自己所立的永恒的约，是上帝三个神圣位格之间的协定。依照这个协定，父上帝选择通过在十字架上牺牲他的儿子以及浇灌下圣灵来拯救他所造的一切，包括堕落的人。罗万·威廉姆斯在谈到丁道尔思想的三一上帝论的结构时说道："这样，他坚持救恩的本质是与上帝三个位格之间的关系相连带的，与教父和中世纪早期神学的一些最为精深的主题一脉相承。但他也有特别独特之处，即他坚定地以圣经上的圣约概念为基础来阐释这一点。如果有人对丁道尔这样说，他自己或许都会颇感惊奇。"[61]这就意味着上帝——那位圣洁慈爱的三一上帝——一直力求参与到每一位罪人的归信中来。丁道尔写道："在基督里，上帝在创世以先就爱我们这些他所拣选的人。他预先定准，让我们得以认识他的儿子和他的神圣福音。当有福音传给我们时，他就开我们的心窍，赐给我们恩典，让我们相信，并且把基督的灵放在我们里面。"[62]

　　帕利坎曾写道："称义教义的预设是奥古斯丁派人类学再次极力主张的东西。"[63]在奥古斯丁派的传统中，威廉·丁道尔的关于人类困境的教义要算最坚定的了，无人能出其右。堕落的效果是不幸的，但还不止如此，它简直就是灾难。

  本质而言，因着亚当犯罪，我们从一出生就是可怒之子，是上帝仇敌的后裔，实际上从母亲怀我们的时候就是了。我们还在母腹的时候就与可恶的鬼魔为伍，在撒旦黑暗与统治的权力之下。我们刚出生时还没有显出罪的果子，然而我们内里却已满有生命本质中的毒素。若总是这样小，倒也罢了。只是一旦能做事，一旦有机会，这毒素就只能带来罪的行为，除了向外犯罪之外一无所能。因为我们本性就是犯罪的，正如毒蛇的本性就是用毒牙咬人一样。[64]

  人犯罪后成为罪的奴仆，其本性已经堕落，这使得他们根本不能领会属灵的事，他们对属上帝的事是"僵死的"，如丁道尔在意译《以弗所书》2∶1时说的。这也不意味着那些在罪捆绑下的男男女女都是无生命的存在，都是非出于自愿去作恶事的机器人，因而也不必为所做的恶事负责。恰恰相反！不过这的确意味着他们 *non posse non peccare*，这是奥古斯丁所说的话，意为："不能不犯罪"。我们是怎么知道的呢？因为是上帝的律法也就是我们的"校长"（丁道尔把《加拉太书》3∶24 的 *paidagōgos* 翻译成"校长"）向我们表明，离了上帝，我们就不能行出上帝公义的旨意。这样一来，我们就被带到我们独一完备的救主基督面前，实际上是被赶到他的面前。[65]

  正如我们在本书中自始至终所看到的那样，若以激进的奥古斯丁派的观点来理解，拣选的教义是所有主流改教家的潜台词。然而，他们对这个教导的陈述方式在细节上却有所不同。那么丁道尔在这个谱系中处于什么位置呢？我们已谈到他对人的败坏有所描述，从中可以看出，他把上帝恩典的主权作为拯救的基础来加以肯定，这不足为奇。丁道尔在《罗马书》序言中宣告说："预定、称义和得救都完全从我们手中被夺去，单单被放在上帝的手里，这是万事中最必要的事。因为我们软弱，且犹豫不定，这样重要的事若在乎我们，就实在没有人能够得救了，因为魔鬼注定会欺骗我们。"[66]

  丁道尔也像当时主流的改教家一样不能容忍帕拉纠主义。在他看来，帕拉纠主义潜伏在中世纪晚期的宗教努力之后，为的是赚取他称之为"圣洁行为"的义（"workholy" righteousness）。当然，丁道尔也清楚，人们对于拣选的教义都有些什么样的反对意见。比如这一个：预定既是 ab aeterno（从亘古就有），那就需要上帝有一定程度的任意性，这是否与教会普世宣教的大使命不一致？丁道尔对这个问题的回应与路德与伊拉斯谟辩论时所说的话如出一辙。他实际上是把保罗在《罗马书》9：11 中向他的受众所说的话重述了一遍。

> 看到上帝有权柄来依律法掌管他所造的一切生物，按他自己的意愿来对他们做任何事，或把他们每一个造就成他想要的样子，我们就不可以问，上帝为何拣选这个，而没有拣选那个，也不要以为上帝在我们实际做恶事之前就定我们有罪是不公正的。我们的黑暗断不能在他的光明之前。上帝是我们当敬畏的，而不必让我们知道他隐秘的判断。此外，我们凭信心之光看到一千样的东西，都是不信者不可能看到的；同样，因着我们即将清楚地看到上帝，我们将会看到的东西是上帝现今没有让我们知道的。因为骄傲总是伴随着高端的知识，而恩典总是伴随着温柔。因而，让我们殷勤行出上帝的旨意吧，而不是探求他的秘密。这些事我们知道了也没有益处。[67]

对于那些不太成熟的信徒而言，拣选的教义尤其会带来很大困难。丁道尔针对的就是这样的情况。他建议读者不要把预定论作为神学的先验论来看待，即不要把它当成所有基督教思想中的形而上的先决条件来看待。预定论不是容易理解的教义。那些想要把上帝缩小成一个公式的人，或者那些从未在约旦河上涨的河水中奋力拼搏才站稳脚跟的"感觉很好"的基督徒，永远不要指望理解这个教义。丁道尔是这么说的：

> 你若未曾背起过逆境和试探的十字架，你若未曾感到自己处于绝望的边缘，甚至到了地狱的门前，你就总不会有能力搬弄预定论的辞汇。你搬弄的话，自己会受损害，你在内心里会对上帝藏有秘密的怒气和怨言。那样你也不可能相信上帝是公义和公正的。[68]

出于这样的牧者心肠，丁道尔对拣选教义的处理更像是路德的做法，而不同于茨温利和加尔文那样进行系统阐述。他曾建议说："你要谨慎,你自己还是吃奶的婴孩时,就不要喝酒。"[69]

在后来的改革宗传统中,有些神学家发展出"永远称义"的教义。这种对拣选所做的"超级加尔文色彩"(hyper-Calvinist)的解读似乎高举上帝在拯救罪人工作上的主动性,乃至于基督在十字架上的救赎工作都不必要了,圣经上呼召人悔改、信靠并归信也不必要了。这等教导的危险在于:它鼓励罪人以为他们已然被称义了,无论他们个人对基督和福音作何回应。18 世纪,英国的公理会和浸信会之间发生了一场针对"白白赐予的福音"的辩论,使这个争议达到白热化。[70]无论如何,我们不能把丁道尔看成是这个教导的始作俑者。耶稣基督在十字架上所做的代赎工作并不仅仅是上帝永恒旨意中逐步展开的剧情中的一个套路。依丁道尔的理解,基督在各各他只一次所做的牺牲是为代赎世人的罪自己献上接受刑罚的,是拯救工作本身的关键之所在。在丁道尔的作品中,"血"这个词出现了五百多次,且大多是指基督在十字架上所流的血,而不是指圣餐礼。丁道尔一次次地激励读者要"留心听那基督宝血的大喜信息"。[71]丁道尔也像圣保罗在加拉太人中间一样,他向读者所写的或向信徒所传讲的也是:"耶稣基督钉十字架,已经活画在你们眼前"(加 3:1)。

拉尔夫·韦瑞尔总结了十字架在丁道尔的神学中的中心位置,并把它和他的圣礼神学相关联:

> 我们的悔改、称义和成圣有赖于基督只一次在各各他为我们流血。是通过基督的血我们才有了信心,我们才能做出讨上帝喜悦的善工。它是流过圣礼的朱红色线,正因如此,才只有两个圣礼:洗礼和圣餐礼,因它们向我们讲述基督流血,是为让我们得救。它们是上帝拯救之爱的标志。[72]

丁道尔把人们所知道的救主的头衔串在一起,借以强调基督的至高无上:救赎者、拯救者、调停者、中间人、代求者、中保、代理人,我们的希望、安慰、盾牌、保护、守护者、力量、健康、满足和拯救。罪人来到基督面前,就领受了全部的基督(totus Christus):"他的血、他的死、他曾做的一切都是我们的。基督自己连同他所是和所能做的一切都是我们的。"[73]

但若没有圣灵,这一切都不会发生。丁道尔强调重生或新生,在这点上他与门诺和重洗派的看法颇有共鸣。《约翰福音》3：5 在传统上被解读为对受洗时得重生的支持，但丁道尔不接受这个解读，而是援引了《加拉太书》3：2。保罗在这节经文中告诉加拉太人说他们受了圣灵是因相信他们听到的福音。罪人在归信时，圣灵在他里面工作，他就脱离了魔鬼的捆绑，圣灵就带他悔改，赐给他活泼的信心。正如丁道尔所说的那样：

> 真传道人传道的时候，圣灵就进入那蒙拣选之人的心中，让他们感知到上帝律法的公义，并进而凭着律法，让他们看到自己本性中败坏的苦毒。随后，圣灵引导他们悔改，带领他们进入基督在他宝血里的怜悯。正如膏油医治身体那样，圣灵也通过让我们信靠基督的宝血而医治我们的灵魂，并且让灵魂珍爱上帝的律法。[74]

律法和爱

比起攻击包括路德在内的其他改教家，托马斯·莫尔爵士花了更多时间攻击威廉·丁道尔。莫尔和丁道尔虽然彼此为敌，却有好几项共同点：他们二人都是当时最伟大的思想家和作家；都是信念坚定、忠于友谊之人；在辩论时都有着律师一样严谨的逻辑，都知道如何以尖刻的言词来攻击对手；都是良心犯，在不到一年的时间里先后被处决——莫尔是因叛国罪，丁道尔是因异端罪。莫尔只是平信徒，却极力捍卫建制教会；丁道尔是被按立的神父，却激烈地批评建制教会——这颇具讽刺意味。这二人陷入唇枪舌剑的战斗中，"却都因着弥漫的硝烟看不清对方"。[75] C. S. 路易斯曾对他们的文学风格进行过一番比较：

> 读读丁道尔写出的句子："是谁教雄鹰搜寻猎物？上帝的儿女也同样紧紧注视他们的天父"；"他们就可看到爱，并再次去爱"，还有，"哪里有圣灵，哪里就总是夏天"。这些半诗体的句子会留在我们心田。……在莫尔的作品中，我们所感知到的尽是些伦敦

的烟尘和躁动；他的文章行文嘈杂，让人听到街市上嘈杂的马蹄声。在丁道尔的作品中，我们呼吸到的是山野的清新空气。莫尔的玩笑之笔也不免有些忧郁的底蕴，丁道尔的严肃文字也有欢笑跃然纸上，他所说的欢笑像是"从心底里"发出的。[76]

莫尔写了两部反对丁道尔的长篇专著，在第二部中，他开始把矛头指向丁道尔的救恩论教义，认为这是他的软肋。他的指责是："基督应许说人要去天国，只要人肯为之努力，而丁道尔却让我们（以为）我们根本就不需要努力。"[77] 托马斯·莫尔和威廉·丁道尔都相信信心和善行，在16世纪，所有介入救恩论辩论的天主教徒和新教徒也都相信。然而，基督徒生命的这两个维度彼此间是怎样的关系？哪个在先？是否有哪一个牵涉到功德的积累？它们在恩典的秩序中各起什么作用？这些是无法解决的问题，会引致教会分裂。

莫尔嘲讽说，"单单"因信称义的教义把行善的必要抹去了。这个嘲讽的确触动了丁道尔的神经。他在欧洲大陆流亡的十几年，刚好也是许多地方都在出现激烈社会动荡的十几年。1520年，路德所写的《论基督徒的自由》出版了，旋即获得许多农民的欢迎，但他们并未领会它的属灵内容，反而利用它，把它作为公开反叛的借口。在随后发生的农民战争中，有大约十万人被杀，其中大多数为农民。几年以后，明斯特的重洗派王国（1534—1535）暴力荒淫，鼓励多妻制，这又被利用，成为抹黑各类异议分子的借口。

在这种背景下，丁道尔给他最重要的神学著作定名为《基督徒的顺服》。他这样定名，是刻意为了与路德的口号"自由"相区别。在这部论著中，丁道尔力劝读者要顺服凡在上有权柄的，只有当有权柄之人违背上帝的真道对他们提出不合理的要求时，他们才可以采取公民不服从的姿态，并且接受其后果。这是"保守"的政治神学，然而却也暗藏着一股锋芒：君王和在上有权柄的人并不是他们属下的绝对统治者。他们还要向更高的权柄负责，而上帝就是那更高的权柄。

在丁道尔的所有作品中，有一个主题很清晰，且贯穿始终：唯有借着信心，我们才可以在上帝面前被称为义。他在几个不同的语境中论述了这一点：

> 我们只能因着信心——就是相信主的应许——得救。

因而，你若想要与上帝和好，想要爱他，就必须转向上帝的应许，转向福音，这福音就如保罗所说，是称义的职事，是圣灵的职事。因信心可带来饶恕和赦免，是基督买来白白赐给我们的。信心也可带来圣灵，圣灵解开魔鬼的捆绑，释放我们得自由。

（信心）总的说来就是上帝白白倾倒给我们的恩赐，无关乎我们怎么做，无关乎我们是否配得，无关乎我们有多少功德，无关乎我们所有人是否探寻。[78]

依路德的说法，我们身上的义是被动的、外来的义，这义来自耶稣基督，因信而归在罪人身上。丁道尔说，正是在这个基础上，上帝"看我们是完全的。基督是我们的救赎者、救主、平安、赎价和满足。我们若为着现在犯的罪、过去犯的罪、将来犯的罪而悔改，基督就已经为这些罪做了补偿并使上帝得到满足"。[79] 丁道尔不是完美主义者。他明白所有信徒会继续与罪抗争。他没有用 *simul iustus et peccator*（同时是义人和罪人）这个公式，但他在这一点上和路德的信念相似：基督徒因基督的缘故蒙上帝称他们为义，并领受了上帝对罪的赦免，但他们同时与内里的罪——世界、肉体和魔鬼——相抗争，这种状况只要我们活一天，就持续一天。归信之后所犯的罪也需要悔改，但它们并不会废去上帝的恩典。这样一来，丁道尔就可以说："我们或许会在软弱中一天跌倒一千次，然而若我们每次都悔改，就总是有怜悯在主耶稣基督里为我们存留。"[80]

只有信心能使我们称义，然而正如加尔文的那句名言所说的，"只有信心使我们称义，但单有那使我们称义的信心还不够"（*fides ergo sola est quae justificat*；*fides tamen quae justificat, non est sola*）。[81] 使人称义的信心从来不会孤立存在，因为它必定会造就出顺服、服侍和圣洁的生命，活在上帝面前。使人得救的信心不同于理论上的认同。它从来不是迟钝的、被动的、单单学理上的。那使我们称义的信心"发挥大效用、满有德行、一直工作；它使人更新、重生，转变他、改变他、使他有全新的本性与言谈，以至他觉得自己的心完全转变了，与从前的倾向大不一样了"。[82] 凭信心领悟上帝的应许可以在信徒的生命中带来真正的改变。他里面会有全新的饥渴，想要行上帝的旨意。他的灵魂自由了，可以顺服上帝的诫命。他从前疾病缠身，如今重获健康。他心里的冲动和力量也转变了。他从前"想要吃残羹冷炙",即喂猪的泔水和污水,如今他的口味是想吃健康清新的食物。用丁道尔的话来说,这样活泼、有转变功效、有大能力的信心就是"一切善行之母"。[83]

这是地地道道的改革宗神学,然而,丁道尔在弹奏称义的教义时所用的琴键不同于路德。他把对信心与善行的争议转变成对爱与律法的讨论。当然,律法是一个很有穿透力的概念,丁道尔用这个词时也是用它不同的意义。首先有自然律,这是在道德领域与十诫相对应的东西,是上帝刻在每个人心版上的。在政治或民事领域也有律法,这是由在政府执掌权力的君王、地方官等人颁布的法规和命令,我们现今把这样的律法称为"成文法"。律法也有其神学上的用法,路德就曾对律法和福音进行了鲜明的对比。丁道尔也接受对圣经教导的这一种解读:律法谴责人,定人有罪,同时向世人揭示出他们毫无能力按上帝的要求顺服并服侍他。丁道尔可以只谈及律法的这方面意思。堕落的人都在律法的咒诅之下,当得律法永远的定罪,正如那些因着信被称义的人已然"向律法是死的",就像保罗所教导的那样(加 5:14)[84]。然而,丁道尔进而又以正面的口吻谈到律法。他援引律法来支持他自己对基督徒伦理的倡议。基督徒通过恩典就有了能力,可以行出律法,并因而可以做出善行。这都是因着上帝赐下的爱,因他差派他的爱子给世人,又差派圣灵进入信徒的心中。

丁道尔去世六十年后,勒内·笛卡尔出生了。笛卡尔曾说过这样一句名言:"我思故我在"。而丁道尔则追随奥古斯丁的思想,关心比思想乃至意志更为重要的东西,就是爱。他或许也可说出这样的一句话:"我爱故我在"。当时,托马斯·莫尔曾辩称施舍是可以使人进入天国福乐的一部分责任,丁道尔批驳了这个论调,而他批驳这个论调的核心就是他所关心的爱。丁道尔所深入挖掘的是心里的动机,是比表面行为更为内在、基本的东西。

> 行善的目的就是这样:一个人的目的是好的,另一个人的目的是恶的,然而我们要先是好人,然后才有好的目的。这样说来,爱上帝的律法、赞同它、把它写在心里、宣告出来,这样你就做好了准备,乃至你行律法不是出于被迫,而是出于自愿,这就是

义。……一个人越爱上帝的律法，就越公义；他越欠缺基督的那种对邻舍的爱，就越欠缺公义。那使人爱上帝律法的，也使他公义，实际有效地称他为义了；使他活泼，就像工匠做出的工作一样有效。[85]

丁道尔亦曾做过一次思想上的实验，从得救的效果出发向反方向推出其因由：

这个人做了善行，对他的邻舍有益处；那他一定是爱上帝的；他爱上帝；他一定是有真信心的，并且看到了怜悯。然而，我的善行并不产生爱，我的爱并不产生信心，我的信心也不会带来上帝的怜悯。相反，上帝的怜悯带来信心，信心产生爱，爱带出善行。[86]

丁道尔越来越强调善行，把善行作为信心的自然果子（或者回到"信心是一切善行之母"那个说法，善行是信心的合法后裔）。因着圣灵的作为，信徒爱慕上帝的律法，并因着爱上帝的律法，信心也活跃起来。有一位学者因而称丁道尔晚期的作品"以律法为中心"。[87]在某种程度上来说，这话不无道理，但丁道尔并未陷入律法主义的泥沼。丁道尔是专注于让信徒爱上帝的律法，把它作为基督徒有确据和成长的预备课程，但绝不是让因善行而有的义又从侧门入场。我们在这里所拥有的也不是把上帝的恩典之约降格为我们同那位全能者讨价还价的合同。我们在丁道尔的教导中找不到律法主义的痕迹，也找不到反律主义的痕迹。丁道尔所传讲的是昂贵的恩典，而不是廉价的恩典，他这一点与20世纪的朋霍费尔颇为类似。朋霍费尔曾写道："所谓廉价的恩典，就是讲罪得赦免而不要求人悔改，给人施洗，却不执行教会纪律，让人领圣餐却不要求人认罪……。廉价的恩典就是没有门徒训练的恩典，是没有十字架的恩典，是没有耶稣基督永活和道成肉身的恩典。"[88]

丁道尔很看重《雅各书》，经常引用雅各书的经节。在这点上他和路德不一样。保罗提出的教义是，人称义是因着信，与遵行律法的行为无关。而雅各说一个人称义不单单是因着信心，也是因着善行（雅

2：14—24）。丁道尔并不认为保罗和雅各之间有什么实质的矛盾。丁道尔说，雅各并没有把善行和真信心对立起来，而是把善行和对信心的错误理解对立起来。他的目的不是要说明一个人在上帝面前获得义的来源或方式，他只不过是强调一点：真信心要由善行来证实。没有伴随好行为的信心是贫瘠的信心，是虚假或伪装的信心，不真实！在上帝面前，我们是单单因信称义，然而在别人眼里，我们是凭着他们所看到的爱心行为而称义。耶稣在登山宝训中曾劝诫门徒要让他们的光照在人前，人们看到他们的好行为就称颂在天上的父，丁道尔在此只是附和耶稣所说的罢了。

丁道尔就这样把雅各和保罗的教导调和起来，他进而劝勉读者要彰显出信心，在有圣洁为标记的顺服的生命中用爱来作信心的能源。旧约圣经所记载的某些礼仪方面的律法不再有效了，但上帝道德方面的律法并没有因基督的到来而废除。它仍是上帝所嘉许的基督徒在恩典中的行为和成长标准。信徒是以他所领受的全新本性以上帝的律法为乐，他因而可以和旧约里的圣徒一起热情地发出惊叹："我何等爱慕你的律法！终日不住地思想"（诗119：97）。拉尔夫·厄尔斯金（Ralph Erskine，1685—1752）是苏格兰的一位传道人，论年龄算是丁道尔的晚辈。他曾用诗体写了一篇讲章，题为《关于律法和福音的信徒原则》。厄尔斯金也像丁道尔一样承认信徒在福音里不受律法的束缚，同时也承认信徒该遵守律法。

> 律法是流行的启蒙老师，
> 带领人走向福音和恩典。
> 福音的终点是公义，律法亦然。
>
> 一旦上帝严苛的律法
> 赶逐我到福音的道路上。
> 福音恩典随即就引领我
> 回到上帝神圣的律法上。
>
> 律法仍是最完美，

> 每样责任都详明：
> 福音教我律法完美，
> 律法所言尽皆赐我。
>
> 律法乃我严苛师，
> 要我无草做砖石。
> 然而它若以福音歌喉引吭歌唱，
> 就赐我羽翼，叫我飞翔。[89]

依丁道尔看来，一个人若因其"一直做工"的信心的恩赐终其一生爱上帝的律法，那他必定会服侍他的邻舍。行为是爱的果子，而爱是信心的果子。这样的爱会以感恩的形式回报给天父，并无私地向外延伸向有上帝形象的所有人。丁道尔写道："正如一个人在他里面感知到上帝，他也感知到邻舍。"[90]在这个原则的背后，是一种基督徒的社会观，即一个人所拥有的在绝对意义上不是属于他的。用丁道尔的话来说："我的邻舍若需要，而我却不给他，也不大方地放下我的东西让他拥有，那我就是不义地扣下那属于他的东西。[91]"丁道尔也说："在基督徒中间，爱使一切都变成公有的：每个人都是亏欠别人，每个人都必须服侍邻舍，邻舍所缺乏的，他都要从上帝所赐给他的东西中拿出来供给邻舍。"[92]

然而谁是我的邻舍呢？丁道尔回答说，我们的邻舍首先是我们自己家里的人；其次，就是住在我们附近的人，用丁道尔的话来说，就是"你自己教区里的那些人"，或者用我们今天的话来说，就是我们的街坊邻居。然而我们并不仅仅亏欠我们身边的邻居，我们也亏欠"远在几千英里外的弟兄"，甚至不止如此，我们还亏欠"每一位不信者"。所有这些人对你的财产像你自己一样拥有所有权：你若不向他们施怜悯，不帮助他们，你就是一个贼！[93] 莫非丁道尔是鼓吹社会福音的先驱吗？是他那个时代的饶申布什[94]吗？现代派的社会福音是一个变种，它的问题是只有社会没有福音。而威廉·丁道尔所讲的并不是这样。他曾写道："邻舍是一个满有爱意的字眼。"爱邻舍意味着我们为他们祷告，在他们有需要的时候伸出援手，也意味着向他们分享基督福音的信息。"我爱那些好邻舍，因为他们在基督里；我也爱那些不好的邻舍，因为我要把他们带到基督面前。"[95] 此外，丁道尔或许是第一位呼吁向穆斯林传福音的新教神学家，他把基督徒见证的眼界扩展到基督教界之外的人。他说："我一定要尽力、尽我所能来爱突厥人，是啊，是超乎我所能，从我的心底里爱他，像基督爱我那样爱他，也不吝惜我的财物、身体或生命，只为赢得他归向基督。"[96]

1529 年 4 月，在伦敦有一位叫约翰·图克斯贝里（John Tewkesbury）的皮革商被逮捕了，随即被带到卡思伯特·汤斯托尔主教面前。他身陷囹圄，只是因为他藏有一些"异端"书籍，其中有几本是丁道尔写的。在审查过程中，审讯者要求图克斯贝里就《邪恶玛门的比喻》一书中的下面这段话表达一下看法："看哪，你邻舍所需的你不给他，你就是欠基督的。你欠你邻舍你的心、你自己、你所拥有的一切和你能做到的一切。从基督那里涌流出的爱并不排斥任何人，也不在人与人之间分门别类。在基督里，我们都是一样的，无论我们是谁。"[97]

图克斯贝里只是回答说："这段话的意思不是很明显吗？"后来他又被交由托马斯·莫尔来审查，随后被囚禁在伦敦塔里。他在那里遭受了酷刑折磨，腿瘸了。1531 年 12 月，他在史密斯维尔被活活烧死。[98]

小群

丁道尔是漂泊中的学者，流亡中的神学家，他的经历也锤炼出他的教会论。路德、茨温利和加尔文所主导的是官方认可的改革。有地方官员给他们发薪资。路德的工资是由一位王侯发的，而茨温利和加尔文这两位瑞士改教家的工资分别是由苏黎士和日内瓦的市议会发的。门诺虽面临骚扰和逼迫，但他在分散于低地国家的重洗派信徒群体中间也是一位领袖人物，受人尊敬。他能够结婚成家。而威廉·丁道尔却不是这样。他只能依赖几位朋友的慷慨救助，可以说仅仅能勉强糊口而已。而且不知道哪一天，楼梯吱嘎一响，或门锁一动，就有当权者派人来传唤他了。然而他却针对教会这个议题做了很多思考，也写了很多东西，他把教会称作上帝的"小群"："天国关乎传讲福音，至于那些来就福音的人,有好也有坏,但好的占少数。因而基督称他们为'小群'(路12:32)。以正确动机来就近福音的人总是很少,这样的人只是为了荣耀和赞美上帝,此外别无所求。"[99]他在回应莫尔攻击的文章的开篇就承认:"教会这个词有不同的含义。"[100]莫尔所反对的不单单是丁道尔把新约翻译成英文,他尤其反对他"篡改"某些传统术语。丁道尔想要把圣经翻译成"普通犁田之人的英语",于是引入一套全新的圣经词汇。我们在前文曾提及,他把 charity(仁爱)变为 love(爱),把 penance(补赎)变为 repentance(悔改),把 confess(认信)变为 acknowledge(承认)。此外,正如路德更喜欢用 Gemainde(社群),而不太喜欢 Kirche(教会)这个德文词,丁道尔把 ekklesia(教会)这个希腊文词翻译成 congregation(会众)。每个术语的新译法都有着深刻的神学内涵,莫尔马上就看出来了,并且加以反对。

丁道尔本人看出,"教会"和"会众"这两个术语在行文中各有着几种不同的意思。比如,他发现"教会"这个词有着几种不同的意思。首先是奥古斯丁对教会的理解,即上帝所拣选的人的总体,历世历代所有蒙救赎的人,他们被描述成将在末世时集合在上帝宝座周围的实实在在的那一群人。其次,教会这个词在一般意义上被用来指代基督教界,"看啊!就是一切信奉基督之名的人,不在乎他们信心的大小有无,或者哪怕他们根本就没有信心。"[101]第三,教会一词也意味着基督徒聚集到一起祷告、敬拜和聆听宣讲圣经的建筑物,即"教堂"。第四,在丁道尔的时代,教会一词在学术上专门用来指代全体神职人员,他们也以"属灵人"的身份为人们所知。丁道尔则把他们称作"刮了脸、剃了头、抹了油的群体"。丁道尔指出,在圣经中根本找不出这个词是这样用的。这个用法表明上帝的子民被虚假地制度化了。

而丁道尔常常使用的"会众"一词则是指真正的余民、"小群"、基督所拣选的教会

> 是由所有悔改的罪人组成的群体。这些人相信基督并全然信靠上帝;他们内心感受到上帝因基督的缘故爱他们,现在乃至以后一直以恩慈待他们,凡他们所认的罪都蒙赦免;他们相信上帝也赦免他们犯罪的动机,他们害怕这些不良动机,因为这容易使他们再次陷入罪中。[102]

在《马太福音》16 章里，彼得承认了他相信耶稣就是基督，耶稣说他要在这信心的磐石上建立他的会众。丁道尔宣布说："罪、地狱、魔鬼、谎言、错谬都不能胜过这信心的磐石。"让一个人"成为教会的人"的是这样的知识和信心。此外，他还说："教会是基督的身体（西 1）；教会里的每个人都是基督的肢体（弗 5）。若没有基督的灵在他里面，他就不是基督的肢体（罗 8）。正如我身上所有的部分或肢体无一不是我的灵魂在它里面给它生机。这样说来，若有谁不属基督，那他就不属他的教会。"[103]

丁道尔和莫尔的交锋包括一份 16 世纪天主教和新教护教人士的辩论要点综述。在这份综述中，有三个问题尤为突出：是先有教会，还是先有福音？除了圣经之外，使徒是否还留下了未成文的传统需要教会信守？教会本身是否无罪，是否无谬误？针对第一个问题，丁道尔辩论道：保罗在《罗马书》10：14 提出这样的问题："……未曾听见他，怎能信他呢？没有传道的，怎能听见呢？"这样看来，一定要先有人传讲基督，才会有人信他。这样，是先有传道的话，后有信徒的信心。这样一来，正确的顺序是："先有道，后有信心，并且，信心生成会众，因而是先有道或福音，后有会众。"[104]丁道尔断言圣经是足够的，反对圣经之外的传统。他尤其反对天主教会"后期"出现的传统，这些东西没有任何圣经根据，却被人当作信仰的宝藏来看待，好像人得救离不开它们似的。在这样的语境中，丁道尔也提到了马利亚身体升天的教义（这一条直到 1950 年才被正式宣布为天主教信条）和炼狱的教义。丁道尔曾问道："相信炼狱有什么好处呢？"接着他回答说："你会说这会让信徒害怕，但我要说基督和他的门徒认为地狱已经足够令人害怕了。"但他又回答道："关于地狱，基督和他的门徒想得已经够多了。"[105]关于教会和教会成员也会犯罪，也会陷入谬误，这一点是很显然的，耶稣就曾在教导主祷文时让门徒这样祷告："免我们的债"。

从某种程度上讲，英国的宗教改革是政府行为，是由亨利八世镇压天主教神职人员和残酷解散修道院肇始的。然而，早在威克里夫和罗拉德派的年代，民间就有一股强烈反对天主教神职人员的暗流在涌动，后来亨利为着自己的目的利用了它。受到这一传统的滋养，丁道尔写出了几篇至为尖锐的批评教士和神父的文章。

丁道尔记下了许多针对当时天主教教会领袖的控诉，其中有两项尤为令人发指。第一项是他们贪得无厌，恣意剥削他们所牧养的群羊。依丁道尔的说法，在当时天主教神父体制中，凡请神父参与的事，每一样都得付费——给婴儿洗礼命名、孩子出生后举行感恩礼拜、颁布禁令、婚礼、葬礼、燃灯、火炬和灯芯、为死者举行弥撒和唱挽歌，更不必提举行这些仪式所需的配给，包括经书、钟鼓、蜡烛、风琴、杯盘、圣衣、斗篷、圣坛布、备件、毛巾、盆子等等。每一位神父都可分得一杯羹，正如丁道尔带着讥讽的口吻所写的那样："小牧师剪毛，区主教刮脸，镇神父修剪，厨子刮皮，卖赎罪券的人修边，我们就缺一个屠夫来扒皮了。"[106] 当时有人说："念一次主祷文一便士。"就是领圣餐也不免费："若不出点钱，谁也不可在复活节领基督的身体，穷要饭的不能领，年少不懂事的也不能领。"[107] 对于这种雁过拔毛的神父，丁道尔这样形容他们：

> 这些人在某个领域里是马蛭，他们简直就是蛆虫，是溃疡，是毛毛虫，只吃绿色的东西；保罗曾预言狼会来，不顾惜羊群，而这些人就是保罗所预言的狼；基督也曾说披着羊皮的狼会来，并且吩咐我们要严加提防，因为我们从他们所做的工就可认出他们来。除了这些之外，他们还能是什么呢？[108]

丁道尔也曾严厉指责当时的宗教领袖，说他们道德沦丧，作风糜烂。尽管他没有把婚姻当作一项圣礼，但他却把婚姻生活看得很高。在他看来，只有洗礼和圣餐是新约中所定的带有"应许"的圣礼。婚姻是上帝所命定的，其目的是"男人以爱心和良善帮助女人，女人也这样帮助男人"[109]。丁道尔本人终生未婚，但他并没有把守独身看成是上帝给所有人的恩赐。他强烈反对教会强迫神职人员守独身。丁道尔相信，这种做法只能导致两种极端的结果：一种是全然回避乃至鄙视所有女人——他发现有些人持这种态度，哲罗姆就是其中之一。另一种是"虚假的、装出来的贞洁"，其结果是好色、淫荡和性虐待。[110]

中世纪晚期，人们对神职人员的作风问题"睁一只眼闭一只眼"，神父只要付些钱就可获得教会允许包养情妇，教会亦可从中渔利。丁道尔对这种行径大加挞伐。丁道尔指控说，在教会的最高阶层，在文艺复兴时期的教廷里也有这种行径。对于犯这种罪的人数丁道尔或许有所

夸张，但他所说的绝非空穴来风。丁道尔断言教皇

> 在罗马安排了两三万名妓女，每年从她们身上搜括钱财。罗马城的主教和教皇的其他追随者也亦步亦趋，大加效仿。教皇还不满足于此，进而安排许多年轻男子作为娈童。突厥人会把犯这等逆性之罪的人绑在火刑柱上烧死，就是摩西也曾在律法中这样吩咐。然而，教皇尽管禁止为数四五万人之众的神职人员婚娶，却允许他们每个人狎妓，而他们也会这样做。[111]

丁道尔在批评中世纪晚期的宗教行为的同时，也把信徒皆祭司的观念作为他自己的教会论的基础。威廉·S·斯戴弗德（William S. Stafford）指出，丁道尔不用教会一词，而选择用会众，这表明了一个重大变化，足以"对普通信众的价值进行重新评估，对受了洗但未剃头的广大民众进行宗教、社会和政治上的重新定位"。[112]在讨论自己那个时代的各种社会处境时，丁道尔一次次地站在普通民众的立场上，无论是在租金过高的事上，还是在隔离平民或压制贫穷人的事上。依丁道尔看来，教会坚持用拉丁文读圣经，用拉丁文举行宗教仪式，没有什么比这种做法更让教会与普通民众相脱节了。丁道尔指出，这种政策造成了神职人员与平信徒之间的疏离。他说："你若用我不明白的语言来向我宣讲，我如何能预备自己遵守上帝的诫命呢？我如何能为基督的恩慈向他感恩呢？我如何能相信真理呢？我如何能相信上帝承诺的应许呢？"他进而提到了坎特伯雷大主教和某位神父之间的一则对话。这位神父想要请主教大人允许他发放一本英文版新约，主教则回答说："什么？你想要让普通人（知道）我们所知道的一切吗？"[113]他说的这位神父大概就是他自己吧！

丁道尔提升了平信徒在教牧工作中的地位。依他看来，教师或牧师若偏离正路，会众中的每一位拥有圣经知识的人都有权予以指正。各行各业都是神圣的呼召。哪怕你只是厨房中打下手的，也要知道是上帝让你有了这个职分，你要为着基督好好做工，而不仅仅因着人的权柄而做。"因基督而有的爱心并不排斥任何人，也不区别对待任何人"，丁道尔如是写道。[114]

然而，我们也不应该想当然地以为丁道尔对教牧秩序全无概念。在丁道尔的观念中，某些人承担着向整个会众公开讲道的责任，这些

人大多应为男人，也可以是女人（在没有男人讲道的紧急时候）。当时有人以为，只要"主教在我们上头挥挥手"，就可产生超然的力量，在没有传道人的地方造就出传道人来，对于这种观念，丁道尔是大力反对的。对于传道人来说，最重要的不是就职仪式，也不是在学院或大学获得了什么学位，当然更不是他的社会身份或地位，而是他讲的信息是否完备，或他的信息是否有圣灵的印证。丁道尔曾写道，当真正的传道人讲道的时候：

> 圣灵搅动被拣选之人的心，让他们感受到上帝律法的公义，并因着律法感受到他们败坏本性的毒素，并在基督宝血的恩慈下引领他们悔改，圣灵也作为膏油医治他们的身体。因而圣灵让灵魂对基督的宝血有信心并信靠它，圣灵就这样医治了灵魂，并使她热爱上帝的律法。[115]

丁道尔本人是怎样的一位牧者呢？我们只能从他的作品和别人的印象中看到一点线索和痕迹，但我们确乎知道：丁道尔是被按立的神父。他住在格洛斯特郡的索德伯里庄园时曾作过传道人。据说他曾在布里斯托这样的大城市讲过道，或许也在伦敦讲过道。就连托马斯·莫尔也听过他讲道。丁道尔曾希望留在英国，一边作传道人和学童教师，一边获准翻译圣经。在十二年的流亡生涯中，他大多是通过他出版的东西——尤其是通过圣经翻译——讲道。他也写过其他作品，未经他亲自润饰或完善就出版了。这些作品构成了英语新教文学的第一部文集。我们若从他的遣词造句来推知他的讲道风格，就知道他当时一定是一位才华横溢的演说家。他发明了下面这些词：Godspeed（上帝保佑），long-suffering（忍耐），mercy seat（施恩座），network（关系网），housewifely（家庭主妇般的），castaway（被遗弃的人），brokenhearted（心碎的），yokefellow（一同负轭的），bopeep（藏猫游戏），appropriate（挪用），afterwitted（马后炮），rose-colored（玫瑰色的），stiff-necked（硬着颈项的），以及（我最喜欢的）snout-fair（美人）。很难想象，发明这样词汇的人讲道会枯燥乏味。

在他被捕九个月前，他住在安特卫普的英国商会里。除了他早年住过的沃尔什家，这是我们所知的他定居的唯一地方了。安娜·沃尔什夫人的堂兄弟托马斯·珀因兹（Thomas Poyntz）当时任商会负责人。丁道尔殉道后,珀因兹写了一篇回忆录。在这篇回忆录中,珀因兹简要地介绍了丁道尔在最后几个月里每个星期通常是如何度过的。星期天,他会坐在商会里最大的房间里朗读圣经,那无疑是他自己的译本。他朗读的时候也会加上他的解释和教牧应用。晚饭后他还会这样做,那是"如此丰富、如此甜蜜、如此温柔",给听者带来属天的安慰。[116]星期一,他会探访来到安特卫普的英国难民。星期六,他会去到城市中的"每个角落",寻找穷人——无家可归的老人、妇女、儿童,毫不吝惜地向他们施舍。他在商会有一间书房,星期二到星期五他都会待在书房"专心学习"。从这个简单的描述中,我们看到在丁道尔的工作中,牧养是很重要的一部分。我们看到他仍在翻译圣经,仍在教导和传讲上帝之道,仍在过圣洁的生活,仍在祷告,仍在以爱心对待凡他能以基督之爱触及的群体。可不幸的是,他和珀因兹以及英国商人在一起的时光很快就结束了。1535 年 5 月 21 日,他被捕了。

真正的殉道者

如果威廉·丁道尔打对了牌,或许能逃过劫难,不至于 1536 年就丧生。在他的故国,潮流已出现了逆转。托马斯·沃尔西早已被免职,且已作古。托马斯·莫尔也不再受宠,被送到伦敦塔,等候处决。1533 年 1 月,安娜·博林和亨利八世在伦敦结婚。同年 6 月 1 日,安娜被加冕,正式成为英国王后。托马斯·克兰麦是新任坎特伯雷大主教。1534 年 12 月,他召集了一次会议,意在请求英王"任命诚实博学之人把圣经翻译成大众语言,并且依照百姓的学识把译好的圣经交到他们手中"。[117]王后本人不知怎么也搞到一本 1534 年出版的丁道尔翻译的新约圣经,她把它珍藏在寝宫中,并和侍女一起读。如今,在大英图书馆中仍藏有一册安娜王后读过的新约圣经,书册镀金的边沿上用拉丁文刻着安娜的名字:*Anna Regina Angliae*。[118]

至于海峡对岸所发生的这一切变化,丁道尔知道多少,我们无从知晓。有一次,他从托马斯·克伦威尔的一位间谍那里听说,亨利八世对他 1530 年所写的论著《高级教士的言行:君王是否该因王后曾是他兄弟的妻子而不宠爱她》极为不满,听到这个消息他特别吃惊。对于这个问题,丁道尔曾因着他基于圣经的立场回答说"当然不应该!"其实,托马斯·莫尔和教皇也因着不同的原因给出了相同的答案。丁道尔听说国王极为不满,就很"吃惊",这要么是他一生中唯一一次不够诚实的证明,要么就如福克斯评价他的那样:"在世俗的智慧上,他是极单纯的人。"[119]

无论如何,有传闻说英国还是欢迎他回去的。也许回去后在克伦威尔或克兰麦的庇护下在教会中担任要职。丁道尔本人从未宣布他放弃神父的职位。谁知道呢?他或许也可以像他的助手兼一同作翻译的人迈尔斯·科弗代尔一样成为约西亚似的少年国王爱德华六世的主教。像这样拿过去的事情做假设的游戏或许很有趣,但事实上假设终归是假设,因为所有这些剧情都没有发生。丁道尔还是被设下圈套逮捕了,被指控并定为异端,在囚禁了十六个月后,最终被处以死刑。

丁道尔被捕是因为一个不学无术的二十几岁的奸细,名叫亨利·菲利普。他是一个英国绅士的儿子。在英国有人给了他一笔数目不菲的钱,收买他去找到丁道尔,把他从安特卫普的安全处所搜查出来,交给英国当局。有人说收买他的是托马斯·莫尔,是他与伦敦主教汤斯托尔的继任者约翰·斯托克斯里(John Stokesley)同谋干的这个勾当。在夜幕下,丁道尔被劫持了,被带到布鲁塞尔近郊的菲尔福特城堡看押起来。菲尔福特城堡是仿效巴黎的巴士底狱建成的。

19世纪,在比利时有人发现了一封丁道尔被囚期间亲笔用拉丁文写的信。丁道尔在写这封信时正在等候法庭的最终裁决。法庭最终裁决判他死刑。这封信是宗教改革的一份重要文献,因为它揭示了一位杰出学者人性的一面。我们从这里看到,这位被迫流亡的人直到生命的最后一刻仍矢志不渝地献身于他所热衷的事业,即把圣经翻译成他的母语。丁道尔在他最后的日子里向主管囚禁他的这座城堡的官员写了如下这段话:

阁下,我凭着主耶稣祈求您,我若在这里过冬,就拜托您请我的代理人出于善心从我寄放在他那里的东西中找出一顶暖帽来带给我,我的头实在冷,又总是有粘膜炎折磨我。到这个囚室后,粘膜炎越发严重了。也请带给我一件厚外套,我现在穿的这件太薄了。也请带块布来，好修补我的绑腿。我的外套穿破了，衬衫也破了。他有一件毛衬衫，他若发善心，也把它带来给我。他那里也有我的厚布绑腿，是在外面用的。他那里也有夜里带的暖帽。我也请求您给我夜间用的灯。独自坐在黑暗中真是无聊。但最重要的，我请求您大度应允我。请您求我的代理人，好心地把希伯来文圣经、希伯来文语法和希伯来文字典带来给我，以使我可以在读书中打发时间。作为回报，愿您得到您最为渴望的，即您灵魂得救。然而在冬季之前，若有什么别的关乎我的决定要执行，我也会耐心顺从上帝的旨意，为着我主耶稣基督的恩典得荣耀，（我祷告）他的灵会引导您的心思。阿门。[120]

至于丁道尔是否得到了这些东西，亦或他是否得到回信，我们不得而知。他当时被囚禁在菲尔福特城堡的暗室中，又值冬日寒冷，我们怀疑他没有得到。他能够完成他被捕时未译竣的某些旧约书卷吗？可能性不大。然而，我们听说在21世纪发现了他翻译的《诗篇》或者《约伯记》片段，这的确是大好的消息。

1536年10月6日，这是一个阳光普照的日子，威廉·丁道尔被处以绞刑，他死后，遗体亦被焚毁。他死时年仅四十二岁。根据约翰·福克斯记载下来的传统，威廉·丁道尔临终时以祷告的形式所说的最后遗言竟是："主啊，求你开英王的眼睛！"[121] 如果他真的说了这样的话，那就证明丁道尔直到生命的最后一刻还在关心"这一件事"，即人们能够用母语读到圣经。T. S. 艾略特的名剧《教堂谋杀案》中的托马斯·贝克特在圣诞节讲道时说过这样一段话，这段话既适用于威廉·丁道尔，也适用于他12世纪殉道的前辈，因为它揭示了那些尽毕生之力做成"这一件事"，甚至为这件事付出生命代价之人的生命光景。

> 殉道从来就不是人的设计，因为真正的殉道者就是那些为上帝重用的人，他们在上帝的意志中失去了自己的意志。不是失去了，而是找到了，因为他顺服上帝，并因着顺服上帝而找到了自由。殉道者不再为自己希求任何东西，甚至不希求殉道的荣誉。[122]

注释

[1] John Selden and Robert Waters, *John Selden and His Table-Talk* (New York: Eaton and Mains Press, 1899), 74.

[2] John Foxe, *The Unabridged Acts and Monuments Online* (1563 edition) (HRI Online Publications, Sheffield, 2011), 472—73. Available from: http://www.johnfoxe.org.

[3] John Foxe, *The Unabridged Acts and Monuments Online* (1570 edition) (HRI Online Publications, Sheffield, 2011), 1000. Available from: http://www.johnfoxe.org.

[4] 见David Aaniell在他所著的*William Tyndale: A Biography* (New Haven, CT: Yale University Press, 1994, 49—54) 中的讨论。除了约翰·福克斯的记载外，没有确凿证据证明丁道尔曾在剑桥大学待过。但从他后来的关系网来看，他似乎与剑桥有着某种联系，我们没有理由质疑福克斯的记载。丁道尔在剑桥的那段时间刚好也是宗教改革发轫的时间段，大约在1517至1521年期间。这样说更合乎情理。他也是在那段时间被按立为神父的。

[5] David Aaniell, ed., *Tyndale's New Testament* (New Haven, CT: Yale University Press, 1989), 210.
（这节经文和合本译作："基督耶稣降世，为要拯救罪人。这话是可信的，是十分可佩服的。在罪人中我是个罪魁。"——译者注）

[6] Foxe, 1563, 520.

[7] Daniell, *Tyndale's New Testament*, 210.

[8] Foxe, 1570, 1263.

[9] Stephen Greenblatt, *Renaissance Self-Fashioning: From More to Shakespeare* (Chicago: University of Chicago Press, 1980), 107

[10] Foxe, 1563, 570.

[11] 萨拉森人是中世纪时天主教界对阿拉伯人穆斯林的蔑称。——译者注

[12] John C. Olin, ed., *Christian Humanism and the Reformation: Selected Writings of Erasmus* (New York: Fordham, 2000), 101.

[13] Anne Richardson, "Tyndale's Quarrel with Erasmus: A Chapter in the History of the English Reformation," *Fides et HIstoria* 25 (Fall 1993): 53. 亦见Greenblatt, *Renaissance Self-Fashioning*。

[14] CWE 8: 78; EE 4: 371 (no. 1155). "Ego huius fabulae spectator esse malim quam histrio." 伊拉斯谟是在写给Johannes Reuchlin的信中做出这个宣告的。

[15] 沃尔西的姓氏在英文中写作 Wolsey，他像狼一样派人四处打探丁道尔的下落，丁道尔故而称他为 wolf-see（狼眼），Wolsey 和 wolf-see 在英文中读音相近。——译者注

[16] Robert Demaus, *William Tindale: A Biography, Being a Contribution to the Early History of the English Bible* (London: The Religious Tract Society, 1904), 38. Tindale 是 Tyndale 的另一种拼法。

[17] 拉丁文，意为来自英国的圭莱尔姆斯·达尔提西。——译者注

[18] 丁道尔的英文姓氏 Tyndal 的另一种拼法。——译者注

[19] J. F. Mozley, *William Tyndale* (London: Society for Promoting Christian Knowledge, 1937), 51—52. 丹尼尔在评论莫兹里的这个"发现"时说它证据不足（Daniell, *William Tyandale: A Biography*, 300.）。而关于丁道尔在维腾堡寄居的这个说法，C. H. 威廉姆斯（C. H. Williams, *William Tyndale* (Stanford: Stanford University Press, 1969), 16—19）和卡尔·杜鲁门（Carl R. Trueman, *Luth's Legacy: Salvation and English Reformers 1525—1556* (Oxford: Clarendon Press, 1994) 11—13）也只是勉强接受。尽管人们不能完全证明这个说法，但它不是完全没有道理。

[20] F. C. Avis, ("Book Smuggling into England during the Sixteenth Century," in *Gutenberg Jahrbach* (1972), 182) 曾如此描写蔑视法律把书籍偷运到英国的风险和动机："在 16 世纪，偷运书籍的人隐姓埋名，不张扬，这是大家都心领神会的。一旦被捕，就会丧命，若不是直接被绞死或烧死，也会死在监狱中。那时的宗教氛围很奇特，令人高度紧张。在那种情形下，偷运书籍的人多是为信仰的缘故，而不是为贪财。"

[21] W. R. Cooper, ed., *The New Testament: The Text of the Worms Edition of 1526 in Original Spelling, with a Preface by David Daniell* (London: The British Library, 2000), 553.

[22] David Daniell, ed., *Tyndale's Old Testament* (New Haven, CT: Yale University Press, 1992), xxiii.

[23] Foxe, 1570, 1263. 1572 年，福克斯编辑了丁道尔的作品全集，同时也编辑了 John Frith 和 Robert Barnes 的作品全集。他称后两位为"英国教会的主要教师"。亦见 Patrick Collinson, "William Tyndale and the Course of the English Reformation," in *Reformation* 1 (1996, 72—97. 另 Rudolph P. Almasy 也讨论了福克斯对丁道尔的评述，说他暗示把丁道尔和圣保罗相比较，并据此对福克斯的评述进行了解释。见 "Tyndale Menedemus" in *Word, Church, and State: Tyndale's Quincentenary Essays*, ed. John T. Day, Eric Lund, and

Anne M. O'Donnell (Washington: Catholic University of America Press, 1998), 128—40。

[24] PS 1: 43—44.

[25] Melvyn Bragg, *The Book of Books: The Radical Impact of the King James Bible* 1611—2011 (Berkley, CA: Counterpoint, 2011), 122.

[26] Collinson, "William Tyndale and the Course of the English Reformation," 77

[27] C. H. Williams 曾在他为丁道尔作的传中引用过这句话，见 C. H. Williams, *William Tyndale* (London: Nelson and Sons, 1969), 92。

[28] Rowan Williams, "Foreword," in Ralph S. Werrell, *The Theology of William Tyndale* (Cambridge: James Clarke, 2006), 6.

[29] Augustine, On Christian Doctrine, Trans. D. W. Robertson Jr. (Indianapolis: Bobbs-Merrill, 1958), 101—17.

[30] 有关宗教改革的释经学的重要性，请参阅 Timothy George, *Reading Scripture with the Reformers* (Downers Grove, IL: IVP Academic, 2011), 和 Oswald Bayer, *Martin Luther's Theology: A Contemporary Interpretation* (Grand Rapids: Eerdmans, 2008), 72—74。

[31] Foxe, 1563, 1094. 参见 John R. Knott Jr., The Sword of the Spirit: Puritan Responses to the Bible (Chicago: University of Chicago Press, 1980), 13—41。

[32] PS 3: 493.

[33] "Cranmer's Preface to the Great Bible," in Gerald Bray, ed., *Translating the Bible: from William Tyndale to King James* (London: The Latimer Trust, 2010), 85.

[34] Daniell, *Tyndale's Old Testament*, 7.

[35] Ibid., 88

[36] PS 3: 417; PS 1: 88—89.

[37] PS 1: 156.

[38] PS 2: 144.

[39] PS 1: 46

[40] James Atkinson, ed., *Luther: Early Theological Works* (Philadelphia: Westminster Press, 1962), 269—70.

[41] PS 1: 154—55.

[42] PS 1: 154

[43] Daniell, *Tyndale's Old Testament*. 4

[44] PS 1: 7

[45] PS 2: 141

[46] PS 1: 310

[47] 这首小诗的英文译自拉丁文的一首四行诗:"*Littera gesta docet / quid credas allegoria / Moralis quid agas / Quo tendas anagogia.*" See Robert M. Grant, *A Short History of the Interpretation of the Bible* (New York: Macmillan, 1963), 119.

[48] George, *Reading Scripture with Reformers*, 105—14.

[49] G. R. Evans, *The Lanuage and Logic of the Bible: The Road to Reformation* (Cambridge: Cambridge University Press, 1985), 42.

[50] Chopological 音似 tropological, 故丁道尔如此调侃。——译者注

[51] Daniell, *Tyndale's Old Testament*, 148.

[52] Ibid.

[53] PS 1: 305—6.

[54] PS 1: 310. 请参阅 Richard A. Muller and John L. Thompson, eds., *Biblical Interpretation in the Era of the Reformation* (Grand Rapids: Eerdmans, 1996), eps. 3—16 and 335—45 的讨论内容。有关释经历史上字面意思的更为广泛的问题,请参阅如下这些经典文章: Brevard S. Childs, "The Sensus Literalis of Scripture: A Ancient and Modern Problem," in *Beiträge zur alttestamentichen Theologie*, ed. Herbert Donner, Robert Hanhart, and Rudolf Smend (Göttingen: Vandenhoeck & Rprecht, 1977), 80—93, and David C. Steinmetz, "The Superiority of Pre-Critical Exegesis," *Theology Today* 27 (1980): 27—28。

[55] PS 1: 317

[56] Daniell, *Tyndale's Old Testament*, 631.

[57] John Griffiths, ed., The Two Books of Homilies (Oxford: University Press, 1859), 24.

[58] PS 1: 469

[59] 见 D. B. Knox, *The Doctrine of Faith in the Reign of Henry VIII* (London: David Brown Book Company, 1961); J. G. Møller, "The Beginning of Puritan Covenant Theology," *Journal of Ecclesiastical History* 14 (1963); William A. Clesbsch, *England's Earliest Protestants*, 1520—1535 (New Haven, CT: Yale University Press, 1964)。

[60] Knox, *The Doctrine of Faith in the Reign of Henry VIII*, 19—21. 见 Michael McGrifford, "William Tyndale's Conception of Covenant" 中的讨论,

Journal of Ecclesiastical History 32 (1981)。

[61] Rowan Williams, "Forword," 5.

[62] PS 1: 14—15.

[63] Jaroslav Pelikan, *Reformation of Church and Dogma* (Chicago: University of Chicago Press, 1984), 139.

[64] PS 1: 14.

[65] 关于律法作为 *paidagōgos*（师傅）的功用，请参考 Timothy George, *Galatians*, New American Commentary 30 (Nashville: B&H, 1994), 258—73。

[66] Daniell, *Tyndale's New Testament*, 221.

[67] PS 1: 89.

[68] Daniell, *Tyndale's New Testament*, 221.

[69] Ibid.

[70] 见 Timothy George, "John Gill," in *Theologians of the Baptist Tradition*, ed. Timothy George and David S. Dockery (Nashville: B&H, 1990), 77—101。

[71] PS 2: 168.

[72] Ralph S. Werrell, "Tyndale's Use of the Blood of Christ in the Meaning of Baptism," *Churchman* 108, no. 3 (1994): 220.

[73] PS 1: 19.

[74] PS 2: 183—84.

[75] Gordon Rupp, *Thomas More: The King's Good Servant* (London: Collins, 1978), 40.

[76] C. S. Lewis, *English Literature in the Sixteenth Century* (Oxford: Oxford University Press, 1954), 192.

[77] Thomas More, "The Confutation of Tyndale's Answer," in *The Complete Works of St. Thomas More*, ed. Louis A. Schuster et al. (New Haven, CT: Yale University Press, 1973), 8: 107.

[78] PS 1: 15, 48, 53.

[79] PS 1: 52.

[80] Ibid.

[81] CO 8: 488.

[82] PS 1: 53—54.

[83] PS 1: 54, 125.

[84] 原文如此，查《加拉太书》5: 14 并没有"向律法是死的"这一层意思。疑应为《加拉太书》2: 19。——译者注

[85] PS 3：204—5. 见 Donald Dean Smeeton 在以下这篇文章中的讨论，"The Wycliffite Choice：Man's Law or God's," in John A. R. Dick and Anne Richardson, eds., *William Tyndale and the Law* (Kirksville, MO：Sixteen Century Journal Publishers, 1994), 31—40。

[86] PS 3：198—99.

[87] William A. Clebsch, *England's Earliest Protestants*：1520—1535 (New Haven, CT：Yale University Press, 1964), 174.

[88] Dietrich Bonhoeffer, *The Cost of Discipleship* (New York：Simon and Schuster, 1959), 44—45. (本书有中译本，书名为《作门徒的代价》，由四川人民出版社出版。——译者注)

[89] Ernest Kevan, *Moral Law* (Phillipsburg, NJ：P&R, 1991), 74—75. Kevan 创办了伦敦圣经学院，并担任院长。这所学院就是后来人们所知的伦敦神学院。参看 Paul E. Brown, Ernest Kevan：Leader in Twentieth-Century British Evangelicalism (Edinburgh：Banner of Truth Trust, 2012)。

[90] PS 1：58.

[91] PS 1：69.

[92] PS 1：95

[93] PS 1：99.

[94] 饶申布什，19世纪美国社会福音的倡导者。——译者注

[95] PS 1：299.

[96] PS 1：96.

[97] PS 1：98.

[98] See David Teems, Tyndale：*The Man Who Gave God and English Voice* (Nashville：Thomas Nelson, 2012), 146—48.

[99] PS 1：165. 有关丁道尔的教会论，请参看 Werrell, *The Theology of William Tyndale*, 141—70; Daniell, *William Tyndale：A Biography*, 94—119; E. Flesseman-van Leer, "The Controversy About Ecclesiology Between Thomas More and William Tyndale," *Nederlands Archief voor Kerkgeschiedenis* 44 (1961)：65—86。

[100] PS 3：11.

[101] PS 3：13.

[102] PS 3：30.

[103] PS 3：31.

[104] PS 3：24.

[105] PS 3：28.

[106] PS 1：238.

[107] PS 1：237.

[108] PS 1：239.

[109] PS 1：254.

[110] 请参阅丁道尔在他的《民数记》英译本序言中所写的一段文字："谈到独身，它不是给所有人的恩赐。基督曾这样声明，他的使徒保罗也曾这样说过，因而它不是所有人都可以发愿持守的。此外，也有些原因让一些人在某一段时间最好过独身的生活，而在另一段时间则不必这样。有许多人在二三十岁时因身体有虚寒之疾而过独身生活。等他们到了四十岁时，身体健康了，就不能再这样了。有许多人沉迷于奇思怪想，以为年轻，就不思婚娶，及至渐渐衰残，却反而欲念更强。有了需要，不用上帝所造的解决办法，却反而自我谴责，自行捆绑，陷入苦痛之中，强逼自己脱开上帝的祝福，在这种光景中犯罪是一件危险的事情。还有一事，要谨慎，不要因读了圣哲罗姆或奥维德所写的关于如何抵制爱欲之书即受其不敬虔的谬论影响，不可因此陷入虚假的、伪装的贞洁当中，免得你在这种虚幻的想象中渐而全然鄙视、抵制乃至憎恨所有的女性，到那时，你就在上帝的震怒中陷入可怕的光景，你既不能过贞洁的生活，你发现在你内心中你也不能结婚，就被迫陷入教宗那种逆性和不伦的可憎行为中。"

[111] PS 3：52. See also PS 3：40—41, 151, 160; and PS 2：295.

[112] William S. Stafford, "Tyndale's Voice to the Laity," in Day, Lund, and O'Donnell, Word, Church, and State, 106.

[113] PS 1：234.

[114] PS 1：100—101. 也请参阅丁道尔本人所说的话："然而上帝先是看你的心，看你对他的话存什么样的信心，看你是如何相信他的，看你是如何信靠他的，看你是如何因着他向你彰显的怜悯而爱他的；他也看你是以什么样的心意工作的，而不是看你做的是什么工作；他是看你如何接受他把你放在这个位置，而不是看你现在在什么位置上，无论你是使徒，还是鞋匠。我现在要讲一个实例给你看。比如说你是厨房里的打下手的，给你主人洗盘子，另一位是使徒，传讲上帝之道……那么你若把两者所做的工作比较一下，就知道洗盘子和传讲上帝之道不一样。可谈到是否让上帝喜悦，两种工作就绝对没有差别：那个不能让上帝喜悦，这个也不能。只有上帝拣选了一个人，把他的圣灵放在他里面，凭他对基督的信心和信靠洁净了他的心，这个人才能蒙上帝喜悦。" Ibid., 102.

[115] PS 2：183.

[116] Brian Moynahan, *If God Spare My Life* (London：Little Brown, 2002), 316.

[117] *Calendar of State Papers of Henry VIII*, 1534：581. See also John Strype, *Memorials of Thomas Cranmer* (Oxford：Oxford University Press, 1840), 1：34.

[118] 见 Maria Dowling, "Anne Boleyn and Reform," *Journal of Ecclesiastical History* 35 (1984)：30—46。

[119] Foxe, 1563, 572.

[120] 这是 J. F. Mozley 根据丹尼尔（*Daniell*）所著的 *William Tyndale：A Biography*（379 页）所记载的拉丁文本译为英文的。丹尼尔也转引了约翰·福克斯的那段对丁道尔殉难和著名临终言辞的描写："经过几次法庭辩论，尽管没有任何理由可以判丁道尔死刑，他们还是按皇帝的法令定了他的罪……1536 年的一个上午，在菲尔福特镇的刑场，丁道尔被绑在火刑柱上，刽子手先绞死他，再将他烧成灰。在火刑柱上，丁道尔用热切的声音高声喊道：'主啊，求你开英王的眼睛！'" Ibid., 382—83. 也请参见 F. F. Bruce, *History of the Bible in English：From the Earliest Versions* (New York：Oxford University Press, 1978, 52, 以及 Teems, *Tyndale：The Man Who Gave God an English Voice*, 247—59。

[121] John Foxe, *The Unbridged Acts and Monuments Online* (1576 edition) (HRI Online Publications, Sheffield, 2011), 1076, Available from：http：//www.johnfoxe.org.

[122] T. S. Eliot, *The Complete Poems and Plays*, 1909—1950 (New York：Harcourt, Brace & World, 1967), 199—200.

参考书目精选

Bray, Gerald, *Translating the Bible：From William Tyndale to King James*. London：Latimer Trust, 2010.

Christian History Magazine 16："William Tyndale：Early Reformer and Bible Translator" (1987). Full text available at http：//www.christianhistorymagazine.org.

Christian History Magazine 43："How We Got Our Bible, Canon to King James" (1994). Full text available at http：//www.christianhistorymagazine.org.

Collinson, Patrick. "William Tyndale and the Course of the English Reformation." Pages 72—97 in *Reformation* 1 (1996).

Daniell, David. *Let There Be Light: William Tyndale and the Making of the English Bible*. London: British Library, 1994.

———. *William Tyndale*. New Haven & London, 1994.

Day, John T., Eric Lund and Anne M. O'Donnell, eds. *Word, Church, and State*. Washington: Catholic University of America Press, 1998.

Dick, John A. R., and Anne Richardson, eds. *William Tyndale and the Law*. Kirksville, MO: Sixteenth Century Journal Publishers, 1994.

Duffield, George, ed. *The Works of William Tyndale*. The Courteney Library of Reformation Classics. Berkshire: The Sutton Courtenay Press, 1964.

Edwards, Brian H. *God's Outlaw*. Phillipsburg, NJ: Evangelical Press, 1976.

François, W., and A. A. den Hollander, eds. *Infant Milk or Hardy Nourishment? The Bible for Lay People and Theologians in the Early Modern Period*. Leuven; Walpole, MA: Peeters, 2009.

Long, John D. *The Bible in English: John Wycliffe and William Tyndale*. Lanham, MD: University Press of America, 1998.

Moynahan, Brian. *God's Bestseller: William Tyndale, Thomas More, and the Writing of the English Bible*. New York: St. Martin's Press, 2003.

———. *William Tyndale: If God Spare My Life*. London: Little Brown, 2002.

Mozley, J. F. *William Tyndale*. Westport, CT: Greewood Press, 1971.

Smeeton, Donald Dean. *Lollard Themes in the Reformation Theology of William Tyndale*. Sixteenth-Century Study Council, 1987.

Teems, David. *Tyndale: The Man Who Gave God and English Voice*. Nashville: Thomas Nelson, 2012.

Thiede, C. P. "Tyndale and the European Reformation." Pages 283—300 in *Reformation* 2 (1997).

Walter, Henry, ed. *The Works of William Tyndale*. Parker Society Series. Cambridge: The University Press, 1848—50; reprint London: Johnson Reprint Corp., 1968.

Werrell, Ralph S. *The Theology of William Tyndale*. Cambridge: James Clarke, 2006.

Wilcox, S. Michael. *Fire in the Bones: William Tyndale, Martyr, Father of the English Bible*. Salt Lake City, UT: Deseret Book, 2004.

8

改教神学持久的有效性

灯不是放在斗底下的。
即使整个世界毁灭了,上帝也能造出另一个世界。

——马丁·路德[1]

在第一章的概论里,我们提到历史学家产生了一场争论,即宗教改革的根本推动力与思考方法主要是中世纪的还是现代的。通常,那些赞同宗教改革标志着一个新时代的降临的人,为从迷信和教条主义的桎梏中解放出来而欢呼雀跃,迷信和教条主义被认为是那个所谓的"黑暗时代"的特点。伟大的教会历史学家哈纳克(Adolf von Harnack)相信,路德神学达到和超越了整个基督教教义的高峰:路德是教义的总结,正如基督是律法的总结!然而,任何人想要评价改教神学对今天教会的重要性,必须认识到这样的观点是完全站不住脚的。伊拉斯谟自称他没有兴趣肯定什么,对此路德的回应是,"肯定"属于基督教的本质,他对"肯定"的定义是不间断地遵守、断定、承认、维持和坚持。"一个人必须乐于肯定,否则他就不是基督徒。"尽管对中世纪天主教的教义有种种批判,但是改教家还是认为他们自己基本上延续了早期教会的基础教义。

而且,改教家不仅仅是重复教父时代的经典教义。他们发现有必要发展教义,并将其应用于救恩论和教会论领域。例如,尼西亚会议(325)上早期教会的神学家承认基督是与父同质的(*homoousios*)。他们考虑的是道成肉身的子的存在与属性——与阿里乌派认为耶稣基督既非全人又非全神的观点相反。改教家完全同意这一看法,但是他们将其运用到基督救赎的问题上。另外,他们更关注基督的作为,而非基督的位格。梅兰希顿说,认识基督不是考查他道成肉身的方式;认识基督是要认识他的福祉。早期教会还强调当上帝在耶稣基督里将自己启示出来的时候,正是上帝将他本身在自己的神圣存在里启示出来。改教家宣称,当上帝将堕落的人类从罪恶和疏离的状态中解救出来的时候,是他本人在实施恩典的拯救行动。他们所强调的内容并不与早期教会的主张相抵触,而是其补充。宗教改革的称义和拣选教义不仅令人难以置信地与早期教会三一论和基督论教义的基本要点一致,而且也是后者必然的结果和适当的应用。

作为一场历史运动,16 世纪的宗教改革已经离我们远去。当然,在研究社会、政治、经济和文化要素时,我们仍然可以了解到宗教改革的起因和结果,而正是那些社会、政治、经济和文化要素,使得宗教改革成为西方文明史上的一个关键时期。然而,作为圣灵的一场运动,宗教改革对耶稣基督的教会产生的深远影响是经久不衰的。这才是我们首要关心的问题。在本书要结束的时候我们要重点论述这一点。我们不仅要问**它过去意味着什么**,还要问**它现在意味着什么**。在我们忠实地根据上帝的道进行神学思辨时,改教家的神学将如何挑战、纠正并指示我们?

正如改教家们发现,要应对当时灵性上的危机,必须回到圣经和早期教会,当代的我们在宣扬耶稣基督的福音时也不能忽略了宗教改革的伟大主题。这并不是说我们要生搬硬套改教家们的神学公式,好像我们还生活在 16 或 17 世纪,而不是活在 20 世纪。可以肯定的是,耶稣基督"昨日今日一直到永远是一样的"(来 13∶8)。与此类似,对罪恶、死亡和无意义的忧虑既沉重地侵袭着中世纪晚期的王侯和农民,也同样沉重地侵袭着现代的男男女女。不过我们应对这些忧虑的方法已经改变了。而且,我们还面临着许多新的甚至更严重的现实,比如核武器的自我毁灭有可能造成全人类的灭亡。令人恐惧的大屠杀已经震动了多数乐观人文主义者的神经。在一个充斥着死亡和恐怖活动的世界，在一个充斥着饥荒和艾滋病的世界，基督徒面临的问题与以色列人被掳巴比伦时遇到的问题一样："你的上帝在哪里？"

今天我们正努力以人类自身固有的可能性来回答这个问题，从我们的理性或经验推演出神学、哲学以及世界观。从那种随波逐流的神学中，我们可以清楚地看出这种思维方式的虚幻徒劳和彻底失败，神学的这种境况导致了奥尔蒂泽（Thomas J. J. Altizer）所说的"深刻的神学倒塌的时刻……西方神学传统彻底倒塌的时刻"[2]。奥尔蒂泽的出名不是因为传统主义。改教家提醒我们，只有在上帝想要寻找我们的地方才能找到上帝。我们想要从自己内部寻求上帝的做法是没有根基的臆想和推测，最后只能导致偶像崇拜。改教神学持久的有效性在于，尽管它强调的要点很多，但是却挑战教会，要恭敬而顺从地聆听上帝一次性所启示的话语，以及他在耶稣基督里一次性所成就的。教会对这一挑战有什么反应并不是学术研究或教会策略应该考虑的问题。这是一个生死攸关的问题。它关系着教会是要服从又真又活的耶稣基督——即旧约和新约的上帝——还是服从巴力。

上帝的主权与基督论

我们讨论过的五位改教家的作品，明白无误地回荡着上帝主权的主题。乍一看，这个主题好像是主流的改教家所独有的，他们强调上帝在拣选中的自由与永恒的决定权。然而，门诺和重洗派以他们自己的方式维护上帝对世界和历史拥有终极的统治权，其态度毫不逊色于主流的宗教改革派。如果有什么不同的话，那就是他们反对当时的文化标准，并且即使在生存毫无保障的情况下，仍然情愿追随基督，这反映出他们以更坚定的信心坚持上帝的统治是至高无上的，并将取得最终的胜利。

尽管如此，主流的宗教改革派关于拣选或预定的教义却突出地见证了上帝在人类拯救中的主权。对那些认为该教义彻底损害了人的自由与道德的人来说，它仍然是一个难以理解的困难。然而，改教家们却从这一教训里发现了无限的自由，从而回避了无法承受的自义的重负。他们认为人类深陷在罪的奴役中，只有上帝至高的恩典才能使他们获得真正的自由。路德著名的《基督徒的自由》（1520）与《论意志的捆绑》（1525）是一枚硬币的两面。上帝不以人类功德为条件的难以理解的拣选是人类自由唯一真实的根据。

没有一个改教家有意贬低人在拯救过程中的作用。奥古斯丁说过，上帝不是通过我们而拯救我们，但也并非抛开我们而拯救我们。因信称义的教义其前提是主观上承认拯救是上帝赐给我们的礼物，但是它也认识到，即使是那让我们称义的信心也是上帝赐给我们的礼物。正如路德在《罗马书序文》中说的："信心是上帝在我们里面的一项事工，它改变了我们，使我们获得新生……噢，它是一个有生命的、忙碌的、活跃的、有能力的事物，这就是信心。"[3]

上帝不仅是至高无上的拯救的主，也是至高无上的创造的主。包括门诺在内的所有改教家，都抛弃了中世纪后期某些神秘主义流派所提倡的泛神论倾向。他们肯定教父时期从无中创造（*creatio ex nihilo*）的教义。造物主与被造物之间截然的区别是茨温利整个神学的根本。在所有改教家中，他建立起了最详细和最哲学化的护理教义［参照他的论文《上帝的护理》（*De Providentia Die*，1529）］。但是所有的改教家都回避使用加尔文称之为"懒惰的神"（*deus otiosus*）的概念，即一个遥远而冷淡的神，他创造了世界却很少干预其运行，如果说他还曾经干预过的话。这样的一个神带有希腊神话里的诸神的意味，甚至与斯多葛派非人格的宿命论有相似之处，却不是圣经中审判和拯救的上帝。改教家很愿意承认我们并不总是能理解上帝的护理**如何**作用于我们这些地上存在物的苦难与兴衰。加尔文讲过上帝"赤裸的护理"，路德提到上帝的"左手"以及"隐藏的上帝"。重洗派相信不论怎样（尽管他们没有说自己知道怎样），上帝会用他们的受苦和遭逼迫来达到他拯救人类的目的。的确，谁能想象髑髅地的不义是上帝与世界的和解？

我们现代人对宗教改革的护理教义忧心忡忡，部分是因为我们过度渴望清晰。我们无法理解至高无上的上帝为什么允许无辜的人受苦。"不要只站在那里。做点什么！"是祷告，也是抗议。我们更喜欢一个可理解的上帝，或至少与我们相似的上帝，一个我们能解释的上帝，或一个有限的上帝，他与我们一起抵抗混乱，最后却不能阻止或战胜混乱。改教家在他们那个时候也感到了类似的神义论的力量。

对于不可思议的护理的抗议，他们并非一无所知——《诗篇》的读者是谁？加尔文承认没有掺杂着疑问的信心不是真正的信心。在路德遭受焦虑（Anfechtungen）的剧痛时，他喊道，"我的上帝，我的上帝……为什么？"然而，到最后，冲着天上发泄怒气，如加尔文说的那样，像是朝天空吐口水。与我们有关的上帝不是一个我们能解释、操纵或驯化的神。"我们的上帝乃是烈火"（来 12：29）。对于恶的问题，改教家并没有给出比先知或使徒更充分的"回答"。相反，他们向我们指出上帝在试探中挺立，上帝不只"做些什么"，他还"站在那里"，怀着至高无上的同情，上帝站在我们身边，走在我们前面，他应许永不抛弃我们——尤其是当所有的证据都表明他已经抛弃了我们的时候。

改教家强调永活的上帝具有至高和绝对的权威，但他们并不从抽象或形而上学的意义上理解上帝的主权。他们没有兴趣洞察上帝的本质，也没有兴趣谈论上帝的"绝对能力"或全能。上帝的主权是在道成肉身的神子耶稣基督的历史存在里实现和具体化的。

对于以基督为中心，每一位改教家都有自己独特的表达方式。路德声称："基督徒唯一的荣耀只在基督里。"[4]然而，这"荣耀"表现在"亲爱的主基督"将自己降低到人类能力的程度。路德拒绝将基督作为人的卑下与他作为上帝的大能分开。路德写的圣诞赞美诗形象地描绘了大能的上帝自愿屈尊，他在子的位格里取了我们有罪的人类的身躯：

> 永恒之父的独子
> 来到马槽里。
> 在我们可怜的人的身体和血里
> 披戴着上帝永恒的善。
> 求主怜悯！
> 整个世界也不能限制他
> 他躺在马利亚的怀里；
> 一个小小的婴孩
> 成了维护世界的人。
> 求主怜悯！[5]

与路德相比，茨温利更加严格地区分了基督的人性和神性，他特别强调后者，将其看做获得拯救的关键因素。我们看到，这一基督论的分歧主要在于两位改教家对圣餐的观点不一致。路德坚持基督的身体是无所不在的，茨温利认为这种说法不可想象，他坚持基督的身体升天后就在上帝的右手边。然而，茨温利的神学在强调以基督为中心方面并不逊于路德。在《六十七条》的第三条，茨温利坚持"基督是所有过去、现在和将来之人得救的唯一途径"[6]。茨温利猜想即使我们在天堂遇见的那些所谓虔诚的异教徒也不能"通过其他途径"进入天堂，而要像所有罪人一样，由上帝的恩典拣选，并因基督赎罪的牺牲而得救。

当加尔文指出耶稣基督是"拣选的镜子"（*speculum electionis*）时，他所认识的上帝的主权与基督论的关系就已经很清楚了。对于基督扮演的神人中保的角色来说，他事实上是一面双向的镜子。首先，作为被拣选的那一位，也即被特殊选择和预定的那一位，他是一面镜子，上帝通过他观察那些在子里与他和解的人们。但是耶稣基督也是信徒可以借其找到得救保证的一面镜子。20世纪的卡尔·巴特（《教会教义学》Ⅱ/2）借用了加尔文的说法，并在分析耶稣基督是人类拣选的典范时扩展了这一说法。

茨温利认为路德提出的基督的身体无所不在的教义贬低了基督升天的人性，同样，加尔文也反对门诺提出的基督"在天上的身体"的教义，认为这一教义和基督幻影说一样危险。加尔文理解赎罪的前提是道成肉身的基督完全参与到人的处境中。这就要求他不仅"从"（from）童贞女马利亚出生，还要"属于"（of）她。我们在赞同加尔文的说法的时候，也要注意门诺维护基督无罪的特性，不是出自诺斯替派对被造物的蔑视，而是因为他想要保护基督在十字架上献祭的效用。除了与其他改教家一样强调赎罪的客观性，他还指出基督的生与死是所有基督徒有意效法的受苦与自我牺牲的模范。

丁道尔在基督论方面并没有很多思考，只是强调耶稣宝血在救赎上的有效性以及他对罪和死的得胜。"基督的宝血"这一表述在丁道尔著作中出现四百多次。借着在十字架上的自我牺牲，耶稣成就了天父的救恩之盟约，也使得圣灵重生和洁净的工作成为可能。和加尔文一样，丁道尔强调与基督的联合是基督徒生活的首要意象（primary image）。

这些改教家在基督论上的确有细微差别，这些差别具有重大意义，但是门诺最喜爱的一段经文（林前3：11）却可以作为他们每个人的基本立场：对基督徒的生命和基督教的神学来说，上帝在耶稣基督里的启示是唯一的根基，是令人信服的独一标准。从这个角度看，耶稣基督就不仅仅是一种宗教思想，甚至不能说是我们可以自由选择的众多宗教思想中最好的一种；耶稣基督在空间和时间里实现了上帝决定成为我们的上帝的主权，他维护我们而不对抗我们，将我们从自我以及所有想要毁灭我们的力量中拯救出来，并最终邀请我们享受与他自己的伙伴和朋友关系。所有的改教家都同意，本身正确的神学在一个真正的根基（*fundamentum*）里，也即主耶稣基督里，找到了出发点和最后的目标。这一观点在《海德堡教理问答》（Heidelberg Catechism, 1563）的第一个问答中得到了完美的表述：

问：无论是生是死，你唯一的安慰是什么？
答：我无论是生是死，身体灵魂皆非己有，而是属于我信实的救主耶稣基督。他用宝血完全补偿了我一切的罪债，并且救我脱离了魔鬼的一切权势；因此，他保守我，若非天父允许，我的头发一根也不会掉下；他叫万事互相效力，使我得救。故此，他也借圣灵使我有永生的确据，并且使我从此以后甘心乐意地为他而活。[7]

圣经与教会论

传统上，唯独圣经被称为宗教改革的"形式原则"（formal principle），与之相对，因信称义则被称为"实质原则"（material principle）。然而，这种区分却容易让人误解，好像改教家们将圣经看作神学的公理或哲学的前提，而非活泼有力的上帝之道。路德在福音上的突破是通过不懈而艰苦地钻研圣经才获得的。改教家都相信茨温利所说的"上帝的话是清晰而确定的"。尽管他们热烈地欢迎伊拉斯谟等人文主义者重新发现的早期经文,并对其进行严格的语言学分析,但是他们并不认为圣经是众多书中的一本。他们毫不迟疑地将圣经视为独特的、上帝默示的道。而且,他们并不关心关于默示的抽象而正式的理论,他们关心的是圣经具有一种让人与上帝相遇的能力,并能引起听众的宗教反应。17世纪的班扬(John Bunyan)是改教家的继承人中属灵上最敏锐的人之一,他的问题反映了对圣经经验的挪用,"你还记得米萨山(Mizar)吗?你忘了院子(close)、奶房、马厩、谷仓等上帝造访过你的灵魂的地方?要记得圣道——我指的是引发你盼望的圣道。"[8]

在16世纪,圣经的默示性和权威性不是天主教与新教争论的问题。所有的改教家,包括激进派,都承认圣经具有神性起源和永无谬误的特点。宗教改革时期所出现的问题是,确定无疑的圣经权威一方面与教会权威及教会传统(罗马天主教)有什么关系,另一方面与注重个人经验的势力(属灵派)有什么关系。唯独圣经里的唯独并不是要贬低教会传统的价值,而是要使教会传统服从于圣经的至高权威。罗马教会提出圣经正典的有效性在于有教会的见证,而新教改革者则坚持圣经是自明的,即鉴于由圣灵内部的证据所证实的圣经自身的明晰性,圣经被认为是可信的。《比利时信条》(Belgic Confession, 1561)的第五条提出一个人应该怎样接受圣经正典的尊严与权威。答案是:"不全是因为教会接受并证实了这一切,尤其是因为圣灵在我们的心中作见证,证明这一切是从上帝而来的,而且它们本身就足以证明它们是由上帝而来。"[9]

主流的改教家坚持道与圣灵之间的相互关系,由此也远离了属灵派,属灵派将个人的宗教经验置于上帝客观的启示之上。对门诺来说,重生的经验是他整个神学的基础,然而即使是他也反对约里斯(David Joris)和其他激进属灵派,因为他们个人化的异象和启示违背了上帝在已写成的道里所表达出来的旨意。《伯尔尼十项结论》(Ten Conclusions of Berne, 1528年)的第二项表述了这种积极的圣经主义(biblicism),这一圣经主义主导了改革宗和重洗派的教会论——尽管给二者带来不同结果:"基督的教会在上帝的道之外没有颁布任何律法和诫命;因此所有人类传统都不能束缚我们,除非它们是根据或由上帝的道提出来的。"[10]

在宗教改革的认识里，耶稣基督的教会就是由圣徒组成的团契以及由聆听上帝的道的人组成的会众，教会顺服地服侍主，在此世为道做见证。我们应该谨记，教会并非开始于宗教改革。改教家打算回到新约概念的教会，根据圣经整肃和洁净当时的教会。即使是感到需要一个绝对崭新的开始的重洗派所保留的——尽管他们做了一些变形——教父和信经的传统与神学也大大超出了他们的想象。我们不要放弃改教家来之不易的胜利而支持表面的普世主义，我们呼吁基督教的合一，乃是因为我们认真对待宗教改革提出的教会概念——*ecclesia semper reformanda*，不是改革一旦完成就一劳永逸的教会，而是一个需要不断改革的教会，一个需要根据上帝的道进一步改革的教会。

改教家都是诠释圣经的大师。他们最敏锐的神学论述可以在他们的讲章和圣经注释中找到。他们相信基督教的宣称不可能来自哲学或任何自给自足的世界观。它只能来自对圣经的解释。教会里没有其他的宣称。由宗教改革的圣经教义提出的神学不用害怕任何现代圣经研究的正确发现。在圣经的神圣起源（"来自圣灵的口述"）及其俯就性（上帝像乳母对婴儿一样说儿语）之间，加尔文没有看到任何冲突。从这样的角度看，我们认为，圣经不是人类关于上帝思想的记录，而是上帝对人类的命令与应许的思想宝库。正如巴特所说的，"［圣经］宣布上帝降卑为耶稣基督来到我们中间，先知和使徒都是耶稣基督的见证，那之后我们从自己内部寻找他的所有努力不仅变得毫无根据，而且表明了其本身是不可能实现的。"[11]

崇拜与属灵观

纵观基督教的历史，教义的发展与崇拜的习俗之间存在着很密切的联系。早期教会有一种很流行的说法，"祷告的规则应该遵从信仰的规则"。宗教改革提醒我们这一过程是双向的：不仅崇拜对神学的形成有影响，而且神学的更新也会导致仪式的改变。16世纪神学的更新在于强调上帝至高无上的恩典，由此引起了改教家们感恩的回应，他们联合起来以改变中世纪的礼仪。

作为对教士统治教会的抗议的一部分，改教家的目标是完全参与崇拜活动。引入本国语言是具有革命性的，因为这就要求献给大能的上帝的崇拜要使用市场上的商人以及丈夫与妻子在卧室里说悄悄话时所使用的语言。改教家的目的不是要使崇拜世俗化，或使日常生活神圣化。加尔文警告说，那些忽略私祷的人参加公众聚会时所做的祷告不过是"空洞的祷告"(《基督教要义》3.20.29)。祷告是"信心主要的操练"，因此基督徒的整个生活都要充满对上帝的赞美与感谢。

我们已经看到改教家如何将中世纪的圣礼从七项削减为两项。我们也看到改教家在这两项圣礼（洗礼和圣餐）上的分歧如何成为他们联合的主要障碍。重洗派坚持洗礼应该发生在信心产生之后，进而否认婴儿能够获得信心，不论这信心是假定的（路德），是婴儿父母的（茨温利）或是部分的（加尔文）。于是他们回归早期教会洗礼的习俗，即把洗礼视为成人加入教会的仪式，表明他们完全参与到耶稣基督的生、死和复活中去。世界基督教协进会（World Council of Churches）的信仰与教制委员会（Faith and Order Commission）通过的声明《洗礼，圣餐及服侍》(Baptism, Eucharist and Ministry)体现了重洗派关于洗礼的教义具有普遍影响。该声明承认婴儿洗礼和信徒洗礼都是有效的，此外还声称，"基于个人表明信心的洗礼是新约中清楚肯定的形式"[12]。

另一方面，有些传统坚决认为信徒的洗礼是每个教派的独特之处，在这些传统中，洗礼仪式本身已经被教会淡化了，也使其脱离了完全委身于基督而活这一大的背景。这反映在洗礼在整个崇拜活动中被安排的位置上——洗礼经常被安排在仪式的最后——也反映在洗礼的年龄以及预备受洗的人所做的准备上。例如，几年前，美南浸信会联合会平均受洗年龄是八岁，还有许多儿童受洗时只有五岁甚至更小。这种"蹒跚学步的儿童接受洗礼"的做法，既不符合主流宗教改革婴儿受洗的教义，也不符合重洗派所认为的洗礼是一个人在立约的团契内公开宣誓做基督的门徒的教义。为了矫正当代教会生活对洗礼过于随意的做法，我们可以从宗教改革的洗礼教义中借用两点：从重洗派身上，我们知道洗礼与悔改及信心存在着固有的联系；从主流的改教家身上（尽管从路德和加尔文身上知道的要多于从茨温利身上知道的），我们可以知道，在洗礼的时候，我们对上帝以及基督教团体说了什么，还有，上帝也对我们说了和做了什么，因为洗礼既是上帝的恩赐，也是人对于恩赐做出的回应。丁道尔从上帝对盟约的忠诚这个角度解释洗礼和圣餐，这使得他与改革宗的理解更为一致。

即使许多教会能够彼此承认他们各式各样的洗礼仪式，但要共同分享圣餐仍是无法实现的希望。我们没有办法轻易回避这个普世教会的严重问题，也不可能忽略这道伤疤，这道伤疤从 16 世纪时"这是我的身体"（*hoc est corpus meum*）争论之后就一直存在。启蒙运动时期的伏尔泰对基督徒大加讽刺，因为本来象征团结与友爱的圣餐却演变成了争执不休的互相伤害。天主教说他们吃的是上帝不是饼，路德派说他们吃的是饼不是上帝，加尔文派说他们吃的既是饼又是上帝！伏尔泰抨击道，"如果有人告诉我们霍屯督人也发生了这样的争论，我们不要相信他！"

从宗教改革对圣餐的争论中我们可以学到什么？第一，**我们需要重拾临在神学**。对许多新教徒来说，举行圣餐有举办悲伤的葬礼的寓意——为纪念不在场的主而举行的庄严的仪式。路德坚持基督的真实临在，他是对的，尽管他使用咀嚼基督的身体这样的语言有些不妥当。加尔文强调圣灵在圣餐崇拜中的作用，即提升我们的心灵，让我们崇敬、感恩与赞美，超越了——也证实了——由茨温利提出的纪念论。圣餐不"只"是象征。当然，圣餐是象征，但它是一个传达了其所包含的意义的象征。在"接受圣餐的时候"，我们"属灵地获得和享有了被钉十字架的基督和基督受难所带来的所有福祉：基督的身体和血不是在身体意义上而是在属灵意义上出现在信徒面前"。这种说法实际上是从 1677 年英格兰浸信会的《第二伦敦信条》（*Second London Confession*）中开始的，而 1549 年的《公祷书》（*Book of Common Prayer*）也有"在你的心里以你的信心享用基督"这样类似的话。[13]

第二，**我们应该仍然比较频繁地举行圣餐**。最早的基督徒大概每天都举行圣餐（徒 2：42、46），而且每周必定举行一次。几个世纪之后，定期参加圣餐成了修士和神父独有的特权，以至于到了中世纪后期普通人只能在每年的复活节参加一次圣餐礼仪。改教家鼓励人们更全面地参加和更经常地举行圣餐。最初路德主张每天举行圣餐，尽管后来他每周举行一次。苏黎世和日内瓦市议会立法规定每 15 天举行一次圣餐：茨温利为这中世纪习俗的适度改善感到十分高兴，而加尔文推行每周举行一次圣餐却没有成功。《施莱塞穆信条》指出"掰饼"是真教会的特点之一，重洗派多久举行一次圣餐则要根据崇拜仪式的临时性和秘密性决定，由于受到日益严重的迫害的威胁，他们只能不定时地、暗地里举行崇拜。如果主的圣餐赐予我们"每日的粮食与营养，给我们能量与力量"（路德），如果圣餐"支持和加强信仰"（茨温利），如果圣餐是"属灵的盛宴"（加尔文），是"基督徒的婚宴，耶稣基督带着恩典、圣灵和应许出席那宴席"（门诺），如果圣餐是"灵粮和我们灵魂的肉"（丁道尔），那么不常常在崇拜活动的时候分享圣餐就是丢弃了上帝赐予我们属灵长进的恩典的外在记号。

第三，**我们要重建基督教崇拜中圣道与圣礼的平衡**。改教家并没有发明讲道，但是他们将讲道提升到崇拜活动的中心地位。庄严而清晰地朗读圣经也占了主导地位。同时，他们相信，圣经里"可听的圣道"应该与圣礼中"可见的圣道"具有同等地位。《奥格斯堡信条》（1530）言简意赅地写道："传纯正的福音以及根据圣道举行圣礼的地方就是真教会。"[14] 梵蒂冈第二次会议的"礼仪宪章"承认"有必要建立仪式、教理问答、宗教指导和讲道之间的密切联系"。[15] 从那时起，天主教教会开始重视在宗教崇拜中按照圣道来举行礼仪，同时，许多新教教会也重新承认了圣餐在宗教崇拜中的中心地位。每一种倾向都是一个令人振奋的迹象。基督将人们聚集在讲道台和圣餐桌前纪念他，而我们也能够真正地在圣灵和真理中崇拜他。

我们研究过的每一位改教家都有一种属灵观，这些属灵观即使不是独一无二的，也是独特的。他们的属灵观与它所蕴含的神学思想彼此建造。对路德来说，那就是罪被宽恕以后喜悦与自由的感觉；对茨温利来说，那就是纯洁的宗教以及顺从地服侍那位真神。加尔文的属灵观集中在面对上帝的荣耀而产生的敬畏与惊奇，这是敬虔的本质；门诺关注的是忠实地做基督的门徒，也就意味着追随耶稣，与他一同受苦。对丁道尔来说，这是指圣灵即时的做工——使信徒"嫁接"在基督身上，赐给他们洞见明白圣经，并且在朝圣路上维持他们的信心。对他们每个人来说，生命本身就是敬拜。讲道、祷告、赞美和圣礼都是信心和忠诚的群体性表达，它们来源于那些被上帝的恩典紧紧抓住的男男女女们被改变了的生命。评价当代基督徒崇拜的标准很多：它的娱乐价值、它带有的传福音的感染力、它的美学吸引力，甚至还有它的经济回报。宗教改革在敬拜方面的遗产要求我们相信所有的崇拜都是要赞美那位永活的上帝。

伦理学与末世论

对于16世纪的改教家有一种过分的称赞，使他们的神学脱离了伦理学。这种观点将改教家看做信仰的伟大英雄，这是对的，但是却没有看到他们还扮演着先知角色，并且对社会产生了革命性的影响。然而，改教家的信仰关注的是整个生命，而不仅仅是宗教或属灵领域。的确如此，因为改教家认为上帝具有至高无上的主权，他关注整个人的存在，身体、灵魂、思想、直觉、社会关系以及政治联盟。回顾我们分析过的五位改教家，关于他们对伦理学作出的贡献，我们可以总结出三个略有重叠的主题。

第一，路德的观点是"**生发仁爱的信心**"。路德一心坚持唯独因信称义，这样他就把伦理从因行为称义的繁重体系中解脱出来，而天主教神学包含着因行为称义。在那种模式下，行善是获取美德以及保证人在上帝面前占有一席之地的方法。爱邻舍这一行为也就不可避免地成为一个人自私地利用邻舍谋取个人利益的行为（即某人自己得救）。路德的教义削弱了这一体系，并解放了那些称义的罪人/圣徒，使他们毫无私利且毫无保留地爱邻舍——为了邻舍的缘故。路德认为，真正的信心不是静止的，而是活在爱里。尽管路德提出的两个国度的教义让他无法对提升现今这个堕落的世界抱有乐观态度，但他从来没有忘记基督徒要在爱里履行自己的责任，如他说的，做邻舍的"小基督"。这尤其适用于家庭生活，因为配偶是最亲密的邻舍。路德提醒我们，伦理学必须产生自恰当的神学基础，而不是相反：善行是对上帝在耶稣基督里赐予我们的恩典所做出的回应，而不是恩典的起因或条件。

当我们从路德转向以茨温利和加尔文为代表的改革宗传统时，我们发现了可称之为"**世俗之物的神圣性**"的伦理观。今天**世俗**这个词含有非宗教的，或者敌神的意思，如"世俗的人性"。但是，拉丁语的 *saeculum* 指的仅仅是世界，不论这个世界堕落与否，而加尔文称世界是"上帝荣耀的剧场"。我们看到，对茨温利来说，成圣就是按照福音的规范重建政治、社会和经济生活。对加尔文来说，这就意味着世俗权力的圣化，作为人类统治者的君主或市议会被看做上帝的代理人。约翰·卫斯理继承了这一传统，他说，"世界是我的教区。"饶申布什（Walter Rauschenbusch）在他热情洋溢的"社会福音"里清楚地表达了这一思想，社会福音（饶申布什所用的名词）不是在耶稣基督唯一的福音之外的又一个福音，而只是表示**那个**福音万万不能被隔绝在某些宗教隔离区内，而要进入世界真正的隔离区与贫民窟里。我们可以毫不夸张地说，路德将世界作为必要的恶来接受，茨温利与加尔文则试图战胜这个世界，根据上帝的道进行改革，因为这里是上帝荣耀的剧场。

门诺与重洗派传统却给我们提出了另一种伦理学命题：**对抗文化**。门诺对主流的改教家说，"你们给我们的是半途而废的改革，因为你们仍然借国家来支撑教会。你们仍然把上帝的物交给凯撒。但耶稣却告诉我们有不同的安排。"因此他们拒绝起誓，因为基督说，"你不可起誓。"他们拒绝参军，拒绝佩剑，因为耶稣说，"爱你的敌人，追随十字架之路，不要追随刀剑之道路。"他们拒绝为婴儿洗礼，这在 16 世纪不仅是异端而且是叛乱。结果，数千名重洗派信徒被烧死在火刑柱上，或被沉入欧洲的河、湖、溪水中淹死。重洗派的异象是对主流改教家伦理学的矫正。它提醒我们，世俗的成圣绝不仅仅是在身上洒圣水，而是完全服从耶稣基督的命令，对抗文化。

尽管丁道尔对基督教信仰所作最伟大且最持久的贡献，是将圣经翻译成母语英语，然而在翻译之余，他还撰写了大约四十部神学著作。这些著作表明，丁道尔的思维犀利而缜密，再加上他让自己浸润在圣经的字里行间，所以他在领悟到改教思想的过程中采取的是一种截然不同的进路。丁道尔在理解贯穿圣经的盟约概念上取得重大突破，这一点他并非从路德习来。他强调信徒应在生活中靠着圣灵的能力行善，这使得他能够更广泛地思考爱邻舍以及在更广阔的社会中寻求公义的必要性。丁道尔的很多理想后来借着托马斯·克兰麦、理查德·胡克以及其他神学家发扬光大，这赋予英国的改教一种实用主义的特色。另外，丁道尔也以自己的方式提出了我们已经在其他改教家身上发现的伦理学命题的三要点：生发仁爱的信心，世俗之物的神圣性，以及基督教对文化的挑战。

对今天的教会，哪一种伦理指向是正确的？仅有它们中的任何一种都是不够的，因为每一个都有被扭曲的危险。信义宗强调信心高于行为，可能沦为形式主义，因为只有纯正的教义而没有圣洁的生活总会导致刻板的正统。改革宗强调融入世界，却将教会变成多少有些像政治行动委员会或社会服务组织；而重洗派抨击文化，则堕落为呆板的分离主义，忘记了自己的使命。从每一个传统里我们都能学到很多，但是我们不服从任何一个。我们只服从耶稣基督。教会是"圣徒的群体"（communio sanctorum），也即得救的罪人组成的团契，建立在福音的基础上，那福音就是上帝在耶稣基督里白白的恩典，教会被派往基督为之而死的世界，它服从基督的绝对诫命，见证并服侍基督，对抗世界。

宗教改革强调回到新约和教父时代的原始教会，而实质上它却是一场向前看的运动。这是一场"末日"运动，处在旧时代已"不复存在"而上帝最终的国度"尚未"到来的张力之中。我们讨论过的改教家都没有16世纪流行的激进的天启末世论思想。也没有人写过《启示录》的注释。但是他们每个人都相信上帝的国已经进入历史，在这一系列事件中他们都扮演了一定的角色。受到末世情绪的感染，1543年加尔文写信给神圣罗马帝国的皇帝查理五世："教会的改革是上帝的事工，像死人复活或类似的事一样，不依赖人的生命和思想。"今天我们认识到加尔文的说法是对的，感谢上帝的荣耀和道的能力照耀了改教家的神学，但我们也承认约翰·罗宾逊的说法，罗宾逊是一位清教徒牧师，他说，"主还有更多真理与大光要从他的圣道里迸发出来。"

一份当今十分著名的文件表达了宗教改革的信仰和盼望的核心，而这也是耶稣基督的教会所做的见证：

> 对那些问"世界将会发生什么"的人，我们的回答是，"他的国要降临。"对那些问"我们前面是什么"的人，我们的回答是，"他，君王，站在我们面前。"对那些问"我们可以盼望什么"的

人，我们的回答是，"我们并非带着没人敢预言的目标，站在一片没有形成时间的荒芜旷野里；我们正注视着那永活的主，我们的审判官和救世主，他曾受死，现在却永远地活着；他已经来过并且还要来，他的统治直到永远。或许我们要遭受痛苦；是的，如果我们想要与他有份，就必须遭受痛苦。但是我们知道他说过的话，那神圣的话：'你们可以放心，我已经胜了世界。'"[16]

注释

[1] 转引自 Bainton，*Erasmus*，p. 195。

[2] Mark C. Taylor，*Deconstructing Theology* (New York: Crossroad, 1982)，p. 11.

[3] LW 35，p. 370；WA DB 7，p. 10.

[4] WA 13，p. 570.

[5] WA 35，p. 434.

[6] Z 1，p. 458.

[7] Philip Schaff, ed., *Creeds of Christendom* (New York: Harper and Bros., 1877)，Ⅲ，pp. 307—308.

[8] John Bunyan，*Grace Abounding to the Chief of Sinners* (London: Oxford University Press, 1928)，p. 5.

[9] Schaff，Ⅲ，pp. 386—387.

[10] John H. Leith, ed., *Creeds of the Churches* (Atlanta: John Knox Press, 1982)，pp. 129—130.

[11] Karl Barth, "Reformation as Decision," *The Reformation: Basic Interpretations*, ed. Lewis W. Spitz (Lexington, Mass: D. C. Heath, 1962), p. 161.

[12] Leith，p. 610.

[13] W. L. Lumpkin, ed., *Baptist Confessions of Faith* (Valley Forge: Judson Press, 1959), p. 293.

[14] Leith，p. 70.

[15] Austin Flannery ed., *Vatican Council Ⅱ: The Conciliar and Post-conciliar Documents* (Collegeville, Minn.: The Liturgical press, 1975), p. 46.

[16] 转引自 Jan M. Lochman，*Living Roots of Reformation* (Minneapolis: Augsburg Publishing House, 1979), p. 65。

缩 略 语 表

CNTC	*Calvin's New Testament Commentaries*, David W. Torance and Thomas F. Torrance, eds. 12 vols. Grand Rapids: Eerdmans, 1959—1970.
CO	*Ioannis Calvini opera quae supersunt omnia*, G. Baum, E. Cunitz, and E. Reuss, eds. 59 vols. Brunswick and Berlin: Schwetschke, 1863—1900.
CR	*Corpus Reformatorum*. Halle/Saale, 1835—1860; 1905—
CWE	*Collected Works of Erasmus*. Toronto: University of Toronto Press, 1974—
CWMS	*The Complete Writings of Menno Simons*, John C. Wenger, ed. Scottdale: Herald Press, 1956.
EE	*Opus epistolarum Des. Erasmi Roterodami*. 11 vols. Oxford: Oxford University Press, 1906—1947.
LW	*Luther's Works*, Jaroslav Pelikan and H. T. Lehmann, et al., eds.
MQR	*The Mennonite Quarterly Review*.
OS	*Joannis Calvini Opera Selecta*, P. Barth, W. Niesel, and D. Scheuner, eds. 5 vols. Münich: Chr. Kaiser, 1926—1962.
PL	*Patrologia Latina*, J. P. Migne, ed. Paris: 1844—1864.
PS	*Parker Society Series: Doctrinal Treatises* (1), *Exposi-*

	tions (2), *Answer to More* (3). Hery Walter, ed. Cambridge: University Press, 1840—1850.
SAW	*Spiritual and Anabaptist Writers*; George H. Williams and Angel M. Mergal, eds. Philadelphia: Westminster Press, 1957.
WA	*D. Martin Luthers Werke. Kritische Gesamtausgabe.* 58 vols. Weimar: Böhlau, 1833—
WA BR	*Briefwechsel* (Luther's *Letters*, 14 vols. in the Weimar Edition).
WA DB	*Deutsch Bibel* (Luther's *German Bible*, 12 vols. in the Weimar Edition).
WA TR	*Tischreden* (Luther's *Table Talk*, 6 vols. in the Weimar Edition).
Z	*Huldreich Zwinglis Samtliche Werke*, Emil Egli, Georg Finsler, et al., eds. Berlin, Leipzig, Zurich: 1950—.

宗教改革神学词汇

本词汇表选择了与改教家神学有密切关系的一些核心的概念、名词和说法。这个列表并非无所不包，只是多多少少挑选了本书使用的一些专有名词。对于一些起源于中世纪后期经院神学的名词，奥伯曼（Heiko A. Oberman）《中世纪神学的收获》一书第459—476页的"唯名论词汇表"使我受益匪浅。下列的词条可能与本书的主题索引有重叠。关于引用路德、茨温利、加尔文、门诺和丁道尔的内容，读者可以查阅每位改教家著作英文版的相关索引。《路德文集》的索引卷（LW 55）和McNeil-Battles版的加尔文《基督教要义》对读者尤其有帮助。

accommodation 俯就

加尔文经常使用的一个修辞学的比喻，用来指上帝把自己降低到人类条件的限制和需要。例如，关于圣经，加尔文称上帝像乳母对婴儿说儿语（*balbutit*）（《基督教要义》1.13.1）。

***ad fontes* 回到本源**

这一流行的短语概括出了热情的人文主义改教家要回到古典的、圣经的和教父的原始著作的做法。

***Anfechtungen* 焦虑**

这个词有多种译法，如试探、引诱、攻击、困惑、怀疑、畏惧。

它比同义词 *Versuchung* 的含义要强烈得多。路德寻找一个仁慈的上帝，常常遭受恐惧和不安的侵袭，路德称之为 *Anfechtungen*。直到去世，路德还常常经历这种精神上的冲突，他称作与魔鬼的战斗。他曾评价说，"如果我的寿命足够长，我将写一本关于 *Anfechtungen* 的书，否则，没有人能理解圣经或知道敬畏和热爱上帝"（WA TR 4，第490—491页）。

Babylonian Captivity 被掳巴比伦

意大利诗人和其他中世纪后期的作家用这个词来形容1309年到1377年教皇被"流放"到阿维农，将这段历史比作犹太人在尼布甲尼撒统治时期被掳到巴比伦。1520年路德出版了《教会被掳巴比伦》，他在这篇文章里抨击了中世纪天主教的圣礼制度。

ban 开除教籍

将冥顽不化的犯罪者排除在教会之外的做法，其程序是根据《马太福音》18：15—18。实行开除教籍是重洗派教会论的显著特征。

"celestial flesh" Christology "身体在天上"的基督论

门诺以及其他激进的改教家称耶稣从圣母马利亚那里没有继承任何人的属性。他**出自**马利亚而非**来自**马利亚。加尔文批评这一教义是遮盖的幻影说。门诺的本意是维护基督的无罪性。

Christus pro me 基督为我

路德反复使用的一个名词，表达了福音个人的、存在的维度。

communicatio idiomatum 属性互通

该教义指出由于基督位格的联合，在基督里的神性和人性可以互相依靠。路德相信基督的身体无所不在，这一想法来自他对教父主要思想的理解。

conciliarism 大公会议至上论

一种由大公会议推行的"从首领和成员"改革教会的运动。大公会议至上论取得的最重大的成绩就是在康斯坦茨会议（1414—1417）上结束了教会大分裂。大公会议至上论运动的两位主要人物是法国神学家詹森（Jean Gerson，死于 1429 年）和德埃利（Pierre d'Ailly，死于 1420 年）。15 世纪以后，教皇有效地抵制了宗教会议的要求。1460 年教皇庇护二世（Pius Ⅱ）颁布教谕《恶行》（*Execrabilis*），谴责了控诉权从教皇转移给大公会议的做法。

coram Deo 面对上帝，在上帝面前

这个词常常与 *coram hominibus*，也即"面对人，在人面前"对照出现。根据路德的说法，人的一生都在上帝面前度过，在永活的上帝的监督之下，或者如加尔文说的，生活中没有一个领域是不"与上帝有关系的"（*negotium cum deo*）。

Ecclesiastical Ordinances 教会法令

规定日内瓦教会秩序的根本文件。市议会通过该法令是加尔文 1541 年返回日内瓦的条件。它包含了加尔文根据牧师、教师、长老、执事等四重职分提出的教会纪律和政策。

extra Calvinisticum 加尔文主义分外说

最初是由 17 世纪信义宗神学家在辩论时提出的一个名词，指改革宗称神子"在肉体之上"（*etiam extra carnem*）还有一个存在的教义。路德开始就讲基督位格的联合，加尔文则强调基督两个属性之间的区别。

facere quod in se est 尽力做好

字面意义是，在自身能力范围内做，因此也是尽力做好。根据中世纪后期唯名论神学家的说法，在一个人自然能力的范围内尽力做好，就有可能爱上帝超过一切，并得到神圣的恩典。

fides ex auditu 信心来自聆听

《罗马书》10∶17 的武加大本译文是，"信道是从听道来的，听道

是从基督的传道来的。"改教家以此来强调讲道的重要性,以及听道具有重大的救赎意义。因此路德评论说:"耳朵是基督徒唯一的器官"(LW 29,第 224 页)。

fiducia 信任、相信、依赖

对上帝的诚信怀着坚定的希望。在中世纪后期的神学里,*fiducia* 与获得美德有关,离开美德,*fiducia* 就是徒劳的臆测。

Gelassenheit 放开自己

来自德国的神秘主义传统,表示在上帝面前的一种完全依靠、谦卑和被动的姿态。路德和重洗派都使用过。

Gemeinde 团契、信众

路德提到教会时最喜欢用的一个词(超过了 *Kirche*)。这个词让人想起新约圣经里 *koinonia* 的概念,以及路德的信徒皆祭司的教义。

humanism 人文主义

一个松散的改革和教育的运动,其根据是古典作品的重新发现。圣经人文主义者例如伊拉斯谟所进行的学术工作,极大地影响了改教家,尽管他们在意志的不自由以及拣选的无条件等教义上与他分道扬镳。

imputed righteousness 被归于的义

基督"外在的"义,不取决于信徒的美德和善行,而是"唯独信心"。"归于"是法律上使用的一个词汇,强调上帝仁慈的审判是"外在于我们自身的"(*extra nos*)。

indulgence 赎罪券

人犯罪后,虽然借着忏悔罪疚被赦免,但还要接受亏欠于上帝的现世惩罚。赎罪券便是用以免除这种现世惩罚。路德在《九十五条论纲》里抨击了赎罪券交易的许多弊端,包括出售赎罪券获得财政收益。

Magisterial Reformation 宪制的宗教改革

乔治·H·威廉姆斯创造出的一个词,指由官方建立和支持的教会改革形式。往往与激进的宗教改革提出的教会与国家分离的倾向相反。

meritum de condigno 应得的功德

凭借上帝的公义获得的美德,因此是真正的或"完全的"美德。与 *meritum de congruo* 相反,*meritum de condigno* 是一种在恩典的状态下实施的行为,因此也无愧于获得上帝的接纳。

meritum de congruo 赏赐性的功德

凭借上帝的慷慨获得的美德。根据唯名论神学,一个人尽其所能,就可以获得恩典。"赏赐的"美德即使在犯罪的状态下也能获得。它凭借的仅仅是上帝的慷慨。

mysticism 神秘主义

一场流行的属灵革新运动,强调内心的光照以及灵魂与上帝的瞬间联合。由埃克哈特(Meister Eckhart)及其门徒建立的德国神秘主义讲的是灵魂被吸引进上帝的存在(*Wesenmystik*);波那文图拉(Bonaventura)和其他人创立的拉丁神秘主义强调意志与顺从基督的统一。

notae ecclesiae 教会的标记

对路德和加尔文来说,圣言和圣礼是"可见"教会的两个本质的特征或"标志"。马丁·布塞、许多改革宗的其他教派以及重洗派还将教会纪律作为第三个突出的标记。

opera Dei 上帝的做工

上帝在一般启示中做工的证据。加尔文认为上帝的做工不仅有外在创世的奇迹,还有内在的上帝的形象,尽管受到堕落的影响,但每个人身上的上帝形象仍然是完整的。

oracula Dei 上帝的神谕

在加尔文的神学里，上帝独特的启示出现在圣经、救赎历史、道成肉身、圣礼和传道里。

perseverance of the saints 圣徒永蒙保守

该教义指真正被拣选之人，尽管犯罪，也必蒙上帝恩典的保守，直到永远。这也是 1619 年多特会议（Synod of Dort）通过的五项教义中的一项。

philosophia Christi 基督的哲学

伊拉斯谟所使用的一个短语，总结了他改革教会的中间道路，这样的改革依靠的是道德提升、教育进步以及虔诚地效仿基督，并要轻视宗教的外在表现。

potentia Dei absoluta 上帝的绝对能力

凭借绝对能力上帝能够做任何不违背不矛盾律的事情。例如，一些神学家猜想上帝凭借绝对能力可以道成肉身变成一头驴子，或规定奸淫是美德而不是罪恶。

potentia Dei ordinata 上帝的定旨能力

指上帝在被造的世界中选择践行的秩序。这种能力由上帝创立和启示的自然律规定。

Prophecy 先知讲道

这是每日举行的圣经研讨会的称呼，这一研讨会 1525 年由茨温利和苏黎世的改教家们创立。茨温利的许多圣经注释以及 1531 年版的圣经都出自这些深刻的解经练习。

reprobation 拒绝

双重预定论中"阴暗的一面"：使那些被上帝预定为受诅咒的罪人

的心刚硬。在中世纪的神学中,"拒绝"又被称为 *praesciti*,指那些被预知无法得到恩典并死在罪中的人。

sacramentarian 圣礼派

反对圣餐时基督客观地出现在圣礼的祭坛上的人。中世纪时期,*sacramentarius* 是指一个人在神学上认为圣礼只是一个记号,既不会改变圣礼的主持者,也不会改变圣礼的接受者。到了宗教改革时期,这个名词通常限于指那些质疑已确立的圣餐教义的人。

Schwärmer 狂热分子

这个词让人们联想到蜂房周围一群乱哄哄的蜜蜂。路德曾用这个词笼统地形容包括茨温利和重洗派在内的那些改教家,他们对福音进行灵性化的解释,并极大地依赖个人经验,牺牲了圣言和圣礼的客观性。

Seelenabgrund 灵魂的根基

又被称为"灵魂的火光"(*scintilla animae*),以及"良知"(*synteresis*)。在神秘主义神学中,这个词指的是每个人内心所固有的神性的火光,与上帝联合的接触点。

sola fide 唯独信心

根据路德1521年对《罗马书》3:28的翻译,"一个人称义……唯独信心。"路德用这个短语表明罪人的称义是上帝的做工,借此基督"外在的义"被归于信徒,罪人称义唯独靠信心,不需要善行。

sola gratia 唯独恩典

新教救恩论的口号,让人想起奥古斯丁激烈地强调上帝在拣选和称义上有主动权。

sola scriptura 唯独圣经

宗教改革所谓的形式原则。改教家认为圣经是唯一的权威,是上帝永无谬误的道，超过了人类的观念和教会的传统。

solo Christo 唯独基督

改教家用这个短语表明，拯救只能由上帝通过子作为中保来完成。

transubstantiation 变体说

该教义认为圣餐时献上的饼和酒的本质变成了基督的身体和血。1215 年第四次拉特兰会议认为相信变体说就是信（*de fide*）。特兰托会议重申了这一教义，并将其作为天主教的官方理论，遭到了新教和激进的改教家的反对。

twofold knowledge of Cod 对上帝的双重认识

这一理念为 1559 年加尔文《基督教要义》的最终版提供了基本结构：认识作为创造者和救赎者的上帝。

via antiqua，*via moderna* 旧路派，新路派

这两个名词指的是中世纪后期经院神学中相互竞争的两个思想流派。支持旧路派的人忠于阿奎那和司各脱等中世纪鼎盛时期的学者，而新路派则追随奥卡姆和他的门徒如比尔（Gabriel Biel）等人。路德受到的是新路派的教育，而茨温利则更赞同旧路派。

viator 旅行者，朝圣者

一个"在路上"（*in via*）的人。一个没有到达新耶路撒冷，或没有结束永恒的诅咒的人，一个生活在上帝的审判和仁慈之间的人。

人 物 索 引

（条目后边的数字为英文原书页码，即中译本的边码）

Abelard, Peter 阿伯拉尔,40, 191

Admiral de Coligny 科利尼海军上将, 196, 254

Alexander of Hales 哈勒的亚历山大,40

Anselm of Canterbury ，坎特伯雷的安瑟伦,39—40, 228—229

Aquinas, Thomas 阿奎那,12, 30, 40, 43—44, 54, 124, 127—128, 211, 240, 349, 401

Archduke Philip of Austria 奥地利大公菲利普, 11

Aristotle 亚里士多德,40—41, 58, 70, 209, 298, 346

Arius 阿里乌,207

Arminius, Jacob 阿明尼乌,194

Arundel, Thomas 托马斯·阿伦德尔,329

Athanasius 阿塔那修,208

Augustine 奥古斯丁,64

Augustine of Hippo 希波的奥古斯丁, 38, 40, 47, 54, 65—66, 69, 71, 74—75, 89, 99, 126, 130, 195,198, 209, 222, 229, 240, 279, 287, 317, 341, 347, 354, 361, 380

Augustus, Sigismund 奥古斯都,西吉斯蒙德,196

Barnes, Robert 罗伯特·巴恩斯, 332, 338

Becket, Thomas à 托马斯·贝克特,374

Bernard of Clairvaux 明谷的伯尔纳,31, 71

Beuckels, Jan 扬。见 Jan of Leyden 莱顿的扬

Beza, Theodore ，贝扎, 14, 18, 23, 177, 179, 192, 240, 256

Biel, Gabriel ,比尔, 34, 39, 66, 401

Billicanus, Theobald ,比利卡奴斯,274

Bilney, Thomas 托马斯·比尔尼,332

Blaurer, Ambrosius 布劳尔,137, 148

Blaurock, George 布劳若克, 141, 270, 280

Boleyn, Anne 安娜·博林,372

Bolsec, Jerome 博尔塞克,174

Bonaventura 波那文图拉,43, 399

Bonhoeffer, Dietrich 朋霍费尔, 362
Bouwen, Leonard 布旺, 320
Bradwardine, Thomas 布雷德沃丁, 240
Breès, Guy de 布雷斯, 288
Bruggbach, Hans 布鲁格巴赫, 280
Brugge, Johann van. 布鲁格。见 David Joris 约里斯
Bucer, Martin 布塞, 18, 82, 138, 155, 186, 190, 192, 228, 240, 243—244, 248, 274, 287, 399
Budé, Madame de 比代, 219
Bullinger, Heinrich 布林格, 18, 115—16, 131, 145, 164, 196, 268, 274
Bunyan, John 班扬, 385
Bure, Idelette de 伊蒂丽, 191
Calvin, John 约翰·加尔文, 3, 6—7, 12—14, 17—18, 23—24, 29—30, 39, 45, 48, 57, 59, 75, 98, 123—124, 128—129, 132, 138, 164, 268, 272—273, 278, 280—281, 285—286, 290, 298, 301, 308, 310, 319—320, 328, 331, 346, 348, 355, 359, 365, 380—381, 383, 386—387, 389—391, 393, 395—397, 399, 401
Capito, Wolfgang 卡皮托, 148, 190
Caracciolo, Galaezzo 卡拉乔洛, 17
Cardinal Jacopo Sadoleto 萨多雷托主教, 187, 189
Caroli, Pierre 凯洛里, 207
Cartwright, Thomas 卡特赖特, 18
Catherine of Aragon 阿拉贡的凯瑟琳, 344
Cauvin, Antoine 安东尼·加尔文
Cauvin, Gérard 热拉尔·加尔文, 175, 178
Cauvin, Marie 玛丽·加尔文
Charles V 查理五世, 17, 25, 135, 154, 186, 277, 299, 303, 393
Charles VIII 查理八世, 28
Chrysostom 克里索斯托, 71
Cochlaeus, Johannes 科赫洛伊斯, 12
Colladon 科拉顿, 179
Columbus, Christopher 哥伦布, 23, 27, 272
Condé, Louis de 孔代, 254
Constantine 君士坦丁, 30—31, 38
Copernicus 哥白尼, 27
Cop, Nicholas 科普, 183
Cordier, Mathurin 科尔迪耶, 177
Cornelis, Friar 科尼利斯, 288
Cornelius Aertsz de Man 科尼利乌, 316
Coverdale, Miles 迈尔斯·科弗代尔, 342, 372
Cranmer, Thomas 克兰麦, 18, 190, 331, 341—342, 351, 372, 393
Cromwell, Thomas 克伦威尔, 372
Cyprian 西普里安, 87, 272, 274, 290
d'Ailly, Pierre 德埃利, 33, 396
Dante 但丁, 31, 32
Descartes, René 笛卡尔, 360
Deschamps, Eustuche 德尚, 21
d'Etaples, Jacques Lefevre 勒菲弗尔, 179
Dietrich of Niem 迪特里希, 33
Dirks, Elizabeth 伊丽莎白, 306
Duchess Renée of Ferrara 费拉拉的蕾尼女公爵, 196
Duke George of Saxony 萨克森的乔治公爵, 73

Duke of Somerset 萨默塞特公爵, 245
Duns Scotus 司各脱。见 Scotus
Eckhart, Meister 埃克哈特, 44, 398
Eck, John 艾克, 56, 81, 117, 123, 128, 135
Edward VI 爱德华六世, 196, 245, 372
Elizabeth I 伊丽莎白一世, 164
Emperor Anastasius 阿纳西塔斯皇帝, 31, 99, 100
Emperor Sigismund 西吉斯蒙德皇帝, 33
Erasmus, Desiderius 伊拉斯谟, 11, 14, 46—48, 73, 75—76, 78, 85, 89, 116, 119—120, 125, 128, 130, 144—145, 172, 177, 183, 321, 330—332, 334—335, 345, 354, 377, 384, 398, 399
Erskine, Ralph 拉尔夫, 362
Etienne de la Forge 福尔格, 176
Eusebius of Caesarea 优西比乌, 272, 314
Faber, Gellius 法布尔, 279, 289, 302
Fabri, John 法布里, 120—121, 123—124, 134
Farel, Guillaume 法雷尔, 145, 179, 185—186, 188, 190—192, 196, 245, 256
Ferdinand 斐迪南, 314
Foxe, John 福克斯, 316, 329—330, 332—333, 337—338, 372, 374
Francis I 法兰西斯一世, 154, 183, 185—186, 278
Francis of Assisi 阿西西的方济各, 37, 106, 200
Franck, Sebastian 弗兰克, 295
Frederick the Wise 智者腓特烈, 25

Freerks, Sicke 弗雷尔克斯, 274
Frith, John 约翰·弗里斯, 332, 338, 345
Galileo 伽利略, 27
Gardiner, Stephan 斯蒂芬·迦迪纳, 341
Gentile 真梯利, 207
George of Brandenburg 布兰登堡的乔治, 17
Gerson, Jean 杰尔森, 26, 33, 43, 396
Goldschmidt, Ottilia 奥蒂莉娅, 317
Googe, Burnaby 古格, 150
Grebel, Conrad 格列伯, 141, 269—270, 273
Gregory of Rimini 利米尼的格列高利, 240
Gribaldi 格利巴尔蒂, 207
Gwalter, Rudolf 格瓦尔特, 164
Haetzer, Ludwig 黑策尔, 320
Heloise 赫洛伊斯, 191
Henry VIII 亨利八世, 25, 98, 121, 172, 331, 337, 344, 367, 372
Hilary 希拉利, 71
Hobbes, Thomas 霍布斯, 80—81
Hochstraten, Jacob 霍赫斯特拉腾, 72
Hoen, Cornelius 霍恩, 155, 273
Hofmann, Melchior 霍夫曼, 270—271, 274, 284, 292, 295—297, 305
Hooker, Richard 胡克, 18, 351, 393
Hubmaier, Balthasar 胡伯迈尔, 145, 269, 286, 315, 319
Hus, John 胡斯, 14, 35—38, 81, 89, 165, 329
Hut, Hans 胡特, 270, 314
Hutter, Jacob 胡特尔, 313—314

Ignatius of Antioch 伊格纳修, 65
Innocent III 教皇英诺森三世, 31
Irenaeus 爱任纽, 65
Jan of Leyden 莱顿的扬, 271, 276, 290, 292—93
Jans, Anneken 扬斯, 293
Jerome 哲罗姆, 5, 47, 130, 329, 368
Joachim of Fiore 约阿希姆, 36
Joan of Arc 圣女贞德, 164
John of Batenburg 巴滕堡的约翰, 292, 294
John of Capistrano 卡佩斯诺的约翰, 23
John of Saxony 萨克森的约翰, 155
John XXII 教皇约翰二十二世, 44
Jonas, Justus 约拿斯, 93, 103
Joris, David 约里斯, 279, 293—294, 305, 385
Jud, Leo 朱迪, 122, 143
Julius Caesar 尤利乌斯凯撒, 172
Julius II 尤利乌斯二世, 172
Karlstadt, Andreas Bodenstein von 卡尔施塔特, 57, 153
Kempis, Thomas à 肯培, 43
Kepler 开普勒, 27
Kierkegaard, Søren 克尔凯郭尔, 327
Knox, John 诺克斯, 175
Lady Jane Grey 格雷夫人, 196
Lambert, Franz 兰博特, 145
Landgrave Philip of Hesse 黑塞的菲利普亲王, 154
Lang, Johannes 朗, 69
Lasco, John à 拉斯高, 279, 296
Latimer, Hugh 拉蒂默, 332, 351
Lenin 列宁, 55, 332

Lisskirchen, Barbara 里斯克申, 79
Lombard, Peter 伦巴德, 30, 40, 56, 127
Louis of Paramo 帕拉莫的路易斯, 28
Loyola, Ignatius 罗耀拉, 18
Luther, Martin 路德, 3, 5—6, 12—14, 16—19, 22, 24, 29—30, 34, 39—40, 45, 47—48, 113—115, 117—118, 123—124, 126, 128, 133, 135—139, 143—146, 149—150, 152—154, 156—162, 165, 173—176, 178—179, 181, 183, 186, 189, 191, 204, 206, 212, 214, 216, 223, 232—234, 240, 243, 245, 247, 256, 268, 272—273, 274, 280, 283—291, 301, 304, 310, 320, 328, 330—332, 335—336, 340, 344, 346, 348, 352, 354—355, 357, 358—360, 362, 377, 380—384, 387—391, 393, 395—401
Machiavelli 马基雅维利, 140
Magellan, Ferdinand 麦哲伦, 27
Magnus, Albertus 大阿尔伯特, 40
Malden, William 威廉·玛尔顿, 339
Mantz, Felix 曼茨, 141—142, 269—270, 273, 280, 316
Marpeck, Pilgram 马尔派克, 18, 319
Marx, Karl 马克思, 340
Mary, regent of the Netherlands 荷兰摄政大臣玛丽, 277
Mather, Cotton 马瑟, 7
Mathijs, Jan 马提伊斯, 271, 292
Melanchthon, Philipp 梅兰希顿, 14, 18, 55, 93, 104, 109, 155, 185, 190, 196, 224, 289, 336, 378

Menno Simons 门诺，见 Simons, Menno

Meyer, Gerold 梅耶，138

Micron, Martin 米克朗，279，298

Mistress Smith 史密斯夫人，330

Monmouth, Humphrey 哈姆弗雷·孟茅斯，335

Montaigne 蒙田，14，17

Montmor family 蒙特马一家，175

More, Sir Thomas 莫尔，26，332，335，338，345，347，357—358，361，364—366，371—372

Munstdorp, Janneken 珍妮肯，317—318

Müntzer, Thomas 闵采尔，173，270

Myconius, Oswald 麦克尼尔斯，114，164

Nelli, Pietro 奈利，239

Nicholas of Lyra 莱拉的尼古拉斯，349

Oecolampadius 厄科兰帕迪乌斯，138，155，160，243

Olivétan, Robert 奥利维坦，179

Olivi, Peter John 奥利维，37

Origen 奥利金，71，287，347

Overdam, Hans van 奥维丹，301

Panormitanus 帕诺尔米坦，32

Pastor, Adam 帕斯托尔，279，289

Pelagius 帕拉纠，74，222

Perkins, William 柏金斯，18，29，240，351

Peter of Blois 布卢瓦的彼得，19

Petrarch 彼特拉克，47，396

Phillips, Dirk 迪尔克菲利普，276，292，299，309，319

Phillips, Harry 亨利菲利普，373

Phillips, Obbe 奥博菲利普，276，292—293

Plato 柏拉图，209，347

Platter, Thomas 普拉特，184

Pope Boniface VIII 教皇卜尼法斯八世，32，37，100

Pope Gelasius I 杰拉西乌斯一世，31，99

Pope Gregory VII 教皇格列高利七世，31，100

Pope Innocent III 教皇英诺森三世，100

Pope Innocent VIII 教皇英诺森八世，28

Pope John XXII 教皇约翰二十二世，37，41

Pope Leo X 教皇利奥十世，76

Pope Leo XIII 教皇利奥十三世，41

Pope Martin V 教皇马丁五世，33

Pope Paul III 教皇保罗三世，88

Pope Pius II 教皇庇护二世，34，396

Pope Sylvester I 教皇西尔维斯特一世，38

Poullain, Valérand 普兰，251

Poyntz, Thomas 托马斯·珀因兹，371

Quentell, Peter 彼得·昆泰尔，336

Rauschenbusch, Walter 饶申布什，364

Rauscher, Jerome 劳舍尔，12

Richard of Paris 巴黎的查理，23

Robespierre 罗伯斯庇尔，55

Robinson, John 罗宾逊，257，394

Rogers, John 约翰·罗杰斯，341—342，345

Roore, Jacob de 雅各·鲁尔，288

Rousseau 卢梭，12

Rutgers, Swaen 吕特赫斯，312

Savonarola 萨伏那罗拉，316

Schiemer, Leonhard 席默, 313

Schoeffer, Peter 彼得·叔菲尔, 336

Schwenckfeld, Caspar 史文克斐, 143, 173, 269, 295

Scotus, Duns 司各脱, 41, 66, 131, 401

Seneca 塞涅卡, 178, 181, 184

Seninghen, Comtesse de 塞奈夫人, 219

Seripando, Girolamo 塞里潘多, 18

Servetus, Michael 塞尔维特, 6, 18, 174, 207—208, 257, 313

Shakespeare, William 莎士比亚, 28

Simons, Menno 门诺, 3, 17—18, 39, 45, 48, 99, 328, 348, 357, 365, 380, 383, 385, 389, 392, 395—396

Simons, Peter 彼得, 274

Socinus, Faustus 苏西尼, 18

Socrates 苏格拉底, 128

Staupitz, Johann von 施道比茨, 56, 64—67, 80

Stokesley, John 约翰·斯托克斯里, 373

Sturm, John 斯蒂尔姆, 189

Suso, Heinrich 苏索, 44

Tauler, Johannes 陶勒, 44, 67

Tempier, Etienne 唐皮耶, 41, 347

Tertullian 德尔图良, 59, 272

Tewkesbury, John 约翰·图克斯贝里, 364

Theseus 忒修斯, 128, 198

Tracy, William 威廉·特莱西, 345

Tudor, Mary 玛丽·都铎, 341, 351

Tunstall, Cuthbert 卡思伯特·汤斯托尔, 335, 337, 364, 373

Tyndale, William 丁道尔, 3—4, 17—18, 39, 45, 48, 98, 319, 383, 388, 390, 392—393, 395

Valentinus 瓦伦廷, 296

Valla, Lorenzo 瓦拉, 38, 47

Vallière, Jean 瓦利埃, 176

Vergil 维吉尔, 104

Vespucci 韦斯普奇, 27

Viret, Pierre 维若特, 191, 245

Voltaire 伏尔泰, 12, 388

Wagner, George 瓦格, 315

Waldo, Peter 瓦尔多, 38

Walsh, Lady Anne 安娜·沃尔什夫人, 371

Walsh, Sir John & Lady Anne 沃尔什夫妇, 331, 345

Wesley, John 卫斯理, 240, 243, 392

Weynken 魏肯, 307

Whitefield, George 怀特菲尔德, 243

William of Ockham 奥卡姆的威廉, 33, 41—42, 66, 83, 401

Wolmar, Melchior 沃尔马, 24, 178

Wolsey, Thomas 托马斯·沃尔西, 335, 372

Wyclif, John 威克里夫, 34—38, 89, 329, 330, 367

Wyttenbach, Thomas 威登巴赫, 124

Zwingli, Huldrych 茨温利, 6, 12—14, 17—18, 39, 45, 48, 75, 94, 98, 172—174, 179, 182, 185, 195, 206, 210, 212, 222—223, 240, 243, 247, 256, 269, 270, 273—274, 280, 285, 290, 301, 304, 308, 310, 313, 319, 328, 348, 355, 365, 380, 382—384, 385, 387, 389—391, 395, 399—401

主 题 索 引

（条目后边的数字为英文原书页码，即中译本的边码）

A

abuses, ecclesiastical 教会腐败，35—36，100，176，227，368，398

accommodation 俯就，210，224，386，395

ad fontes 回到本源，46，116，395

adoptionism 嗣子说，225

afflictions 折磨。见 persecution 迫害，suffering 受苦

Amish 阿米什派，292，315

Anabaptists 重洗派，18，45，82，90，95，99—100，103，123—124，164—165，173，234，252，267—322，350，358，380—381，387，392

亦见 Amish 阿米什派，Hutterites 胡特派，Moravians 摩拉维亚，Swiss Brethren 瑞士弟兄会，Waldensians 瓦尔多派；

人物索引可参 Beuckels 博克尔，Blaurock 布劳若克，Franck 弗兰克，Grebel 格列伯，Hofmann 霍夫曼，Hubmaier 胡伯迈尔，Hut 胡特，Hutter 胡特尔，Mantz 曼茨，Marpeck 马尔派克，Mathijs 马提伊斯，Müntzer 闵采尔，Pastor 帕斯托尔，Phillips 菲利普，Schiemer 席默，Menno Simons 门诺

at Münster ～在明斯特，278，279，288，292，300，314

beginnings at Zurich ～在苏黎世的开始，122，141，270，313

Christology ～的基督论，295—299

discipline ～的纪律，310—13

duplicity ～的表里不一，293—295

ecclesiology ～的教会论 300—313，399

eschatology ～的末世论，270，292—293，308—309

experiential conversion ～经验的归信，279

nonviolence ～的非暴力，276，292，314，320—321

in The Netherlands 荷兰的～，310

violence ～的暴力，270—271，274，

290—292，314
 vision of ～的异象，318—322
Anfechtungen 焦虑，22，61—62，65—66，331，381，395
angels 天使，210，220，225，246
Antichrists 敌基督，37，87，122，141
antinomianism 反律主义，73，362
antisacerdotalism 反祭司制度，38
anti-Trinitarians 反三一论者，207，313
anxiety 焦虑，见 Anfechtungen
 age of ～的时代，21—29，42，179
 and election ～与拣选，78
 Calvin 加尔文论～，22，24，212—13
 Luther 路德论～，56，212
 modern 现代的～，379
 types of ～的类型，22，212
Apocrypha 次经，291—292
apostasy, sin of 背教之罪
 Calvin 加尔文论～，235
 Menno 门诺论～，284，312
Arianism 阿里乌主义，207—208，378
Aristotelianism 亚里士多德主义，41，151，347
 见人物索引 Aristotle 亚里士多德
Arminians 阿明尼乌派，286
atonement 赎罪，382
 for elect only 赎罪只是为了被拣选之人
  Calvin 加尔文，242
  Luther 路德，77
 theories of 赎罪论
  Anselm and Calvin 安瑟伦和加尔文，228—231
  Luther 路德，60—61

Zwingli 茨温利，160
Augustinians 奥古斯丁派，47，56，64，69，176，285，353—354，365
Avignon 阿维农，32，396

B

Babylonian Captivity 被掳巴比伦，41，81，93，273，396
ban 开除教籍，92，396。亦见 discipline, ecclesiastical 教会纪律
baptism 洗礼。
 亦见 circumcision 割礼，faith of infants 婴儿的信心，limbo 地狱边界
 Anabaptists 重洗派，141—142，145，269
 as ecclesial event ～作为教会事件，146—147
 as rite of initiation ～作为入会仪式，144
 Menno 门诺，305，309
 Zwingli 茨温利，144，147
 Augustine 奥古斯丁，65
 Calvin 加尔文，208—209，247—248，250
 Cyprian 西普里安，274，290
 infant 婴儿～，290，388
  Anabaptists 重洗派，270，274，387
  and the social order 与社会秩序，148，306，392
  Bullinger 布林格，145
  Calvin 加尔文，145，387
  Luther 路德，145，304，387
  Menno 门诺，274，282，287，303—4

Zwingli 茨温利，145—48，290，304，387

Luther 路德，94—95

Menno and Anabaptists 门诺与重洗派，141，274，276—277，280，302—306，320

penalty for rebaptism 对重洗的惩罚，142—141，274，302—303，313

Spiritualists 属灵派，293，305

Tyndale 丁道尔，346，368

Zwingli 茨温利，122，141—148

Baptists 浸信会信徒，241—242，286，356，389

Bastille 373

Bible 圣经，335。

亦见 prophecy 预言，Scripture 圣书，sola sciptura 唯独圣经；见人物索引 Peter Lombard 伦巴德

as medicine ～作为良药，342—343

canonicity 正典性

　Erasmus 伊拉斯谟，85

　Luther 路德，84—86

　Menno 门诺，291

　Zwingli 茨温利，117

continuity of Testaments 约的延续性，290

definition ～的定义，201

emphasis on Old or New Testament 强调旧约或新约，146

　Menno 门诺，290

　Zwingli 茨温利，140

Erasmus 伊拉斯谟，47，130，334

first critical edition of New Testament in Greek 希腊文新约圣经第一版，330

images of ～的意象，200

importance of ～的重要性，173—174，384—387

　Anabaptists 重洗派，269—270

　Menno 门诺，286—287

its own interpreters 它自己的解释，341，343

Jerome 哲罗姆，329

living quality 生活质量，341

Luther 路德，82

relation to science 与科学的关系，205—206

smuggling 偷运～，336—337

study of ～研究，14，47

　Anabaptists 重洗派，269—270

　Calvin 加尔文，184，189，193—194，290

　Erasmus 伊拉斯谟，116，184，384

　Hus 胡斯，36

　Luther 路德，56—58，63，80—86，92，290，384

　Menno 门诺，272，274，287，289—291

　Zwingli 茨温利，116—118，121，130—134，290

transformative effect ～的转变功效，340

translatability 可翻译的，328—329

translation ～翻译，337—338

　Tyndale 丁道尔，330，331，338，369

unity 整体，350

Wyclif 威克里夫，329

book of Revelation 启示之书，288，393

born again 重生。见 conversion 归信

British Library 大英图书馆, 336

C

Calvin 加尔文
- as pastor 作为牧师, 187—189, 196, 219—220, 241
- assessment 评价, 174—175
- baptism 洗礼, 186, 250, 387
- Christ 基督, 223—231, 383
- church and society 教会与社会, 138, 252—255
- death 去世, 255—258
- ecclesiology 教会论, 190, 243—255
- faith 信心, 232—236
- God 上帝, 171, 179, 185, 196—200, 206—220, 401
- grace 恩典, 218
- his great achievement 伟大成就, 174
- Holy Spirit 圣灵, 201—209, 231—243
- influence 影响, 171—172, 175, 251
- limits of revelation 启示的限制, 202, 206—207, 227
- Lord's Supper 圣餐, 186, 273
- ministry 传道, 248—252
- passion for life's work 一生工作的热情, 328
- predestination 预定论, 129, 174, 182, 186, 239—243, 245—246
- Scripture 圣经, 199
- sin 罪, 220—223
- spirituality 灵修, 182, 231—243, 253, 387, 390
- as teacher 作为教师, 189
- as theologian 作为神学家, 172—194
- works 著作, 178, 184, 189, 193—196

Calvinists 加尔文主义者, 241—242, 254, 257, 341

Catechetical works 要理问答著作, 185
- Menno 门诺, 278

Catechisms 要理问答, 25
- Calvin 加尔文, 171, 182, 196
- Heidelberg 海德堡, 384
- Luther 路德, 94, 186, 346

celestial flesh Christology 身体在天上的基督论, 295, 309, 311, 383, 396

certus 确实、一定、真实、可信, 332

Christ 基督
- as sinless 基督无罪
  - Anabaptists 重洗派, 296—299, 311, 383, 396
- centrality of 以基督为中心, 350, 356, 382—383
  - Luther 路德, 83, 84
  - Menno 门诺, 288
- Chalcedon 卡尔西顿, 295
- Hofmann 霍夫曼, 295—296
- as Mediator 作为中保
  - Calvin 加尔文, 219, 224—226, 228, 230, 383
  - Cop 科普, 183
  - Zwingli 茨温利, 134
- Menno 门诺, 296—299, 311, 383, 396
- merits 功绩, 345
- sufferings of 基督的受苦
  - Calvin 加尔文, 219, 225—226, 229
  - Luther 路德, 64, 68, 80, 84, 106

Menno 门诺,314—315,320,383
supremacy 基督的至高,356
threefold office of 基督的三重职分,228
titles 基督的头衔,356
two natures of 基督的二性,378
 Calvin 加尔文,222,224—227
 Eckhart 埃克哈特,44
 Luther 路德,158—159,382,396
 Melanchthon 梅兰希顿,224
 Zwingli 茨温利,158—159,161,382
Tyndale 丁道尔,356,359,366
victory of 基督的胜利
 Calvin 加尔文,230
 Luther 路德,71
word of Calvin 加尔文的话,224—225
work of 基督的作为,355,356,378
 Calvin 加尔文,227—231
 Menno 门诺,282,305
 Tyndale 丁道尔,350,354,370
 Zwingli 茨温利,129,142
Christian West 西方基督教界,329
Christology 基督论,30,382—384
 亦见 celestialflesh Christology 身体在天的基督论,Christ 基督,communication idiomatum 属性互通,extra Calvinisticum 加尔文主义分外说
 basic difference between Luther and Zwingli 路德和茨温利的根本分歧,158—159
 Calvin 加尔文,223—231,383
 Evangelical Reformers 福音理性派改教家,269

Luther 路德,223,382—383
Menno 门诺,288—291,295—299
papists 天主教徒,227
Tyndale 丁道尔,359
Zwingli 茨温利,158—159,223,382
Christus pro me 基督为我,60—61,396
Christus Victor 基督是胜利者,230。亦见 Christ 基督,victory of 基督的胜利
church 教会,亦见 Ban 开除教籍,communion sanctorum 圣徒相通,Conciliarism 大公会议至上论,corpus christianum 基督教整体,corpus permixtum 混合体教廷主义,Curialism,discipline 纪律,ecclesiastical ordinances 教会法令,ecclesiology 教会论,Gemeine 群体
basis of ～的基础,88—91
definitions of～的定义
 Calvin 加尔文,246—248,257
 Luther 路德,88,97—98,152
 need for 需要,29
 Wyclif 威克里夫,35
 Zwingli 茨温利,124,145—146
Fathers 教父,222
late medieval models for 中世纪后期～的模式,30—38
locus of sanctification 成圣的核心,244
marks of ～的记号,310,390,399
 Anabaptists 重洗派,310
 Bucer 布塞,244
 Calvin 加尔文,243—244,246
 Luther 路德,91—96,92,244

Zwingli 茨温利,148

Menno 门诺,299,302,319

ministry of~的职分

    Bucer 布塞,248

    Calvin 加尔文,192,248—252

    Luther 路德,91—96

    Tyndale 丁道尔,370—371

    Zwingli 茨温利,139

New Testament as basis of ~的基础是新约,386

    Menno 门诺,292—293

opposition to Bible translation 反对圣经翻译,330

restitution vs. reformation 回归对改革,269,301,309,321

senses of the word 此词的意思,365

seven possessions of,~的七种财产

    Luther 路德,90,96

    Tyndale 丁道尔,365,369

unity of ~的合一,30,39,386,388

    Calvin 加尔文,190

    Menno 门诺,308

    Zwingli 茨温利,148

universal 普世~,32—34

visible and invisible 可见的与不可见的~

    Augustine 奥古斯丁,89—90

    Calvin 加尔文,243—247,252

    Luther 路德,90,137

    Wyclif and Hus 威克里夫与胡斯,34—37,35—37,89—90

    Zwingli 茨温利,144—145,148

church and state relations~与国家的关系。亦见 Magisterial Reformation 宪制的宗教改革,Magistrates 地方官员,Radical Reformation 激进的宗教改革

    Anabaptists 重洗派,99—102,301—302,307,320

    Augustine (two cities) 奥古斯丁（两个城）,99

    Calvin 加尔文,186,252—255,257,391

    Luther 路德,99—101,137,328

    Menno 门诺,98,276,290—291,300,307,310,319,321,392

    Old Testament pattern 旧约模式,290

    Roman Catholic (two swords) 罗马天主教（两把剑）,30—32,100

    Tyndale 丁道尔,330,334—335,337,367

    Zwingli 茨温利,115,137—141,166,328,391

Church Fathers 教父,82,130—132,204,272,289,295,316,347—348,386

circumcision and baptism 割礼与洗礼,95,145—146,290,304,349

civil government 公民政府。见 church and state relations 教会与国家的关系,Magistrates 地方官员

Code of Justinian 查士丁尼法典,313

communicatio idiomatum 属性互通,158,396

communio sanctorum 圣徒相通,97,393

conciliarism 大公教会至上论,32—34,396

confession 忏悔。见 penitential system

赎罪体系

confessional manuals 忏悔手册, 25

Confessions 信条

    Augsburg 奥格斯堡, 17, 57, 83, 152, 390

    Belgic 比利时, 385

    Calvin 加尔文, 188, 196

    Lutheran 信义宗, 244

    Reformed 改革宗, 243

    Schleitheim 施莱塞穆, 310, 389

    Second London 第二伦敦, 389

    Sixty-seven Articles《六十七条》120, 124, 129

Confessions of St. Augustine 奥古斯丁的《忏悔录》, 47, 198, 279

congregation 会众, 366, 369

Constantinian revolution 君士坦丁改革, 31

contemplative life, of monks 修士的默观生活, 39

conversion 归信。亦见 salvation 救赎,

    as born again or new birth 重生或新生, 299

        Luther 路德, 380

        Menno 门诺, 280—281, 283, 303

    Menno 门诺, 328, 357

    Tyndale 丁道尔, 333, 357

Copernican Revolution 哥白尼革命, 27—28

coram Deo 在上帝面前, 59, 62, 68, 397

corpus christianum 基督教整体, 252, 267, 300

corpus permixtum 混合体, 90, 148, 246

Councils 大公会议, 32—33, 120—121, 132, 255

    Chalcedon 卡尔西顿, 158

    Constance 康斯坦茨, 33—34, 81, 396

    Constantinople 君士坦丁堡, 289

    Ephesus 以弗所, 75

    Fourth Lateran 第四次拉特兰, 151, 401

    Nicea 尼西亚, 289, 378

    Ograngell 第二次奥兰治, 75

    Trent 特兰托, 30, 41, 82, 93, 190, 291, 401

    Vatican II 第二次梵蒂冈, 390

Counter Reformation 反宗教改革, 124, 154

creatio continuata 创造的延续, 214。亦见 God, providence of 上帝的护理

creatio ex nihilo 从无中创造, 41, 125, 214, 380

    Calvin 加尔文, 209—212

    Zwingli 茨温利, 210

Creation, Hymn to 创世赞美诗, 211

creator 创造者, 209—212

credere est edere 相信就是吃, 157

Creeds 信经, 133

    Apostles 使徒信经, 82, 88, 186, 193, 330

    Chalcedon 卡尔西顿信经, 82

    Nicene 尼西亚信经, 82, 163

curialism（Curia Romana）教廷主义, 30—32

D

deacons 执事。亦见 church, ministry of

教会的职分
  Calvin 加尔文, 192, 249
death 死亡, 22—24
  anxiety over 对死亡的焦虑, 22
  as judgment 死亡是审判, 24
deification（homo deificatus）神格化, 64, 68
deism 自然神论, 213
devil 魔鬼
  Anabaptists 重洗派, 306
  Calvin 加尔文, 214—215, 220, 224, 230, 235, 254
  Luther 路德, 62, 69, 76, 88, 103, 106, 159, 172
  Tyndale 丁道尔, 354, 357, 359, 366
  Zwingli 茨温利, 145
Didache《十二使徒遗训》, 308
discipleship（Nachfolge）使徒, 285, 300, 305—306, 320, 390
discipline, ecclesiastical 教会纪律
  Anabaptists 重洗派, 310—313, 396
  Calvin 加尔文, 244—247, 249, 252, 253, 310
  Menno 门诺, 279
Disputations 辩论
  First Zurich 苏黎世第一次辩论, 120, 122, 124—125, 131, 134
  Heidelberg 海德堡辩论, 76
docetism 幻影说, 225—227, 298, 383, 396
dogma 教条, 329, 367, 377—378, 400
Dominican inquisition 多明我宗教裁判所, 28
Dominicans 多明我会士, 44, 72, 144

Donation of Constantine《君士坦丁赠礼》, 38, 47
Donatists 多纳徒派, 38, 303, 316
doubts 怀疑, 234—235, 381
Dutch Sacramentists 荷兰圣礼派, 273

E
Ecclesiastical Ordinances 教会法令, 192, 248, 397
ecclesiology 教会论。亦见 baptism 洗礼, church 教会, discipline 纪律, Eucharist 圣餐, liturgy 礼仪, sacraments 圣礼, worship 崇拜
  Calvin 加尔文, 243—255, 387
  late medieval crisis 中世纪后期的危机, 30—38
  Luther 路德, 87—98, 149—163
  Menno 门诺, 273—274, 277, 282, 286—289, 300—313, 318—321, 387—388
  Tyndale 丁道尔, 365—371
  Waldensians 瓦尔多派, 37—38
  Wyclif and Hus 威克里夫与胡斯, 34—36
  Zwingli 茨温利, 124, 141—163, 290, 304, 387
elders 长老。亦见 church, ministry of 教会的职分
  Calvin 加尔文, 248, 249
election（predestination）拣选（预定）, 379—380。亦见 foreknowledge 预知, reprobation 排斥
  and ecclesiology 与教会论, 35, 366
  and sovereignty of God 与上帝的主

权, 241—242, 380
Aquinas 阿奎那, 127—128
Augustine 奥古斯丁, 74—75
Calvin 加尔文, 186, 218, 232, 235, 245—246, 355, 383
double predestination 双重预定, 77, 241—242, 286, 320
Erasmus 伊拉斯谟, 354, 398
Lombard 伦巴德, 127
Luther 路德, 74—80, 124, 240, 354—355
medieval concepts 中世纪的拣选概念, 75
Menno 门诺, 285—286, 320—321
Tyndale 丁道尔, 353—357, 370
Wesley 卫斯理, 240
Wyclif and Hus 威克里夫与胡斯, 35, 36
Zwingli 茨温利, 124, 126—129, 145, 147, 240, 355, 382
English Bible 英文圣经, 328
English Bible, first complete edition 第一本完整版的英文圣经, 342
English New Testament, Tyndale's 丁道尔的英文新约圣经, 336—337, 340, 344, 365, 372
English Reformation 英国宗教改革, 351, 367
martyrs 殉道者, 332
Enlightenment 启蒙运动, 12, 14, 269
eschatology 末世论, 393
Anabaptists 重洗派, 270—271, 292
Augustinians 奥古斯丁, 365
Calvin 加尔文, 230, 232, 255

Luther 路德, 102
Spiritual Franciscans (Third Age) 法兰西斯属灵派(第三纪), 36—37
ethics 伦理, 391—393。亦见 church and state relations 教会与国家关系, 事工 works
Eucharist 圣餐, 388—390。亦见 *credere est edere* 相信就是吃, *hoe est corpus meum* 这是我的身体, Mass 弥撒, Sacramentarians 圣礼派, transubstantiation 变体说
and faith 与信心, 161
as marriage feast 作为婚宴, 308, 311
Calvin 加尔文, 45, 190, 247—248, 273
concepts of 圣餐的概念
as extension of incarnation 作为道成肉身的延伸, 160
as memorial 作为纪念, 153, 162
as sign 作为记号, 155—156, 162, 389
as thanksgiving 作为感恩, 161
corporeal presence 身体的临在, 155—159, 247, 273, 308, 389
as sacrifice 作为献祭, 151—152, 229
as testament 作为约, 153
controversy 争议, 113, 148—163, 173, 273, 382
and footwashing 与洗脚, 309—310, 320
frequency of 频率, 389—390
Ingatius 伊格纳修, 65
and joy 与欢乐, 308

Luther 路德, 93, 149—163
medieval celebration 中世纪举行圣餐的方式, 149—152
memorial 纪念, 308
Menno 门诺, 273, 306—310
as pledge 作为誓言, 308
Tyndale 丁道尔, 346, 368
and worship 与崇拜, 152
Zwingli 茨温利, 149—163
Evangelical Rationalists 福音理性主义者, 18, 268, 269, 295。亦见 Radical Reformation 激进宗教改革,
evil, problem of 恶的问题, 214—218
excommunication 开除教籍, 见 Ban 开除教籍, discipline 纪律
ex opere operato 凭借其实施, 93
extra Calvinisticum 加尔文主义分外说, 226—227, 264, 397

F

facere quod in se est 尽力做好, 67, 397
faith 信心。亦见 justification 称义, sola fide 唯独信心
and ecclesiology 与教会论, 366
and prayer 与祷告, 237—239, 387
and the Eucharist 与圣餐, 161
and the Word 与圣言, 55
as fiducia 作为信任, 71
as gift 作为恩赐, 72, 89, 146, 233—234, 380
Calvin 加尔文, 232—236, 359
formed and unformed 形成的与未形成的信心, 233
implicit 默从的信心, 233
of infants 婴儿的信心, 95, 147, 387, 304
as knowledge 作为知识, 233—234
Luther 路德, 55, 60, 63—74, 89—90, 147, 391
Menno 门诺, 280—287, 320
Roman Catholic 罗马天主教, 233
Tyndale 丁道尔, 359, 362
Zwingli 茨温利, 146, 165
fall 堕落, 198—199。亦见 sin, original 原罪
Calvin 加尔文, 209, 222, 225
Luther 路德, 68—69
Menno 门诺, 283
Tyndale 丁道尔, 353
Zwingli 茨温利, 125, 142
fatalism 宿命论, 213, 285, 381
fides ex auditu 信心来自聆听, 55, 397
fides quaerens intellectum 信仰寻求理解, 39
fiducia 信任, 71, 397
flagellants 鞭笞, 24
footwashing 洗脚, 309, 320
foreknowledge 预知, 75, 213—214, 241
forgiveness 宽恕。亦见 Penitential system 赎罪体系
as absolution 作为免罪, 26
aids to 有助于宽恕的方法, 24, 38
and Lord's Supper 与圣餐, 157
Formula of Concord《协同信条》, 19
Four Books of Sentences《四部语录》, 30, 40, 56
Franciscans 方济各会士, 36—37, 41

freedom, human 人的自由
 and election 与拣选, 380
 Hegel 黑格尔, 12
 illusion of 自由的错觉, 77
free will 自由意志
 Luther and Erasmus 路德与伊拉斯谟, 76
 Pelagians 帕拉纠派, 75

G

Gelassenheit 放开自己, 44, 79, 397
Gemeente 信徒团契, 302
Gemeine 群体, 88, 96, 365, 398
German New Testament, Luther's 路德的德语新约圣经, 331, 336
Gnosticism 诺斯替主义, 298, 307
God 上帝。亦见 coram Deo 在上帝面前, creatio ex nihilo 从无中创造, foreknowledge 预知, grace 恩典, potentia Dei absoluta 上帝的绝对能力, potentia Dei ordinate 上帝的定旨能力, Trinity 三位一体
 and evil 与恶, 381
  Calvin 加尔文, 215—217
  Menno 门诺, 286
 as creator 作为创造主, 125—130, 380
 authority 上帝的权威, 358
 basic shift in scholastic theology 经院神学中的基本变化, 41—42
 Calvin 加尔文, 206—220
 fear of 对上帝的恐惧, 256
 freedom of 上帝的自由, 41—42
 glory of 上帝的荣耀, 171, 179, 185, 197—200, 209—210, 217, 232, 239, 243, 256, 328, 392
 hatred of 对上帝的仇恨, 66
 justice of 上帝的义
  Anselm 安瑟伦, 229
  Calvin 加尔文, 199, 217, 242
  Luther 路德, 63, 69—70, 78
  Zwingli 茨温利, 138—139
 knowledge of 认识上帝, 41—43
  Calvin 加尔文, 171, 196—112, 221, 401
 love of 上帝的爱, 217, 229
 mystery of 上帝的奥秘, 381
  Calvin 加尔文, 207, 216—218, 242, 246, 381
  Luther 路德, 78, 381
 and predestination 上帝与预定论, 127—128
 proofs of existence 上帝存在的证明
  Aquinas and Anselm 阿奎那与安瑟伦, 41—42
  Calvin 加尔文, 211
 providence of 上帝的护理, 380
  Calvin 加尔文, 207—209, 212—220, 240
  three levels of 上帝护理的三个层面, 218
  Zwingli 茨温利, 126—130
 sovereignty of 上帝的主权, 41—42, 379—382
  Calvin 加尔文, 253
  Luther (two hands of God) 路德（上帝的两只手）, 100—103
  Menno 门诺, 380
  Zwingli 茨温利, 126, 165

Tyndale 丁道尔,358,362—363
unity of 上帝的合一,207—209,216
will of 上帝的旨意
 Calvin 加尔文,213—215,217,241
 Luther 路德,216
wrath of 上帝的忿怒,229
Zwingli 茨温利,125
gospel 福音
 Luther 路德,137
 Tyndale 丁道尔,356,363,365,367
 Zwingli 茨温利,132,137—139
grace 恩典
 Aquinas 阿奎那,40
 Augustine 奥古斯丁,74
 Calvin 加尔文,221,241,250
 common grace 普遍恩典,218,221
 external means of 获得恩典的外部方法,243—255
 humanists 人文主义者,48
 Luther 路德,67,70,77,105—106,352
 Menno 门诺,285—286
 nominalists 唯名论者,67,397
 Pelagius 帕拉纠,74
 sacramental 圣礼的恩典,44
  Augustine 奥古斯丁,65
  Biel 比尔,67
 scholastics 经院神学的恩典,65
 Tyndale 丁道尔,358—360
 Zwingli 茨温利,134,143
gratitude 感恩
 Calvin 加尔文,206,211,223,242,387
Great Bible of 1539 1539年大圣经,342

Great Münster Church, Zurich 苏黎世大敏斯特教堂,117,131,133,135,163,166,270
Greek New Testament, Erasmus 伊拉斯谟的希腊文新约圣经,330,332
guilt 罪疚,22
 Calvin 加尔文,24,179
 Luther 路德,212
Gutenberg Bible 古滕堡圣经,331

H

heathen, pious 虔诚的异教徒,128,382
hell 地狱,26—27,79,205,355,367
heresy and heretics 异端和异端分子,29,207,329—330,338,373
 Calvin 加尔文,174,226,253
 Eckhart 埃克哈特,44
 Luther 路德,81,88
 Menno 门诺,277,294,306
 Tyndale 丁道尔,334—335,357
historical theology 历史神学,18
hoc est corpus meum 这是我的身体,151,155,159,388
Holy Roman Empire 神圣罗马帝国,114,119,188
Holy Spirit 圣灵,143—144,247,333,341
 and Scripture 与圣经,343,348,385
 Calvin 加尔文,201—205
 and the Christian life 与基督徒的生活,208—209,251
 Calvin 加尔文,203—204,241,243
 Luther 路德,71
 Zwingli 茨温利,132,146—147,

156，165
Luther 路德，83
Menno 门诺，281，289，290
Pentecost 五旬节，328
Spiritualists 属灵派，269，293
Tyndale 丁道尔，357，361，370
Zwingli 茨温利，132
homo religiosus 宗教的人，232
hope 盼望，105，236
Huguenots 胡格诺派，254
Humanism 人文主义，14，45—48，290，332，398
　and Luther 与路德，14，47，173
　and Zwingli 与茨温利，14，114，123，128，155，166
　and Calvin 与加尔文，14，177—180，194，199，202
　modern definition 现代对人文主义的定义，379
Humanists 人文主义者。人物索引见 Mathurin Cordier 科尔迪耶，Desiderius Erasmus 伊拉斯谟，Cornelius Hoen 霍恩，Jacques Lefevre d'Etaples 赖菲弗尔，Petrarch 彼特拉克，Lorenzo Valla 瓦拉，Melchoir Wolmar 沃尔马
humankind 人。亦见 free will 自由意志，freedom 自由，Seelenabgrund 灵魂的根基，sin 罪
　chief end of 人的首要目的，171，206，210
　condition of 人类的境况，48，68，360，380
　　Aristotle 亚里士多德，346

Calvin 加尔文，197—199，209，212，220—223，232
　Luther 路德，76—77，105
　Tyndale 丁道尔，354，360
human sin 人的罪，116
humility 谦卑，57，106，238，310
Hussites 胡斯派，21，38，150。亦见人物索引 John Hus 胡斯
Hutterites 胡特尔派，299，321

I
idolatry 偶像崇拜，125，275
　Calvin 加尔文，198—199，232
　today 今天的偶像崇拜，379
　Zwingli 茨温利，125—126，157，161
images 形象，122，135，157，291
Imitation of Christ《效法基督》，43，45
immortality of the soul 灵魂的不朽，41—42
imputation (of righteousness)（义的）被归于，70—71，95，398
Incarnation 道成肉身。亦见 Christ 基督，Christology 基督论
　Anselm 安瑟伦，229—231
　Aquinas 阿奎那，40
　as translation 作为 329
　Calvin 加尔文，200，225—231
　Ireanaeus 爱任纽，65
　Luther 路德，85，160
　Menno 门诺，295—299，383
　Radical Reformers 激进的宗教改革，295
　Zwingli 茨温利，159
incurvatus in se 自私为己，76

Indulgence Controversy 赎罪券之争, 58, 64
indulgences 赎罪券, 24, 38, 47, 56, 87, 89, 124, 150, 183, 227, 398
Inquisition 宗教裁判所, 72, 184, 288
Institutes of the Christian Religion《基督教要义》, 123, 176, 183—186, 189, 191, 193—194, 206, 216, 220, 232, 240, 243, 246, 278, 346, 401
Investiture Controversy 授职争议, 31
Islam 伊斯兰, 328
iustitia Dei 上帝的义, 63, 69

J

James, book of《雅各书》, 337
    Luther 路德, 84—86
    Menno 门诺, 284, 291
    Tyndale 丁道尔, 362
Jansenists 詹森派, 285
Jesuits 耶稣会, 234
Job, book of《约伯记》, 374
John, book of《约翰福音》, 337
judgment 审判, 24, 27, 65, 72, 103, 198, 200, 236, 241
justification (by faith alone) 因信称义, 284, 320, 351—352, 358, 362, 380。亦见 sola fide 唯独信心
    Augustine (progressive) 奥古斯丁（逐步的）, 66, 69—70, 75
    based on classical dogmas 所根据的古典教义, 378
    Luther's development 路德的发展, 22, 34, 44, 63—75, 85, 94
    Menno 门诺, 285—286

patristic understanding 教父的理解, 64
scholastics 经院主义, 65—67
Tyndale 丁道尔, 358—364
Zwingli 茨温利, 118

K

King James Version "only" "只有"英王钦定本, 329
King's College 国王学院, 332
Kirche 教会, 365

L

Landesbibliothek 德国斯图加特的图书馆, 336
law 律法, 362
lectionary 课经, 131
Leipzig debate 莱比锡辩论, 56, 81, 117
limbo 地狱边界, 95, 143
literacy 识字的人, 337
Little Sodbury 小索德伯里, 331
liturgy 礼仪, 149, 387, 390
    Anabaptists 重洗派, 308
    Calvin 加尔文, 190, 209
    Menno 门诺, 288
    Zwingli 茨温利, 143, 147
Lollards 罗拉德派, 21, 329—330, 340, 367
Lord's Prayer 主祷文, 186, 230, 330, 367
Lord's Supper 主的晚餐。见 Eucharist 圣餐
love 爱, 232—233, 300, 302, 308—309, 311, 318, 320—321, 360—

361，363—365，391

and faith 与信心，71，73

Luther 路德。亦见 Humanism 人文主义

    as a pastor 作为牧师，57，79—80，86，162

    as a teacher 作为教师，56，63，290

    as a theologian 作为神学家，53—62

    baptism 洗礼，93—94，147，387—388

    Christology 基督论，60—62，85—84，158，359，382

    church and state 教会与国家，98—103，137，391

    death 去世，53，103—106

    depressions 消沉，22，56，105，212

    ecclesiology 教会论，22，87—98，243

    eschatology 末世论，72，78，102，106，172

    God 上帝，59—60，68—69，77—79，216

    and Hus 与胡斯，34，81

    influence 影响，53—55，104—106，340

    justification 称义，63—74

    law and gospel 律法与福音，360

    life of 生平，53—62

    Lord's Supper 圣餐，93—94，149—63

    mysticism 神秘主义，44—45，67—68，105

    nominalism 唯名论，58，66—67，124，136

    passions for life's work 328

    predestination 预定论，74

    priesthood of believers 信徒皆祭司，88，96—98

    Scripture 圣经，54—58，80—86，88，104

    spirituality 灵修，390

    theology 神学，66—67

    witchcraft 巫术，28

    works 著作，81，93，99

Lutherans 信义宗，17，54，73，78，101，117，173，226，284，300，341，352

M

Magisterial Reformation 宪制的宗教改革，18，98，121，398

magistrates 地方官员，102，139—141，365

    Anabaptists 重洗派，310

    Calvin 加尔文，392

    Menno 门诺，278，301

    Tyndale 丁道尔，360

    Zwingli 茨温利，139—140

Manichaeans 摩尼教，77，210

Marburg Colloquy 马尔堡会谈，127，155—158，160，173. 亦见 Euchrist's Controversy 圣餐之争

Marcionites 马西昂派，298

martyrdom 殉道，17，176，219—220，307，335，341，352

    Anabaptist literature 重洗派文献，314—318

    Anabaptists 重洗派，274，293，305

    Francisans 方济各派，37

Tyndale 丁道尔，331—332，335，339—340

Mary, virgin 童贞女马利亚，132，296—297，383，396

Mass 弥撒，25，91，122，136，140—141，149—152，183，227，229，273—274，307

Matthew, book of《马太福音》，336，344

meaning, loss of（anxiety）意义沦丧（焦虑），22，27，212—213

medieval exegetical pattern 中世纪解经模式，348

Melanchthon 梅兰希顿，378

Menno 门诺。见 Simons, Menno

Mennonites（Mennists）门诺派，18，276，289，299，309

mercenaries 雇佣兵，115，140，165

merits 功德，26，72，105，345，358。亦见 Penitential system 赎罪体系

meritum de condigno 应得的功德，67，398

meritum de congruo 赏赐性的功德，67，398

militia Christi 基督的军队，144

millennium 千禧年，37，100

ministry 职分。见 church 教会

monasticism 修道主义，39，131

　　and the sacrament 与圣礼

　　　　Menno 门诺，305，309

　　　　Zwingli 茨温利，144

Monophysites 一性论，158，295

Moravians 摩拉维亚，313

Münster 明斯特，271，274，288，292，294，300，311，358

mysticism 神秘主义，43—45，66—67，296，380，398

N

negotium cum Deo 与上帝有关，60，197，397

Nestorians 聂斯脱利派，158，226—227，295

new birth 新生。见 conversion 归信

Ninety-five Theses《九十五条论纲》，47，64，87，89，95，104，106，173，183，234，398

Nominalists 唯名论者，27，42，58，66—67，177，397—398。亦见人物索引 Gabriel Biel 比尔，Thomas Bradwardine 布雷德沃丁，Gregory of Rimini 利米尼的格列高利，William of Ockham 奥卡姆的威廉，Trutfetter 特鲁特福特尔

non posse non peccare 不能不犯罪，354

norma normans 具有决定意义的规范，81

notae ecclesia 教会的特征，310，399。亦见 church, marks of 教会的标记

Notbischof 紧急主教，98

nudi nudum Christum sequentes 赤贫的基督的赤贫的追随者，38

Numbers, book of《民数记》，368

O

oaths, refusal of 拒绝起誓，288，320，392

obedience 顺服

to God 顺服上帝, 68, 230—231
to rulers 顺服统治者, 254, 278, 301
occult 神秘学。见 witchcraft 巫术
On the Burning of Heretics《关于将异端分子处以火刑》, 329
opera Dei 上帝的做工, 200, 399
oracula Dei 上帝的神谕, 200, 399
ordination 按立, 250, 276—277
Oxford Constitution of 1408《牛津宪章》, 329, 335

P

pacifism 反战主义, 115, 271
 Menno 门诺, 276, 288, 314, 318—322, 380
pagan philosophy 异教哲学, 346
papacy 教皇制, 268
 Calvin 加尔文, 181
 Hus 胡斯, 36
 infallibility of 教皇无误, 31, 37
 Luther 路德, 55—56, 87—88, 172
 supremacy of 至高无上, 30—31, 33—34, 38, 329, 330
 Tyndale 丁道尔, 352
 Wyclif 威克里夫, 35
papal decrees 教皇法令
 Dictatus Papae《教皇宣告》, 31
 Excrabilis《恶行》, 34, 397
 Exiit qui seminat《那个播种的人离开了》, 37
 Exsurge Domine《主，起来吧》, 76
 Summis desiderantes《最高要求》, 28
pastors 牧师, 248—252。亦见 church 教会, ministry of 职分, preachers 讲道人, preaching 讲道
peasants 农民, 28, 139
Pelagians 帕拉纠派, 75, 257, 354
Penitential system 赎罪体系, 47。亦见 Confessional manuals 忏悔手册, forgiveness 宽恕, guilt 罪疚, repentance 悔改
 Augustine 奥古斯丁, 65
 Luther 路德, 65—66, 72, 93
 Menno 门诺, 281
 Roman Catholic 罗马天主教, 24—26, 65—66, 72, 183, 281
 Waldensians 瓦尔多派, 38
Pentecost 五旬节, 329
perfection 完善
 Calvin 加尔文, 234
 Menno 门诺, 283
persecution 逼迫 183—185, 188, 219—220, 269—270, 301, 307—308, 329, 341
 Anabaptists 重洗派, 277, 292, 302—303, 305—307, 313—320, 381, 392
 Calvin 加尔文, 254
 Luther 路德, 90
 Menno 门诺, 365
perseverance 永蒙保守, 235—236, 399
philosophia Christi 基督的哲学, 47, 399
philosophy 哲学, 64, 151, 209, 222
piety 虔诚, 43。亦见 spirituality 灵修
 Anabaptists 重洗派, 292, 316
 Calvin 加尔文, 181—182, 198, 206, 232, 281

Zwingli 茨温利,135,136,152

plagues 瘟疫,22,106,118,270

polygamy 多妻制,271,278,288

Popes 教皇。见人物索引 Boniface VIII 卜尼法斯八世, Gelasius I 杰拉斯一世, Gregory VII 格列高利七世, Innocent III 英诺森三世, Innocent VIII 英诺森八世, John XXII 约翰二十二世, Leo XIII 利奥十三世, Martin V 马丁五世, Pious II 庇护二世, Sylvester I 西尔维斯特一世

potentia Dei absoluta 上帝的绝对能力,41,66,399

potentia Dei ordinata 上帝的定旨能力,41,66,399

prayer 祷告。亦见 Lord's Prayer 主祷文

    Calvin 加尔文,186,232,237—239,253

    four rules of 祷告的四项原则,237—239

preachers 讲道人

    Luther 路德,91—94

    Tyndale 丁道尔,370

preaching 讲道,292,390。亦见 *fides ex auditu* 信心来自聆听

    Calvin 加尔文,192,195,241,243,251

    Hus 胡斯,36

    Luther 路德,91—94

    Menno 门诺,274,287

    and predestination 与预定论,241,243

    Zwingli 茨温利,116—118,121,131

predestination 预定论。见 election 拣选

priesthood of believers 信徒皆祭司,398

    Luther 路德,88,96—98

    and the ministry 与职分,97

    Tyndale 丁道尔,369—370

printing press 印刷业,47,80,117,184,331,336

problem of evil 恶的问题,381

    Menno 门诺,286

Prophecy (in Zurich) 先知讲道(在苏黎世),133,140,399

Protestant (term first used) 新教徒(第一次使用),172

providence 护理。见 God, providence of 上帝的护理

purgatory 炼狱,26—27,35,38,143,291,330,340,367

Puritans 清教徒,164,174,251,316

Q

Quakers and Church 贵格会派与教会,96

Queen's College 女王学院,332

R

Radical Reformation 激进的宗教改革,18,37,98,143,164,173,279,285,295,398

    defined 界定激进的宗教改革,267—269

reason and revelation 理性与启示,39—42,269,379

    Anselm 安瑟伦,39—40

    Luther 路德,58—59,76

reformatio in capite et in membris 从首

领到会众到教会改革,32
Reformation 宗教改革
    as quest for true church 寻求真教会,
        30—38
    economic and social factors 经济与社
        会因素,15,22,27—28,378
    extension of classical dogmas 经典教
        义的发展,378
    formal and material principles of 形式
        的与本质的原则,83,85,384
    historiography 编 年,12—19,54,
        104,377—378
    political factors 政 治 因 素,15,27,
        119,154,165
    religious initiative 宗教动机,16—19
    role of Scripture 圣经的作用,80
Reformation Movement（Geneva）宗教
    改革运动(日内瓦),175,256
Reformation theology 改教神学。亦见
    theology 神学
    based on Christ 以基督为根基,383
    contemporary relevance of 与当代的
        关联,18,377—394
    extension of classical dogmas 古典教
        义的发展,30
    response to anxiety 对焦虑的反应,
        22,29
Reformed tradition 改 教 传 统,18,
    116,297
Reformers 改教家。见人物索引,fore-
    runners 先驱：John Jus 胡斯, Jacques
    Lefèvre d'Etaples 勒菲弗尔, Savona-
    rola 萨伏那罗拉, Peter Waldo 瓦尔
    多, John Wyclif 威克里夫；Magisteri-
al 宪制派：Anglican 安立甘宗——
Thomas Cranmer 克兰麦, Richard
Hooker 胡克；Lutheran 信义宗——
Martin Luther 路德, Philip Melanch-
thon 梅兰希顿；Puritans 清教徒——
John Bunyan 班扬, Thomas Cart-
wright 卡特赖特, William Perkins 柏
金斯, John Robinson 罗宾逊；Re-
formed 改革宗——Theodore Beza 贝
扎, Guy de Brès 布雷斯, Martin
Bucer 布塞, Heinrich Bullinger 布林
格, John Calvin 加尔文, Wolfgang
Capito 卡皮托, Guillaume Farel 法雷
尔, John Knox 诺克斯, John à Lasco
拉斯高, Martin Micron 米克朗,
Oecolampadius 厄科兰帕迪乌斯, Pi-
erre Viret 维若特, Huldrych Zwingli
茨温利；Radical 激 进 派：George
Blaurock 布劳若克, Jan Beuckels of
Leyden 莱顿的扬, Sebastian Franck
弗兰克, Gentile 秦梯利, Conrad
Grebel 格列伯, Gribaldi 格利巴尔蒂,
Balthasar Hubmaier 胡伯迈尔, Hans
Hut 胡特, Jakob Hutter 胡特尔, Da-
vid Joris 约里斯, Andreas Bodenstein
von Karlstadt 卡尔施塔特, Felix Ma-
ntz 曼茨, Pilgram Marpeck 马尔派
克, Jan Mathijs 马提伊斯, Mün-
Thomas Müntzer 闵采尔, Adam Pas-
tor 帕斯托尔, Dirk Phillips 迪尔克。
菲利普, Obbe Phillips 奥博。菲利
普, Caspar Schwenkfeld 史文克斐,
Michael Servetus 塞尔维特, Menno
Simons 门诺, Faustus Socinus 苏西

尼，Roman Catholic 罗马天主教：Pierre Caroli 凯洛里，Johannes Cochlaeus 科赫洛伊斯，John Eck 艾克，John Fabri 法布里，Ignatius Loyola 罗耀拉，Cardinal Jacopo Sadoleto 萨多雷托主教，Girolamo Seripando 塞里潘多

relics 遗物, 24, 38, 340
 Anabaptists 重洗派, 314
 Calvin 加尔文, 179, 227
 Zwingli 茨温利, 164

Renaissance 文艺复兴, 14, 369。见 Enlightenment 启蒙运动

repentance 悔改, 47, 366, 370
 and baptism 与洗礼
  Luther 路德, 95
  Zwingli 茨温利, 144
 Calvin 加尔文, 234, 237
 Menno 门诺, 281
 Tyndale 丁道尔, 357, 359

reprobation 拒绝, 35, 79, 129, 230, 240, 242, 400

resurrection 复活
 Luther 路德, 106
 Menno 门诺, 279

Revelation, book of《启示录》, 85, 117

Robin Hood 罗宾汉, 350

Romans, book of《罗马书》, 56, 71, 85, 189, 333, 344, 354, 380

Russian Revolution 俄罗斯革命, 332

S

Sabellians 撒伯里乌派, 208
Sacramentarians 圣礼派, 153—154,
173, 400

sacraments 圣礼, 387—391。亦见 Baptism 洗礼, Church 教会, Eucharist 圣餐, ordination 按立
 as a pledge 作为誓言
  Menno 门诺, 305
  Zwingli 茨温利, 144
 as signs 作为记号, 155—156
  Calvin 加尔文, 250
  Luther 路德, 94—95
  Menno 门诺, 305
  Zwingli 茨温利, 148, 160, 162—163, 247, 305
 as visible Word 作为可见的道, 93, 152
 as word of God 作为上帝的道, 152
 Calvin 加尔文, 186, 244, 246—247, 250
 efficacy of 圣礼的功效
  Augustine 奥古斯丁, 65
  Hus 胡斯, 36
  Ignatius 伊格纳修, 65
  Irenaeus 爱任纽, 65
  Luther 路德, 93
  Scotus 司各脱, 42
 Luther 路德, 91, 93—95
 Menno 门诺, 273, 302—310
 Spiritualists 属灵派, 94, 269
 Tyndale 丁道尔, 368
 Zwingli 茨温利, 144, 147, 162—163, 310

sacra scriptura sui ipsius interpres 圣经即是它本身的解释, 341

saints 圣徒, 340

(definition) Luther（定义）路德, 97
    intercession of 圣徒的代求, 116, 121, 126, 134, 157, 179
salvation 救赎, 亦见 Christ, work of 基督的作为; Conversion 归信; Faith 信心; Free will 自由意志; Humankind, condition of 人类的处境; Justification 称义, sola fide 唯独信心
    as a gift 作为恩赐, 74
    as covenant 作为约, 353, 362
    as deification 作为神格化 64—65, 68
    as reward (Pelagius) 作为奖赏（帕拉纠）, 74
    as sacrament 作为圣礼, 42, 161, 352—353
    cause 因由, 361
    debates 争论, 358
    justification as centerpiece 因信称义作为核心, 352
    love and law 爱和律法, 360—364
    of infants 婴儿得救, 95, 143, 145, 282—283, 304
    penal and substitutionary expiation 为代赎世人的罪接受刑罚, 356
    personal experience 个人经验, 279—286, 385
    through merits 通过功德, 42, 73
    and Trinity 与三位一体, 208
    Tyndale 丁道尔, 358
sanctification 成圣
    Calvin 加尔文, 234, 244
    Menno 门诺, 283
Schism, Great Western 西方大分裂, 32—33, 396

Schmalkald Articles 施马加登条款, 63
Scholasticism 经院主义, 39—48, 46, 57—59, 83, 124, 151, 177, 233, 241, 349
Schwärmer 狂热分子, 82, 107, 173, 268, 400
Scripture 圣经, 121, 197, 384—387。亦见 Bible 圣经, Holy Spirit 圣灵, Preaching 讲道, sola scriptura 唯独圣经, Word of God 上帝的道
    allegory 寓意, 84, 348—349
    Anabaptists (literal) 重洗派（字面）, 288
    Calvin 加尔文, 204—205
    as bark and pith 342—343, 351
    as medicine 作为良药, 342
    authority of 圣经的权威, 385
    in Geneva 在日内瓦, 186
    Luther 路德, 88—89
    Menno 门诺, 287—288, 291
    Zwingli 茨温利, 131—133
    Calvin 加尔文, 199—206
    canonical interpretation 350
    Christocentric 以基督为中心的, 288, 290—291
    clarity 清晰, 341
    Erasmus 伊拉斯谟, 334
    evangelical purpose 福音目的, 350
    exegetical tradition 解经传统, 348—349
    images of 圣经的意象, 200—201
    inspiration of 圣经的默示, 201—206, 384
    Luther 路德, 83

Zwingli 茨温利, 132
interpretation of 对圣经的解释, 82, 386
 Christocentric 以基督为中心的, 83—85
 Luther (grammatical-historical and confrontational) 路德（文法－历史意义和相遇法）, 83, 86
 Zwingli 茨温利, 132
interpretive traditions 解释传统, 346—347
in Zurich 在苏黎世, 121, 131, 135
literal sense 字面意思, 348—351
Lollards 罗拉德派, 329
Luther 路德, 61, 80—86, 104, 346
Menno 门诺, 274, 278, 286—295
personal, living Word 个人的、活的道, 61—62, 384—385
 Luther 路德, 86
preaching from 讲道出于圣经, 91—92, 116—117, 131
primary role of 首要作用
 Luther 路德, 80—82
 Menno 门诺, 287—288
self-authenicating 自明性, 132, 203—204, 385
Spiritualists 属灵派, 45
sufficiency 367
translation of 圣经的翻译, 371
Tyndale 丁道尔, 328, 333, 337, 340—351, 341, 344, 346—349, 367, 370
Zwingli 茨温利, 121, 130, 143
scrutamini scripturas 327

"seed of religion" "宗教的种子", 197, 232
Seelenabgrund (synteresis) 灵魂的根基（良知）, 44, 68, 400
Septuagint 七十士译本, 329
Sermon on the Mount 登山宝训, 139, 345, 362
Simons, Menno 门诺
 baptism 洗礼, 274, 276, 279—280, 282, 287, 290, 302—306, 309, 320, 387—388
 Chalcedon 卡尔西顿, 295
 Christology 基督论, 288—291, 310, 383—384
 church 教会, 272—274, 321
 church and state 教会与国家, 290, 300, 307, 392
 discipleship 门徒, 285, 305—306, 320
 discipline 纪律, 310—313
 eschatology 末世论, 308
 faith and fruit 信心与果子, 281—282
 God 上帝, 289, 380
 influence 影响, 269, 277
 life of 生平, 272, 272—279
 Lord's Supper 圣餐, 273—274, 306—310
 new birth 新生, 280, 283, 299, 303
 non-resistance 不反抗, 276, 291—292, 321—322
 passion for life's work 一生工作的热情, 328
 as a preacher 作为讲道人, 274, 277
 preaching 讲道, 274, 287

sacraments 圣礼,273—274

salvation 救赎,279—286

Scripture 圣经,274,286—295

sin 罪,282—284

spirituality 灵修,313—318,390

works 著作,278—279

simul iustus et peccator 同时是罪人与义人,72,359

sin 罪。亦见 Fall 堕落

 Bilney 333

 Calvin 加尔文,220—223

 definition 定义,65,68,125

 of infants 婴儿的罪,222

 Luther 路德,68—71

 Menno 门诺,282—284

 original 原罪

  Augustine 奥古斯丁,222—223

  Calvin 加尔文,222—223

  Luther 路德,69—70

  Tyndale 丁道尔,353

  Zwingli 茨温利,142

 Tyndale 丁道尔,351—357,359

singing 唱歌,118,239

 hymns 赞美诗,240—241,309,315,320

 and prayer 与祷告,239

 Psalms《诗篇》,188

Sixty-seven Articles《六十七条》,121—122,124,382

social gospel 社会福音,364

sola fide 唯独信心,34,42,62,70,79,83,124,138,174,320,400

sola gratia 唯独恩典,75,95,124,174,400

sola scriptura 唯独圣经,58,80—82,121,124,149,165,174,289,291,384—385,400

soli Deo gloria 唯独上帝的荣耀,232

solo Christo 唯独基督,401

solus Christus 唯独基督,129

soul 灵魂。亦见 Immortality 不朽,Seelenabgrund 灵魂的根基 traducianist theory 灵魂遗传论,214,223

Speyer, Diet of 施佩耶尔会议,173,313

Spiritual Franciscans 方济各属灵派,21,36—37

Spiritualists 属灵派,45,94,173,268—269,289,292—295,305,385。亦见 Radical Reformation 激进的宗教改革

spirituality 灵修。亦见 prayer 祷告,worship 崇拜

 Anabaptists 重洗派,234,313—318

 Calvin 加尔文,231—239

 medieval forms 中世纪灵修的方式,21,29,39,43—45,135—136,152,160

 Menno 门诺,279,290

 motifs 主题,390

 radical reformers 激进的改教家,269

state 国家。见 church and state relations 教会与国家的关系

Stoics 斯多葛派,380

St. Paul's 圣保罗的,337

successio fidelium 真信徒的传承,90

suffering 受苦。亦见 affliction 折磨,martyrdom 殉道,persecution 逼迫

 Anabaptists 重洗派,313—318,

320，381

Calvin 加尔文，217，219，225，228

Menno 门诺，277，305，309

Summa Theologica《神学大全》，30，40，128

Swiss Brethren 瑞士弟兄会，164，270，290，299，307，315

Swiss Confederation 瑞士联邦，114，122，140

Synod of Dort 多特会议，257，399

T

teachers 教师，248，250—251。亦见 church, ministry of 教会职分

Ten Commandments 十诫，330

Ten Conclusions of Bern《伯尔尼十结论》，135，385

Theologia Germanica《德国神学》，44，67

theologians 神学家

    Calvin as 加尔文，193—197，209，223，227

    Luther as 路德，53—62

    Zwingli as 茨温利，123—141

theology 神学。亦见 Humanism 人文主义，Mysticism 神秘主义，Reformation theology 改教神学，Scholasticism 经院主义

    dogmatic 教义神学，43

    late medieval trends 中世纪后期的神学思潮，39

    mystical 神秘主义神学，44

    natural 自然神学，39，42—43，198，200，209—212

    shifts in methods 方法论的转变，41—42

    tasks of 神学的任务，224

    within limits of revelation alone 在启示的范围内，197，201，207，227，242

Third Age 第三纪。见 eschatology 末世论

Thirty-Nine Articles of Religion 三十九条信纲，351

"Thomas Matthew" Bible 多马马太圣经，342

toleration 宗教宽容

    advocacy for 拥护宗教宽容，17，278

    intolerance of reformers 改教家的不宽容，257

totes Christus 356

Tower of London 伦敦塔，372

tradition 传统。亦见 Scripture, authority of 圣经的权威

    Luther 路德，82

    Menno 门诺，287，289

    and Scripture 与圣经，82，135，204—205，385—386

    two-source theory 两种来源论，82

    Tyndale 丁道尔，366

    Zwingli 茨温利，132，134

traditions 传统

    Augustinian 奥古斯丁传统，240

    Lutheran 信义宗传统，135

    Reformed 改革宗传统，116，135，226，244

Traducianist theory 遗传论。见 soul 灵魂

transubstantiation 变体说, 151—152, 160, 273, 287, 329, 330, 340, 401。亦见 Eucharist 圣餐

Trinity 三位一体, 30
 Aquinas 阿奎那, 40
 Bucer 布塞, 82
 Calvin 加尔文, 206—209
 Evangelical Rationalists 福音理性主义者, 269
 Luther 路德, 82, 206
 Menno 门诺, 279, 289, 295
 Tyndale 丁道尔, 353
 Zwingli 茨温利, 206

twofold knowledge of God (duplex cognitio Dei) 对上帝知识的双重认识, 197—198, 401

Tyndale 丁道尔
 aliases 化名, 331, 335—336
 as minister 作为传道人, 370—371
 as teacher 作为教师, 343
 as vocabulary innovator 作为词汇发明者, 371
 baptism 洗礼, 346
 clergy relations 与神职人员的关系, 334—335, 337—338, 345, 347, 367—369, 372
 comparison with apostle Paul 与使徒保罗的对比, 338—339
 Cranmer 克兰麦, 341
 death 去世, 331, 339—340, 342, 351, 353, 372—374
 dialogue with More 与莫尔的对话, 357—358, 361, 365—366
 early career 早期生涯, 332

ecclesiology 教会论, 365—371
education 教育, 331—332
evangelical conversion 福音归信, 333
family 家庭, 331, 339, 368
forerunners 先行者, 328—329
legacy 遗产, 330—331, 339—340
life on the run 流亡生活, 331—340, 338—339, 365, 373
loving our neighbor 爱我们的邻舍, 363—364
ordination 按立, 332, 357, 370
passion for life's work 一生工作的热情, 327—328, 333—334, 338, 373—374
Scripture 圣经, 340—351
theology 神学, 331, 340, 351—357, 353, 356, 358
time in Cambridge 在剑桥的时间, 332
translation of Bible 圣经翻译, 328
translation of New Testament 新约圣经的翻译, 336—337, 344
translation of Pentateuch 摩西五经的翻译, 338, 344, 347
Wittenberg sojourn 旅居维腾堡, 335—336
works 著作, 339, 344—346, 358, 371—372

U

Unam Sanctam《神圣一体敕谕》, 100

V

Velle deum esse deum 让上帝成为上帝, 61

vernacular 本国语言,92,120,122—123,133,136,143,152,163,189,239,290,329—330,334,347,372,387
veneration of the saints 圣徒崇敬,24
Versammlung 聚集在一起的人,88
via antiqua 旧路派,42,124,136,401
via moderna 新路派,42,58,124,136,401
viator 旅行者,65,67,70,401
Vilvorde Castle 菲尔福特城堡,373—374
violence 暴力,271,274,291—292,300,313。亦见 warfare 战争
Vulgate 武加大译本,329

W

Waldensians 瓦尔多派,21,37—39
warfare 战争。亦见 mercenaries 雇佣兵,pacifism 非战主义,violence 暴力
    Calvin 加尔文,185,190,254
    Erasmus 伊拉斯谟,321
    Julius II 尤里乌斯二世,172
    Luther 路德,101
    Zwingli 茨温利,115,163—164
will, human 人的意志。亦见 free will 自由意志,freedom 自由 fallen and enslaved (Luther) 堕落与被奴役的意志(路德),76—77
    and God's will 与上帝的意志,43,217
witchcraft 巫术,28,29
Word of God 上帝的道,328
    Calvin 加尔文,244

listening 聆听道,55—57
living 活的道,85
Luther 路德,61—62,328
made visible in sacraments 在圣礼中是可见的,93,146,152,162,390
Menno 门诺,286—295
more than Scripture 超过圣经
    Luther 路德,84
    Zwingli 茨温利,132
the active agent 主动的代理人,55,181
Tyndale 丁道尔,340,351,358,367
Zwingli 茨温利,132,328
works 事工
    Cranmer 克兰麦,351
    Luther 路德,63,71,73,84,391
    Menno 门诺,285—286
    Pelagius 帕拉纠,74
    Tyndale 丁道尔,354,361
Worms, Diet of 沃尔姆斯帝国会议,56,81,154,173,328,336
worship 崇拜,188,351,387—391。亦见 liturgy 礼仪,prayer 祷告,singing 唱歌
    Bible as guide 以圣经为指导,288
    and Eucharist 与圣餐,152
    as prayer 作为祷告,239
Wyclif 威克里夫
    influence 影响,329
    post-death 去世后,329

Z

Zwingli 茨温利
    and mysticism 与神秘主义,45

and scholasticism 与经院主义, 136
as a pastor 作为牧师, 162—163
as a theologian 作为神学家, 114, 123—141, 136, 165
as preacher 作为讲道人, 116—118
baptism 洗礼, 141—148, 290, 304, 387
as a chaplain 作为随军牧师, 144, 163
Christology 基督论, 129, 158—160, 223, 382
church 教会, 124, 145—146, 310
church and state 教会与国家, 115, 137—141, 148, 392
death 去世, 140, 163—65, 182
election 拣选, 127—130

faith 信心, 146—147
Holy Spirit 圣灵, 132
justification 称义, 118
life of 生平, 113—123
Lord's Supper 圣餐, 148—163
ministry 职分, 122, 131, 139
passion for life's work 一生工作的热情, 328
sacraments 圣礼, 144
Scripture 圣经, 130
sin 罪, 125, 142
spirituality 灵修, 134—137, 140, 390
works 著作, 119, 127
worship 崇拜, 134—137

修订版编后记

2009年《改教家的神学思想》中文版面世。2013年原出版社推出了英文修订版,也是该书出版二十五周年纪念版。中文修订版据此补充了相应内容:增加了一章新的内容,即第七章"我只做这一件事:威廉·丁道尔";更新了每章后面的"参考书目精选";增加了作者写的"第二版序言";个别地方内容有些增补。新增的第七章由孙岱君翻译,第二版序言及其他增补内容由李洪昌翻译。此外,中文修订版还勘正了第一版中的一些翻译和编辑错误。

刘峣
2017年3月